YIXUE XINXI
CHAXUN YU LIYONG

医学信息查询与利用

主　编　李勇文
副主编　刘　萍　刘　娟　伍　利
编　委　胡　臻　曾满江　欧　愚　丘　琦

四川大学出版社

责任编辑：王　冰
责任校对：李思莹　高庆梅
封面设计：墨创文化
责任印制：王　炜

图书在版编目(CIP)数据

医学信息查询与利用 / 李勇文主编. —成都：四川大学出版社，2010.11
ISBN 978-7-5614-5072-7

Ⅰ.①医… Ⅱ.①李… Ⅲ.①医药学-情报检索-高等学校-教材 Ⅳ.①G252.7

中国版本图书馆 CIP 数据核字（2010）第 218682 号

书名　**医学信息查询与利用**

主　　编　李勇文
出　　版　四川大学出版社
地　　址　成都市一环路南一段 24 号 (610065)
发　　行　四川大学出版社
书　　号　ISBN 978-7-5614-5072-7
印　　刷　成都蜀通印务有限责任公司
成品尺寸　185 mm×260 mm
印　　张　18.25
字　　数　420 千字
版　　次　2010 年 12 月第 1 版
印　　次　2016 年 7 月第 5 次印刷
定　　价　32.00 元

◆读者邮购本书，请与本社发行科联系。
电话：(028)85408408/(028)85401670/
(028)85408023　邮政编码：610065
◆本社图书如有印装质量问题，请寄回出版社调换。
◆网址：http://www.scupress.net

前　　言

在人类社会已进入信息时代的今天，信息资源在日常生活和经济社会发展中扮演着愈益重要的角色。文献信息资源是当今社会人们学习、工作和生活不可或缺的重要组成部分。

彼德·德鲁克在《后资本主义社会》中说："对于任何一个人、组织、企业和国家，获取和应用知识的能力是竞争成败的关键。"也就是说，在现代信息数字化时代，人们生存的基本技能是终身学习的技能，即具有较强的信息发现、吸收、利用和创新的能力。

以人类的疾病谱和健康观念的变化为依据，医学模式由传统的生物医学模式向生物－心理－社会－环境医学模式转变，新的医学模式不仅要研究自然的人，还要研究人的状态和人所处的环境。这种模式的转变，对医学生的信息素养提出了更高要求，要求医学生必须具有敏锐的信息意识、娴熟的信息能力和良好的信息道德。

《医学信息查询与利用》主要面向医学院校大学生，是一门关于如何查询、获取和利用医学文献信息的工具性课程，旨在培养医学生信息素养和独立学习的能力。当医学生初入大学校门时，面对图书馆的海量馆藏文献资源，他们对于如何快速有效找到自己所需要的知识信息往往束手无策。《医学信息查询与利用》是他们开启知识宝库的金钥匙，是他们通往成才之路的好帮手。

本教材以教育部 1985 年 9 月印发的《关于改进和发展文献课教学的几点意见》和原国家教委 1992 年 5 月印发的《文献检索课教学基本要求》为基本指导，结合现代信息技术发展趋势以及《全球医学教育最低基本要求》中对医学生的信息能力要求，强调以下编写原则：以"实用、够用"为原则，以医学院校学生的自主学习和临床医疗信息需求为出发点设计内容体系，深浅、详略得当；注重学生自主学习、协同学习和协同科研能力的培养；基础知识和检索技能相结合，以提升检索技能为主；便于医学文献检索课程教学的实施，既是课堂教材，也是自主学习和开展科研活动的重要参考工具书；根据不同的专业和学历层次可对内容进行灵活调整；注重培养学生的综合信息素质；适应信息技术飞速发展的客观实际，内容体系具有前瞻性。

基于上述内容体系和编写原则，本教材对医学院校各专业文献检索课教学均具有较强的针对性。

本教材共 11 章，第一章概述了文献信息资源和信息素养；第二章讲述了信息检索的技术与方法；第三章讲解如何查找和利用馆藏书刊和电子图书；第四章主要讲解各类网络医学信息资源；第五至八章，分别介绍中文医学文献检索工具、外文医学文献检索工具、特种文献数据库以及循证医学信息的检索与利用；第九章主要内容为综合检索及各学科的检索案例分析；第十章主要介绍各类集成信息检索系统；第十一章的主要内容为医学文献评价与利用。

本教材在编写过程中得到了成都医学院刘亚国教授的多方面指导。四川大学出版社为该教材的审稿、出版提供了帮助。在此向刘亚国教授、各位参编人员、被引文献作者、被引网站等表示衷心的感谢！

囿于编者的学识与水平，书中难免有疏漏及不足之处，敬请读者批评指正！

编 者

2010 年 12 月

目　录

第一章　绪　论

第一节　文献信息概述

一、信息

我国古人很早就已采用“信息”这一概念，南唐诗人李中《暮春怀古人》中的诗句“梦断美人沉信息，目穿长路倚楼台”和南宋诗人陈亮《梅花》中的诗句“欲传春信息，不怕雪埋藏”，均已出现了“信息”这个词汇，前者有“音信”、“消息”之意，后者则已经给人以一种现代信息的意境。

信息论创始人 C·申农（C. E. Shannon）从通信系统理论的角度把信息定义为：用来消除随机不确定性（uncertainty）的东西。控制论专家维纳（Norbert Wiener）认为，信息既不是物质，也不是能量，信息就是信息，他强调信息与物质及能量相区别。从哲学角度来理解，信息是事物本质、特征、运动规律的反映。可以从两个层次来理解现代信息的含义：从本体论角度考虑，信息是一种客观存在的现象，是事物的运动状态及其变化方式；从认识论层次出发，即信息就是主体所感知或所表述的事物运动状态及其变化方式，是反映出来的客观事物的属性。

国家标准《情报与文献工作词汇基本术语》（GB4894－85）把信息定义为：“信息是物质存在的一种方式、形态或运动状态，是事物的一种普遍属性，一般指数据、消息中包含的意义，可以使消息中所描述事件的不确定性减少。”

二、知识

知识是人类对客观世界的认识与归纳，可分为理性知识和感性知识。理性知识是对客观事物的本质和规律性的认识，是经过思维、逻辑加工的信息；感性知识是对客观事物的描述和现象、事实的感知，是未完全经过逻辑加工的信息内容。

经济合作与发展组织（OCED）出版的《以知识为基础的经济》报告将知识分为知是（Know－what）、知因（Know－why）、知如（Know－how）、知谁（know－who）四种类型。这四种知识又可分为两个方面，即显性知识和隐性知识。显性知识又称可编码的知识，可以文字、语言、图像的形式保存下来，如专利、商标、计划、设计、软件等，Know－what 的知识和 Know－why 的知识就属这一类。隐性知识又称不可编码的知识，这种知识存在于人的大脑中，只可意会，不可言传，难以直接交流和表达出来，如人的悟性、特技、经验、智能等等，Know－how 的知识和 know－who 的知识就属于这一类。

信息的条理化与系统化产生了知识。知识随着社会实践、科学技术的发展而发展，人类在接受了来自社会及自然界大量信息的基础上，通过实践活动和大脑的思维活动，将这些信息结合实践活动进行分析与综合，形成新的认识，这种经过加工、孕育后的信息就成为知识。知识是同类信息的深化和积累，是优化了的信息的总汇和结晶。也就是说，信息只有经过加工，上升为对自然和社会发展客观规律的认识，才构成知识。

三、情报

情报（Intelligence）是关于某种情况的消息和报告，是越过空间和时间传递给特定用户产生效用的知识。情报具有知识性、传递性和效用性三大基本属性。知识通过传递被“激活”、被利用才成为情报。现代社会知识创新迅猛，行业竞争激烈，情报已广泛渗透到各个领域。政治情报、军事情报、科技情报、文化情报等构成了一个国家的情报体系，成为增强综合国力、提高国际竞争力的必要条件。医学情报是科技情报的一个分支，对促进医学科学技术的发展起了积极作用。

四、文献

国家标准局于 1983 年颁布的《文献著录总则》（GB3792.1－83）中将文献（Literature，Document）一词定义为：“文献是记录有知识的一切载体。”在这看似简单的定义中，实际上包含了作为文献的四个基本要素：

（1）记录知识的具体内容；

（2）记录知识的手段，如文字、图像、符号、声频、视频等；

（3）记录知识的物质载体，如纸张、光盘、录像带等；

（4）记录知识的表现形态，如图书、期刊、专利说明书等。

人类在漫长的生产和社会实践中逐步认识客观世界，从而产生了大量有用的知识，为了把积累起来的知识传播下去，人们就把这些知识信息用一定的符号、文字、图形记录在一定载体上，如我国古代把知识记录在龟背、竹板上，造纸术发明后将知识记录在纸张上，就形成了各种不同的文献。随着科技的发展，胶片、磁带、磁盘、光盘等都成为知识记录的载体。

五、信息、知识、情报和文献的关系

信息是物质在时间和空间上的差异分布，是知识、情报和文献的原型。知识源于信息，是经加工提炼了的那一部分信息，是信息的条理化与系统化。情报包含信息和知识的特征，是被活化了的、能解决特定问题的那一部分知识；情报是信息，但只是信息的一部分，还包括“信息的选择和传递”。“信息—知识—情报”三者之间为依次包含的关系。而文献是信息、知识、情报的主要载体形式，是记录、积累、传播和继承知识的最有效手段，是人类社会活动中获取、传播信息和情报的最主要方式。它们之间的关系和联系见图1－1－1。

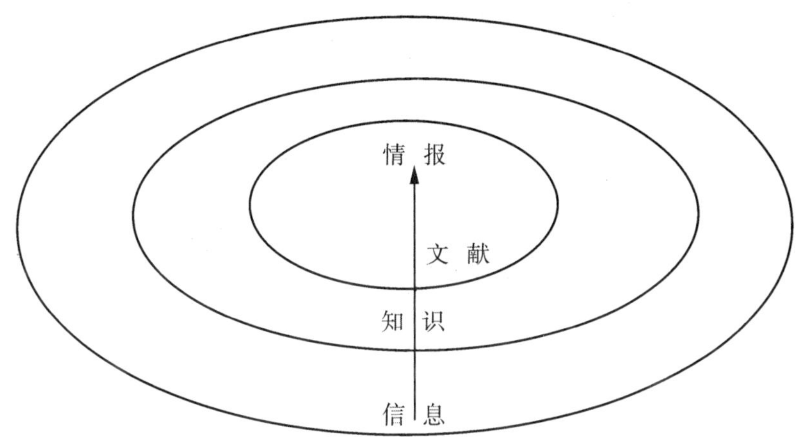

图1－1－1 信息、知识、情报和文献的关系示意图

第二节 文献信息资源的类型与特点

一、文献信息资源类型的划分

1. 按载体进行划分

（1）书写型。

一般以纸张或竹简为载体，人工抄写而成，如手稿、书法作品、医生写的病案记录、原始记录和档案等。

（2）印刷型。

以纸张为载体印刷而成的文献，目前仍是出版物的主要形式，也是馆藏文献的主要类型，如图书、期刊、特种文献等。

（3）缩微型。

以感光材料为载体，用摄影的方法把文献记录在胶卷或胶片上，如缩微胶卷、缩微平片等。

（4）视听型。

即视听资料或声像资料，包括唱片、录音带、录像带、电影片、幻灯片等。这种文献直接记录声音和图像，如心脏病变的杂音、外科手术过程，可给人以具体的视觉形象和听觉感受，犹如身临其境。

（5）机读型。

以数字化技术将文献贮存在磁带、磁盘、磁鼓或光盘上，用计算机阅读的文献。这种文献存储容量大，检索速度快，使用方便，在文献检索和全文存储方面显示出特殊的优越性，如电子图书、电子期刊、文献数据库等。

2. 按出版形式进行划分

(1) 图书。

图书是现代印刷出版物最常见的一种，内容广泛，系统地论述一个专题，是掌握一门学科知识的基本资料。在每一种正式出版的图书的版权页或其他明显部位都有一个由13位（2007年1月1日前为10位）数字或字母组成的国际标准书号（ISBN），这是一种国际通用的出版物代码，代表某种特定图书的某一版本，具有唯一性和专指性，读者可借此通过文献信息系统查询某种特定图书。根据图书的内容、作用又可将图书分为一般性图书和工具书。

① 一般性图书是图书馆的主要藏书之一，其共性是全面、系统地论述某一方面或专题内容的文献。常见的图书有：

A. 教科书及其教学参考书（Textbook），反映本学科的基本知识，是教学的基本用书，其内容比报刊成熟、定型。

B. 图谱（Atlas），是学习有关学科知识重要的参考书，如《正常人体解剖学图谱》。

C. 专著（Monograph），内容精、深，专业性强，往往是科学研究某一课题的总结或某一领域的历史发展、成果内容的集合。

D. 著作集或选集（Selection），是为纪念某名人或著名科学家，出版其生平所著的论文或记录其科学成就。

E. 丛书（Series），是成套的图书，按专题分册单独出版或成套发行。

② 工具书（Reference Book），是广泛收集某一范围的知识或资料，并按特定体例或方式编排，能提供资料或资料线索而不是供系统阅读的图书，其特点是内容广泛、信息量大、概括性强、可信度高、便于检索。主要有：

A. 字典、词典（Dictionary），是主要用于解释字的形、音、义，事物及术语的工具书。如《汉语大词典》《实用医学词典》等。

B. 百科全书（Encyclopedia），是综合性工具书，收集自然科学、社会科学、科学史以及名人传记等，按学科分册，一般卷册数较多，从几册到上百册，如《中国大百科全书》《中国医学百科全书》等。

C. 年鉴（Yearbook），是以全面、系统、准确地记述上年度事物运动、发展状况为主要资料的工具书。每年出版一次，如《中国百科年鉴》《中国卫生年鉴》等。

D. 手册（Handbook），是汇编某一学科专业的基础知识、基本资料或数据供读者查阅用的工具书。如诊疗手册，内容包括常见病诊断和治疗原则、临床检验正常数值、常规操作方法等。

E. 指南（Guide），为一般性工具书，有参考图表、科技数据、工作方法、步骤、过程等。

F. 目录（Bibliography），又称书目，是以文献的自然出版形式为单位来记录文献，只供检索，主要报道实用的文献或收藏文献的情况，如《全国总书目》《科技新书目》等。

（2）期刊。

期刊是定期或不定期的连续出版物，有固定的刊名和出版形式，有年、卷、期号。期刊具有内容新颖、出版周期短、刊载论文速度快、品种多、涉及面广等特点，能及时反映科技水平、科研动态，是科技情报的主要来源。核心期刊，指的是刊载与某一学科（或专业）有关的信息较多、且水平较高、能够反映该学科最新成果和前沿动态、受到该专业读者特别关心的那些期刊。同图书的 ISBN 号一样，每种期刊均有一个由 8 位数字组成的国际标准连续出版物号（ISSN），ISSN 同样具有唯一性和专指性，因而成为读者查询某种刊物的一个检索途径。期刊种类众多，常见的有：

①专业期刊/杂志（Journal），期刊通常称为杂志，有专业性、综合性的杂志，医学各学科的杂志属于医学专业杂志，如《中华医学检验杂志》。

②学报（Acta），是水平较高的科学杂志，由专业学会或高等院校出版，主要刊登学科的原始学术论文，如《第三军医大学学报》。

③通报（Bulletin），是综合报道性期刊，主要报道各学科的现状，如《中国药理学通报》。

④综述或述评（Review），是对某一专题进行综合概括、深入评论叙述，如《眼科新进展》。

⑤文摘（Abstract），是用文摘形式报道的期刊，如《中国医学文摘》系列和《健康文摘》等。

⑥索引（Index），是以题录形式报道的期刊，如美国《医学索引》（Index Medicus，IM）等。

（3）特种文献。

特种文献为非书非刊的文献，包括专利文献、科技报告、学位论文、标准文献、技术档案、政府出版物、会议录等。

①专利文献（Patent Document），是由国家专利局公布或正式归档的与专利有关的文献，包括专利说明书、专利公报、专利分类表、专利索引以及从专利申请到批准全过程的一切文件和资料等。

②科技报告（Scientific & Technical Report），是某项科研项目调查、实验、研究的成果或进展情况的报告，内容具体、专深，反映新的科研课题和高科技方面的信息。

③学位论文（Dissertation），是高等学校、科研机构的毕业生为获得各级学位所撰写的论文。这些论文有很好的参考价值，但大多不公开出版发行，属图书馆特藏。

④标准文献（Standard Document），是指对产品或工程质量所作的技术规定，具有一定法律效力，很多标准是从事生产建设和科研工作的依据。

⑤技术档案（Technical Archives），是科技工作中形成的技术性文献，如科研规划、设计方案、工程图表、实验记录、病案记录等。这类资料由专业人员整理，可靠性强，具有较大的使用价值。

⑥政府出版物（Government Publication），是指各国政府及其所属机构出版的文献资料，内容广泛，有行政和科技之分，包括政府法规、方针政策、统计资料等。

⑦会议录（Proceeding），是综合报道学术会议讨论交流的论文、报告及情况的一种出版物。

二、文献的级别

文献根据其内容、结构、性质及加工程度不同可分为一次文献、二次文献、三次文献和零次文献四个级别。

1. 一次文献（Primary Document）

一次文献又称原始文献，是作者以生产和科研成果为依据而创作的原始论文。其特点是含有前所未有的发明创造，或者新的见解和理论。专题著述、期刊论文、科技报告、专利文献、学位论文、会议资料等均属一次文献，是科技文献的主体。但由于其量大、分散而无序，给读者的查找与利用带来极大的不便。

2. 二次文献（Secondary Document）

二次文献是将分散无组织的一次文献进行收集、整理、压缩、加工，并按一定的顺序组织编排而成的检索工具，包括目录、题录、文摘、索引等。二次文献通常由图书情报机构组织编辑出版，是对一次文献进行加工，如著录文献特征、摘录内容要点、标引文献主题、按学科进行分类等，使之成为有组织、有系统的检索工具。

从上述定义的引申来看，二次文献信息是关于文献的文献、是关于信息的信息。因此，现在网上的 Yahoo、Google 等主题指南、搜索引擎，这些关于数据库和网页的信息集合，其功能作用等同于上述二次文献，所以称其为网络检索工具。相对于一次文献而言，二次文献是从分散到集中、从无序到有序、从繁杂到简约，因而具备可查检的便捷性，用以解决读者查阅所需特定文献线索的问题。正因为如此，包括网上检索工具在内的二次文献及其利用也就成为文献信息检索的核心内容。

3. 三次文献（Tertiary Document）

三次文献是对一、二次文献进行综合分析研究，作出系统整理和概括的论述文献。三次文献是对知识、情报的第三次加工，是利用二次文献收集大量相关一次文献，对其内容进行分析综合、重新组织加工而成。属于三次文献的有综述、述评、进展、现状、发展趋势等期刊文献和百科全书、年鉴、手册等参考工具书。三次文献具有信息量大、综合性强和参考价值大等特点，它使读者不必大量阅读一次文献，就可比较全面地了解某一专题、某一领域当前的研究水平和动态。

4. 零次文献（Zero Document）

零次文献指未经信息加工，直接记录在载体上的原始信息，如实验数据、观测记录、调查材料等。这些未融入正式交流渠道的信息，往往反映的是研究工作取得的最新发现，或是遇到的最新问题，或是针对某些问题的最新想法等，而这一切无疑是启发科研人员思路、形成创造性思维的最佳思维素材。

此外，学术界还常将通过非正式交流渠道获得的非正式出版物称作灰色文献（Grey Literature）。灰色文献和零次文献的概念内涵有一定程度的重叠，但作为一般的专业人员可不必严格区分这两个概念。

三、医学文献信息的特点

随着生命科学世纪的到来，医学科学技术迅速发展，作为记录医学信息知识的载体和保存、传播医学知识的医学文献，表现出以下发展特征和趋势：

1. 文献数量庞大，增长速度加快

科技文献中，医学及生物科学文献总量非常庞大，增长速度占各学科之首。以占文献总量70%的期刊为例，全世界期刊总数14万余种，其中生物医学期刊已超过21000种，约占1/7。美国《科学引文索引》(SCI）按引文数量排列的前500种期刊中，医学期刊176种，约占1/3。其他各类文献中，医学类文献所占比例基本相似。

2. 学科交叉渗透，内容分散重复

现代科学技术发展的一种趋势是科学门类高度分化又高度综合，新的分支和边缘交叉学科不断产生，学科之间互相渗透，致使文献分散，在内容与结构上又产生交叉。医学论文不仅刊载在医学专门期刊上，还大量地刊载在一些综合性期刊和其他相关科学领域的期刊上。近年来，由于多种因素的影响，文献重复发表的现象屡见不鲜，出现一文多刊、转载互译等现象。如此分散、交叉、重复，明显增加了查寻搜集文献的难度，而且大大增加了文献量的冗余。

3. 知识更新频繁，文献发表滞后

科学技术的发展、对科学奥秘的探索和认识不断深化、知识更新愈来愈频繁，导致记录知识的文献老化速度加快。19世纪老化速率为50年左右，而如今已缩短到5～10年。国外相关研究发现，生物医学文献的半衰期为3年，物理学为4.6年，化学为8.1年，植物学为10年，数学为10.5年，地理学为16年，可见生物医学文献的老化速率较快。此外，医学文献的发表速度比医学文献增长的速度要慢得多，原因是大量的文献不能及时发表。论文从编辑部收到稿件至正式发表有时可长达一两年之久，使得一些文献正式发表时已失去了某些应有的价值。为此，科技人员之间往往采取直接交换手稿复本、参观访问、会议交流等有效途径获取未发表的文献。

4. 语种不断增多，交流传播加速

20世纪初，只要掌握英、德、法三种语言，就可阅读全世界92%以上的科技文献，如今全世界的科技期刊涉及的文种已达70～80种之多。医学文献涉及的文种之多也如此，如PubMed报道了55种语言的文献。文种增加，造成了读者阅读文献的障碍，影响了信息情报的交流与传递。

由于现代交通、通讯和印刷技术的发展，情报信息载体的磁性化、机读化以及多媒体和国际互联网的广泛应用，为情报信息的快速传递和交流提供了非常便利的条件，医学文献信息的用户，通过互联网在瞬间即可获取所需要的文献。

5. 文献信息向数字化方向发展

随着计算机、数据存储、数据传输以及通讯技术的发展，文献信息由传统的纸质印刷向电子化、网络化、数字化方向发展。20世纪60年代，美国国立医学图书馆首创

“医学文献分析和检索系统”（MEDLARS）。1989 年中国医学科学院医学信息研究所建成《中国生物医学文献数据库》，向全国医学相关机构提供光盘数据检索服务。

全球计算机互联通信网络 Internet 将各个国家、各个部门、各个领域的不同信息、资源连成一个整体的超级信息资源网络，用户可以通过各种信息查询工具访问所有的信息资源。1996 年美国国立医学图书馆免费开放该馆的 MEDLINE（即 PubMed）等 15 个数据库。2000 年 4 月我国正式启动“中国数字图书馆”工程，将浩如烟海的、各种形式的文献资料加以数字化处理，并使之流通于全球信息网络，它与 Internet 上的网页信息资源也有区别，即它是经过分类、编辑、整理、加工而成的有序文献资源。目前，数字资源已成为读者利用文献信息资源的主要类型。

第三节 信息素养

一、信息素养的概念与内涵

信息素养（Information Literacy）是人们能够判断确定何时需要信息，并能够对信息进行检索、评价和有效利用的能力。信息素养包括信息意识、信息技能和信息伦理三方面。

信息意识指人的信息敏感程度，是人们对自然界和社会的各种现象、行为、理论观点等，从信息角度的理解、感受和评价。通俗地讲，面对不懂的东西，能积极主动地去寻找答案，并知道到哪里、用什么方法去寻求答案，这就是信息意识。信息时代处处蕴藏着各种信息，能否很好地利用现有信息资料，是人们信息意识强不强的重要体现。使用信息技术解决工作和生活问题的意识，这是信息技术教育中最重要的一点。

信息能力是指能够有效地获取、加工和利用信息的能力。包括信息系统的基本操作能力，信息的采集、传输、加工处理和应用的能力，以及对信息系统与信息进行评价的能力等。这也是信息时代重要的生存能力。身处信息时代，如果只是具有强烈的信息意识和丰富的信息常识，而不具备较高的信息能力，还是无法有效地利用各种信息工具去搜集、获取、传递、加工、处理有价值的信息，不能提高学习效率和质量，无法适应信息时代对未来医务工作者的要求。信息能力是信息素质诸要素中的核心，医学生必须具备较强的信息能力，不然难以在信息社会中生存和健康发展。

信息伦理是指个人在信息活动中的道德情操，能够合法、合情、合理地利用信息解决个人和社会所关心的问题，使信息产生合理的价值。大学生应该具有正确的信息伦理道德修养，学会对媒体信息进行判断和选择，自觉地选择对学习、生活有用的内容，自觉抵制不健康的内容，不组织和参与非法活动，不利用计算机网络从事危害他人信息系统和网络安全、侵犯他人合法权益的活动。

二、医学文献检索课程与信息素养

彼德·德鲁克在《后资本主义社会》中说："对于任何一个人、组织、企业和国家，获取和应用知识的能力是竞争成败的关键。"也就是说，在现代信息数字化时代，生存的基本技能是终身学习的技能，即具有较强的信息发现、吸收、创新能力，信息素质的提高成为信息社会的根本。信息素质的提高既包含个体的提高也包含群体的提高。知识经济时代学习观念所发生的这种根本改变对学校教育提出了更高的要求，同时也对个人的学习提出了挑战。为了有效解决信息总量剧增与个人学习能力有限之间的矛盾，解决信息数量激增与信息质量无保证之间的矛盾，网络的共享公平和开放原则与信息壁垒、数字鸿沟之间的矛盾，必须依靠人们信息素养的提高。

信息素养的提高不是一蹴而就的事情，必须接受专业的教育和经过专门的训练才能实现。英国作家、批评家赛缪尔·约翰逊（Samuel Johnson）曾将知识分成两类：一类是我们要掌握的学科知识；另一类是要知道在哪儿可以找到有关知识的信息。对信息素养的培养首先起始于我们对于"知道在哪儿可以找到有关知识的信息"能力的培养，即检索能力的培养。开设"医学文献检索"课程的目的就在于在适当的时候将适当的信息传递给适当的人，让大家知道"在哪儿可以找到有关知识的信息"，同时讲述检索方法与技巧，帮助读者循序渐进地培养自己发现、吸收、整理、评价与重组信息的能力。

对于医学专业的学生而言，在校学习期间不可能学到将来工作中所需的全部知识，因此，最重要的是培养其独立获取知识的能力。文献检索就是培养学生这种能力的一门重要课程。通过学习掌握文献检索的基本知识和方法，学生不仅能在浩瀚的知识海洋里准确、迅速、全面、系统地找到所需要的文献资料，而且能掌握自我学习的方法和技术，提高终身学习的能力。这对于医学生增强信息意识和形成合理的知识结构，提高文化素养和专业本领，都具有深远的意义。

三、医学生信息素养能力标准

2000 年 ACRL（美国大学与研究图书馆协会）通过的"美国高等教育信息素养能力标准"（Information Literacy Competency Standards for Higher Education）（以下简称"标准"），是世界上影响最大的信息素养标准，为全球高等教育提供了讨论信息素养的概念框架，被世界各国广泛采纳使用。该"标准"描述了具备较高信息素养的个体应具备的能力，包括 5 个指标，并更进一步细分为 22 个能力指标，具有很强的可操作性。"标准"的引言部分介绍了信息素养的概念并阐述了信息素养与信息技术、高等教育、标准利用以及评估之间的关系。

"美国高等教育信息素养能力标准" 5 个大指标分别为：有信息素养的学生有能力决定所需信息的性质和范围；有信息素养的学生可有效地获取所需信息；有信息素养的学生能评价信息及其来源，并能把所选择的信息与原有的知识背景和评价系统结合起来；有信息素养的学生无论是个体还是团队的一员，能有效利用信息实现特定的目标；有信息素养的学生懂得有关信息技术的使用所产生的经济、法律和社会问题，并能合理合法地获取信息。

1999年6月9日，受美国纽约中华医学基金会（简称CMB）资助，国际医学教育组织（Institute for International Medical Education，以下简称IIME）在纽约成立，其主要工作是在定义“全球医学教育最基本要求”方面发挥领导作用。通过“最基本要求”，使得不管在任何国家培养的医生都能达到在医学知识、技能、职业态度、行为和价值观等方面的最基本要求。

GMER是Global minimum essential requirements in medical education的缩写，中文意思为“全球医学教育最基本要求”。IIME将“最基本要求”归纳为7个领域和具体的60条标准。其中第6大项为“信息管理”能力，指出医疗实践和卫生系统的管理有赖于有效的源源不断的知识和信息，计算机和通讯技术的进步对教育和信息的分析和管理提供了有效的工具和手段，使用计算机系统有助于从文献中寻找信息，分析和联系病人的资料，因此，毕业生必须了解信息技术的运用及其局限性，并能够在解决医疗问题和决策中合理应用这些技术。本项设5条标准：从不同的数据库和数据源中检索，收集，组织和分析有关卫生和生物医学信息；从临床医学数据库中检索特定病人的信息；运用信息和通讯技术帮助诊断，治疗和预防，以及对健康状况的调查和监控；懂得信息技术的运用及其局限性；保存医疗工作的记录，以便进行分析和改进。

（李勇文）

参考文献

1. 赵静. 现代信息查询与利用. 北京：科学出版社，2004

2. 仇晓春，张文浩主编. 医学文献检索（第二版）. 北京：科学出版社，2006

3. 方平主编. 医学文献信息检索. 北京：人民卫生出版社，2005

4. 杨耀防，陈先平主编. 医学文献检索与论文撰写. 南昌：江西高校出版社，2009

5. 彭骏，等. 基于“美国高等教育信息素养能力标准”的“医学信息检索与利用”课程改革. 中华医学图书情报杂志，2009.9，18（5）：48－51

6. Information Literacy Competency Standards for Higher Education，available from http://www.ala.org/ala/mgrps/divs/acrl/standards/informationliteracycompetency.cfm，2010.7.20

7. http://www.iime.org/

8. http://www.iime.org/documents/gmer.htm

第二章　信息检索基础

第一节　信息的组织与检索

一、信息检索概述

信息检索是指利用一定的检索算法，借助于特定的检索工具，并针对用户的检索需求，从结构化或非结构化的数据中获取有用信息的过程。我们可以把整个信息检索过程划分为三个方面：信息的存储与组织，信息的检索，信息的展示。图 2-1-1 给出了信息检索三个方面衔接的原理示意图。

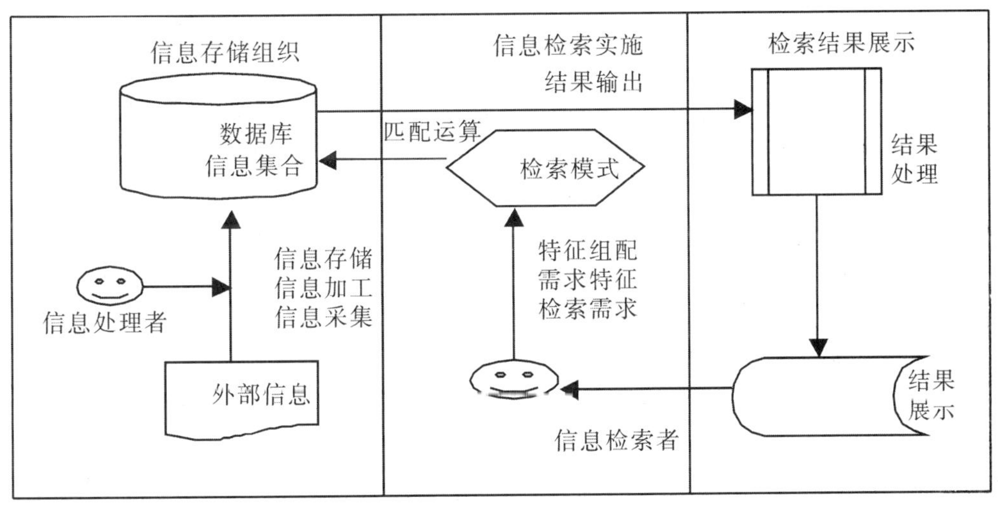

图 2-1-1　信息检索原理示意图

最早的计算机情报检索的试验是美国海军兵器中心于 1954 年完成的，它主要将文献号以及文献的索引词输入计算机，检索是采用对索引词检索获取文献号。这虽然是一个试验性的项目，但它无疑开创了计算机信息检索的先河。20 世纪 90 年代以来，特别是随着 Internet 的发展，人们所面对的检索对象更加复杂，检索的需求更加强烈，能够获得的信息类型也更加丰富多彩，对于各类问题人们都希望在数据库或互联网中寻找答案。

信息检索对象包括文献、数据、事实等，在学习、工作乃至日常生活中凡同信息需求有关的问题，均可通过检索各类信息系统来达到获取相应信息的目的；检索方式一般分为手工检索和计算机检索，计算机检索经历了联机检索、光盘检索、网络检索几个阶段，现在人们基本都是通过网络检索来获取相应信息。

二、信息的组织

从图 2-1-1 可以看出，信息检索全过程包括信息存储组织与信息检索两个过程，信息存储组织是基础，信息组织得越科学、规范，信息检索质量和效率就越高。信息组织是一种普遍的社会行为，是一切人类活动有条不紊地运行的前提。信息组织是将无序的信息按其外部特征和内容特征有序化，然后进行重新控制，其目的在于提供可控性的高效信息服务。

分类法、主题法以及书目控制是传统信息组织的重要方法，网络环境下，传统分类法既受到挑战，也面临新的发展机遇。传统分类法的知识系统性和标识语言的通用性及其族性检索能力，是其他情报检索语言所不具备的，也是无法取代的，因此，它在新的信息环境下也仍然受到广泛使用。使用分类法组织网络分类目录并提供浏览方式进行查询，具有直观、信息质量高等优点，也为信息的浏览检索提供了技术保障。用主题词组织与揭示信息具有直接和直观的特点，在网络环境下有相当一部分网络资源浏览器与引擎都以主题词为组织与揭示信息的重要用途与方法。由此可见，分类法与主题法是各种网络信息资源最基本最主要的组织法与检索法。在下一部分的信息检索语言部分，将对分类法和主题法进行更详细的介绍。

目录组织向来都是信息组织的重要组成部分，在网络环境下，其重要性仍然是非常突出的。人们普遍认为网络信息资源急需像传统文献资源一样进行编目，并提供目录检索。目前网络资源编目模式分为介入与不完全介入两种。前者完全由编目人员提供对信息源的书目描述数据，后者的描述数据可由信息提供者、信息源的管理维护人员等多种途径提供。也就是说，一种方法是由编目工作者进行书目控制，另一种方法则是由信息提供者在提供信息的同时提供信息的描述数据。前者主要以 USMARC 格式的研究为主体，而后者则主要以元数据的研究为主。

信息组织技术包括搜索引擎、元数据、数据挖掘、数据仓库、知识发现、标记语言、数据库技术、自动跟踪技术、机器翻译技术、信息检索的推拉技术、虚拟图书馆技术、专业指引库技术、智能代理技术、多媒体技术、人工智能技术等。搜索引擎作为网络环境下重要的信息组织工具，自它出现之日起就备受人们的关注，包括图书情报界和计算机界以及信息产业界在内的众多学者对此展开了深入而有效的研究。我们将在第四章给大家讲解搜索引擎在信息检索中的应用技术。

三、信息检索语言

检索语言是用于描述信息系统中信息的内容特征或外表特征和表达用户信息提问的专门语言，是人与信息系统对话的媒介。在各种信息检索系统中，信息都必须被标引或赋予某种简洁的，大多数还具有唯一性、科学性、实用性及一定权威性和标准化的标识或编码，既便于计算机处理，又有利于信息的广泛交流与共享。

虽然检索语言主要是信息专业工作者在自然语言基础上创建并使用的，但是由于检索语言是检索者与检索系统之间达到共同理解的基础，检索者有必要学习其中的主要规则和基本原理，才能达到理解一致，减少漏检和误检，提高检索效率。同时，许多医学信息系统，特别是临床信息系统的建设过程中还离不开临床医生的密切合作和参与。

1. 信息检索语言的种类

从表现形式上看，信息检索语言就是文献信息检索系统中的标识系统，能提供多种多样的检索点，如著者号、分类号、主题词、关键词等。信息检索语言在各种文献检索系统中无处不在，它种类繁多，各具特点，各有优势又或多或少存在缺陷。在实际应用中，常有两种或多种检索语言用于同一检索系统，以供选择使用或者相互取长补短。近年来，在强大的计算机信息技术支持下研制和开发的新型检索语言集成系统，已使网络文献信息智能化检索初见端倪，用户的检索提问可以用短语甚至句子等自然语言形式输入，系统能够进行自动分析形成检索策略并进行检索。检索技术的进步，很大程度上得益于检索语言研究成果的应用。

（1）文献外表特征检索语言。

这是依据文献的外表特征，如文献题名、著者等作为标识和检索点而设计的检索语言。

① 文献题名索引系统，以书名、刊名等作为标识的字顺索引系统，如书名目录、引用期刊一览表等；

② 以文献上署名的个人作者、译者、编者或学术团体名称作为标识的字顺索引系统，如著者索引、专利权人索引等；

③ 文献序号索引系统，以文献特有序号为标识的索引系统，如专利号索引、技术标准号索引等；

④ 引文索引系统，这是利用科学文献末尾所附引用文献、参考文献目录，揭示科学论文系统之间引证和被引证关系而编制的索引系统，如 SCI、SSCI、CSCI、CSSCI等，第八章第一节将对此作详细介绍。

（2）文献内容特征检索语言。

描述文献内容特征的检索语言主要有分类检索语言和主题描述语言两大类。

2. 分类检索语言及其应用

分类检索语言是将各种知识领域（学科及其研究问题）的类目按照知识分类原理进行系统排列，以代表类目的分类号（字母、数字等）作为文献标识的一类检索语言。

在分类检索语言中，应用比较普遍的是传统的等级体系图书分类法，它以科学分类和知识分类为基础，结合文献特征，采用概念逻辑分类的一般规则，层层划分，构成具有上位类和下位类隶属、同位类并列的概念等级体系。它直接体现知识分类的概念等级系统，其主要特点是按学科、专业集中文献，从知识分类的角度揭示文献在内容上的区别与联系，提供从学科分类为出发点的检索途径。

国内外有多种广泛使用的著名等级体系分类法，如我国的《中国图书馆分类法》（简称《中国法》），美国的《国会图书馆分类法》（LCC）、《杜威十进分类法》（DDC）、《美国国立医学图书馆分类法》（NLMC）等。

在我国，《中图法》不仅广泛应用于各类型图书馆的藏书排架和组织目录体系，还较多地应用于文献数据库，如中国生物医学文献数据库（CBM）、维普中文科技期刊全文数据库、全国报刊索引数据库、中国学术期刊全文数据库等大型的中文文献数据库等，同时还应用于一些数字图书馆，如“超星数字图书馆”，提供了电子图书的中图法浏览检索。国际比较著名的图书分类法 LCC、DDC、UDC《国际十进分类法》等也用于联机信息检索系统和网络信息资源的组织与检索。

但是传统图书分类法毕竟是为图书、期刊等文献而设计的，很难完全适应网络动态信息，并且类目体系庞大，分类规则和技术复杂不易掌握。所以，目前传统图书分类法的应用还比较有限，绝大多数网络信息资源的分类目录使用自创的分类法。例如，在搜狐的分类体系结构中包括 18 个大类，涵盖了 50000 多个不同层次的子类目，形成了一个十分庞大的树状结构，几乎涉及所有的行业或者领域。它采用了“纵向成枝、横向成网”、“主题法与分面组配法结合”的分类方式，根据网站的主题，首先把网站分为 18 个大类，再按细分主题层层分下去。然后，再根据不同用户的使用习惯，以及不同的分类标准，把不同类目下“相关”的类目“链接”起来，从而形成搜狐的“网状”分类体系。Yahoo 把网络信息资源划分为 14 个基本大类，根据大类拥有的信息量及知识组织的需要，每一个基本类目又细分为不同层次的次一级类目，形成“树状”分类结构，级别越低的类目中的网站其主题越明确。尽管如此，搜索引擎公司的自创分类法仍存在许多缺陷和不足，还算不上真正意义上的分类法，还有很多需要完善的地方。

（1）《中国图书馆分类法》。

1981 年国家标准总局转发了“关于《中图法》作为国家试行标准草案的建议”，《中图法》从而成为我国各类型图书馆应用最广泛的分类法，我国绝大多数大学图书馆、专业图书馆、公共图书馆都使用《中图法》进行馆藏文献的分类排架和编制分类目录。同时，《中图法》在我国的图书发行、数据库的论文标引以及网络信息资源组织与检索等多领域也有广泛应用。目前《中图法》的最新版是 2010 年出版的第五版。

① 基本大类。

《中图法》分为 22 个基本大类，见表 2－1－1。

表 2－1－1 《中图法》基本大类

A 马克思主义、列宁主义、毛泽东思想、邓小平理论	N 自然科学总论
B 哲学、宗教	O 数理科学和化学
C 社会科学总论	P 天文学、地球科学
D 政治、法律	Q 生物科学
E 军事	R 医药、卫生
F 经济	S 农业科学

续表2－1－1

G 文化、科学、教育、体育	T 工业技术
H 语言、文字	U 交通运输
I 文学	V 航空、航天
J 艺术	X 环境科学、安全科学
K 历史、地理	Z 综合性图书

② 医药、卫生大类下的二级类目。

“R 医药、卫生”大类下再分二级类目 17 个，见表 2－1－2。

表 2－1－2　《中图法》医学、卫生大类下的二级类目

R1 预防医学、卫生学	R74 神经病学与精神病学
R2 中国医学	R75 皮肤病学与性病学
R3 基础医学	R76 耳鼻咽喉科学
R4 临床医学	R77 眼科学
R5 内科学	R78 口腔科学
R6 外科学	R79 外国民族医学
R71 妇产科学	R8 特种医学
R72 儿科学	R9 药学
R73 肿瘤学	

③ 层累标记制。

类目按照概念之间的逻辑隶属关系，再往下逐级展开，划分出更专指、更具体的类目。如“R363.15 精神因素”，它的上级类目从上至下依次是：

R 医药、卫生

R3 基础医学

R36 病理科学

R363 病理生理学

R363.1 病因学

R363.14 生物因素

R363.15 精神因素

《中图法》的分类号采用字母与阿拉伯数字相结合的混合制号码，用一个字母标志一个大类，以字母的顺序反映大类的序列，在字母后用数字表示大类下的类目的划分。数字的编号制度，使用小数制，即首先顺序字母后的第一位数字，然后顺序第二位，以下类推。

④ 复分号。

复分是增加类目的细分化程度，提高类目专指度的分类措施，是图书分类法的重要组成部分。《中图法》的复分表有通用复分表和专用复分表两大类，这些复分表的号码

不能单独使用，只能加在主分类号后面作为共性区分的标识。《中图法》通用复分表有8个，如总论、地区、时代、民族和种族等。专用复分表专供某些类目的进一步细分之用。

（2）国际疾病分类法（ICD）。

疾病分类就是根据疾病的病因、病理、临床表现和解剖位置等特性，将疾病分门别类，把同类疾病分在一起，并使其成为一个有序的组合。其目的是为了系统地记录、分析、解释和比较来自于不同国家和地区以及在不同时间段的死亡和疾病数据。

《国际疾病分类法》的全称是《国际疾病及相关健康问题统计分类法》（The International Statistical Classification of Diseases and Related Health Problems，ICD），它是一种能够让使用者按照既定标准将疾病单位纳入类目的系统，通过这个系统可以将疾病诊断和许多健康问题的词句转换成数字编码，从而易于对数据进行贮存、检索和分析。学习疾病分类法是临床工作的需要，可以提高医学生信息素质，也可扩展医学视野。

ICD是国际上统一使用的疾病分类法，由世界卫生组织（WHO）编撰，其网址是：http://www.who.int/classifications/icd/en/。ICD每10年左右改版一次，目前最新版本是1993年1月1日开始生效的第十版（ICD－10），改称《国际疾病及相关健康问题统计分类法》。ICD－10的三位数类目表见表2－1－3。

表2－1－3 ICD－10的三位数类目表

章节	中文类目名称	英文类目名称	类目编号（区间）
一	某些传染病和寄生虫病	Certain infectious and parasitic diseases	A00－B99
二	肿瘤	Neoplasms	C00－D48
三	血液及造血器官和某些涉及免疫机制的病患	Diseases of the blood and blood－forming organs and certain disorders involving the immune mechanism	D50－D89
四	内分泌、营养和代谢疾病	Endocrine，nutritional and metabolic diseases	E00－E90
五	精神和行为障碍	Mental and behavioural disorders	F00－F99
六	神经系统疾病	Diseases of the nervous system	G00－G99
七	眼和附器疾病	Diseases of the eye and adnexa	H00－H59
八	耳和乳突疾病	Diseases of the ear and mastoid process	H60－H95
九	循环系统疾病	Diseases of the circulatory system	100－199
十	呼吸系统疾病	Diseases of the respiratory system	J00－J99
十一	消化系统疾病	Diseases of the digestive system	K00－K93
十二	皮肤和皮下组织疾病	Diseases of the skin and subcutaneous tissue	L00－L99

续表2－1－3

章节	中文类目名称	英文类目名称	类目编号（区间）
十三	肌肉骨骼系统和结缔组织病	Diseases of the musculoskeletal system and connective tissue	M00－M99
十四	泌尿生殖系统疾病	Diseases of the genitourinary system	N00－N99
十五	妊娠、分娩和产褥期	Pregnancy，childbirth and the puerperium	O00－O99
十六	起源于围生期的某些情况	Certain conditions originating in the perinatal period	P00－P99
十七	先天性畸形、变形和染色体异常	Congenital malformations，deformations and chromosomal abnormalities	Q00－Q99
十八	症状、体征和临床与实验室异常所见，不可归类在他处者	Symptoms， signs and abnormal clinical and laboratory findings，not elsewhere classified	R00－R99
十九	损伤、中毒和外因的某些其他后果	Injury，poisoning and certain other consequences of external causes	S00－S99
二十	疾病和死亡外因	External causes of morbidity and mortality	V01－Y98
二十一	影响健康状态和与保健机构接触的因素	Factors influencing health status and contact with health services	Z00－Z99
二十二	用于特殊目的地编码	Codes for special purposes	U00－U99

3. 主题描述语言及其应用

主题描述语言是用于表达文献主题内容的词语标识系统，应用较多的是主题词法和关键词法。

（1）主题词法。

主题词（Subject Headings）又称叙词（Descriptor），是来自文献、用户及医学专家并经严格控制，用以表达文献主题或信息需求的单义词或代码。主题词语言是在吸取了多种检索语言优点的基础上形成的一种检索语言，具有较优越的检索功能，适用于计算机化的文献检索，是发展最快、应用最广的检索语言。

采用主题词法编制的索引称为主题索引（Subject Index）。美国国立医学图书馆（NLM）编制的《医学主题词表》（Medical Subject Headings，MeSH）是使用最多的一种主题检索语言。用于标引，揭示每一篇文献的主题内容，可提高检索的准确率。

主题词具有以下特点：采用指定的词语—“主题词”，来专指或网罗相应的概念，也就是适当归并某个概念的同义词、近义词、拼法变异词及缩写等，以保证这个“主题词”与这个概念唯一对应；采用参照系统将某些非主题词指向主题词或者显示相关题词间的词义相关关系；采用类似分类的方法编制主题词分类索引（范畴表）和等级索引（树状结构），采用类似关键词法编制主题词（词素）轮排索引，以从多方面显示词间关系并便于查找主题词；以上的内容和规则构成一部主题词表，其中的主题词还随着科学的发展及文献中用词的变化而不断有增删修订并定期更新。

本书在第五章第四节讲述中国生物医学文献服务系统时，将专门讲述 MeSH 词表的使用。中国生物医学文献数据库以 MeSH 词表为基础，编制了 CMeSH 词表，在第五章第四节也将讲解 CMeSH 词表的使用。

（2）关键词法。

关键词（Key Words）是直接从文献的篇名、摘要和正文中选出具有实质意义并能代表文献主题内容的名词术语。由关键词组成的索引标识系统，称关键词索引。它是一种未经规范化的自然语言，比较适应计算机自动编制索引的需要。出现在文献题录、文摘或全文中的关键词，通常称为文本词（Text Terms），都被纳入索引，提供了更多的检索入口。从某个外延大内涵小的关键词出发可能查出成千上万篇文献，但误检率高，必须再通过其他途径二次检索。

关键词的缺陷表现在以下方面：关键词通常取自文献或网页原文，用词不规范或稍作规范，对自然语言中大量存在的同义词、近义词、拼法变异词等未标明其等同关系，从而导致同一主题的文献信息因为用词不同而分散，容易造成漏检；若平均每篇文献信息标引的关键词较多，虽然能减少漏检，但是误检可能增加；关键词法不对文献的实质主题内容进行分析，关键词难以准确揭示文献实质内容，检索的准确性较差。

第二节　检索技术

20 世纪 80 年代，光存储技术的应用促进了传统信息检索系统模式的改观。20 世纪 90 年代，Internet 的普及与应用彻底改变了人类的生活和工作方式。在信息检索领域，传统检索的中介代理服务功能逐步减弱，成千上万各行各业的人成为计算机网络系统的最终用户。Internet 系统中存储的信息除传统检索工具的内容外，已出现越来越多的全文本数据、事实数据、数值、图像和其他多媒体信息资源。计算机及其网络环境和各种先进技术使信息的可获得性和传递速度大大增强。跨文件、跨文档、跨数据库以及在多媒体数据库中自由查询已成为现实。在这种情况下，传统的检索方式用同一界面应付不同水平和不同要求的用户，用静态的同一标准去衡量检索效果等技术已是远远不够的。全文检索、多媒体检索、超媒体及超文本检索、联机检索、光盘检索、网络检索等先进的检索技术迅速发展起来。本小节主要从文本信息检索技术、多媒体信息检索两方面介绍最基本的检索技术。

一、文本信息检索技术

文本，即文字信息，是数字化信息资源中最常见的形式，主要包括二次文献数据库和全文数据库。前者仅能检索文献的线索（即题录）和文摘，而后者是将文献全文的全部内容转换为计算机可以识别、处理的信息单元而形成数据集合，并进行全文本的词（字）、句、段落等深层次的编辑、加工以及标引、抽词、排序、索引编制。因而全文检索可以直接根据文献资料的内容进行检索，支持多角度、多侧面的信息综合利用。由于全文数据库同时利用了出版业计算机应用的先进成果，使这些信息的范围日益广泛拓展，从早年出现的法律文本到愈来愈多的文献资源，如科技期刊、报纸新闻、词典、参考书、百科全书、文学作品等。

文本信息检索是一种较为简单的准确匹配模式，其具体检索技术主要有以下几种。

1. 布尔检索

布尔检索是检索系统中应用最广泛的检索技术，即用布尔逻辑运算符来表达检索词与检索词之间的逻辑运算关系。三个基本的布尔逻辑运算符是：AND、OR、NOT，分别表示逻辑与、逻辑或、逻辑非三种逻辑运算关系，如图 2-2-1 所示。

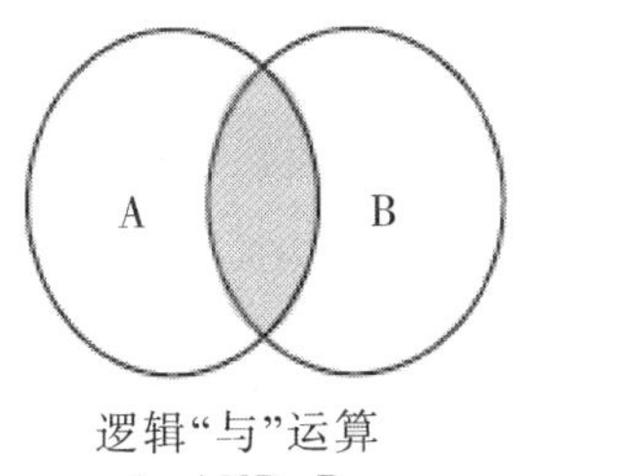

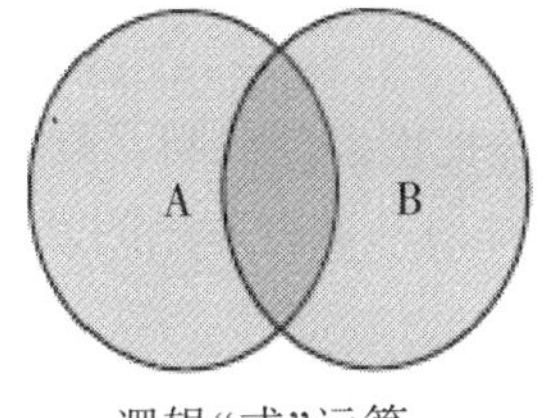

A B
逻辑“非”运算
A NOT B

图 2-2-1 布尔逻辑运算示意图

（1）AND。

要求被检索文献记录中，既论及 A 概念又论及 B 概念，即同时出现有 A 和 B 的记录（即两圆相交部分），其作用是缩小检索范围，提高查准率。例如，查有关“心脏瓣膜疾病术后并发症”的文献，其逻辑表达式为：心脏瓣膜疾病 AND 手术后并发症，表示文献必须同时涉及心脏瓣膜疾病和手术后并发症两个概念才被命中检出。

（2）OR。

要求被检索文献记录中，检索论及 A 概念或者论及 B 概念的文献（即两圆所有部分），当然也包括那些同时含有 A 概念和 B 概念的文献（即两圆相交部分），其作用是扩大检索范围，提高查全率。例如查找有关“心脏瓣膜疾病或心力衰竭”方面的文献，其逻辑表达式为：心脏瓣膜疾病 OR 心力衰竭。

（3）NOT。

要求被检索文献记录中，检索论及 A 概念的文献，但不包括涉及 B 概念的文献，也就是在含有 A 概念的文献中去除含有 B 概念的文献（即去除两圆相交部分），其作用是缩小检索范围，提高查准率。例如，查找“除锌之外的其他微量元素”的有关文献，其逻辑表达式为“trace elements NOT zinc”；查找“非心律失常的心脏瓣膜疾病”，其逻辑表达式为“心脏瓣膜疾病 NOT 心律失常”。

（4）布尔逻辑运算的优先顺序。

当一个检索提问式含有多个布尔算符时，执行的顺序为 NOT 优先运算，AND 其次，OR 最后。如要改变，可用圆括号改变运算顺序，将需要优先运算者置于圆括号中。例如，查找“维生素 C 或维生素 E 对糖尿病患者肾脏的保护作用”，提问式为：（维生素 C OR 维生素 E）AND 糖尿病 AND 肾。

几乎所有的光盘检索系统、联机检索系统、网络信息检索工具都提供布尔逻辑运算检索，但它们在布尔逻辑检索功能的实现与使用上有所不同，例如：

表示布尔逻辑关系的方式：有的检索系统（工具）以符号形象地代表布尔逻辑关系，如用符号“*”、“&”表示 AND，“－”、“!”表示 NOT，“|”、“+”表示 OR；有的默认值为 AND，其他布尔逻辑关系必须输入，如 PubMed、Google；有的默认值为 OR。

部分支持布尔逻辑运算：绝大多数搜索引擎均提供 Advanced Search 功能，其中支持布尔逻辑检索，如 Lycos、Excite。较多的搜索引擎尚不支持由布尔逻辑运算符及圆括号组成的复杂检索式。

2. 截词检索

截词（Truncation）检索，就是把检索词截断，取其中的一部分片段，再加上截词符号一起输入检索，系统按照词的片段与数据库里的索引词对比匹配，凡是包含这些词的片段的文献均被检索出来。

截词检索主要用于检索词的单复数、词性的词尾变化、词根相同的一类词以及同一词的拼法变异等。在作自由词检索时，为了避免漏检，常常要考虑到把这些词都包括进去（并用 OR 布尔逻辑检索）。截词检索的功能是减少检索词的输入量，简化检索步骤，扩大检索范围，提高查全率。目前，截词检索已在检索系统中得到广泛应用。

截词方式有右（后）截词、左（前）截词、中间截词，其中右截词和中间截词使用较多。截词符号（又称通配符），常见的有星号“*”、问号“?”两种。“*”常用于无限截词（*=0－n 个字母），“?”常用于有限截词（?=0－1 个字母）。例如，输入 flavor*，可同时检出 flavored、flavorful、flavoring 等；输入 cat?，可同时检出 cat 和 cats；输入 wom?n，可同时检出 woman 和 women，等等。但不同的检索系统采用的截词符号及用法可能有所不同。

使用截词符号做替代符进行截词检索是一种有效检索方式，目前的检索系统多使用下拉列表框来实现截词检索功能。通常选项包括前方一致、后方一致、中间一致，或选中“模糊匹配”来替代前三种截词方式。

3. 位置检索

位置检索技术常用于自由词检索。它是用位置算符（又称邻近算符），如 near、with、(W)、(N) 等连接两个检索词，表示两个检索词必须同时出现在同一记录（或指定某一字段）中，并且两词的相互位置必须符合规定的相邻度才能被命中检出。

在 MEDLINE 检索系统中，可通过位置算符提高检索准确度。同字段检索 A with B，使 A、B 二个检索词同时出现于一个字段中；相邻检索 A near4 B，使 A、B 二个检索词出现于同一句子中，两词间最多相隔 4 个单词。使用邻近检索比使用布尔逻辑算符 AND 检索的结果更能达到所要求的准确度。

4. 字段限定检索

文献数据库的每条记录通常由多个代表不同信息内容的字段组成，在一般情况下，系统在默认的若干基本字段或全部字段中检索。但是几乎所有文献数据库检索系统中均设置了字段限定检索功能，用户可以指定检索某一字段或某几个字段以便检索结果更为准确，减少误检。如 MEDLINE 检索系统中字段限定主要有［AU］（著者）、［AD］（著者机构）、［MeSH Terms］（主题词）、［MAJR］（主要主题词）、［PT］（文献类型）、［TI］（题名）等。例如，(hepatitis and human) in TI 表示限定检索题名包含人类肝炎的那些文献。

5. 其他网络检索技术

许多网络信息检索工具根据 Web 特点开发了一些新型检索技术。

(1) 包含或排除检索（加减检索）。

几乎所有搜索引擎技术均支持该功能。检索式中设定所检信息中包含该词或不包含该词，符号分别为“+”和“−”。

(2) 词组检索。

限定所输入的两个或两个以上单词为词组时，搜索引擎一般要求加引号（""），如" Computer aided diagnosis"；否则，系统则将所输入多个单词按逻辑“与”的关系检索，即网页中只要出现全部输入单词就算命中。

(3) 模糊检索。

允许被检索信息与检索提问之间存在一定的差异。如果所输入的检索提问在执行模糊检索后仍无法获取相应的检索结果，系统还提供自动提示功能，提醒用户是否输入有误或进一步提供相关信息供用户选择。有些检索工具甚至还能够进行纠正输入错误的模糊检索。

(4) 检索结果翻译与多语种检索。

例如 Google 在推出西文语种自动翻译的基础上，又推出中文简繁体的转换。

(5) 类似字段检索。

虽然网络信息不分字段，但是搜索引擎设计了类似于字段检索功能。依据这种功能，用户可以把检索范围限定在标题（Title）、域名（Domain）、统一资源定位符（URL）或者链接（Link）等部分，有助于提高查准率。如 Google 目前提供 site ：(表示将检索词限定在特定站点中）等字段限定符检索。

二、多媒体信息检索技术

对于数字化信息中的图形、图像、视频、音频等，它们与文本信息一起被称为多媒体信息。早年对于这些信息的处理是转化为基于文本描述的检索。一是作为外部特征描述，如名称、著者等；二是内容特征描述，如关键词。显然，文本信息检索技术无法充分揭示和表达多媒体信息中有代表的特征以及其实质内容和语义关系。

近年来出现的一个新的研究领域是基于内容的检索（Content Based Retrieval），主要是对多媒体对象的语义、媒体的视觉特征或听觉特征进行检索。它利用图像处理、模式识别、计算机视觉、图像理解等学科中的一些方法作为部分基础技术，直接对图像、视频、音频内容进行分析，抽取特征和语义，建立内容特征索引以供检索。

多媒体信息检索技术与传统的文本检索技术所不同的显著特点是：①利用反映图像、视频、音频内容的特征检索；②采用示例查询（Query by Example）的提问方式，例如图像检索的颜色、形状、纹理的示例，视频检索的镜头中关键帧的颜色、形状、纹理的示例，音频检索的声音示例等；③相似检索，即对数据库中的被检索单元（图像、镜头、旋律等）与检索提问要求进行相似程度的比较匹配之后返回命中结果，并按相似度大小排列，实为一种非准确匹配模式；④逐步求精的检索过程，用户通过浏览初始结果，可以从中挑选最为相似者作为示例，进行提问示例的特征调整，再次检索，最终得到较为理想的查询结果。

在许多情况下，文本信息与其他多媒体信息是紧密关联的。例如，由医学图像组成一个拥有大量像素的大型关系型数据库。除了大量的图片之外，还有涉及与图像相关联的其他信息，如许多极难自动识别的图像特征，则采用医生直接输入的文字描述。因此，对这些医学图像特征的提取，既可以满足对一幅脊椎照片执行诸如“第3尾椎下凹变形的病例”、“中部椎骨外曲15°者”等基于内容的检索要求，也可以执行特定图像特征，如肋骨间距离的准确匹配检索。

第三节 检索方法

一、检索步骤

信息查询与利用是从确立查询的需求到信息需求满足的全过程，这一过程是对我们的信息意识、信息查询的基础知识、查询工具和查询方法的综合运用与掌握程度的检验，体现出对信息的分析、收集、整理、加工、组织并创新利用的能力，是信息素质水平的综合体现。

1. 分析课题需求，提取检索词

分析课题是检索的准备阶段，是为了确立查询需求，是整个查询过程的出发点，包括对课题类型、背景知识、概念及知识体系的分析，并提出拟解决的问题，分析课题要求仔细、全面。对课题提出“是什么？为什么？怎么做？有谁在做？在什么时间、什么地点做、做的数量和程度是怎样？”等7个问题，从而达到对课题类型、背景和需要解决问题的准确分析。对于检索词的提取可以利用题名内关键词直接做检索词，也可利用“词间关系分析法”、“词表和目录树”和“索引工具”来帮助确定。

2. 明确查询需求，确定查询方法

信息检索在实施过程中要受到很多客观因素的影响，检索方法有助于改善检索效率与质量，但同一检索方法并非对各种用户、各种检索需求都适用，每一种方法都有其使用的范围与优势，要提高检索的效率与质量，检索用户需要在遵循一些基本检索方法与技巧的基础上养成良好的检索习惯。归纳信息查询过程中经常使用到的一些方法，主要有常规法、追溯法、二次检索法、访谈法及综合法。

3. 依据查询目标，选择检索工具

学科属性是考察检索工具是否适用的首选因素，第一，要保证所选择的检索工具与查询课题的学科一致。第二，应考虑所选检索工具在该学科领域的权威性，尽量使用权威性的专业数据库作为检索工具。第三，要做到四个了解，即要了解检索工具收编的范围和特色收藏，包括资源收录的资料跨越的历史年代、覆盖的地理范围、是单语种还是包括多种语言、信息类型是什么等等；了解工具的检索方法、检索功能及延展性、检索结果输出与处理及服务功能；了解界面的友好性；了解并有效利用检索系统的辅助检索手段和辅助工具。第四，要熟悉资源与工具的特点。第五，要考虑查询者的自身条件，如你所能利用到的、会用的工具有哪些？这些工具是免费还是付费的？需要付费获得结果吗？能支付的最多费用是多少？你知道的网络上类似于此工具的免费工具有多少等。第六，要根据查询主题内容来确定检索工具。

4. 确定查询途径，构造检索式

在没有计算机检索系统的情况下，检索表达式的构成是由人工写出来的；但在利用计算机和网络查询的现在，检索式的构造可由计算机系统辅助完成，人所需要做的是对多种检索途径、检索功能与检索技术进行选择、组配。而检索途径的确定需要与检索工具所提供的检索方式和功能相配合选择，检索表达式的构成则需要通过检索途径、检索技术和检索方式与功能三者的共同协作选择来实现。

检索途径包括文献外表特征检索途径和内容特征检索途径。文献外表特征检索途径一般包括题名和著者途径，文献内容特征检索途径一般又包括分类和主题检索途径。检索式是指计算机信息检索系统中用来表达检索提问的逻辑表达式，由检索词和表达检索技术的各种运算符及系统规定的其他组配符构成。编制检索表达式要综合、灵活地运用计算机检索系统提供的组配、限定、加权、扩展、截词等多种检索功能构造表达式，目前数据库中最为常用的检索技术有布尔逻辑检索技术、截词检索技术和位置检索技术。检索表达式同时要与字段限定检索功能紧密结合。

5. 评估查询效果，优化查询过程

经过上述的四个环节，我们可以开始查询并获得一批检索结果，这批结果可能让你满意，也可能有许多的不满意，这就需要在对结果作出评估的基础上进行查询策略的调整。

影响检索速度的因素主要是检索系统本身的运行速度、用户的检索技能水平和网络通信传输速度等方面，同样影响查询结果的因素也来自查询系统本身和查询过程的用户检索水平两方面。针对检中结果过少的情况，分析原因后可采取扩大检索范围的方法来提高文献查全率；针对检中结果过多的情况，分析原因后可采取缩小检索范围的方法来提高文献查准率。

6. 判断分析结果，整理分类信息

传统的检索过程在获得一批相关检索结果后便算检索任务完成，而现代信息查询强调的不只是对查询结果信息的获得，更注重对结果的分析、整理、组织与重组，文献的整理包括对文献的阅读、记录、判断、分类处理、获取和制定文献综述。

阅读文献时我们可以遵循“先读主题内容相同的中文文献，后读外文文献；先读文摘，后读原文；先粗读，后精读；先读综述性文献，后读专题性文献；先读现刊文献，后读过刊文献；优先阅读专科期刊和核心期刊”的原则进行。在阅读的基础上对文献的内容进行鉴别。

通过分类归类将与主题相关的信息内容集中，不相关信息作以记录备用或舍去；将论点与论据信息分别汇总，便于调用信息；将马上要用到的信息与以后可能用到而现在作为备用的信息分开，这样分类的同时可以作相关的记录，形成检索结果资料的汇编、检索资料笔记、用文摘卡片、剪报、专题文档等，并附以简要说明，以备调用。

7. 获取结果原文，组织应用创新

原文的获得有助于从中提取更多对检索课题作深入分析时所需要的信息。获取原文的途径有：一是利用全文数据库直接下载全文；二是通过图书馆馆藏查找原文。另外还可借助图书情报部门的馆际互借与文献传递服务，从更大范围内获得原文；再有一些外文检索结果中提供了著者或出版机构的 E−mail 地址，可与之联系获取原文。

文献组织是用科学方法把收集到的杂乱无序的文献进行加工处理，使之有序化，以便于利用。组织查询文献不是简单拼凑或剪裁，也不是内容重抄，而是在对各篇文献精读的基础上，对其内容的整理、加工、管理与提炼。内容的整理包括对文献数据、情况和观点的整理。数据整理是数据的统计、换算、订正、补遗等。情况整理是对于不同情况进行列举、相近情况合并、重复情况剔除。观点整理是列举不同观点、相同观点合并和相近观点归纳。整理文献是一个准备性的环节，它为撰写论文提供研究的基础，也为论文写作提供方便。在没有计算机辅助的情况下，对文献的整理是由手工完成的，现在有专门的文献管理软件组织、整理查询的结果文献，中文如 CNKINote，外文如 EndNote、Biblioscape、NoteExpress 等。

二、检索效果评价

文献信息检索一般要求做到比较全面、准确、快速、节省的效果。这里所谓文献检索效果评价，实际上就是对文献存贮与检索两方面的评价，既是对文献检索工具和文献数据库编辑质量的评价，又是对文献检索检出效率的评判。

查全率及查准率是衡量检索效果最重要且最常用的指标。查全率是指系统在进行某一检索时，检索出的文献与系统文献库中的相关文献总量之比率。查准率是指系统在进行某一检索时，检索出的相关文献量与检索出的文献总量之比率。

表 2−3−1 文献检索结果

用户相关性判断 / 系统匹配性判断	相关文献	非相关文献	总 计
被检出文献	a（命中）	b（误检）	a+b
未检出文献	c（漏检）	d（正确拒绝）	c+d
总 计	a+c	b+d	a+b+c+d

根据表2－3－1，查全率及查准率的计算公式为：

查全率（R）＝a/（a＋c）×100％

查准率（P）＝a/（a＋b）×100％

查全率与查准率之间存在矛盾的关系。在同一个检索系统中，查全率提高，查准率就会降低；而查准率提高，查全率必须减低。在现代大型数据库检索系统中，相关文献与非相关文献总量几乎是一个未知数，查全率与查准率只能相对反映检索的效果。一般说来，都是先扩大检索范围，提高查全率，再以此为基础，提高查准率，从而最终达到用户检索目标。

查全率与查准率作为评价信息检索系统对用户检索请求的响应能力指标，是通过检索系统的查询表达式和信息指标方式在系统内进行匹配得到的结果来体现的，一定程度上是检索策略与检索质量的综合体现。

检索提问式是信息检索中用来表达用户检索提问的逻辑表达式，由检索词和各种布尔逻辑运算符、位置算符、截词符以及系统规定的其他组配连接符号组成。检索提问式构建得是否合理，将直接影响查全率和查准率。构建检索提问式时，应正确运用逻辑组配运算符：

使用逻辑“与”算符可以缩小命中范围，起到缩检的作用，得到的检索结果专指性强，查准率也就高；

使用逻辑“或”算符可以扩大命中范围，得到更多的检索结果，起到扩检的作用，查全率也就高；

使用逻辑“非”算符可以缩小命中范围，得到更切题的检索效果，也可以提高查准率，但是使用时要慎重，以免把一些相关信息漏掉。

另外，在构建检索提问表达式时，还要注意位置算符、截词符等的使用方法，及各个检索项的限定要求及输入次序等，从而达到最佳的查全率与查准率。

（李勇文）

参考文献

1. 苏新宁主编. 信息检索理论与技术. 北京：科学技术文献出版社，2004

2. 方平主编. 医学文献信息检索. 北京：人民卫生出版社，2005

3. 杨耀防，陈先平主编. 医学文献检索与论文撰写. 南昌：江西高校出版社，2009

4. 董建成主编. 医学信息检索教程. 南京：东南大学出版社，2009

5. 赵静主编. 现代信息查询与利用（第2版）. 北京：科学出版社，2008

6. 仇晓春，张文浩主编. 医学文献检索（第2版）. 北京：科学出版社，2008

7. 焦丽. 我国信息组织研究述评. 农业图书情报学刊，2008.4，20（4）：59－62

8. http ://www.who.int/classifications/apps/icd/icd10online

第三章　馆藏书刊与电子书利用

第一节　馆藏图书查询系统（OPAC 系统）

OPAC，全称为 Online Public Access Catalogue System，公共联机书目查询系统。起源于 20 世纪 70 年代美国大学图书馆和公共图书馆，是读者利用计算机终端来查询基于图书馆局域网内馆藏数据资源的一种现代化检索方式，通过联机查找为读者提供馆藏文献的线索。OPAC 检索系统除了能够满足馆藏书刊查询，还可以实现预约服务、读者借阅情况查询、发布图书馆公告、读者留言等一系列功能。OPAC 提供的服务与功能已成为衡量图书馆业务水平的重要指标。

一、中国国家图书馆联机公共目录查询系统

中国国家图书馆馆藏宏富，古今中外，集精撷萃。1916 年起国家图书馆按规定接受国内正式出版物呈缴，这个制度延续至今。同时，国家图书馆重视国内非正式出版物的收藏，是国务院学位委员会指定的博士论文收藏馆，图书馆学专业资料集中收藏地，全国年鉴资料收藏中心，并特辟中国香港、台湾、澳门地区出版物专室。

国家图书馆全面入藏中文图书，是世界上入藏中文文献最多的图书馆。同时，115 种文字的外国文献资料占馆藏的 50%，是国内外文文献的最大藏家。馆内还设有名人手稿、革命历史文献、中国博士论文等专藏，是联合国与外国政府出版物的指定收藏馆。随着信息载体的变化，还入藏了大量电子出版物。

截至 2007 年底，馆藏文献已达 2631 万册（件），尤以典藏古籍善本闻名，共有善本古籍 27 万册（件），普通古籍 164 万（件）。馆藏殷墟甲骨、敦煌遗书、赵城金藏、《永乐大典》、《四库全书》等极为珍贵；外文善本中最早的版本为 1473—1477 年间印刷的欧洲“摇篮本”。

国家图书馆查询系统通过输入检索词实现查找功能，使用不同的检索方式将提供不同复杂程度的检索功能。检索命中每次最多可以检索到 5000 条记录，如果检索请求找到了多于 5000 条的记录，系统将提示您重新组织检索词。一般情况，在国内外任何一台联网计算机上、在任何时间都可以查询国家图书馆的联机公共目录，即国图联机公共目录查询系统（OPAC）提供全天候服务。

国家图书馆联机公共目录查询系统提供主题、分类、题名、著者、学位授予单位、

出版者、ISBN、ISSN 等多种检索途径。并提供简单检索、多库检索、组合检索（见图 3－1－1）、浏览查询、历史检索等多种检索方式。

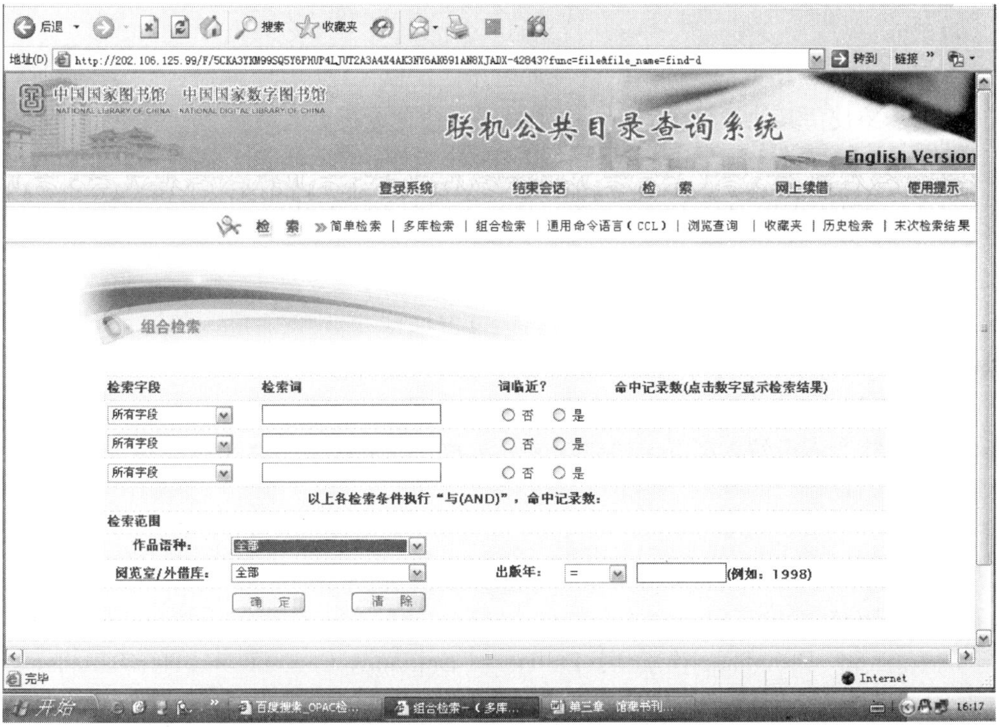

图 3－1－1　**中国国家图书馆查询系统组合检索界面**

国图联机公共目录查询系统支持通用命令语言（CCL），其具体检索方法提示如下：

提示一：

WRD=（计算机 OR 电脑）AND 软件，将检索出包含计算机或电脑，且包含软件的记录。

WRD－任意字段　　WTI－题名字段　　WAU－作者字段

WSU－主题字段　　WPU－出版者字段　　WYR－出版年字段

提示二：

词邻近选择为“是”，表示检索词或短语完整地出现在检索字段中。

词邻近选择为“否”，表示检索词可以分开位于所检索的字段中。

没有选择“是”或“否”，系统将以上次检索的值为默认选择进行检索。

提示三：

系统不区分字母的文大、小写。

提示四：

检索词中的标点符号应当去掉。如“:”、“.”等。如 visual basic6.0 中的点，应在检索时去掉，输入为 60。

提示五：

外文文献的作者姓名输入顺序为：姓在前名在后。如 Bill Gates 的正确输入为 Gates Bill，而不是 Bill Gates，Bill · Gates，Bill，Gates，Gates，Bill 等。

提示六：

AND（与）为检索词之间的默认逻辑运算。

如果需要使用其他逻辑操作，可以选择通用命令语言方式。

提示七：

? 或 * 可用于单词的开始或结尾，代替单词的其他部分。

? ology 检索到 anthropology，archaeology，psychology 等。

Chloro? 检索到以 Chloro 开头的单词。

? 查找不同的拼写方式。如 alumi? m 可以匹配美式拼写 aluminum 和英式拼写 aluminium。

? 不能同时用于单词的开始和结尾，如? dva? 视为非法。

? 或 * 作为占位符，可以代替任意多个字符。如 ps? ic，检索到以 ps 开头并以 ic 结尾的所有单词。

提示八：

%与一个数字联用，表示出现在两个检索词之间的单词个数小于该参数，检索词出现的顺序不固定。

如 england %3 ballads 检索到：Ballads of England，England and Her Ballads，and Ballads of Merry Old England 等。

！与一个数字联用，表示两个检索词之间固定出现若干个单词，且检索词出现的顺序与输入顺序相同。

如：ballads ！3 england 检索到 Ballads of England，Ballads of Merry Olde England。但不会出现 England and Her Ballads。

使用%和！时，“词邻近”必须选择“是”。

二、联合目录集成服务系统

联合目录集成服务系统（UNICAT）以联机联合编目数据库（包括全国中西日俄文期刊联合目录数据库、中国科学院中西文图书联合目录数据库）和电子资源知识库为底层支持，实现印本资源和电子资源的集成揭示。联合目录集成服务系统独特的情景敏感功能，可以使用户方便地获取许可电子资源的全文，同时了解中国科学院所属图书馆关于该资源印本和电子的收藏情况，及国内 400 余家图书馆关于该资源印本的收藏情况。

联合目录数据库中的全国中西日俄文期刊联合目录数据库创建于 1983 年，由中国科学院文献情报中心（中国科学院国家科学图书馆的前身）牵头研建，曾荣获中国科学院科技进步二等奖，是科技部、中国科学院“九五”攻关项目的成果。截至 2008 年底，全国中西日俄文期刊联合目录数据库共收录西文印本期刊 5.4 万种，馆藏 26.8 万条，收录日文印本期刊 7 千余种，馆藏 2.5 万条；收录俄文印本期刊 6500 余种，馆藏 1.8

万条；收录中文印本期刊 1.9 万种，馆藏 8.3 万条。

联合目录数据库中的中国科学院中西文图书联合目录数据库于 2004 年 5 月开始提供服务。截至 2008 年底，中国科学院中西文图书联合目录数据库共收录西文印本图书 38.3 万种，馆藏 50 万条；收录中文印本图书 47.5 万种，馆藏 77.8 万条；收录西文电子图书 9500 种；收录中文电了图书近 9 万种。2007 年，中国科学院中西文图书联合目录数据库开发了图书目次服务功能，可以使读者能准确定位到所需图书的篇章，并将所需章节内容带入原文传递系统中进行原文请求。

检索说明：

本系统提供了两种检索方式：检索和浏览。

1. 简单检索

进入系统后，主页面为默认的简单检索界面，可通过文献的题名、著者、ISBN/ISSN、主题词、分类号等信息进行检索，检索界面如图 3－1－2。

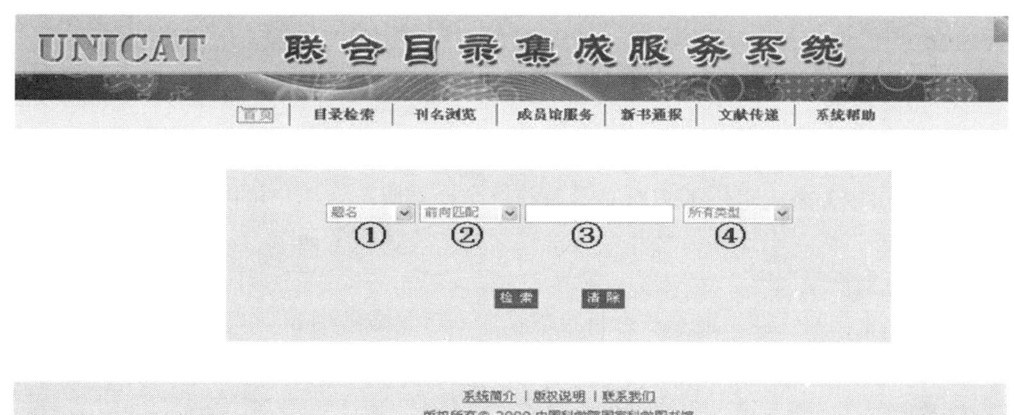

图 3－1－2　简单检索界面

（1）检索途径。

系统提供了题名、著者、主题词等多个检索途径。

（2）匹配方式。

包括前向匹配、模糊匹配和精确匹配。

（3）检索式。

填入检索途径对应的需要检索的内容，即字词或数字。

（4）资料类型。

可通过选择图书或期刊等资料类型来限定检索对象，默认方式为“全部”。

2. 再次检索

当系统返回的检索结果比较多时，您可以采用下述方式再次检索。

（1）重新检索。

使用页面中的“清除”按钮清除前次的检索词，输入新的检索条件再次检索。

（2）二次检索。

用前次检索结果集作为基础，设置另一个检索条件进行二次检索，可进一步缩小检索结果的范围，当然要选择“结果中检索”。该功能项位于检索结果列表的上方，见图3－1－3。

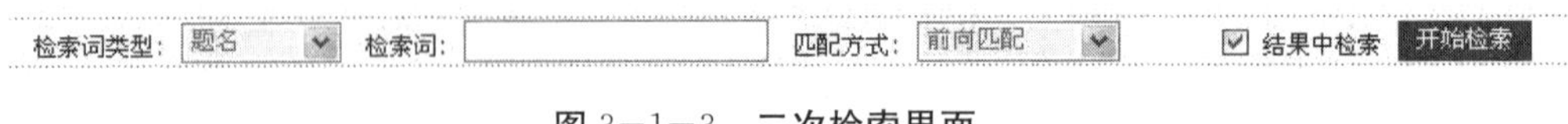

图3－1－3 二次检索界面

3. 检索规则

（1）题名检索内容除正题名外，还包含并列题名、丛书题名、其他题名以及目次篇名等。

（2）ISBN、ISSN等号码检索时，可省略中间小横线。

（3）英文文献检索可省略冠词a、an、the。

（4）英文文献检索，个人作者需输入“姓，名”形式，如输入原样的名姓形式则可能检索不到任何记录。

4. 其他功能

（1）目次服务。

联合目录服务系统提供了中西文图书的目次检索服务，用户可以通过题名检索，获得有效的图书目次、书评等信息并可直接提交原文传递服务请求。

（2）“新书通报”。

按照24个学科主题，显示联合目录数据库新近集成的书刊资源列表。

（3）馆际互借申请。

系统提供“馆际互借”服务链接，点击馆藏信息列表中的文献传递按钮，用户可以申请所需的该馆收藏资料。

三、金盘图书目录查询系统

北京金盘鹏图软件技术有限公司是国内著名的高新技术企业。金盘公司主导产品是图书馆自动化管理系统，即“现代电子化图书馆信息网络系统”，包括《金盘图书馆集成管理系统GDLIS NET》、《金盘图书馆集成管理系统GDLIS XP》。

1. 金盘OPAC功能

OPAC是Online Public Access Catalogne的缩写，即联机公共查询目录，在OPAC上可以检索图书馆的书目数据库。OPAC是网络上的公共资源，凡互联网用户都可检索，校内读者也可检索国内外其他图书馆的OPAC。

（1）书目信息查询。

读者可以通过书名、作者、索书号、出版地、出版者、标准编码、分类号、主题等多种途径，对馆藏图书进行检索，可以查询图书的复本数量、馆藏地点、馆藏状态、借阅情况等信息。

（2）个人信息查询。

包括个人的借阅权限、可借阅册数、现借阅册数、借阅历史、预约信息、超期信息等。

（3）网上图书荐购。

读者可参照图书馆的网上征订目录，向图书馆推荐图书；也可以向图书馆推荐采购征订目录中没有的图书。

（4）网上预约及续借。

读者可以在网上自行预约和续借图书，方便了读者利用图书馆。

（5）新书通报。

新书经过采购、编目之后，进入流通，即可以在系统中自动生成新书通报，读者可以直接在 OPAC 中查询，便于读者及时阅读到新书。

2. 金盘 OPAC 检索实例

例如，检索人民卫生出版社出版的《护理学原理与实践》这本书。我们就可以运用书目查询的组合查询方式，在题名字段输入“护理学原理与实践”，出版者字段输入“人民卫生出版社”就可得到检索结果（见图 3−1−4、图 3−1−5）。同时还可以对这本书进行预约（见图 3−1−6）。

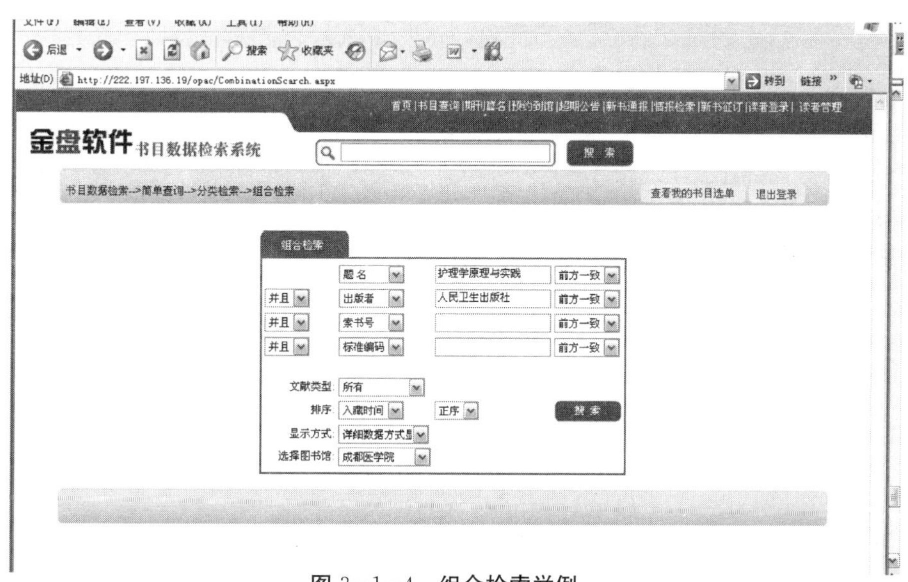

图 3−1−4　组合检索举例

登录 OPAC 后，读者可以查看和编辑“读者基本资料”，可查看未还图书列表并可对未到期图书进行续借，可查看个人借阅历史、个人荐书历史，可查看预约图书列表，还可重新设定密码，以及对读者证进行挂失。如图 3−1−7 所示。

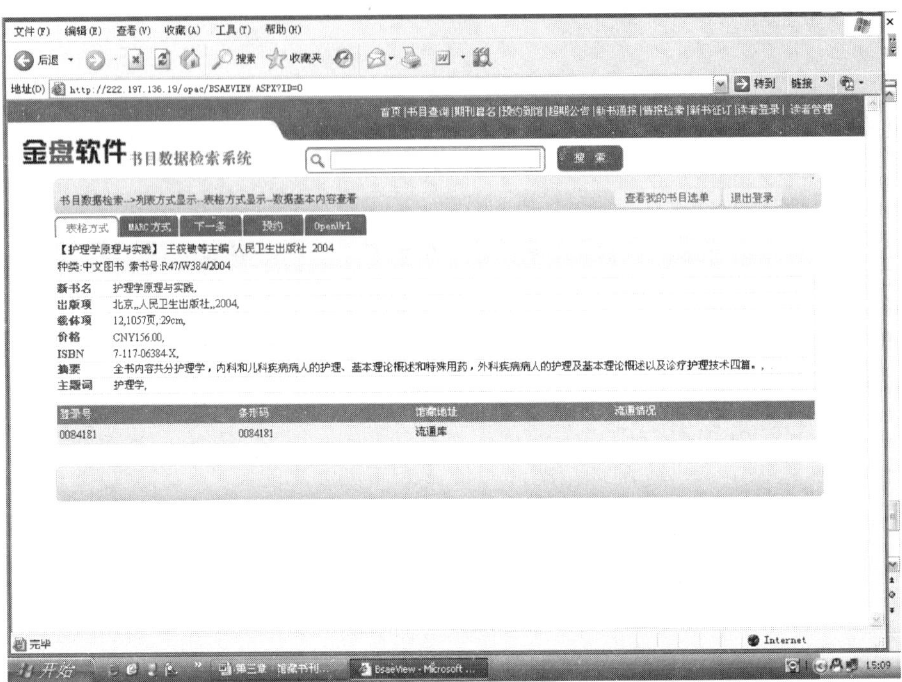

图 3-1-5 金盘 OPAC 检索结果

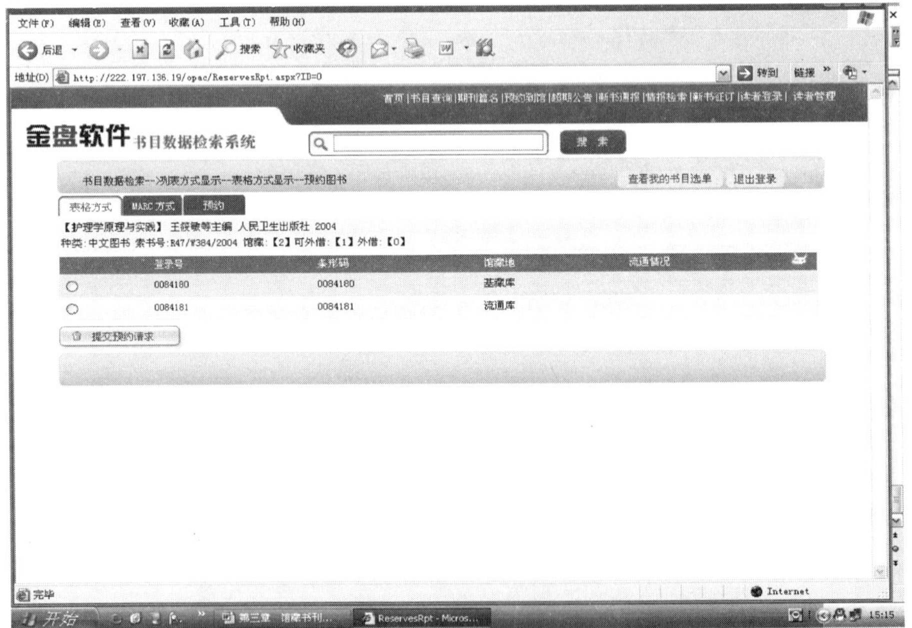

图 3-1-6 预约图书界面

未还图书列表

条形码	题名	外借时间	应还时间	续借次数	登录号	索书号
K111845	小说月报	2009-12-28	2010-12-31	0 续借	K111845	I24/3
K113578	小说月报	2009-12-28	2010-12-31	0 续借	K113578	I24/3
K111466	十月，长篇小说	2009-12-28	2010-12-31	0 续借	K111466	I24/2
K112510	十月，长篇小说	2009-12-28	2010-12-31	0 续借	K112510	I24/2
0092550	现代精神疾病护理学	2009-06-03	2010-12-31	0 续借	0092550	R473.74/C037/2004
0099798	内科学教程	2009-03-20	2010-12-31	0 续借	0099798	R5/M428/2003
0096260	病理学技术	2008-12-19	2010-12-31	0 续借	0096260	R36/W108/2000
0096218	病理解剖学彩色图谱	2008-12-19	2010-12-31	0 续借	0096218	R361-64/C975/2002
0193845	易经通说	2009-11-16	2010-12-31	0 续借	0193845	B221.5/D300/2007
0074281	AutoCAD 2009中文版从入门到精通	2009-11-20	2010-12-31	0 续借	0074281	TP391.72/T253/2009
0163789	现代临床药物学	2009-03-20	2010-12-31	0 续借	0163789	R9/T172/2003
0054775	红楼梦.中	2010-04-06	2010-06-07	0 续借	0054775	I242.47/C155/2005
0054807	红楼梦.上	2010-04-06	2010-06-07	0 续借	0054807	I242.47/C155.1/2005
0054776	红楼梦.下	2010-04-06	2010-06-07	0 续借	0054776	I242.47/C155/2005

查看我的借阅历史　查看我的荐书历史

预约图书列表

暂无预约图书……

修改读者密码

新密码：

重复新密码：

确定修改

读者证挂失

为了安全起见，请输入你的姓名

确认挂失证件

图 3－1－7　登录 OPAC 后界面

（欧　愚）

第二节　电子图书

一、超星数字图书馆

1. 超星数字图书馆介绍

超星数字图书馆（http://www.ssreader.com）是国家“863”计划中国数字图书馆示范工程项目，由北京世纪超星信息技术发展有限责任公司投资兴建，以公益数字图书馆的方式对数字图书馆技术进行推广和示范，首页如图 3－2－1。图书馆设文学、历史、法律、军事、经济、科学、计算机、环保等几十个分馆。其中有大量的医学类图书可供用户浏览下载。

超星电子图书内容丰富，范围广泛，其中包括文学、经济、计算机等 20 多个大类，100 多万册电子图书，300 万篇论文，数据总量约 45000GB，并且每天仍在不断地增加与更新，为目前世界上最大的中文在线数字图书馆；阅读方便快捷，图书不仅可以直接在线阅读，还提供下载和打印；先进、成熟的超星数字图书馆技术平台和“超星阅览器”，提供各种读书所需功能；另外专为数字图书馆设计的 PDG 电子图书格式，具有很好的显示效果，适合在互联网上使用。

图 3－2－1　超星数字图书馆首页

初次使用时显示、下载全文，需先安装“全文浏览器”。SSReader 阅览器是一个非常方便的电子图书阅览器，进入书籍阅读窗口后，系统默认以静止的方式显示一页的内容，为了方便用户自由地阅读，SSReader 浏览器提供了自动滚屏、手动翻页、放大镜、文字识别等多种功能。

2. 检索方法

（1）分类检索。

超星数字图书馆中的电子图书都是根据《中图法》分类的，检索时，可在主页面上点击所需检索的类目，随后将会显示该类目所包含的子类，点击子类即可显示与该子类相关的所有图书，直至查到所需图书。找到相关图书后点击书名链接即可直接进行浏览。

如需下载图书，可在“书籍阅读菜单”下选择“下载”，选择存放路径。

（2）快速检索。

利用首页上部的检索框，选择检索途径，输入检索词即可进行快速检索，如图 3－2－2 所示。

图 3－2－2　快速检索界面

系统提供了三种检索途径：书名、作者、全文检索。按回车键或点击“检索”按钮，检索结果即可罗列出来。为便于查阅，关键词以醒目的红色显示。检索结果还可按“书名”、“作者”、“出版日期”进行排序。

(3) 高级检索。

如果用户需要精确地搜索某一本书时，可以进行高级搜索。点击主页上的“高级搜索”按钮，进入高级检索页面（见图 3-2-3）。

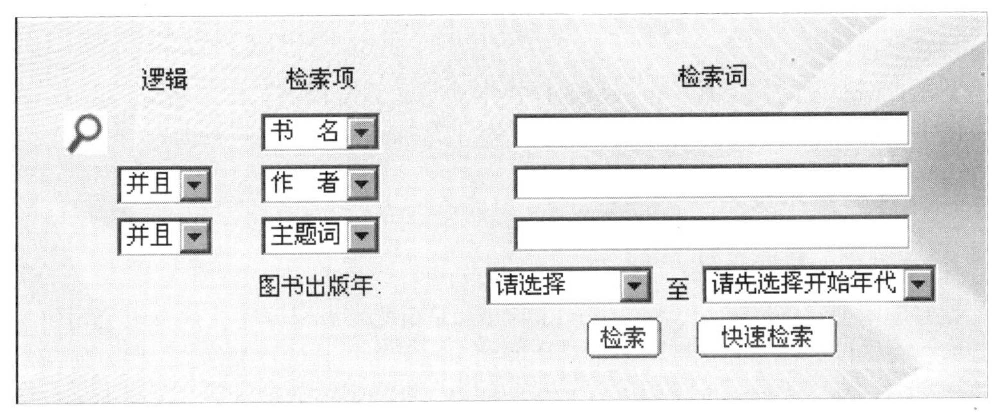

图 3-2-3　高级检索界面

在此，可以输入多个关键字进行精确搜索。系统提供书名、作者、主题词 3 个字段选项的“并且”、“或”两种逻辑组配检索，同时还可以对出版年代、检索结果排序（出版日期、书名）、每页显示记录数（10、20、30）、检索范围（22 个分类）等进行修饰限制。

二、书生之家数字图书馆

1. 书生之家数字图书馆介绍

书生之家数字图书馆（http://www.21dmedia.com/）由北京书生科技有限公司创办，包括中华图书网、中华报纸网和中华期刊网三个部分，是建立在中国信息资源平台基础之上的综合性数字图书馆。书生之家数字图书馆集成了图书、期刊、报纸、论文、CD 等，从载体上说囊括了印刷版、光盘版、网络版等各种载体的资源。图书资源主要提供 1999 年以来中国内地出版的新书的全文电子版，内容涉及社会科学、人文科学、自然科学和工程技术等所有类别。

提供全文、标题、主题词等 10 种数据库检索功能以及 CN-MARC 格式数据套录功能，提供印刷版书报刊、光盘数据库以及其他数据库的网上订购功能。书生之家数字图书馆是集数据库应用平台、信息资源电子商务平台与资源数字化加工服务平台三位一体的综合性数字图书馆。

2. 检索方法

要阅读书生之家电子图书，务必先下载“书生阅读器”。点击页面 guest 用户名下的登录框进行登录，进入书生数字图书馆。

(1) 分类检索。

中华图书网将全部电子图书仿《中图法》分成31个大类，每一大类下又划分子类，子类下又进行细分，共4级类目，用户可逐级检索。在相应子类里找到相关图书后，点击具体某一本书名，可看到有关这本书的简要介绍；点击具体某出版社，将把所有该出版社的图书罗列出来；点击对应于某本书的全文，此时阅读器（reader）启动，读者就可以实现在线看书。

(2) 直接检索。

利用页面左侧的“检索”窗口，选择检索途径。系统提供了图书名称、图书ISBN号、图书出版单位、图书作者、图书摘要、丛书名称六种途径进行查询。

三、读秀学术搜索

1. 读秀学术搜索介绍

读秀学术搜索（http ://www. duxiu. com）是由北京世纪读秀技术有限公司研发的集资源整合、深度搜索和文献传递于一体的知识库平台，其首页如图3-2-4所示。为用户提供书目和全文的深度检索以及部分文献全文的试读，通过试读，读者能够清楚地判断和选择图书，提高信息的查准率和读者查书、借书的效率。读秀还提供一体化的整合服务，整合图书馆现有纸质图书、电子图书和其他异构资源于同一平台上，实现统一检索。读秀知识库的文献传递功能可以实现海量资源版权范围内的合理使用，按照读者的咨询请求，使用E-mail的方式在最短时间内向读者提供任意文献的任何局部资料。同时读秀还为图书馆搭建开放的借阅平台，读者只需要一次登录读秀，即可享受试读图书部分原文、阅读电子图书全文、借阅馆内纸质图书、馆际互借图书等一站式全方位服务。

图3-2-4 读秀学术搜索首页

2. 检索方法

读秀学术搜索提供基本检索和高级检索两种图书检索模式。在检索结果页面还提供相关人物检索频道和期刊检索频道。

（1）基本检索。

基本搜索是系统默认的检索方式。首先，选择检索选项，系统提供全文检索、图书、期刊、报纸、学位论文和会议论文等文献的检索。其次，选择检索字段，每个检索选项的检索字段不同，如图书可以进行全部字段、书名及作者的检索。最后，在搜索框内输入关键词，单击“中文（外文）搜索”按钮，执行检索。

（2）高级检索。

高级检索是指可以对书名、作者、主题词、ISBN、年代等字段进行逻辑组配的检索，同时还可以对检索年代以及每屏显示的检索结果数进行设置，单击“高级检索”按钮，进入高级检索主页面，根据需要在相应的检索框中输入检索词进行精确搜索，检索结果一步到位，提高查准率。

3. 检索结果处理

（1）显示。

在图书搜索结果页面中，显示所搜索图书的简略信息，包括图书名称、作者、页码、出版社、出版日期、简介、主题词、目录等。单击书名链接获取该书的详细信息，包括该书的作者、丛书名、形态项、出版项、1SBN 号、原书定价、主题词、参考文献格式、内容简介等详细信息。在该页面左侧显示的是本馆的纸质图书和电子图书的馆藏信息、文献传递信息、建议学校购买纸本图书的信息，右下侧显示其他图书馆本书的馆藏情况。

（2）阅读。

读秀学术搜索提供 3 种阅读图书的格式，满足读者不同阅读要求。有网上全文链接的图书，读秀提供 HTML 阅读，可以直接单击阅读全文。无网上全文链接的图书，读秀默认为 JPG 阅读，可以直接阅读版权页、目录页、前言页及试读页。JPG 阅读不能手动调整阅读页面的比例大小和阅读角度，不支持 OCR 文字识别、图像截取。读者也可以选择 PDG 格式进行阅读，PDG 阅读能够根据自己的阅读习惯，调整显示比例和角度，跳翻页码等，支持 OCR 文字识别、图像截取。

（3）文献传递。

读秀可以为读者提供最多 50 页原文、20 天的有效服务，在此期间读者可以随时浏览。要使用此功能，读者只需在图书检索结果页面，单击“图书馆文献传递中心”链接进入图书馆参考咨询服务系统，填写文献传递表单，单击“确认提交”按钮，读秀 DSR 就会将需求以电子邮件方式发送至注册邮箱。会员用户享受图书单次 50 页、单篇文章的参考咨询服务，允许每周同一本书累计咨询量不超过全书的 20%；非会员用户享受每本书每天提供 5 页、单篇文章首页的参考咨询服务，每月累计咨询次数不超过 10 次；所有咨询内容有效期为 20 天，不提供下载、打印服务，不提供新书的参考咨询服务。

四、中国数字图书馆

中国数字图书馆（http：//www.D—library.com.cn）是国家图书馆牵头建立的数字化图书网站，它提供至 2000 年年底分类齐全的 17 万册、近 6000 万页的数字化图书及今后每年国家所有正式出版物的近半数以上的数字化图书，其首页如图 3—2—5 所示。

图 3-2-5　中国数字图书馆首页

读者既可通过目录导航方式点击分类目录直接查找所需图书，也可利用数图搜索进行高级检索。对于书名、作者、分类号、出版社等检索途径，可利用“任意一致”、“前方一致”、“后方一致”和“等于”来构造表达式，也可利用“同时”、“或者”实现逻辑运算，并能对出版时间加以限制。除提供对图书的搜索外，中国数字图书馆还设立了专题资源库、书海导航、出版社、作者、书店和读书论坛，尤其是书海导航下有热点专题、书讯、书评、书摘、经典书目、新书推荐等与图书相关的信息。

使用中国数字图书馆首先需要下载中国数图浏览器，其支持中国数字图书馆有限责任公司的所有格式电子资源，包括网页、专题数据库、数字图书等。中国数字图书馆设立会员机制，只有通过注册获得会员资格的读者，才能够使用浏览网站上的数字资源(包括免费资源)。用户也分为购买读书卡和不购买读书卡两种，购买读书卡的用户可以通过中国数图浏览器界面上的“会员服务”图标，进入“会员登录”界面进入注册，获得会员资格。未购买读书卡的用户在进入数图网站后在“登录注册”栏中选择“我要注册”，填写用户注册表格后，选择“提交”完成注册。注册为会员后，即可使用网站上的免费数字资源，并可参加读书论坛的讨论。

(曾满江)

参考文献

1. 刘英华，等. 信息资源检索与利用. 北京：化学工业出版社，2007
2. http ://opac. nlc. gov. cn
3. http ://union. csdl. ac. cn
4. 杨克虎，张晓华，王慧忠主编. 新编医学文献检索. 兰州：甘肃教育出版社，2004
5. 杨长平主编. 信息检索与利用. 北京：中国农业出版社，2009
6. 王立诚主编. 科技文献检索与利用. 南京：东南大学出版社，2006

第四章　网络医学信息资源

第一节　网络医学信息资源概述

一、网络医学信息资源概述

传统信息资源的形式为印刷型，以纸张或书本作为载体。随着信息存储介质的发展，信息资源可以记录在磁带、磁盘或光盘上。计算机不仅可以存储、处理文本信息，还可以存储、处理声音、图像、动画等多媒体信息。网络信息资源不仅包括各类局域网中信息资源，而且也指互联网中的各种信息资源。特别是随着互联网的普及，许多信息资源进入互联网，成为世界各地的用户都可以访问的宝贵网络财富。

网络医学信息资源（medical information resources on network）是指以电子数据的形式存储在光、磁等非印刷型的载体中，并通过网络、计算机或终端等方式再现出来的与生物医学相关的文字、图像、声音、动画等各种媒体信息资源。

20 世纪 80 年代以来，网络技术发展迅速，信息资源日益丰富。特别是 Internet 和 World Wide Web（WWW）的出现，使网络资源更易于获取。种类繁多的医学信息资源呈现在网络上，在很大程度上改变了人们的工作和学习方式。网络医学信息资源具有时效性强、访问快速、交互性好、更新及时、使用成本低等特点。目前一些著名的机构和网站纷纷推出有关生物医学的网络数据库，其中有基于网络的电子图书、电子期刊、电子报纸的全文型数据库，也有文摘目录等索引型数据库，如著名的 EMBASE，BIOSIS Previews 和 MEDLINE。又如美国的 Dialog 系统、MEDLARS 系统和德国的 STN 系统等大型检索系统整合了多个数据库资源，实现了多个库的同时检索。我国的“万方数据资源系统”、“中国知网”和“维普资讯网”中包括大量的医学文献信息资源。全世界提供与医学相关的信息网站已达数万个，其中包括各种类型信息资源。一些科研机构网站、政府网站和商业网站开始对网上医学资源进行组织开发，对现有无序分散的网络信息进行分类与标引、信息筛选、信息过滤，帮助普通用户和医学工作者识别高质量信息，过滤有害信息。

二、网络医学信息资源的分类

医学信息获取方式已发生转变，由传统图书馆转变为数字图书馆及网上资源。医学信息资源通过 Internet 传播、交流和共享已经成为时尚，曾经只能在收藏丰富的图书馆、资料室甚至是国外图书馆和资料室才能获取的医学资源，而今可以轻松地在Internet获取，检索和阅读也更加方便、快捷、准确和全面。且今天图书馆的概念也发生了重大变化，呈现在读者面前的是传统与数字相结合的崭新形式的现代化图书馆。

1. 按信息服务方式分类

（1）WWW医学信息资源。

WWW是当前因特网上最受欢迎和最新的基于Internet/Web结构的信息检索服务系统。WWW利用超文本标记语言（HTML）和“统一资源定位器”（URL）来描述和定位存在于网络上某台计算机上的信息资源，方便用户查询。如果用户对于某一部分感兴趣，只需用鼠标点击该部分内容的链接，系统就能自动获取URL中的信息，利用超文本传输协议（HTTP）和TCP/IP协议向URL对应的服务器发送和调用特定的信息资源，并在浏览器中显示。

（2）FTP医学信息资源。

FTP称为文件传输协议，是历史悠久和应用广泛的网络工具。允许人们通过协议连接到网络上的一个远程主机上读取所需文件，并下载到自己的计算机上。传送的文传可以是文本、图像、声音、多媒体、数据库和可执行二进制代码。

FTP仍是互联网上重要的信息源之一，目前有大量的FTP资源库。但要查找所需文件和主机地址、目录路径和具体文件名，就需要特定的检索工具。

（3）Telnet医学信息资源。

Telnet是计算机网络的远程登录协议，允许用户将自己的计算机作为某一网络主机的远程终端与该主机相连，从而使用该主机的硬件、软件和信息资源。许多机构都建立了可供远程登录的信息系统，如各类图书馆的公共目录系统、信息服务机构的综合信息系统、政府和公共事业部门的信息系统、商业化数据库系统等。用户可以通过Telnet进行查询，如通过远程登录检索美国MEDLARS系统数据库等。

（4）USENET /Newsgroup医学信息资源。

USENET是一种网络应用软件，用于提供新闻组（newsgroup）服务。在这个服务体系中，有众多的新闻服务器，它们作为主机运行的服务器（news server）软件，接收和存储有关主题的消息，供自己的用户查阅。用户在自己的主机上运行新闻组阅读软件（newsreader），申请加入某个新闻组，并从服务器中读取新闻组消息或将自己的意见发送到新闻组中。用户可查阅别人的意见并予以回复，可以进行反复讨论，所以新闻组又称“电子论坛”。

（5）Listserv/Mailing list医学信息资源。

网上进行交流和讨论的工具主要有三种：USENET /Newsgroup（新闻组）、Listserv（电子邮件群）和Mailing list（用户邮件群）。这三种工具的原理和使用方法非常相似，均用于网络用户间的信息交流。

2. 按信息内容表现形式和用途分类

（1）网络电子出版物。

电子出版物主要包括网络数据库、电子期刊、电子报纸、电子图书、电子法规等，在网上订购、浏览该类出版物已成为一种发展趋势。与印刷型的图书、参考工具书相比，网络上的图书和参考工具书内容更丰富，使用更方便，数据更新颖。

网络数据库是指出版商和数据库生产商在网络上发行的数据库。网络数据库经订购后直接通过 Internet 或在本地镜像站点进行访问检索。依托网络发行传递的快捷方便，网络数据库日益将信息检索、原文传递和最新文献报道等服务融为一体。

（2）网络医学信息资源搜索引擎。

搜索引擎自动搜索采集网页信息，自动标引，提供布尔逻辑检索、自然语言检索等多种查询方式。除了常规的综合性搜索引擎，如 Google、AltaVista、InfoSeek、Lycos 等，还有多元搜索引擎、医学专业搜索引擎，如 Medical Matrix、MedWebPlus、MedFinders 等。多数的网络检索工具同时具有关键词检索和目录检索功能。

（3）馆藏联机目录。

馆藏联机目录是各图书馆馆藏文献的检索系统，在揭示馆藏文献内容和提供检索、馆藏利用和馆际互借、资源共享等方面发挥着非常重要的作用。

（4）其他网络医学信息资源。

网络医学教育资源包括针对医学从业人员的职业教育资源和针对普通大众及患者的普及教育资源。前者主要为医学院校网站中的继续教育内容，以及分散在各类网站上的医学教育资源。如想详细了解整个医学继续教育情况，可登录医学继续教育联盟网站（Alliance for CMC），获得医学继续教育机构信息、适用对象、教育专题以及所提供的资源类型等。美国医学教育资格认证委员会（ACCME，http://education.accme.org/）网站可浏览全美多个获认证资格的教育机构的详细信息。

以 Cochrane 协作网为代表的循证医学信息资源。Cochrane 协作网是一个国际性的非赢利的民间学术团体，旨在通过制作、保存传播和更新系统评价提高医疗保健干预措施的效率，帮助人们制定遵循证据的医疗决策。目前 Cochrane 协作网正在加强同循证医学、卫生技术评估、上市药物后效评价等组织和研究项目的合作与相互渗透，更注重系统评价对临床实践、政府卫生决策产生的影响。

网络医学信息资源还包括医药市场信息资源、生物医学软件资源、医院和医学院信息资源、科研基金申请信息、求职信息等。

3. 按医学信息专业内容分类

大多数医学信息的组织管理者按照医药卫生的学科属性进行分类，将网络医学信息资源分为基础医学、临床医学、传统医学、预防医学、护理学、药学等。许多网站使用自创的分类体系，如 Medical Matrix 将各种医学信息分为专业（Specialties）、疾病（Diseases）、临床实践（Clinical Practice）、文献（Literature）、教育（Education）、卫生保健和职业（Healthcare and Professionals）、医学计算和互联网技术（Medical Computing & Internet Technology）、市场（Marketplace）等八大类。此外，一些网站使用传统的图书分类法，如《美国国会图书馆图书分类法》（LC）、《杜威十进分类法》（DC 或 DDC）、《国际十进分类法》（UDC）等已经被应用于网络信息资源的组织和检索。此外还有一些网站应用主题词表构建主题目录。

（李勇文）

第二节 搜索引擎

一、搜索引擎概论

Internet上蕴藏着非常丰富的信息资源，从电子期刊、电子工具书、商业信息、新闻、大学和专业机构介绍、软件、数据库、图书馆资源、国际组织和政府出版物，到娱乐性信息等。它已经成为全球范围内传播科研、教育、商业和社会信息的最主要渠道。但要从这个信息的海洋中准确迅速地找到并获得自己所需的信息，却往往比较困难。正是为了解决这个问题，搜索引擎（Search Engine）应运而生。

1. 搜索引擎概念

搜索引擎既是检索软件，又是提供查询和检索的网站。与普通网站不同的是，搜索引擎网站的主要资源是描述互联网资源的索引数据库和分类目录，为人们提供一种搜索因特网信息资源的途径。

搜索引擎通过网络机器人（网络信息挖掘系统）在网络某一空间、某一领域中寻找和发现有用或相关的信息，并在此基础上建立检索数据库，通过简单友好的界面提供给用户查询。搜索引擎的索引数据库以网页资源为主，有的还包括电子邮件地址，新闻论坛文章，FTP，Gopher等因特网资源。

2. 搜索引擎的类型

（1）按信息覆盖范围及适用用户群分。

① 综合类搜索引擎。

目前Internet上使用的搜索引擎大多数是综合类搜索引擎。这类搜索引擎涉及的内容极其广泛，涵盖了各学科各专业的各种各样的信息，因此这类搜索引擎的规模通常比较大，适合于各个主题的信息查询，能满足各类用户的检索要求。尤其是对于查询跨学科主题，有较好的查全率。但是，在检索某一特定领域、特定专业的信息时，效率比较低，查准率不太理想。如：Yahoo!，AltaVista，Infoseek等均属于综合性搜索引擎。

② 专业类搜索引擎。

针对特定用户群推出的搜索引擎，也称专题搜索引擎，可供查找某一特定领域的信息。专业类搜索引擎只涉及本领域、本学科专业的信息，因此规模通常比较小。由于这类搜索引擎通常由专业人员编制而成，而且某一学科专业的信息相对集中，因此它具有“小而精”的特点。在查询特定领域的信息时，使用专业类搜索引擎不但可以提高检索速度，还可以提高专指度，加大检索的深度和力度，最终提高查全率和查准率。如：Softseek提供软件查找，MapBlast查找地图信息。

（2）按信息的组织方式分。

① 全文搜索引擎（Full Text Search Engine）。

在国外最具代表性的全文搜索引擎有 Google、AltaVista 等，国内著名的有百度(Baidu)。它们都是通过从互联网上提取各个网站的信息（以网页文字为主）而建立的数据库中，检索与用户查询条件匹配的相关记录，然后按一定的排列顺序将结果返回给用户。

从搜索结果来源的角度，全文搜索引擎又可细分为两种：一种是拥有自己的检索程序（Indexer），俗称“蜘蛛”（Spider）程序或“机器人”（Robot）程序，并自建网页数据库，搜索结果直接从自身的数据库中调用，如上面提到的 3 家引擎；另一种则是租用其他引擎的数据库，并按自定的格式排列搜索结果，如 Lycos 引擎。

② 目录索引（Search Index /Directory）。

目录索引虽然有搜索功能，但在严格意义上算不上是真正的搜索引擎，仅仅是按目录分类的网站链接列表而已。用户完全可以不用进行关键词（Keywords）查询，仅靠分类目录也可找到需要的信息。目录索引中最具代表性的莫过于久负盛名的 Yahoo!(雅虎)。其他著名的还有 Open Directory Project（DMOZ）、LookSmart、About 等。国内的搜狐、新浪、网易搜索也属于这一类。

③ 元搜索引擎（Meta Search Engine）。

元搜索引擎在接受用户查询请求的同时，在其他多个引擎上进行搜索，并将结果返回给用户。著名的元搜索引擎有 InfoSpace、Dogpile、Vivisimo 等。中文元搜索引擎中具代表性的有搜星搜索引擎。在搜索结果排列方面，有的直接按来源引擎排列搜索结果，如 Dogpile；有的则按自定的规则将结果重新排列组合，如 Vivisimo。

3. 搜索引擎工作原理

搜索引擎并不真正搜索互联网，它搜索的实际上是相关的网页索引数据库。真正意义上的搜索引擎，首先通过网络自动索引程序收集信息，建立网页索引数据库；当用户提交搜索关键词后，所有在页面内容或 HTML 代码中包含了该关键词的网页都将作为搜索结果被搜索出来，再经过搜索引擎网站自身的算法进行排序后，这些结果将按照与搜索关键词的相关度高低，依次排列，返回给用户，其工作原理如图 4-2-1 所示。一般分为四个步骤：(1) 信息的采集存储；(2) 索引数据库的建立；(3) 检索界面的建立；(4) 检索结果的相关性处理。

搜索引擎对网络资源的收集和整理主要有两种方式：一是图书馆和信息服务专业人员通过对因特网信息资源进行筛选、组织和评价，编制描述网络资源的主体目录，不过，其编制速度无法适应因特网资源增长变化的速度；二是计算机人员设计开发巡视软件和网络机器人等，对因特网资源进行自动搜集、整理、加工和标引，这一方式省时、省力，加工信息的速度快、范围广，可向用户提供关键词、词组或自然语言的检索。

由于计算机软件在人工智能方面与人脑的思维还有很大的差距，在检索的准确性和相关性的判断上质量不高。现在很多搜索引擎则是把人工编制的主体目录和搜索引擎提供的关键词检索结合起来，充分发挥两者的优势。但任何一种搜索引擎都不可能做到对因特网信息资源的全面检索。

二、通用搜索引擎

通用搜索引擎是包罗万象的一类搜索引擎，此类搜索引擎的特点是检索范围广泛，

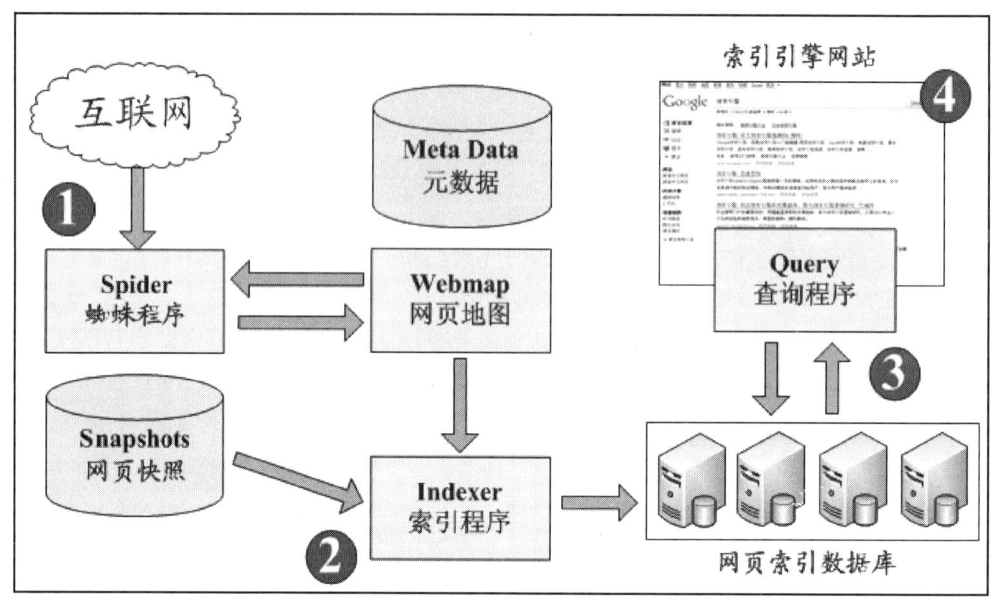

图 4-2-1 搜索引擎工作原理

不受任何学科限制。因而，他们是我们在日常生活、学习中使用最多的搜索引擎。

1. Google

（1）Google 简介（http ://www. google. com/）。

Google 是通用搜索引擎里最优秀的搜索引擎之一。Google 自己提出的使命是：整合全球信息，使人人皆可访问并从中受益。完成该使命的第一步始于 Google 创始人 Larry Page 和 Sergey Brin 在斯坦福大学的学生宿舍内共同开发的全新在线搜索引擎，然后迅速传播给全球的信息搜索者。Google 目前被公认为全球规模最大的搜索引擎，它提供了简单易用的免费服务，用户可以在瞬间得到相关的搜索结果，它可让你使用 100 多种语言查找信息，查看股价、地图和要闻，查找美国境内所有城市的电话簿名单，搜索数十亿计的图片并详读全球最大的 Usenet 信息存档，其超过 10 亿条帖子，发布日期可以追溯到 1981 年……Google 的实用性及便利性赢得了众多用户的青睐，而它的不断创新更是给用户带来无尽的惊喜。

Google 界面简洁（见图 4-2-2），一般的用户都会使用，但是如果能够更多地了解它，掌握它的检索技巧，其检索效率将会大大提高。

（2）基本检索。

Google 的搜索界面很简单，用户只需在检索框中输入检索词，点击“Google 搜索”或按回车，即可得到相应的结果。如果点击的是“手气不错”，查询结果将只显示第一条最为相关的结果，而看不到其他的搜索结果。基本检索的相关规则如下：

① Google 对英文字母大小写不敏感，“AIDS”和“aids”搜索的结果是一样的。

② Google 对通配符支持有限，它目前只可以用“*”来替代字符，而且包含“*”必须用“”引起来。比如，“放射*治疗”，则可以检索到“放射介入治疗”、“放

图 4－2－2　Google **主页**

射免疫治疗”等。

③ 检索词如为短语，则必须用英文引号引起来，“Hepatitis Diagnosis”为一个整体，且次序不能变。

④ Google 搜索提示，这是 2007 年 1 月 Google 新增加的一个功能，即当用户在搜索框中输入关键字的同时，下拉框中就出现以这个关键字开头的热门搜索词。这个功能可以帮助用户更准确地选择检索词。

（3）高级检索。

Google 提供高级检索，其界面同样简洁易用（图 4－2－3）。用户可以通过高级检索界面，简单地实现逻辑检索，同时对结果的语言、文件格式、日期、检索词出现的位置、网域、使用权限作相应的限制。用户只需按照界面的文字提示，即可轻松完成高级检索。建议用户，即使是初学者，也多使用高级检索，这将提供更为准确的搜索结果。

高级检索除了用高级检索页面来完成，也可以直接在主页的检索框里用相应的检索指令来完成，这是高级用户喜欢的一种方式。以下是一些常用的高级检索语法（指令）。

① 逻辑检索。

逻辑与：Google 用空格来表示逻辑与，即搜索结果同时包含 2 个或 2 个以上的关键词。如输入“Hepatitis Diagnosis”，即搜索到的网页包含有“Hepatitis”、“Diagnosis”2 个关键字。

逻辑或：Google 用 OR 来表示逻辑或，即搜索结果至少包含多个关键字中的任意一个，如输入“Hepatitis OR Diagnosis”，即搜索到的网页包含有“Hepatitis”和“Diagnosis”中的一个关键字。

逻辑非：Google 用减号来表示逻辑非，表示检索结果不包含某些特定信息，如“Hepatitis －Diagnosis”，则搜索结果是有关“Hepatitis”而不包含“Diagnosis”的信息。

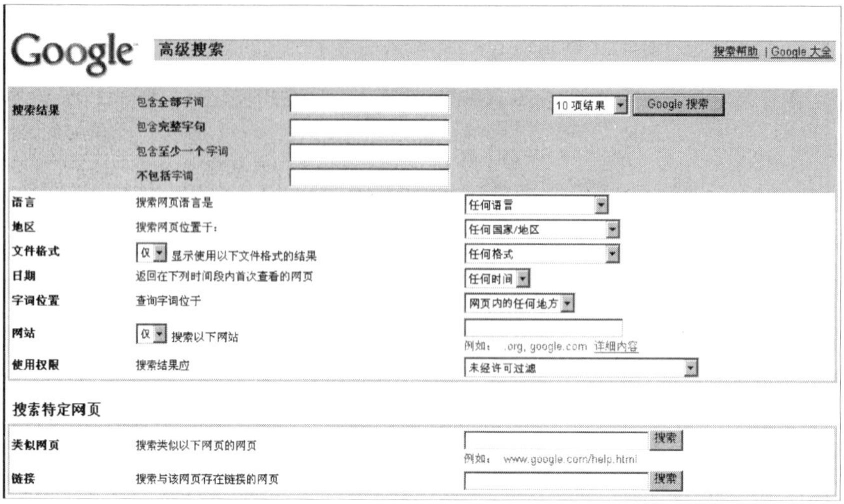

图 4－2－3　Google 高级检索界面

② 对文件类型限定查找。

“filetype”是 Google 开发的非常强大实用的一个搜索语法。也就是说，Google 不仅能搜索一般的文字页面，还能对某些二进制文档进行检索。目前，Google 已经能检索文件类型包括 html、pdf、ps、xls、ppt、doc、wks、wps、wdb、wri、rtf、swf、ans、txt 等。

例 1：检索有关信息检索的课件

检索式为：信息检索 filetype：ppt

例 2：检索有关循证医学的 pdf 文档

检索式为：循证医学 filetype：pdf

③ 对搜索网站限定查找。

“site”表示搜索结果局限于某个具体网站或者网站频道，如“www. sina. com. cn”、“edu. sina. com. cn”，或者是某个域名，如“com. cn”、“com”等。如果是要排除某网站或者域名范围内的页面，只需用“－网站/域名”。

例：查找成都医学院网站上有关本科教育水平评估的事宜。

检索式为：本科教育水平评估 site：cmc. edu. cn

④ 搜索的关键字包含在 URL 链接中。

“inurl”语法返回的网页链接中包含第一个关键字，后面的关键字则出现在链接中或者网页文档中。有很多网站把某一类具有相同属性的资源名称显示在目录名称或者网页名称中，比如“mp3”、“pdf”等，于是，就可以用 inurl 语法找到这些相关资源链接，然后，用第二个关键词确定是否有某项具体资料。inurl 语法和基本搜索语法的最大区别在于，前者通常能提供非常精确的专题资料。

例：查找《中华人民共和国国歌》的 mp3 曲。

检索式为：中华人民共和国国歌 inurl：mp3

⑤ 搜索的关键字包含在网页标题中。

“intitle”语法搜索的关键字包含在标题中。用法与“inurl”相似。

⑥ 搜索所有链接到某个URL地址的网页。

如果你拥有一个个人网站，估计很想知道有多少人对你的网站作了链接。而“link”语法就能让你迅速达到这个目的。

例：查找成都医学院被链接的情况。

检索式为：link：www. cmc. edu. cn

⑦ 查找与某个页面结构内容相似的页面。

“related”用来搜索结构内容方面相似的网页。

例：搜索所有与中文新浪网主页相似的页面（如网易首页，搜狐首页，中华网首页等）。

检索式为related：www. sina. com. cn

⑧ 从Google服务器上缓存页面中查询信息。

“cache”用来搜索Google服务器上某页面的缓存，通常用于查找某些已经被删除的死链接网页，相当于使用普通搜索结果页面中的“网页快照”功能。

其他一些语法平时用得比较少，在此不一一介绍，有兴趣的读者可以参阅Google大全（http：//www. google. com/intl/zh－CN/about. html）。

（4）分类目录。

如果不想搜索广泛的网页，而是想寻找某些专题网站，可以访问Google的分类目录。在Google的“更多”中选择“网页目录”，即可进入Google的分类界面（如图4－2－4）。目前Google使用的分类目录采用了“Open Directory”（网景公司所主持的一项大型公共网页目录），由全世界各地的义务编辑人员来审核挑选网页，并依照网页的性质及内容来分门别类。因此，在某一目录门类中进行搜索往往能有更高的命中率。另外，Google根据其专业的“网页级别”（PageRank）技术对目录中登录的网站进行了排序，可以让一般的检索更具高效率。

例：查找介绍皮肤病的网站

检索方法：选择“健康”下的“疾病与症状”子目录，即可见到“皮肤病”目录，打开，6条记录都是我们所需的。

（5）学术搜索。

Google于2004年11月推出了大型免费学术搜索工具——Google Scholar（http：//scholar. google. com/），他将网上繁杂的学术信息整理成可以方便使用的学术信息资源，用户就像使用学术数据库一样，这对研究者们来说无疑是一个福音。2006年1月，Google扩展至中文学术领域，名为“Google学术搜索”，其首页如图4－2－5所示。

Google学术搜索来源于众多学科和资料，包括学术著作出版商、专业性社团、预印本、各大学及其他学术组织的经同行评论的文章、图书和摘要等。例如，中文Google学术搜索在索引中就涵盖了万方数据资源系统、维普数据资源、公开的学术期刊、中国大学的论文以及网上可以搜索到的各类文章。Google学术搜索提供用户方便地搜索各种学术资源，查找报告、摘要及引用内容，并提示用户通过图书馆或在Web

图 4-2-4 Google 分类目录

图 4-2-5 Google 学术搜索首页

上查找完整的论文。

Google 学术搜索与其他搜索不同，最显示其“学术性”的莫过于搜索结果的显示和链接。Google 学术搜索的每一个搜索结果都代表一组学术研究成果，其中可能包含一篇或多篇相关文章甚至是同一篇文章的多个版本。例如，某项搜索结果可以包含与一项研究成果相关的一组文章，其中有文章的预印版本、学术会议上宣读的版本、期刊上发表的版本以及编入选集的版本等等。将这些文章组合在一起，可以更为准确地衡量研究工作的影响力，并且更好地展现某一领域内的各项研究成果。Google 学术搜索结果（见图 4－2－6）及其说明如下：

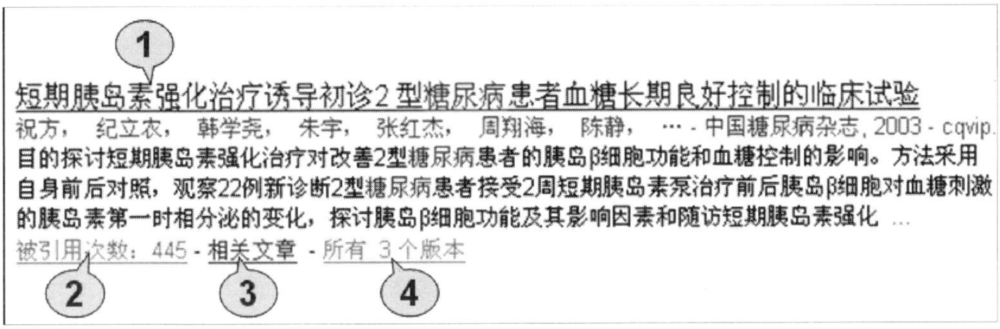

1
短期胰岛素强化治疗诱导初诊2 型糖尿病患者血糖长期良好控制的临床试验
祝方， 纪立农， 韩学尧， 朱宇， 张红杰， 周翔海， 陈静， … - 中国糖尿病杂志，2003 - cqvip.
目的探讨短期胰岛素强化治疗对改善2型糖尿病患者的胰岛β细胞功能和血糖控制的影响。方法采用自身前后对照，观察22例新诊断2型糖尿病患者接受2周短期胰岛素泵治疗前后胰岛β细胞对血糖刺激的胰岛素第一时相分泌的变化，探讨胰岛β细胞功能及其影响因素和随访短期胰岛素强化 …
被引用次数：445 - 相关文章 - 所有 3 个版本
2　3　4

图 4－2－6　Google 学术搜索结果

① 标题——链接到文章摘要或整篇文章（如果文章可在网上找到）。

② 被引用次数——链接到引用该篇文章的其他论文。

③ 相关文章——查找与本篇文章类似的其他论文。

④ 所有版本——查找可能看到的同属这组学术研究成果的其他文章，可能是初始版本，其中有预印本、摘要、会议论文或其他改写本。

Google 学术搜索为广大学术研究者带来了巨大的资源获取的方便性和公平性，而且它还具有以下优点，甚至连专门的数据库都无法比拟：①相关性，对于 Google 学术搜索的每个搜索结果，Google 都设法自动确定其索引中哪些文章与其最密切相关。在“相关文章”链接的文章列表中，相关文章进行排名时主要依据的是这些文章与原始结果的相似程度，但也考虑每篇论文的相关性。找到一系列相关的论文和书籍通常是新手熟悉某个主题的最佳方法。即使是专家，有时也会对所找到的自己专业领域的相关著作感到惊讶。②全文搜索，在可能的情况下，Google 学术搜索会搜索全文，而不仅仅只是摘要部分。③非在线文章搜索，Google 学术搜索涵盖的许多著作中包括了没有在线发布的学术研究结果。比如爱因斯坦很多著作并未在线发布，但 Google 学术搜索可以通过引用信息使搜索者了解到这些重要的未在线发布论文和书籍。

（6）其他功能。

Google 的强大功能也许是超过我们想象的，对于搜索，它几乎无所不能。

① 特色网页搜索。

帮助用户方便地查找股票信息，快速的货币转换、查找相关网页等。

② 图书搜索。

Google 图书搜索是一种图书内容的全文索引目录，它能够帮助用户进行图书全文检索并且迅速找到他们希望购买的图书。

③ 大学搜索。

用户能够将搜索限定在某个大学的网站内，从中搜索录取信息、课程信息或者校友信息。

④ 地图搜索。

可以帮助查询详细地址、寻找周边信息，并规划点到点路线。

⑤ 工具栏。

不需要登陆 Google 网站，安装 Google 工具栏，用户在网络的任何位置都可利用 Google 的强大功能。

⑥ 资讯。

具有大量有价值的新闻信息。

Google 还提供多语种翻译、手机查询、日历等等大量枚举不尽的功能。而其实验室不断带来的创新功能又给用户带来无尽的惊喜。大家只有不断地实践操作，不断地总结经验，才能更有效率地利用好 Google，也才能给自己不断地带来惊喜。

2. 其他通用搜索引擎

（1）百度。

百度（http://www.baidu.com/），2000 年 1 月创立于北京中关村，是全球最大的中文搜索引擎。2000 年 1 月 1 日，公司创始人李彦宏、徐勇携 120 万美元风险投资，从美国硅谷回国，创建了百度公司。创立之初，百度就将自己的目标定位于打造中国人自己的中文搜索引擎，并为此目标不懈地努力奋斗。10 年来，百度一直孜孜不倦地追求技术创新，依托于博大精深的中文智慧，致力于为用户提供“简单、可依赖”的互联网搜索服务。百度每天响应来自全世界 100 多个国家超过数亿次的搜索请求。用户可以通过百度主页，在瞬间找到相关的搜索结果，这些结果来自于百度超过 10 亿的中文网页数据库，并且，这些网页的数量每天以千万级的速度增长。百度除网页搜索外，还提供 mp3、新闻、地图、图片、视频等多样化的搜索服务，率先创造了以贴吧、知道、百科、空间为代表的搜索社区，将无数网民头脑中的智慧融入了搜索。百度是中国人的搜索引擎，它为中国网民最便捷地获取信息、找到所求、公平地获取信息做出了不懈的努力。

百度的搜索方法主要为关键词法，分基本检索和高级检索，方法和指令与 Google 类似，在此不再赘述。

（2）AltaVista。

AltaVista（http://www.altavista.com）是功能全面的搜索引擎，曾经名噪一时，但现在其地位已被 Google 取代。即便如此，它仍被认为是功能最完善、搜索精度较高的全文搜索引擎之一。AltaVista 搜索速度很快，并且维护了一个含有时间变量的数据库以保证所查资料是最新信息。另外，AltaVista 是第一个支持自然语言检索的搜索引擎，也是第一个实现高级搜索语法的搜索引擎。

（3）Ask Jeeves。

Ask Jeeves（http://www.ask.com）是人工操作目录索引，规模不大，但很有特点。与其他关键词搜索引擎不同，Ask Jeeves 被设计成回答用户提问的自然语言引擎。搜索时，它首先给出的是数据库中可能存在的答案，然后才是网站链接。

Ask Jeeves 曾是著名搜索引擎 DirectHit（2002 年 4 月被关闭）的母公司，在 2001 年年末收购了全文搜索引擎 Teoma 并与之进行整合后，其搜索能力得到了进一步的加强，是拥有自主技术的独立一线全文搜索引擎。

(4) Fast/All The Web。

Fast/All The Web（http://www.alltheweb.com/）总部位于挪威，成立于1997年，其技术起源于挪威科技大学（Norwegian University of Science and Technology）的相关研究开发结果。Fast是当今成长最快的搜索引擎，目前支持225种文件格式搜索，其数据库已存有49种语言的几十亿个Web文件。而且以其更新速度快、搜索精度高而受到广泛关注，被认为是Google强有力的竞争对手。

(5) MetaCrawer。

MetaCrawer（http://www.metacrawler.com/）是公认的功能最强大的元搜索引擎，它可以直接调用Google、Yahoo!、Ask等著名的搜索引擎，本身还提供目录检索服务。其检索特性非常丰富，包括常规检索、高级检索、定题检索等，可以检索到的内容有网页、新闻、视频、音频、黄页等。

(6) Yahoo。

Yahoo（http://www.Yahoo.com/）是最早最著名的搜索引擎，也是目前著名的搜索服务网站之一。Yahoo最早以其全面的分类体系著称，目前倾向于全文搜索引擎发展。现今，其全文搜索界面和Google、百度相似，简洁明了，简单易用。

三、医学搜索引擎

虽然信息技术和网络检索技术迅速发展，自动分类、智能概念抽取（ICE)、相关排序技术等已经在大型通用搜索引擎Google，Yahoo，AltaVista等得到较广泛的应用，但对医学专业人员而言，由于这些通用搜索引擎没有对医学专业信息进行优化处理，检索时返回的信息数量大，重复过多，相关性不强，利用率低，因此，检出的信息不能充分满足医学用户的查询需求。医学专业搜索引擎的出现，有力地避免了上述弊端，给网络医学信息检索带来了革命性的变化。

1. Medical Matrix（http://www.medmatrix.org/）

Medical Matrix（医源）由Healthtel Corporation创建，其目标是在国家学术机构协作下成为“21世纪的Medline”。Medical Matrix是一种由概念驱动的智能搜索工具，主要服务对象是工作在一线的临床医务人员，致力于提高他们利用网上临床资源的效率，是目前最为重要的医学专业搜索引擎之一。从2004年开始，Medical Matrix改为收费服务。

(1) 检索方法。

① 分类检索：分类目录是其主要特色，按各种医学信息分为专业（Specialties)、疾病种类（Diseases)、临床应用（Clinical Practice)、文献（Literature)、教育(Education)、健康和职业（Healthcare and Professionals)、医学和计算机（Medical Computing, Internet and Technology)、市场（Marketplace）等8大类。每一大类下再根据内容的性质分为新闻（News)、全文和多媒体（Full Text/Multimedia)、摘要(Abstracts)、参考书（Textbooks)、主要网址（Major Sites / Home Pages)、操作手册(Procedures)、实用指南（Practice Guideline/FAQS)、病例（Cases)、临床和病理图

像（Images、Path /Clinical)、患者教育（Patient Education)、教学资料（Educational Materials）等亚类。如图 4－2－7 所示。可根据需要选择相应的类目进行检索。

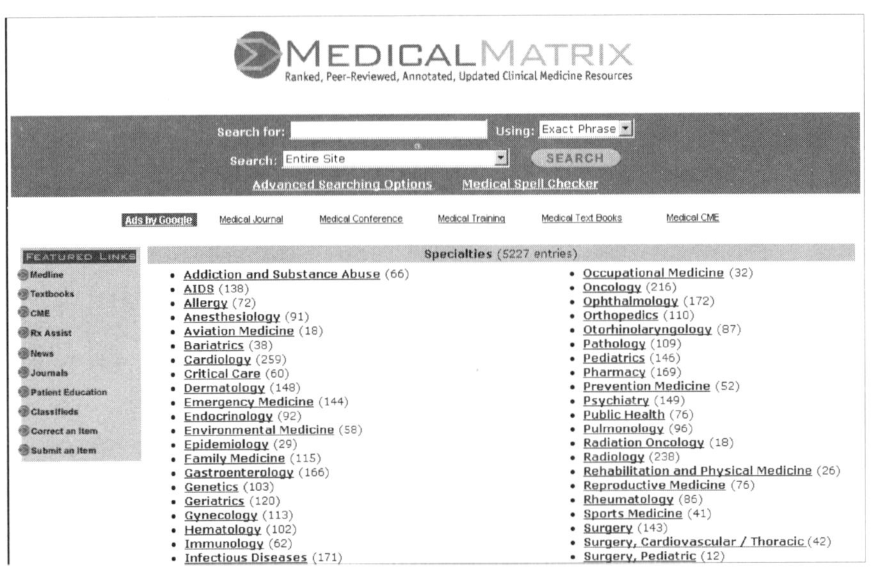

图 4－2－7　Medical Matrix 分类检索

② 关键词检索：在“Search”框内输入想要检索的关键词后，选择关键词的匹配方式，包括 Exact Phrase、All Word 和 Any Word，点击“Search”，即可获得相应的信息。

（2）检索示例。

利用 Medical Matrix 查找网上有关 AIDS 的信息。

方法一：关键词法，在“Search”框内输入“AIDS”，点击“Search”即可。

方法二：分类法，在首页中 8 个大类中选择 Specialties 分类目录，从中选中 AIDS，则进入与 AIDS 有关的信息页。

（3）主要特色。

① 分类目录由专业人员制定，科学、规范，检准率高。

② 以临床医学为主，最适合临床医师使用，是互联网上的临床医学信息资源数据库。

③ Medical Matrix 收集的站点都需由美国医学情报协会筛选、审定。并且对收录网站进行简要评论，按 5 个星级分别标注其价值，方便读者判断结果。

2. MedHunt 和 HONselect

瑞士日内瓦国际非赢利组织 HON（Health On the Net Foundation，健康在线基金会，http ://www. hon. ch/）于 1996 年 3 月建立了 HON 网站（法语与英语），其任务是为执业医师和普通用户提供实用的、可靠的网上医药卫生信息资源。HON 有两个被广泛使用的搜索引擎 MedHunt 和 HONselect，其数据组织合理严谨、检索功能十分强大。

（1）MedHunt（http：//www.hon.ch/MedHunt/）。

MedHunt是一个专业的智能全文医学搜索引擎，它使用机器人Marvin自动采集网页，同时利用人工筛选、整理和分类网页，人工处理每日更新，因此保证了其信息的有效和可靠。目前提供英语、法语、西班牙语和汉语4种语言界面。

① 检索方法：MedHunt的检索界面如图4－2－8。这是一个非常友好的检索界面，它按步骤提示检索者如何检索：首先在搜索栏中输入要查询的词，并选择查询方式。其次通过选项细化，限制HONoured数据库的显示。最后点击“提交”。

图4－2－8　MedHunt的检索界面

其中检索框允许输入单词和词组，对大小写不敏感，“”表示词组检索，但不能输入逻辑算符。有all the words、any of the words和adjacent words等3种匹配方式，即相当于AND、OR和近义词检索。限制检索则可限制资源类别（包括全部、医院、支持服务和事件）、地区和显示条目。检索出的结果分别显示HON认证的网站数、由HON人工筛选整理过的网站数、机器人自动采集的网站数。每条记录旁列有关键词，可进行链接检索。

② 检索示例：利用MedHunt检索乙型肝炎的所有有关文献。

检索方法：打开MedHunt检索页面，在检索框内输入hepatitis b，选择all the words匹配，并限制检索选择默认选项，按提交，即可得出结果。

（2）HONselect（http：//www.hon.ch/HONselect/）。

HONselect是一个全新的整合搜索引擎，它包含一个详尽的医学主题词集，并提供相应的医学图片、参考文献、新闻和网站。由美国国家医学图书馆编制的MeSH（医学主题词表）主题词为其核心部分，这些主题词可以用英文、法文、德文、西班牙语或葡萄牙语进行检索或浏览。

HONselect 的分级结构给非专业人士以深入了解的机会。例如，搜索“糖尿病”，结果列出：“糖尿病”、“胰岛素依赖型糖尿病”、“非胰岛素依赖型糖尿病”、“脂肪萎缩性糖尿病”、“实验性糖尿病”、“糖尿病妊娠”、“妊娠糖尿病”、“肥胖糖尿病”和“家族性低血磷酸盐”等等。然后使用者可以从中选择自己感兴趣的主题词，优化搜索。

HONselect 搜索引擎集强大的搜索功能、丰富的医学信息以及友好的图形界面于一身。因此它既适合患者，又适合医生和医科学生使用。

① 检索方法（检索界面如图 4－2－9）。

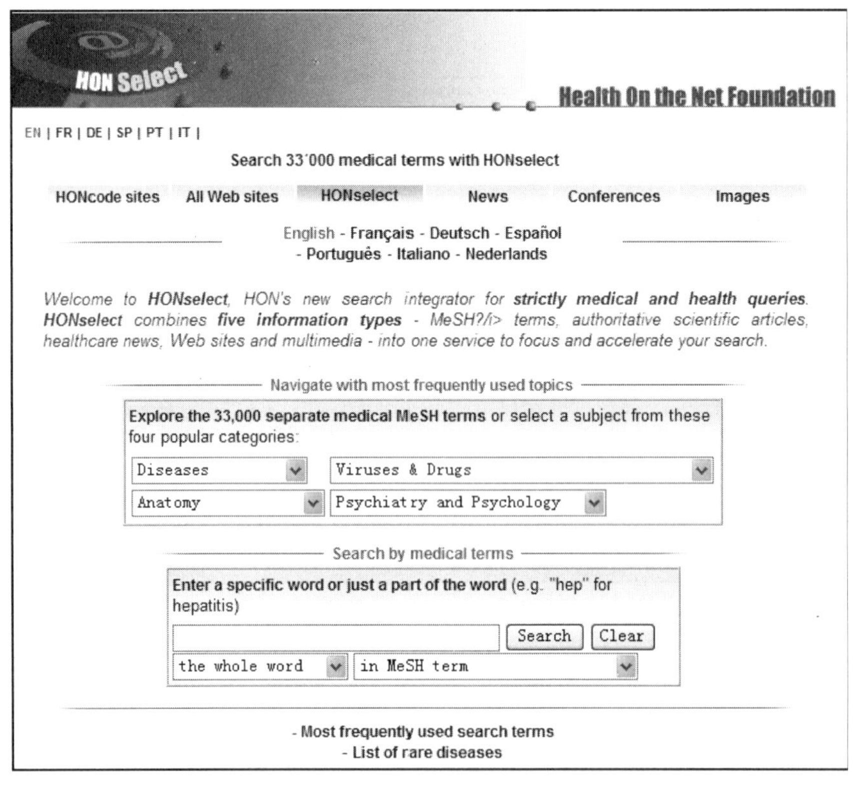

图 4－2－9 HONselect 检索界面

主题词分类浏览：首页提供疾病、病毒和药物、解剖学、精神病与心理学 4 个大类下最常用主题词的选择菜单，可直接浏览常用主题相关资源。

结果显示页面包括主题词树型结构及注释表、PubMed 相关文献、相关网页、医学图像、新闻、会议事件、临床试验 7 个部分。每部分均可进行上、下位词和相关主题词的链接扩展检索。在结果页左上方的下拉菜单中，选择 Browse 可浏览 15 个类别的所有主题词。

主题词检索途径：输入框内允许键入 the whole word（完整词组）和 the part of word（单词的一部分），并可限定在主题词中检索，或在主题词注释中检索。检出结果首先显示在主题词表中的 Mesh Term（主题词）和 Accepted Terms（其他相关主题词），点击合适主题词后可得检索结果。

② 检索示例：利用 HONselect 主题词检索途径查找有关 Diabetes 的文献。

检索方法：打开 HONselect 检索界面，在主题词检索框内输入 Diabetes，然后选 the whole word，in Mesh Term，点击 search 即可浏览主题词结构表、Medline 中相关论文、web 网站等。

3. Medscape（http://www.medscape.com）

Medscape（医景网）由美国 Medscape 公司 1994 年研制，1995 年 6 月投入使用，由功能强大的通用搜索引擎 AltaVista 支持，可检索图像、声频、视频等专业医疗服务资料，包括评论文章、专家专栏、杂志评论、用户继续教育文章等，是 Web 上最大的免费提供临床医学全文文献和继续医学教育资源（CME）的网站。用户可选择在 Medscape、MEDLINE、Drug Reference 3 个数据库进行检索，同时还可浏览每日医学新闻，免费获取 CME、“Medpulse” 等各种医学信息，并提供网上查找医学词典、临床管理系列（Clinical Management Series）、杂志全文（Journals）、使用指南（Practice Guideline）、指南进展、杂志扫描、会议摘要和时间表、专家提问和讨论、临床挑战等栏目。

（1）检索方法。

① 分类方法：分类目录即“Specialty Sites”，根据疾病名称、所属学科和内容性质设定，共 36 大项，它们以英文首字母顺序排序（如图 4－2－10）。每个大类再具体分二级类目，二级类目下再划分各个面，用户可以选择具体所需信息类别。用户需要注册后方可得到查询信息。

② 主题检索：在“Search”框内输入想要检索的关键词后，按需要可分别选择 All Source、Medscape、Medline、Drug Reference 4 个选项，点击“Search”，即可获得相应的信息。

（2）检索示例。

利用 Medscape 查找有关肺癌放射性治疗的信息。

方法一：关键词法（单词间空格隔开）。在“Search”框内输入“Radiology Lung Cancer”，选择 All Source，点击“Search”即可。

方法二：分类法。在“SPECIALTY SITES”中选择“Radiology”，进入二级类目选择“Lung Cancer”，则进入有关的信息页。

4. Achoo（http://achoo.8media.org/main.asp）

Achoo 是加拿大 MNI 系统公司创建并维护的医学搜索引擎站点，它是 Internet 上用户最多的医学专业搜索引擎。在 Lycos 的 Top 5%排行榜中，Achoo 不但列医学搜索引擎的首位，而且是整个医药卫生类站点的冠军。Achoo 收录了数以千计的医学站点资源，还开辟专栏介绍每周新加入的站点和反映医学最新进展、最新发现的页面。它的目标是成为提供最完备医药卫生信息的网站。进入 Achoo 主页后，点击“Search”即可进入其检索页面，它提供关键词及分类两种检索途径。

SPECIALTY SITES

Allergy & Clinical Immunology
Anesthesiology
Business of Medicine
Cardiology
Critical Care
Dermatology
Diabetes & Endocrinology
Emergency Medicine
Family Medicine
Gastroenterology
General Surgery
Hematology-Oncology
HIV/AIDS
Infectious Diseases
Internal Medicine
Lab Medicine
Med Students
Medscape Today
Nephrology
Neurology
Nurses

NEWS From Medscape Medical News, Reuters and more

One Third of First-Time Pregnancies Delivered by Cesarean *Medscape Medical News*, August 30, 2010

First 2 Groups Named to Vet EHRs Eligible for Federal Bonus *Medscape Medical News*, August 30, 2010

Smoking Marijuana Eases Chronic Neuropathic Pain *Medscape Medical News*, August 30, 2010

AAP Policy Statement Encourages Support of Child Fatality Review Process *Medscape Medical News*, August 30, 2010

U.S. Births Decline; Economy to Blame? *WebMD Health News*, August 30, 2010

ESC Exercise Can Treat Cardiovascular Disease as Well as Prevent It *Heartwire*, August 30, 2010

Guidelines Updated for Influenza Vaccination and Antiviral Therapy in Children *Medscape Medical News*, August 30, 2010

Alert Limit Fingerstick Devices to Just 1 Patient, FDA and CDC Say *Medscape Medical News*, August 27, 2010

SPECIALTY SPOTLIGHT

Epigenetic Mechanisms in Lupus What are the epigenetic mechanisms in lupus, and how do they contribute to an understanding of the disease? *Current Opinion in Rheumatology*, August 31, 2010

Cerebellar Stimulation in the Management of Medically

图 4－2－10 Medscape 分类目录

（1）检索方法。

① 关键词检索。简单检索：把要查询的关键词输入查询框中，单击“Search”就可以了。如果你想查询两个以上的单词，需要在每个词之间用逗号隔开。

高级检索：第一步与简单查询相同，键入关键词，如果是多个词，用逗号隔开。第二步则需要选择要使用的选项，分别是关键词匹配选项、范围选项、Geographic Location Site（网站的地理位置）以及 Site Content Qualification Filters（网站内容的过滤功能）。所有的选项都可以单独或并列使用来设定一个非常特定的搜索范围，当所有的选项都设定好后，点击“Search”按钮。

② 分类检索：点击左侧的“Achoo directory”可进入分类目录，其资源主要分为三大类：

一是 Business of Health Directory：包括公司、产品及服务、卫生管理等。

二是 Human Health and Disease Directory：包括替代医学、各种疾病等内容。

三是 Organizations and Sources Directory：包括计算机与医学、数据库与指南、教育机构及医院雇佣信息等内容。

（2）检索示例。

查找美国有关白血病诊断的网站。

在检索框里输入“Leukemia，Diagnosis”，分别在限制检索里选择选项：Search

method 选 All Words（AND），Search area 选 All Fields（default），Geographic Location of Site 选 United State，点击“Search”可得结果。

5. HealthAtoZ（http://www.healthatoz.com/）

HealthAtoZ 为美国 Medical Network 公司 1995 年开发建立的医学门户网站，是一个功能强大的网上免费全文医学信息资源搜寻器，可对医学信息进行准确、有效的搜索，为医学工作者和健康消费者提供医学信息搜索的网站。HealthAtoZ 收录的信息均经医学专业人员手工编排，保证了搜索的准确性及方便性，收集的内容每周更新，便于检索者使用。

A to Z 选择区提供了 a 到 z 的字母列表选择栏，选择相应字母，点击进入便可见到以字母 A to Z 排列的疾病名称列表，选择某一病名，便可了解到该疾病的全方位知识，如介绍该病的定义、病因、症状、体征、诊断、治疗、预后等，还推荐与该病有关的图书、期刊的相关网址。

6. Medseek（http://www.medseek.com/）

Medseek 为美国 Medseek LLC 于 1996 年推出，用于检索全美各州及各个城市医生和医院信息的网络信息资源搜索器，收集了有关各州所属医院及医生的信息，所提供检索的临床医生数据库和医院指南均由美国数据库公司提供，旨在为医生和患者提供最精确的信息，是了解美国各个州的医院信息及医生信息的重要途径，也是网上求医问药的好去处。

（曾满江　李勇文）

第三节　著名医学出版物

一、国内著名医学出版物

1. 中华医学杂志

网址：http://www.nmjc.net.cn/

中华医学杂志由中华医学会主办，为综合性医学学术期刊，创刊于 1915 年 11 月，是国内外影响较大的医学科技期刊。中华医学杂志现为周刊，设有述评、专家论坛、论著、医药卫生策略探讨、临床流行病学、疑难病例析评、循证病例报告、继续教育、临床病理讨论、综述、国内外学术动态等栏目。报道内容以创新，基础与临床结合，学科交叉融汇为主。本刊特点：时效性强，报道范围广，覆盖面宽，影响力大，权威度高。目前被 19 个国内外重要数据库和检索系统收录。

2. *Chinese Medical Journal*

网址：http://www.cmj.org/

中华医学杂志英文版是中国科协主管、中华医学会主办的基础性、临床性和高科技学术期刊，重点报道我国医学各学科最新进展和高水平科研成果，以及临床各科诊疗新经验，是我国医学与世界交流的重要窗口。主要栏目有述评、论著、论著摘要、综述、简报、病例报告、国内外学术动态、会议纪要及青年论坛等。作为中华医学会会刊，目前被国内外 20 余个重要生物医学数据库、检索系统和文摘期刊收录，包括科学引文索引（SCI）、化学文摘（CA）、生物医学文摘、荷兰医学文摘等国际著名检索系统，是我国唯一进入美国《科学引文索引》核心期刊的综合性医学杂志。

二、国外著名医学出版物

1. *Science*

网址：http://www.sciencemag.org/

美国的 *Science* 杂志为国际上著名的自然科学综合类学术期刊，在世界学术界享有盛誉，反映其被引文量的影响因子始终高居 SCI 收录的 5700 种科学期刊的前十位。*Science* 杂志具有新闻杂志和学术期刊的双重特点，每周除向世界各地发布有关科学技术和科技政策的重要新闻外，还发表全球科技研究最显著突破的研究论文和报告。

Science 杂志发表的论文涉及所有科学学科，特别是物理学、生命科学、化学、材料科学和医学中最重要的、最激动人心的研究进展。据统计，发表的论文中 60%有关生命科学，40%是属于物理科学领域的。每年 *Science* 杂志还出版大约 15 期专辑，展示某一专门领域的最新成果。

科学在线 *Science Online*，提供 *Science* 杂志全文、摘要和检索服务。网络版上许多内容是免费的。在网上，*Science* 杂志发表的文章全文可回溯至 1996 年 10 月，摘要可回溯至 1995 年 10 月。

2. *Nature*

网址：http://www.nature.com/

英国著名杂志 *Nature* 是世界上最早的国际性科技期刊，自从 1869 年创刊以来，始终如一地报道和评论全球科技领域里最重要的突破，影响因子 28.751（2008 年数据）。其办刊宗旨是“将科学发现的重要结果介绍给公众，让公众尽早知道全世界自然知识的每一分支中取得的所有进展”。*Nature* 网站涵盖的内容相当丰富，不仅提供 1997 年 6 月到最新出版的 *Nature* 杂志的全部内容，还包括其姊妹刊物，即 *Nature* 出版集团（The Nature Publishing Group）出版的 8 种研究月刊、6 种评论杂志和 2 种工具书。

3. *Cell*

网址：http://www.cell.com/

Cell 是与 *Science*、*Nature* 等齐名的世界权威杂志，是生命科学研究领域的顶尖杂志。由爱思唯尔（Elsevier）出版公司旗下的细胞出版社（Cell Press）发行。*Cell* 杂志有多种姐妹期刊，这些期刊既是对 Cell 的补充，又各具特点。创刊 30 多年间，细胞出版社旗下期刊共发表了 59 篇诺贝尔奖获得者的论文，其中 10 篇论文为作者的获奖论

文。Cell 是近 10 年来在分子生物学和遗传学研究领域中最热门和最具影响力的期刊之一。

4. *The Lancet*

网址：http ://www. thelancet. cn/（中文站）

《柳叶刀》杂志是世界最古老的同行审查（Peer reviewed）类医学期刊（Medical journals）之一。*Lancet* 定位于刊登“将会改变医疗实践的临床试验，来自世界各地的医学研究和分析”等，宗旨是“独立、面向全世界”。该杂志从创立至今始终保持独立，未曾加入任何一个医学或科学组织，在整个医学界的发言仍保持着其独立性和权威性。

5. *The New England Journal of Medicine*

网址：http ://www. nejm. org/

《新英格兰医学杂志》是一份全科医学周刊，出版对生物医学科学与临床实践具有重要意义的一系列主题方面的医学研究新成果、综述文章和社论。素材着重在内科学和过敏/免疫学、心脏病学、内分泌学、肠胃病学、血液学、肾脏疾病、肿瘤学、肺部疾病、风湿病学、HIV 以及传染病等专业领域。杂志主要提供重要的、未被刊登过的研究成果、临床发现以及观点。注重文章的实用性，文章多为临床实践指导。该杂志是周刊，发表关于新的医学研究成果、评论以及从生物医学理论到临床实践的编辑部意见。

《中国医学论坛报》与《新英格兰医学杂志》合作，用中文同步出版《新英格兰医学杂志》的部分文章。

6. *British Medical Journal*

网址：http ://www. bmj. com/

《英国医学杂志》(*British Medical Journal*，简称 BMJ)，是一份在全世界广受欢迎及阅读的同行评审性质的综合医学期刊。本期刊由 BMJ 出版集团公司［BMJ Publishing Group Ltd，属于英国医学协会（British Medical Association)］所发行。

该刊在 160 多年的历史中，以其学术严谨、内容新颖、排版活泼的鲜明特点，受到世界很多国家读者的欢迎。该杂志主要介绍医学方面的各种新发现、新突破、新技术。1998 年，中华医学会与英国医学会合作，创办了《英国医学杂志中文版》（Chinese Edition of BMJ)，成为 BMJ 的 10 余种不同国外版本之一。

7. *JAMA*

网址：http ://jama. ama－assn. org/

JAMA －The Journal of the American Medical Association《美国医学会杂志》是由美国医学会（American Medical Association）主办的一种综合性临床医学杂志，创刊于 1883 年，每月出版 4 期，全年出版 48 期。主要刊载临床及实验研究论文、编者述评、读者来信、相关书评等类型文章。该杂志的编委会由来自于美国、日本、法国、德国、荷兰、澳大利亚、丹麦等国家的医学专家组成，并有一个国际性编辑顾问委员会，其成员分别来自于意大利、土耳其、墨西哥、阿根廷、中国等 16 个国家。

该刊是国际上公认的四大医刊之一。*JAMA* 比较注重其教育职能，利用该杂志的 Continuing Medical Education 栏目向临床医师提供基础医学与临床医学方面的继续医学教育服务。

8. *The Journal Of Clinical Investigation*

网址：http ://www. jci. org/

《临床研究杂志》是美国临床研究会的协会刊物。它的特色可用“临床”和“研究”来表达，它是基础生物医学和临床研究之间的“接口”。

9. *Annual Reviews* 年评系列

网址：http ://www. annualreviews. org/

Annual Reviews 出版社成立于 1932 年，是一家致力于向全球科学家提供高度概括、实用信息的非赢利性组织，专注于出版权威综述期刊；自 1932 年第一本杂志 *Annual Review of Biochemistry* 出版以来已有 70 多年的历史。*Annual Reviews* 的期刊涉及生物学、医学、物理学和社会科学领域的 32 个学科。

Annual Reviews 邀请各学科领域最权威、顶尖的科学家撰写综述，回顾本学科最前沿的进展，为科学研究提供方向性指导。*Annual Reviews* 文章的半衰期显著长于一次文献。

Annual Reviews 系列是引证率最高的出版物，所有期刊在其相应领域均排名前十。在 ISI（Institute for Scientific Information）最新统计的 2006 年 6000 多种期刊的影响因子中，*Annual Review of Immunology* 的影响因子高达 47. 237，位居第三，*Annual Review of Biochemistry* 的影响因子为 36. 525，位居第四；并且超过半数 *Annual Reviews* 系列杂志的影响因子位于不分学科排名的前 100 位。

Annual Reviews 在线数据库提供全部文章的 PDF 全文，最早可以回溯到 1932 年。

（丘　琦）

第四节　开放获取期刊

一、开放获取期刊概述

开放获取期刊（Open Access Journals）是一种论文经过同行评审的、网络化的免费期刊，全世界的所有读者从此类期刊上获取学术信息将没有价格及权限的限制，编辑评审、出版及资源维护的费用不是由用户，而是由作者本人或其他机构承担。

国际上有关开放获取的协议及宣言包括《布达佩斯开放存取计划》、《Bethesda 开放获取声明》、《关于自然科学与人文科学资源的开放存取的柏林宣言》等。

开放获取对发展中国家具有重要意义，原因在于近年来世界科技期刊的价格飞涨，每种科学期刊的价格平均增长了 4 倍，引发了科研人员信息获取危机。对于发展中国家的研究者来讲，开放获取主要是解决两方面问题：一是自己的研究能够被其他国家、地区的研究者关注，二是能够更多地获取其他国家、地区的研究成果。广泛的开放获取政策有助于提高发展中国家科研产出的水平。

由全球知名出版社 Springer 与清华大学出版社共同出版和发行的开放获取期刊《纳米研究》（*Nano Research*）英文学术期刊在创刊一年半后，于 2010 年初得到 Thomson ISI 通知，期刊已经成功被 SCI－E 收录，成为中国首份成功进入 SCI－E 的开放获取期刊。该刊由中国教育部主管，清华大学主办。

二、重要开放获取期刊网站介绍

1. DOAJ

DOAJ 是由瑞典 Lund 大学图书馆创建和维护的开放获取期刊列表，该列表旨在覆盖所有学科、所有语种的高质量的开放获取同行评审刊。截至 2010 年 7 月底，该列表已经收录 5258 种开放获取期刊，431149 篇开放获取论文。2190 种开放获取期刊可在文章层面进行检索。期刊学科涵盖农业和食品科学、生物和生命科学、化学、历史和考古学、法律和政治学、语言和文学、艺术和建筑、商业和经济、地球和环境科学、多学科、健康科学、数学和统计学、哲学和宗教、物理和天文学、一般科学、社会科学、工程和技术等 17 学科主题领域。DOAJ 网址为 http ://www. doaj. org/（见图 4－4－1)。

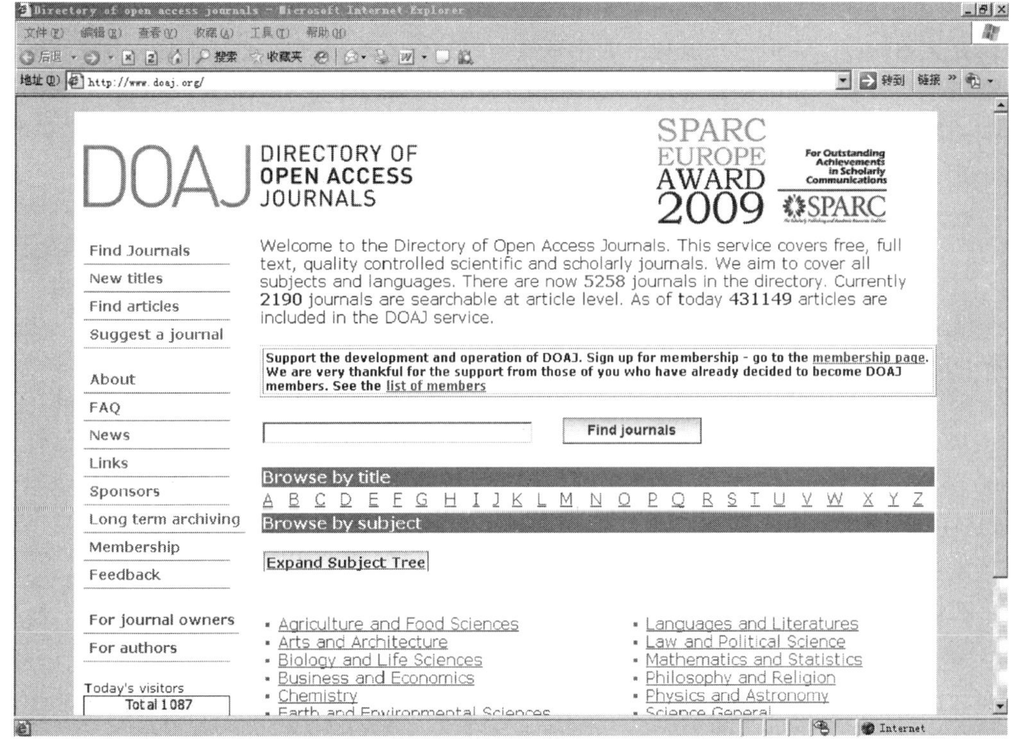

图 4－4－1 DOAJ 网站首页

DOAJ 提供了文章和期刊两种查找途径，同时可以通过刊名和学科进行期刊浏览检索。DOAJ 的新增期刊检索功能，在输入起止日期并选择排序依据后，可以检索特定时间段内添加到DOAJ的开放获取期刊，如通过此功能检索出2010年1月1日至2010年8月9日，添加到DOAJ的期刊种数是766种。

2. BioMed Central

BioMed Central是一个开放获取期刊出版商，目前已出版开放获取期刊206种，其网站为http：//www.biomedcentral.com/。

BioMed Central的206种杂志包括《生物学杂志》等一般期刊，也包括专论某一个科目的专业期刊，如《BMC生物信息学》、《疟疾杂志》。BioMed Central的杂志发表的所有研究文章全都可以公开取阅，同时BioMed Central也提供各种需要订阅的额外产品和服务。例如，某些BioMed杂志，如《基因组生物学》，发表只向订户开放的委托评审内容。BioMed Central还经营开放存储仓库（Open Repository），即面向各研究机构的托管型数字存储解决方案。

经同行评议后在BioMed Central刊物上发表的任何文章都是可公开查阅的，即：可通过全球因特网免费浏览，采用简便的阅读格式，发表后立即上网，不受任何限制，采用统一格式（目前最好是XML），注明数据传输方式（至少采用一种全球广泛使用的开放信息库，如PubMed Central）。作者或版权所有者应允许并保证第三方享有预先和永久使用部分或全部科研文章的权利，第三方拥有采取任何格式或媒介使用、复制或传播研究文章的权利，但这一进程不能出现实质性错误，作者和引文须正确，不改变书目详细出处。如果文章已经部分复制或传播，应作出明确说明。BioMed Central承诺将始终如一地坚持可公开查阅刊物的政策，无论在什么情况下，即便今后发生所有权变更，这一政策都将保持下去。

3. HINARI

HINARI是基于Health InterNetwork的框架，由联合国秘书长Kofi Annan 2000年在联合国千年峰会上引进。由WHO领导，the Health InterNetwork的目标是经由因特网提供公共卫生工作者、研究员和决策者通向优质的、相应的、及时的健康信息，加强公共卫生服务。HINARI的网址为http：//www.who.int/hinari/en/index.html。

从2001年5月24日起，英国《自然》出版集团向106个人均国民生产总值低于1000美元的国家免费或优惠提供其出版的期刊和杂志。这一举动通过世界卫生组织（WHO）的"国际研究项目卫生因特网"计划实施。2002年初，WHO的一份报告强调了发达国家为发展中国家提供的日益增加的援助所带来的潜在益处。

为此，WHO 2002年1月启动了一项名为"国际研究项目卫生因特工作网（HINARI）"的计划。在这一计划里，出版人将与世界卫生组织的卫生因特网合作，该网站扮演了网上门户和图书馆批准人的角色，已有490个图书馆被WHO确认。出版人在这个网站里免费提供他们的信息，第三方不需支付费用。

目前，人均国民生产总值低于1000美元的109个国家都可以通过HINARI免费进入。从2003年开始，平均国民生产总值在1000美元～3000美元的39个国家可以极大的优惠得到这些期刊。

HINARI为发展中国家提供免费或低价的在线浏览信息，包括主要的生物医学杂志及相关社会科学杂志，有些机构提供的文献不严格局限于生物医学科学，也包括农学、环境科学、物理和数学以及社会科学。目前已经有超过 7000 种期刊可供访问。

4. Free Medical Journals

这是一个专门提供免费全文医学期刊目录服务的网站，其目的是提示网络上可以免费获取的期刊，以促进这些资源的利用。现收录 1577 种期刊的免费全文，这些期刊中不仅有英文，还有法语、西班牙语、葡萄牙语等多种语言。Free Medical Journals 网址为 http ://www. freemedicaljournals. com/。

可以通过期刊主题、FMJ 影响因子、免费获取全文滞后时间、刊名字顺、语种等途径浏览期刊。FMJ 包括一些重要期刊，如 *New England Journal of Medicine*、*Journal of the American Medical Association*、*The Word Brain*、*British Medical Journal*、*Pediatrics*、*Circulation* 等。

5. Open Science Directory

Open Access Directory 是个不错的 OA 期刊查询入口，包括大部分开放存取的期刊，现可查到 13000 个 OA 期刊。其中包含一些著名的 OA 期刊目录，例如 DOAJ、Open J－Gate、BioMed Central、HighWire Press、PubMed Central（PMC）以及一些专门的免费期刊项目：全球农业研究文献在线获取（Access to Global Online Research in Agriculture，AGORA）、健康科学研究计划跨网存取（Health InterNetwork Access to Research Initiative，HINARI）、环境科学成果在线存取（Online Access to Research in the Environment，OARE）和电子期刊文献传递服务（The eJournals Delivery Service，eJDS）等收录的期刊。其中，全球农业研究文献在线获取（AGOPA）对于中国用户是不免费的，它限定了很不发达的国家，例如：只有索马里、阿富汗、越南等国家才可以免费获取，而伊拉克、古巴、秘鲁等属于低收费国家，中国属于全额收费的国家。因此在 Open Access Directory 中查到一些期刊属于 AGOPA 时，不用再向下查了，因为没有免费的全文下载。当然也有一些 OA 期刊目录不在 Open Access Directory 的收录中，例如：eJDS 和 INASP－PERI 等。Open Access Directory 网址为 http ://www. opensciencedirectory. net/。

6. cnpLINKer

cnpLINKer（cnpiec LINK service），即中图链接服务，是由中国图书进出口（集团）总公司开发并提供的国外期刊网络检索系统，于 2002 年底开通运行。截至 2010 年 8 月，本系统共收录了国外 1000 多家出版社的 30829 种期刊的目次和文摘数据，并保持时时更新。其中包括 18536 种 Open Access Journals（开放获取期刊）供用户免费下载全文。除为用户提供快捷灵活的查询检索功能外，电子全文链接及期刊国内馆藏查询功能也为用户迅速获取国外期刊的全文内容提供了便利。全新改版的 cnpLINKer 系统，优化了查询检索性能，并在完善原有系统服务功能的基础上，增加了更为个性化的功能栏目，旨在为国内广大用户提供一个统一的检索、获取国外期刊的网络信息服务平台。

cnpLINKer 的登录方式：http ://cnplinker. cnpeak. com 或 http ://cnplinker. cnpeak. edu. cn（教育网）。

7. Socolar

Socolar旨在建设为用户提供重要的OA资源的一站式服务平台，全面系统收录重要的OA资源，包括重要的OA期刊和OA数据仓库，为用户提供题名层次（title-level）和文章层次（article-level）的浏览、检索及全文链接服务。通过Socolar，用户可以检索到来自世界各地、各种语种的重要OA资源，Socolar还提供OA资源的全文链接。同时，用户也可以通过Socolar享受OA资源的定制服务，推荐用户认为应该被Socolar收录但尚未被收录的OA资源，发表用户对某种OA期刊的评价。另外，Socolar还是OA知识的宣传和交流平台、OA期刊发表和数据仓库服务平台。

访问网址：http://www.socolar.com/。

8. NSTL开放获取期刊集成检索系统

NSTL开放获取期刊集成检索系统是集期刊浏览、期刊检索两种功能为一体的开放式的期刊集成揭示与检索系统。系统提供刊名字顺浏览、学科分类浏览两种浏览方式，且浏览过程中可通过期刊的一般信息与详细信息切换提示，进一步了解某个期刊的全部信息，其中包括刊名、ISSN、主题、学科分类、期刊内容等15种相关信息。同时用户可对刊名、ISSN、主题、出版者及全部字段进行期刊检索。用户可借助新资源推荐功能向系统推荐好的开放获取期刊，也可借助意见与建议功能及时与系统进行交流与反馈。为了更加便于用户使用，系统集一个界面于一体。

该系统所收录的期刊资源主要源于DOAJ、Socolar、cnpLINKer、Open Science Directory等网络免费开放获取的科技期刊，学科涵盖范围涉及农业、林业、工业、商业、医学等17个领域。目前收录期刊数据4000余种，其中非英语语种期刊310种，中国期刊的英文版34种，需要注册或申请后才能使用的期刊130种 。

访问网址：http://oainfres.caas.net.cn：8080/NSTL_OAJ/。

9. ExLibris公司的“开放获取期刊查询系统”

基于ExLibris公司强大的SFX知识库建立，知识库每月更新，提供刊名和ISSN检索，并提供OA期刊的链接地址。截至2010年8月提供了14785种OA期刊的查询。查询途径包括刊名字顺浏览、刊名或ISSN查询、17个学科分类浏览、13个典型的开放获取平台浏览。

访问网址：http://202.198.141.98：88/demo/findfreeej.htm。

10. PubMed Central

PubMed Central（简称PMC）是美国国家卫生研究院（National Institutes of Health，NIH）的下属机构之一美国国家医学图书馆（National Library of Medicine，NLM）于2000年1月创建的生物医学与生命科学期刊开放存取全文数字仓储网络平台，由隶属于NLM的美国国家生物技术信息中心（National Center for Biotechnology Information，NCBI）承担日常开发与维护工作。

PMC定位于非出版商，所收录文献为在同行评议期刊已发表的论文后印本，还收录在其他非PMC收录期刊上发表的受NIH基金资助产出论文的后印本，作者可通过“NIH论文提交系统”（NIH Manuscript Submission System）将其论文后印本提交到

PMC 做开放仓储。PMC 只收录全文为英语的论文，不接收非英语文献。收录期刊中最具代表性的期刊为 BMC 系列和 PloS 系列纯网络版 OA 期刊。

访问网址：http ://www. ncbi. nlm. nih. gov/pmc/index. html。

（李勇文）

第五节　医学机构网站信息

一、世界卫生组织

网址：http ://www. who. int/zh/（见图 5−5−1）

世界卫生组织（简称世卫组织或世卫），是联合国下属的专门机构，国际最大的公共卫生组织，总部设于瑞士日内瓦。世界卫生组织的宗旨是使全世界人民获得尽可能高水平的健康。该组织给健康下的定义为“身体、精神及社会生活中的完美状态”。世界

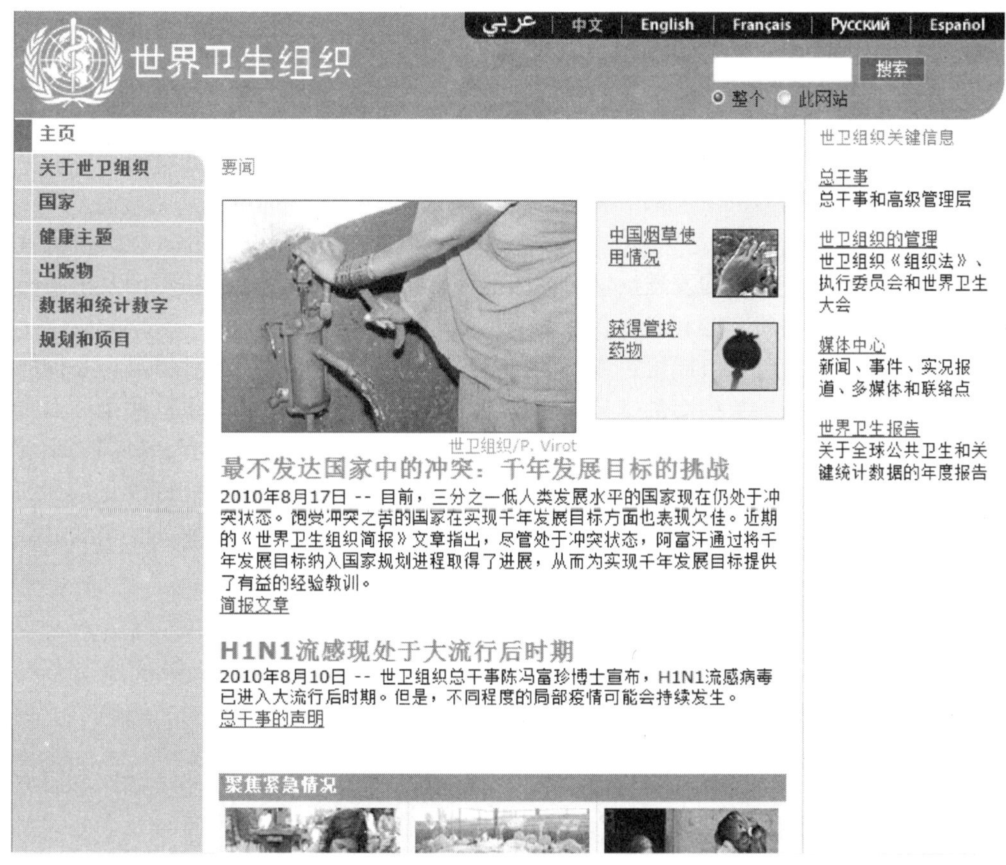

图 5−5−1　世界卫生组织首页

卫生组织的主要职能包括：促进流行病和地方病的防治；提供和改进公共卫生、疾病医疗和有关事项的教学与训练；推动确定生物制品的国际标准。

主页左栏有：关于世卫组织、国家、健康主题、出版物、数据和统计数字、规划和项目 6 个栏目。

国家栏目列出了世界卫生组织 193 个会员国，并且按照区域分布划分。通过点击国家名链接，可以获得各国的人口数、期望平均寿命、儿童和成年人的死亡率、人均医疗开支、人均 GDP、医疗人员资源量、卫生状况、疾病暴发、疫苗集中情况等信息。

健康主题栏目是指导用户深入特定主题的索引。它把 WHO 丰富的信息资源整合为 220 个主题，并且按照字顺排列。既有各种具体疾病，也有各种公共卫生、环境、社会医学等重大问题。

出版物栏目。世卫组织出版物很多，其中比较重要的有以下几种：

《世界卫生组织通报》，1947 年创刊，于 1999 年扩大，将研究结果和政策相关讨论并排放在一起，目的是以可得的最佳证据为基础，提供公共卫生政策和实践指导。

《疫情周刊》，创刊于 1926 年，在过去 70 多年里，疫情周报已成为整理和传播在全球疾病监测方面有用的流行病学数据的一个不可或缺的手段。重点是已知威胁国际卫生的疾病或危险因素。

《疾病暴发新闻》，英文版始于 1996 年，中文版始于 2004 年，不定期，可按年、按疾病、按国别检索文档。

《世界卫生报告》，每年的世界卫生报告对全球卫生进行新的内行的审视，注重于一个特定主题，同时评估当前全球状况。利用世界卫生组织收集和验证的最新数据，每一份报告描述不断变化的卫生领域的实况并进行展示。

《世界卫生组织药物信息》，季刊，于 1987 年创办，传播由世卫组织形成和发表的或由全世界研究和管理机构发送给世卫组织的药物信息。该杂志还包括定期介绍新提出和建议的国际药用物质非专利名称。

《数据和统计数字》，由此可进入各国、各地区、各主题疾病等统计信息，并提供相关链接点。提供了以下数据库的链接：全球卫生观察站，世卫组织提供监测全球卫生状况的数据访问和分析的门户；世卫组织在线全球信息库，世卫组织所有会员国关于慢性病及其高危因素的数据；全球卫生地图集，国家、区域和全球级传染病标准化数据和统计数字；区域统计数字，来自世卫组织区域办事处的统计信息。可按照死亡率和健康状况、高危因素、疾病、卫生系统、服务普及率等分类主题浏览。

《项目与规划》，提供有关世卫组织规划和项目的站点。

二、美国国立卫生研究院

网址：http://www.nih.gov/（见图 5−5−2）

美国国立卫生研究院（NIH），成立于 1887 年，现在是世界上最重要的医学研究中心，由 27 个研究所和研究中心组成，同时也是美国卫生和人类服务部的 8 个公共卫生服务机构之一。NIH 的使命是发现新知识，促进人类健康。其从事的主要工作有：指导它自身实验室的研究；支持国内外大学、医学院、医院、研究所的非政府资助的科学家的研究；帮助研究人员的培训；扶持医学和卫生信息的交流。

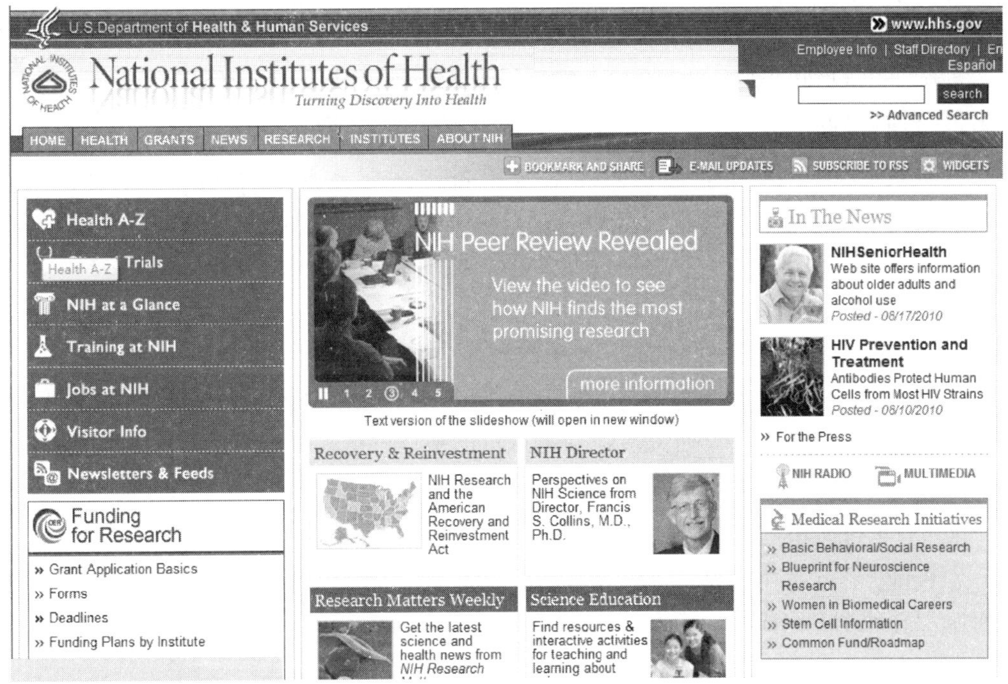

图 5－5－2　美国国立卫生研究院首页

NIH 的网站包括卫生信息（Health Information）、科研资助（Grants&Funding Opportunities）、新闻（News&Events）、NIH 科研培训与资源（Research，Training & Scientific Resources）、下设机构（Institutes，Centers&Offices）五大类目。用户可按需深入各栏获取信息。

1. 卫生信息

提供按照主题词字顺排列的疾病信息，同时提供下列重要资源：

Toll－free Health Hotlines：数据源自 DIRLINE（Directory of Information Resources Online，美国国立医学图书馆的在线信息资源目录），包含 14000 多个生物医学信息源的描述及电话号码。

MEDLINEPlus：向大众和医务人员提供医药卫生知识和信息的事实型数据库。提供的信息有：卫生专题、药物信息、医学百科全书、医学词典，新闻、医生和医院名录等。

Clinical Trials：向用户提供由美国政府与私人资助在自愿者身体进行的临床试验信息，信息定期更新。

PubMed（详见第六章第一节）。

Combined Health Information Database：综合卫生信息数据库，提供全美和国外有关卫生、卫生教育资源的题录、文摘等信息，每季更新，现约有 7 万条记录。

International Bibliographic Information on Dietary Supplements (IBIDS) Database：

饮食补充国际信息数据库。

Healthfinder：是在网上查找政府及非盈利卫生和人类服务信息的一个主要资源，其链接是来自1700多个卫生相关组织的精选信息和网站。

Food and Drug Administration：食品和药品管理。

2. 科研资助

NIH提供许多科研基金项目，某些项目国际学术机构也可申请。在Search Funding Opportunities可检索资助机会，通过Browse Funding Opportunities，可浏览各研究所值班项目详情。

3. NIH新闻与事件

点击News，即进入新闻网页，这是综览美国卫生科学研究的重要窗口。

本栏报道以下各种新闻与事件：NIH本院及所资助院外研究项目的最新成果；近期重要活动；美国卫生科学研究政策与重点资助项目；重大卫生问题的健康教育。用户点击条目，可免费获取详细摘要和许多相关链接点。

4. NIH科研培训与资源

本栏目提供有关生物伦理学、生物技术等资源，同时也提供研究培训机会，提供内科医师和心理学专家的继续教育。

5. 下设机构

点击Institutes可进入NIH下属机构28个网页。

三、美国国家生物技术信息中心

网址：http ://www. ncbi. nlm. nih. gov/（见图5－5－3）

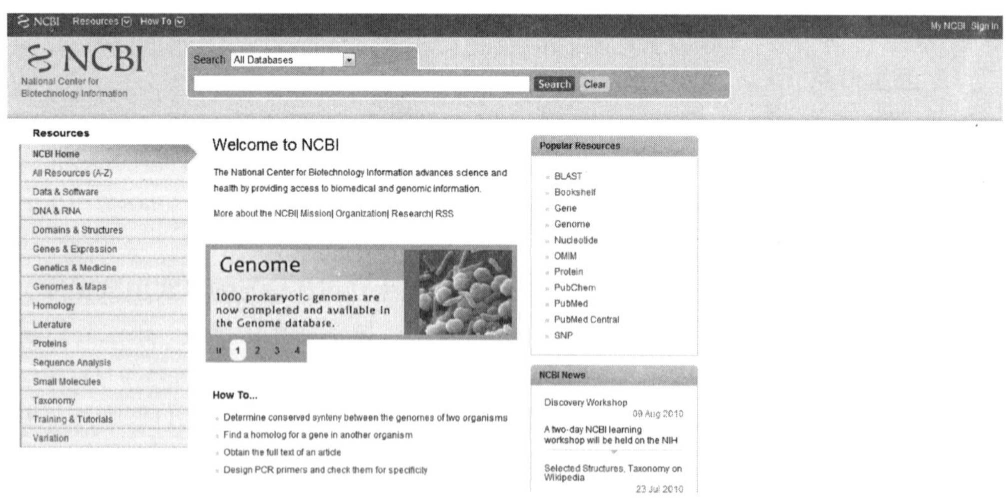

图5－5－3 美国国家生物技术信息中心首页

美国国家生物技术信息中心（National Center for Biotechnology Information,

NCBI）是美国国家医学图书馆（NLM）的一部分（该图书馆是美国国家卫生研究所的一部分）。

美国国家生物技术信息中心于 1988 年 11 月 4 日建立，该中心的主要任务为：为储存和分析分子生物学、生物化学、遗传学知识创建自动化系统；从事研究基于计算机的信息处理过程的高级方法，用于分析生物学上重要的分子和化合物的结构与功能；促进生物学研究人员和医护人员应用数据库和软件；努力协作以获取世界范围内的生物技术信息。

Entrez 是由 NCBI 于 1991 年主持开发的集成型信息检索系统，既可以提供一站式的跨库检索，也可以进入任意一个数据库进行查询。它整合了 GenBank、EMBL、PIR 和 SWISS－PROT 等数据库的序列信息以及 MEDLINE 有关序列的文献信息，还提供其他数据库，包括在线人类孟德尔遗传、三维蛋白结构的分子模型数据库、人类基因序列集成、人类基因组基因图谱（GMHG）、生物门类等数据库。由此把序列、结构、文献、基因组、系统分类等不同类型的数据库有机地结合在一起。

NCBI 的 Entrez 数据库检索系统（见图 5－5－4）：

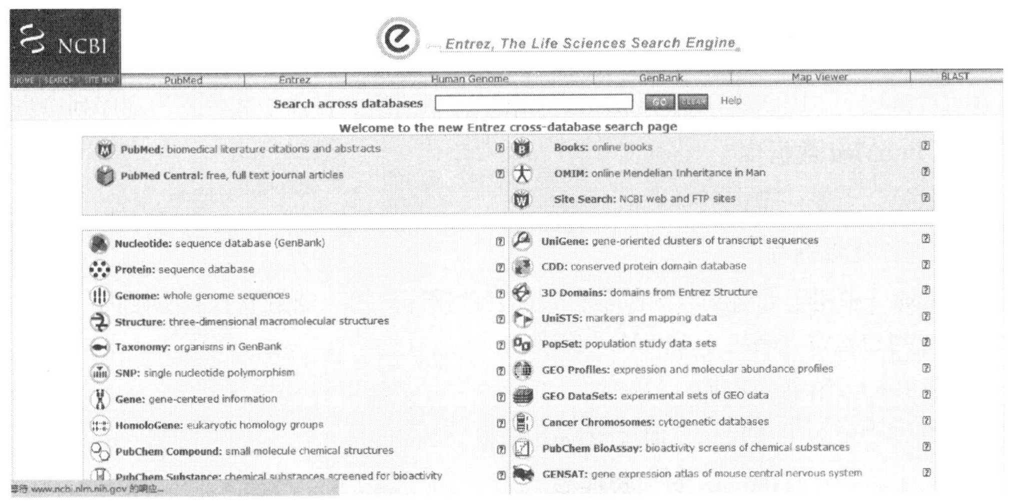

图 5－5－4　Entrez 检索页面

下面介绍部分 Entrez 提供检索的数据库：

1. Nucleotide 核酸序列数据库

该数据库由国际核苷酸序列数据库成员美国国立卫生研究院 GenBank、日本 DNA 数据库（DDBJ）和英国 Hinxton Hall 的欧洲分子生物学实验室数据库（EMBL）三部分数据组成。这三个组织联合组成国际核苷酸序列数据库协作体，每天交换各自数据库中的新增序列记录，实现数据共享。其中的序列数据也通过与基因组序列数据库（GSDB）合作获取；专利序列数据通过与美国专利与商标局、国际专利局合作获取。

2. Protein 蛋白质序列库

包括从 GenBank、EMBL、DDBJ 核酸序列编码区编译过来的蛋白质序列，以及

PIR、SWSS-PORT、PDB、PRF 等数据库中的蛋白质序列数据。

3. Genome 基因组数据库

提供了多种基因组、完全染色体、连续的序列图谱以及一体化基因物理图谱。

4. Structures 分子结构数据库

包含来自 X 线晶体学和三维结构的实验数据。MMDB 的数据从 PDB（Protein Data Bank）获得。NCBI 已经将结构数据交叉链接到书目信息、序列数据库和生物分类数据库。运用 NCBI 的 3D 结构浏览器可以从 Entrez 获得分子的分子结构间相互作用的图像。

5. Taxonomy 生物学门类数据

可以按生物学门类进行检索或浏览其核苷酸序列、蛋白质序列、结构等

6. PopSet 种群、种系发生和突变数据库

包括具有亲缘关系的种群之间序列同源性配对序列以及进化或突变研究中产生的配对序列。现在只有核酸序列和蛋白质序列数据，以后会扩展到其他数据。

7. OMIM 人类孟德尔遗传在线数据库

人类基因和基因疾病的目录数据库。该数据库包括原义信息、图片和参考信息，同时还可以链接到 MEDLINE、GenBank 数据库、基因组数据库中相关图谱和序列信息。

8. PubMed 数据库

详见第六章第一节。

9. MeSH 数据库

PubMed 中用于标引文献的医学主题词表数据库，可以通过它查找主题词与副主题词，亦可构建检索策略用于 PubMed 检索。

10. Books 图书数据库

包括了有关分子生物学、遗传学等的图书。

11. Journals Database 期刊数据库

可以通过刊名、MEDLINE 缩写或 ISSN 等字段对 Entrez 收录的期刊进行查询。

NCBI 提供的附加的软件工具：序列类似性检索软件 BLAST、三维结构浏览器 Cn3D、基因组图谱浏览器 Map Viewers、序列图形浏览器 Graphical Viewers、开放阅读框寻觅器（ORF Finder）、电子 PCR、序列提交工具 Sequin 和 BankIt。

所有的 NCBI 数据库和软件工具可以从 WWW 或 FTP 来获得。NCBI 还有 E-mail 服务器，提供用文本搜索或序列相似搜索访问数据库一种可选方法。NCBI 网站上还提供了一些诸如研究热点问题、研究小组情况、教育培训、联系方式等信息，还提供了到 NIH、NLM 等的链接。

四、其他重要医学信息网站

美国疾病预防与控制中心（http://www.cdc.gov/）

美国食品药物管理局（http://www.fda.gov/）

中华人民共和国卫生部（http://www.moh.gov.cn/）

中国疾病与预防控制中心（http://www.chinacdc.net.cn/）。

国家食品药品监督管理局（http://www.sda.gov.cn/）

中华人民共和国国家中医药管理局（http://www.satcm.gov.cn/）

中国中医药信息网（http://www.cintcm.ac.cn/）

中华医学会（http://www.cma.org.cn/）

中国医学生物信息网（http://cmbi.bjmu.edu.cn/）

好医生（http://www.haoyisheng.com/）

丁香园（http://www.dxy.cn/）

五、专业医学网站参考网址

1. 基础医学

（1）美国解剖学协会（http://www.anatomy.org/）。

美国解剖学协会（AAA）是美国最大的解剖协会，成立于1888年。该网站内容涉及医学基础教育、医学图像、组织学、神经科学、细胞生物学、自然人类学、内分泌、法学等，该网站包含与解剖学相关的最新新闻、最新的学术信息，同时提供丰富的解剖学相关的网站和重要出版物的连接，是解剖学人员获取专业信息的重要渠道。

（2）中国生理学会（http://www.caps-china.org/）。

由中国生理科学工作者自愿组成的全国性的学术和科普性的法人社会团体。通过网络资源栏目可以连接到国内外的生理学网站，

（3）生物化学和细胞生物学虚拟图书馆（http://www.biochemweb.org/）。

生物化学和细胞生物学虚拟图书馆是一个生物化学、分子与细胞生物学及相关领域的一个在线资源指南，按照主题的字母排序。另外还可以连接到与生物化学和细胞生物学相关的研究机构、图书、期刊、数据库、工具书等。

（4）PEIR（http://www.peir.net/）。

由Alabama大学开发，包括数字化图书馆、Web指南、学习资料等。数字化图书馆包括4万多张各科的病理图像，Web指南包括住院医师资源和医学教育技术资源。

（5）哈佛大学分子与细胞生物学系免疫学资源（http://mcb.harvard.edu/Biolinks/Immunology.html）。

收集了免疫学相关协会、研究机构及期刊数据库等网址。

（6）美国国家人类基因组研究所（http://www.genome.gov/）。

隶属于美国国立卫生研究院，是美国负责解读人类基因组的机构。提供了有关遗传学的教育、科研、基金政策、法律伦理问题的资源。

2. 临床医学

（1）医业网（http://www.yiyee.com/）。

由北京爱生谊联网络信息科技有限公司主办，由国家卫生部门、国家医学会、国家

图书馆、美国国立医学图书馆、国内外数家一流医院、美国知名医疗网支持开发的专业医疗网，以关爱医生，服务医生，为医生提供医务生活所需要的一切帮助为宗旨。

(2) ACP-ASIM在线 (http://www.acponline.org/index.html)。

由美国医师学会和美国内科学会建立，提供有关临床医学和科研的每日新闻题要。

(3) MDLinx.com (http://www.mdlinx.com/)。

由MDLinx.com专业和附属专业人员提供，覆盖外科最新消息，包括胸外科、结肠直肠外科、内分泌、肝胆外科、腹腔镜检查、外科肿瘤、胸部解剖、移植、外伤和血管系统等。

(4) APGO妇产科教授协会 (http://www.apgo.org/)。

促进妇科学、产科学和妇女保健方面的教学和研究。

(5) American Society of Anesthesiologists 美国麻醉学家学会 (http://www.asahq.org/)。

是医生的教育、研究和科学学会，促进麻醉学医疗水平的提高。本网站还提供病人教育资料和会员信息。

(6) ASTRO美国放射治疗学和肿瘤学学会 (http://www.astro.org/)。

为癌症病人发展放射治疗科学的教育资源和其他会员信息。

(7) ARVO视觉和眼科学研究学会 (http://www.avro.org/)。

鼓励和支持视觉和眼科学的研究、培训、出版物和有关知识的普及。

(8) ASH美国血液学会 (http://www.hematology.org/)。

旨在促进和鼓励临床医生和研究人员对血液疾病、骨髓、免疫和止血系统的基础和临床研究，加强信息交流，提高对血液疾患的认识、预防、诊断和治疗。

(9) American Academy of Otolaryngology 美国耳鼻喉科学会 (http://www.entnet.org/)。

是治疗耳、鼻、喉及头颈部相关疾病的医生的专业组织，提供实事通讯、研究信息。

(10) International Society for Infectious Diseases 国际传染病学会 (http://www.isid.org/)。

传染病专业组织，会员包括微生物学家、免疫学家、流行病学家和健康工作者等。

(11) American College of Cardiology 美国心脏病学会 (http://www.cardiosource.org/acc)。

由世界各地25000名心血管病医生和科学家组成，通过专业教育、促进研究、制定指导方针和健康政策，提高心血管病的治疗和预防水平。

(12) SEMPA美国急诊医生助手学会 (http://www.sempa.org/)。

目标是提高急诊医生助手的水平，为病人提供最好的医疗。

3. 药学

(1) Pharmweb (http://www.pharmweb.net/)。

是1994年在Internet上第一个提供药学信息服务的机构，是目前药学方面的重要网站。索引按字顺列出有关药学、生物学、化学、制药公司、世界各国的药学网、出版物、药学院校等 167 个与药学有关的网站。

(2) FDA 美国食品药物管理局 (http://www.fda.gov)。

提供生物药品、化妆品、食品、人用药品、兽用药品、医疗器械等方面最新信息，其中 FDA 药品批准表收载了 FDA 每月最新批准的药物信息。

(3) 在线临床药学 (http://www.cponline.gsm.com/)。

提供药物剂量、作用机理、毒副作用、药物相互作用等信息。

(4) 药典在线 (http://www.newdruginfo.com)。

提供美国药典、英国药典、欧洲药典、日本药典、中国药典等药典介绍及免费全文检索服务。

(5) 中国医药信息网 (http://www.cpi.ac.cn/)。

由国家药品监督管理局信息中心主办，包括医药数据库查询、医药信息服务（产品信息、市场信息、药证管理、企事业动态及海外信息）、中国医疗器械网等栏目。

4. 预防医学

(1) 美国预防医学会 (http://www.acpm.org/)。

提供最新专业信息新闻、政策法规、信息资源、就业信息和教育机会。

(2) MerckVaccines.com (https://www.merckvaccines.com/srv/gw/home)。

Merck 公司一个向专业人员和病人提供有关疫苗研究进展和产品信息的站点。

(3) 加拿大预防医学会预防医学实践指南 (http://www.cma.ca/)。

有关 HIV 实验、氟化物使用、结核控制、麻疹爆发流行、肺炎疫苗、牙周疾病预防、人乳头状瘤病毒扫描以及其他相关主题信息，以英语和法语两种文字提供。

5. 护理学

(1) National Institute of Nursing Research (http://www.nih.gov/ninr/)。

美国国立卫生研究院护理研究所网站包括机构介绍、护理新闻、研究项目、相关链接等内容。

(2) American Association of Colleges of Nursing (http://www.aacn.nche.edu/)。

美国护理学院协会网站。包括教育中心、资料中心、出版物信息、工作机会等内容。

(3) 美国护理中心网站 (http://www.nursingcenter.com/)。

该网站内容包括讨论组、杂志、协会、市场、护理资料、虚拟大学等。

(4) 美国护理学会护理世界网站 (http://www.nursingworld.org/)。

包括有关高级实践技术、分科和面向护理业的其他话题。

6. 影像学

(1) Whole Brain Atlas (http://www.med.harvard.edu/AANLIB/home.html)。

哈佛大学提供的正常和病变脑部 MRI 和 CT 断层摄影术影像。

(2) Vesalius (http://www.vesalius.com/)。

解剖学和外科学影像，有解说。

(3) HONmedia (http://www.hon.ch/cgi-bin/HONmedia)。

提供医学图像和影像的超链接，目录按照美国国家医学图书馆的主题词分类。

(4) Visible Human Project (http://www.nlm.nih.gov/research/visible/visible_human.html)。

可视人计划，提供完整、详细和三维的人体表示，是美国国立图书馆的计划。

7. 医学心理学

(1) Medscape Psychiatry & Mental Health (http://www.medscape.com/psychiatry)。

Medscape Psychiatry & Mental Health 属于 Medscape 网站的一个栏目，服务对象是从事精神医学的研究人员、临床医学工作者及相关的医学专业人员，旨在提供与医疗实践或病人高度相关的且及时的临床医疗信息，以期对医疗实践水平的提高有所帮助。该网页的内容主要来自相关权威期刊、教材以及其他精神医学领域的专业出版商提供的资料与信息。

(2) Knowledge Exchange Network 精神卫生服务知识交换网 (http://www.mentalhealth.org/)。

由美国国立精神卫生署建立，其中的“精神卫生链接”可以链接有关精神科的几乎所有主要站点。

(3) American Psychiatric Association (http://www.psych.org)。

美国精神病学协会的网站首页上提供来自协会的最新消息、相关学术会议消息、书刊信息、职业信息等，同时提供大量的精神医学信息资源。

（丘 琦 李勇文）

参考文献

1. 刘汉义主编. 网络医学信息应用. 北京：清华大学出版社，2007
2. 高岚主编. 网络医学信息资源检索. 北京：化学工业出版社，2005
3. 信息检索利用技术编写组编著. 信息检索利用技术. 成都：四川大学出版社，2008
4. 柴雅凌主编. 网络文献检索. 天津：天津大学出版社，2004
5. 潘杏仙编著. 科技文献检索：入门与提高. 合肥：安徽人民出版社，2008
6. 周金元主编. 医药信息检索与利用教程. 南京：江苏大学出版社，2008
7. 方平主编. 医学文献信息检索. 北京：人民卫生出版社，2005
8. 赵文龙主编. 医学文献检索. 北京：科学出版社，2004
9. 张世红主编. 网络生物医学信息资源及其利用. 北京：北京图书馆出版社，2005
10. 杨克虎主编. 生物医学信息检索与利用. 北京：人民卫生出版社，2009

第五章　中文医学文献检索工具

第一节　中国知识基础设施工程（CNKI）

一、CNKI 工程介绍

中国知识基础设施工程（China National Knowledge Infrastructure，简称 CNKI）是由清华同方光盘股份有限公司、清华大学中国学术期刊（光盘版）电子杂志社、光盘国家工程研究中心联合建设的综合性文献数据库，于 1999 年 6 月在 CERNET 上开通了中心网站（http：//www. cnki. net），在 CHINANET 上开通了第二中心网站（http：//www. chinajournals. com），并且在许多图书馆和情报单位建立了镜像站点。

目前 CNKI 文献总量 7000 余万篇，文献类型包括学术期刊、博士学位论文、优秀硕士学位论文、工具书、重要会议论文、年鉴、报纸、专利、标准、科技成果、哈佛商业评论数据库、古籍等；还可与德国 Springer 公司期刊库等外文资源统一检索。

二、CNKI 系列数据库 5.0 版主要产品简介

CNKI 建成了中国期刊全文数据库、优秀博硕士学位论文数据库、中国重要报纸全文数据库、重要会议论文全文数据库、科学文献计量评价数据库等大型数据库产品，中国期刊全文数据库为其主要产品之一。

1. 中国期刊全文数据库

中国期刊全文数据库（CJFD）是中国知识基础设施工程的重要组成部分，由清华同方光盘股份有限公司出版发行，目前收录了 1994 年至今的 6000 余种学术类核心与专业特色期刊，累积全文 800 多万篇，题录 1500 万余条。按学科分为理工 A、理工 B、理工 C、农业、医药卫生、文史哲、政治军事与法律、教育与社会科学综合、电子技术与信息科学、经济与管理十大专辑，共 126 个子库，网上数据与印刷版同步。

2. 中国优秀博硕士学位论文全文数据库

目前收录了全国 380 多家博士、530 多家硕士培养单位 1999 年至今（部分收录 1999 年以前）的博硕士学位论文。是目前国内相关资源最完备、高质量、连续动态更新的中国博硕士学位论文全文数据库。2009 年 11 月 1 日，累积博硕士学位论文全文文

献 87.5 万多篇。

3. 中国重要会议论文全文数据库

收录我国 2000 年以来国家二级以上学会、协会、高等院校、科研院所、学术机构等单位的论文集。至 2009 年 11 月 1 日，累积会议论文全文文献 115 万多篇。

4. 中国重要报纸全文数据库

收录 2000 年以来中国国内重要报纸刊载的学术性、资料性文章。数据来源于国内公开发行的 500 多种重要报纸。至 2009 年 11 月 1 日，累积报纸全文文献 647 万多篇。

5. 中国年鉴网络出版总库

中国年鉴网络出版总库收录 1912 年至今的年鉴。是目前国内最大的连续更新的动态年鉴资源全文数据库。内容覆盖基本国情、地理历史、政治军事外交、法律、经济、科学技术、教育、文化体育事业、医疗卫生、社会生活、人物、统计资料、文件标准与法律法规等各个领域。

三、中国期刊网 KNS5.0 检索方法

CNKI 的服务模式有光盘、镜像站和网络远程访问等，目前许多高等院校都采用镜像站服务模式。CNKI 为数据库镜像用户提供两种登录方式：IP 登录和账户登录。登录后，页面默认跨库检索，输入检索词后，点击“跨库检索”，将在选择的多个数据库中同时检索；还可以点击页面右上方的“单库检索首页”进入单库检索系统。

1. 跨库检索

跨库检索是指以同一检索命令同时检索多个数据库。一次选择跨库检索的数据库不能超过 8 个。系统默认选择检索为以下 4 个库：中国期刊全文数据库、中国优秀博硕士学位论文全文数据库、中国重要会议论文全文数据库、中国重要报纸全文数据库。点击“跨库检索”进入跨库检索页面（图 5—1—1）。

（1）跨库检索页面主要功能。

跨库检索功能主要通过两个页面体现：一是在跨库检索首页，提供数据库选择、跨库快速检索两项功能；二是在跨库检索页，设有跨库初级检索、高级检索、专业检索和中图法导航。其中初级检索、高级检索、专业检索方式与单库检索相同。

（2）跨库检索项。

跨库检索项是与平台上各数据库检索项相对应的公共子集。各数据库的内容不同，因此所建立的检索项对应关系可能存在差异，完全对应或者部分对应。跨库检索项将随所选库的检索项情况而增减，检索项下拉列表的名称是从所选数据库的检索项中汇集的共性检索项，选择不同数量的数据库，下拉列表中的检索项名称有可能不同。再就是跨库检索会滤掉一些数据库的个性检索项。

2.《中国期刊全文库》检索方式（单库检索）

期刊全文数据库提供四种检索方式：初级检索、高级检索、刊名导航和专业检索，并且在检索结果的基础上还提供了更进一步的二次检索。

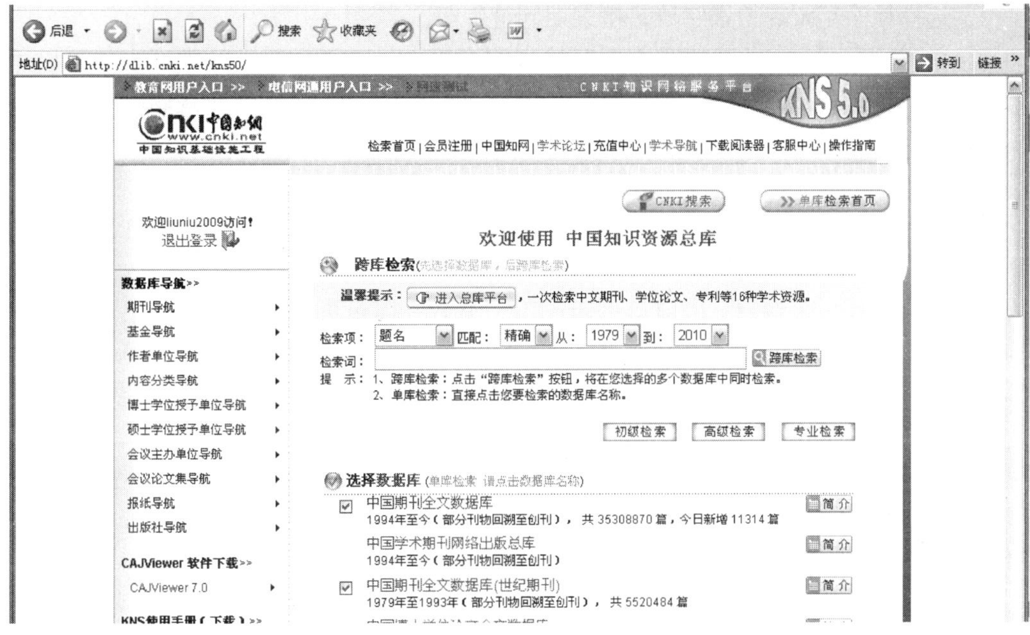

图 5－1－1　CNKI 跨库检索界面

（1）初级检索。

系统默认的检索方式为初级检索，或者可以通过点击页面右上角的“初级检索”也可进入初级检索界面（图 5－1－2）。

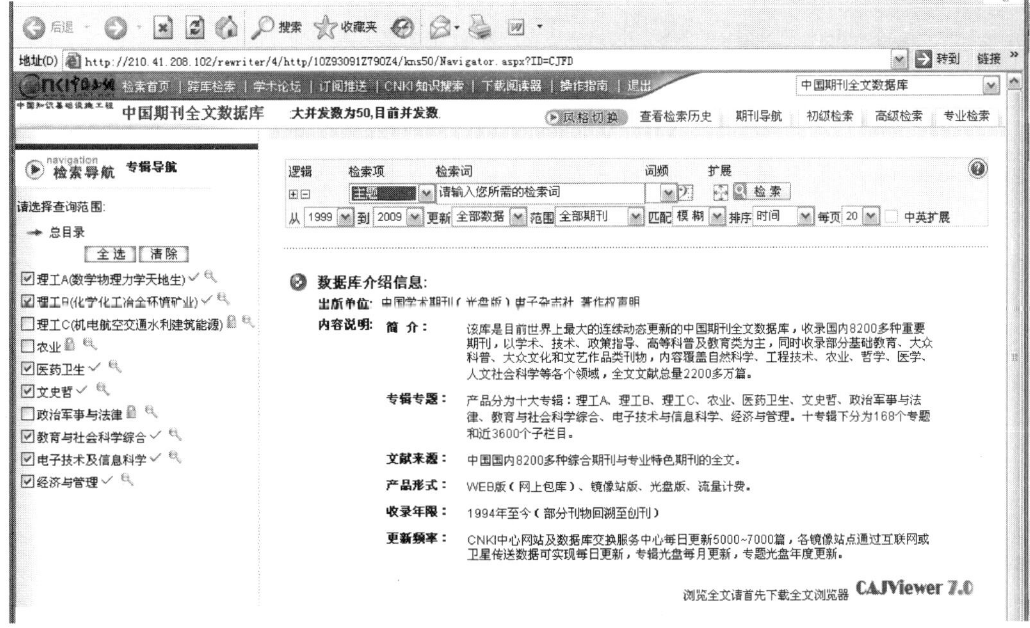

图 5－1－2　CNKI 初级检索界面

① 选择检索年限、检索字段、检索期刊范围等。

② 输入检索词，一个检索项中同时输入两个以上的检索词时，检索词之间可以用“+”、“*”进行连接。“+”相当于逻辑“或”的关系，“*”相当于逻辑“与”的关系，注意当“*”与“+”混合使用时，“*”会优先于“+”。

③ 点击“检索”按钮。

④ 二次检索，在检索结果页面，点击浏览窗口上面的“二次检索”，即在当前检索结果中，进一步缩小检索范围。

⑤ 原文下载，在检索结果窗口点击“原文下载”即可进行选中文献的下载。阅读文献全文时需下载并安装 Acrobat Reader 阅读器或者 CNKI 专用全文浏览器（CAJ Viewer）。

例 1：培哚普利治疗糖尿病。

检索步骤：选择相应的专辑，通常选择全部。再选择检索字段：篇名/关键词/摘要字段。然后同时输入两个检索词，并用“*”连接：培哚普利*糖尿病。选择检索限定条件，如年限、范围、每页显示记录数等。最后点击“检索”按钮。

或者先输入检索词“培哚普利”进行检索，然后再输入检索词“糖尿病”，选择“并且”关系后点击“在结果中检索”按钮进行检索。如图 5−1−3 所示。

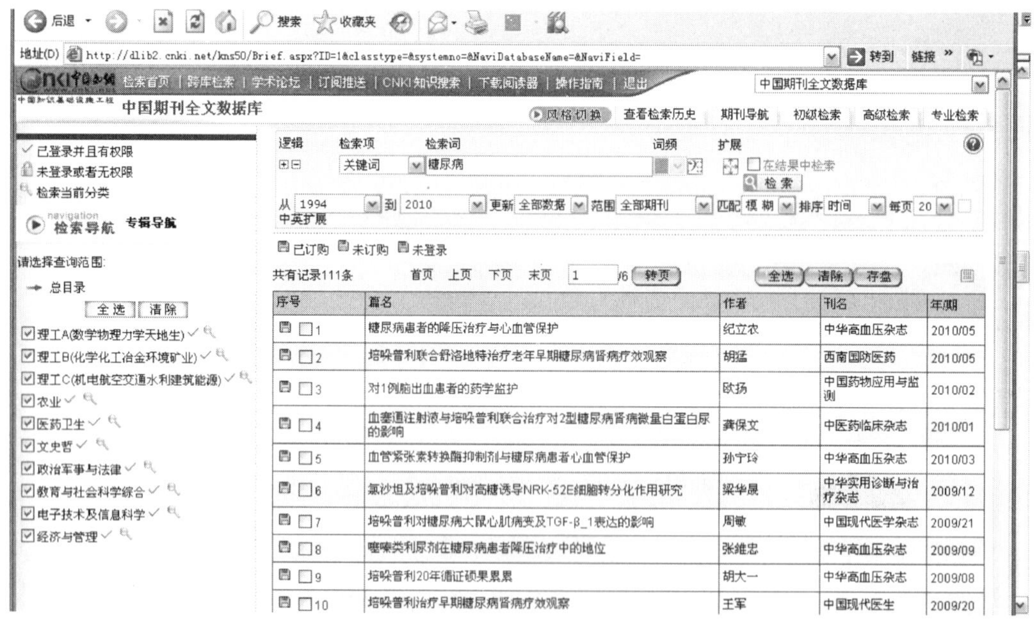

图 5−1−3 CNKI 二次检索界面

（2）高级检索。

通过点击初级检索方式页面右上角的“高级检索”，进入高级检索界面。

① 逻辑：点击“+”增加一检索行；点击“−”减少一检索行。

图 5−1−4 表示，要检索在题名中“超导”至少出现 2 次，同时“器件”至少出现 2 次的文献。

逻辑	检索项	检索词	词频	扩展	关系	检索词	词频	扩展
⊞ ⊟	篇名	超导	2		并且	器件	2	

图 5－1－4　CNKI 高级检索界面 1

② 检索项：在检索项下拉菜单中，选择与检索词匹配的检索途径。

③ 词频：指检索词在相应检索项中出现的频次。词频为空，表示至少出现 1 次；如果为数字，例如 3，则表示至少出现 3 次，以此类推。

④ 最近词：点击图标，将弹出一个窗口，记录最近输入的 10 个检索词。点击您所需要的检索词，则该检索词自动进入检索框中。

⑤ 扩展：点击图标，将弹出一个窗口，显示以输入词为中心的相关词；在弹出窗口中，点击一个相关词前的☐，再点击“确定”按钮，则该相关词自动以“逻辑与”的关系增加到检索框中；在弹出窗口中，点击多个相关词前的☐，再点击“确定”按钮，则该多个相关词之间以“逻辑或”的关系增加到检索框中；在弹出窗口中，点击所需要的相关词，则该相关词自动进入检索框并取代原先所输入的检索词。

⑥ 关系：指同一检索项中两个检索词间的关系，可选择“或者”、“不包含”、“并且”逻辑运算以及同句、同段等关系；不支持两个检索词间上述关系的检索项：年、期、中图分类号、ISSN、统一刊号等。示例图中，检索项＝题名，第一个检索词＝超导，词频＝2，词间关系＝与，第二个检索词＝器件，词频＝2。

例 2：癌症中的细胞凋亡及相关基因研究。

首先选择期刊范围及年限等，然后选择“关键词”字段，输入“肿瘤”、“凋亡”和“基因”，布尔逻辑符选择“并且”，最后点击“检索”按钮即可。如图 5－1－5 所示。

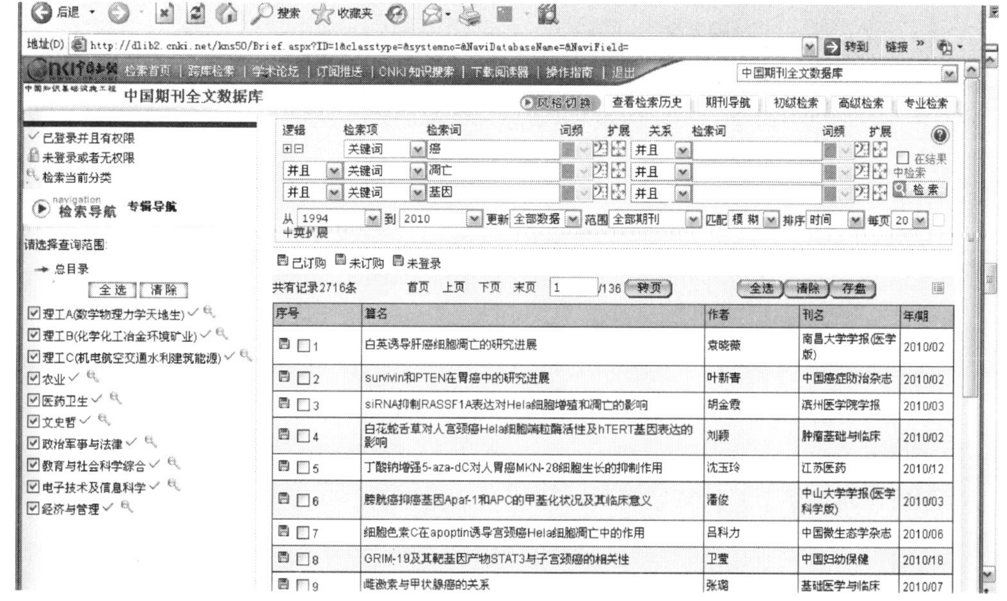

图 5－1－5　CNKI 高级检索界面 2

（3）期刊导航。

一是从登录首页点击“期刊导航”进入；二是从首页进入“中国期刊全文数据库”后，再点击页面右上方的“期刊导航”进入如图 5−1−6 所示页面。期刊导航中提供了多种导航方式：期刊检索、专辑导航、数据库刊源、刊期、地区、主办单位、发行系统、期刊荣誉榜等。期刊导航提供三种信息显示方式——图形、列表、详细；提供拼音正、倒序排序功能。

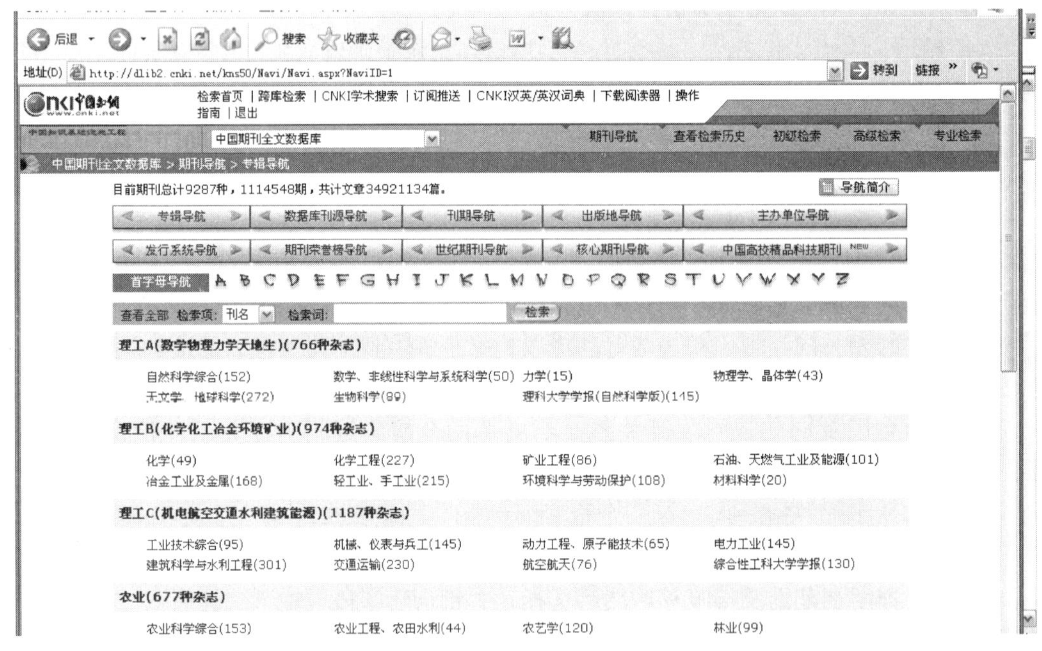

图 5−1−6 CNKI 期刊导航首页

（4）专业检索。

① 检索项：可用下列 17 个检索项构造检索表达式：主题、题名、关键词、摘要、作者、第一责任人、机构、中英文刊名、引文、全文、年、期、基金、分类号、ISSN、CN。

② 逻辑组合检索：使用“专业检索语法表”中的运算符构造表达式，使用前请详细阅读其说明；多个检索项的检索表达式可使用“AND”、“OR”、“NOT”逻辑运算符进行组合；三种逻辑运算符的优先级不同；如要改变组合的顺序，请使用英文半角圆括号“()”将条件括起。

③ 符号：所有符号和英文字母（包括下表所示操作符），都必须使用英文半角字符；逻辑关系符号［与（and）、或（or）、非（not）］前后要空一个字节；字符计算：按真实字符（不按字节）计算字符数，即一个全角字符、一个半角字符均算一个字符；使用“同句”、“同段”、“词频”时，请注意：

用一组西文单引号将多个检索词及其运算符括起，如：‘流体 # 力学’；运算符前后需要空一个字节，如：‘流体 # 力学’。

例 3：要求检索钱伟长在清华大学或上海大学时发表的文章。

检索式：作者=钱伟长 and (单位=清华大学 or 单位=上海大学)，如图 5-1-7 所示。

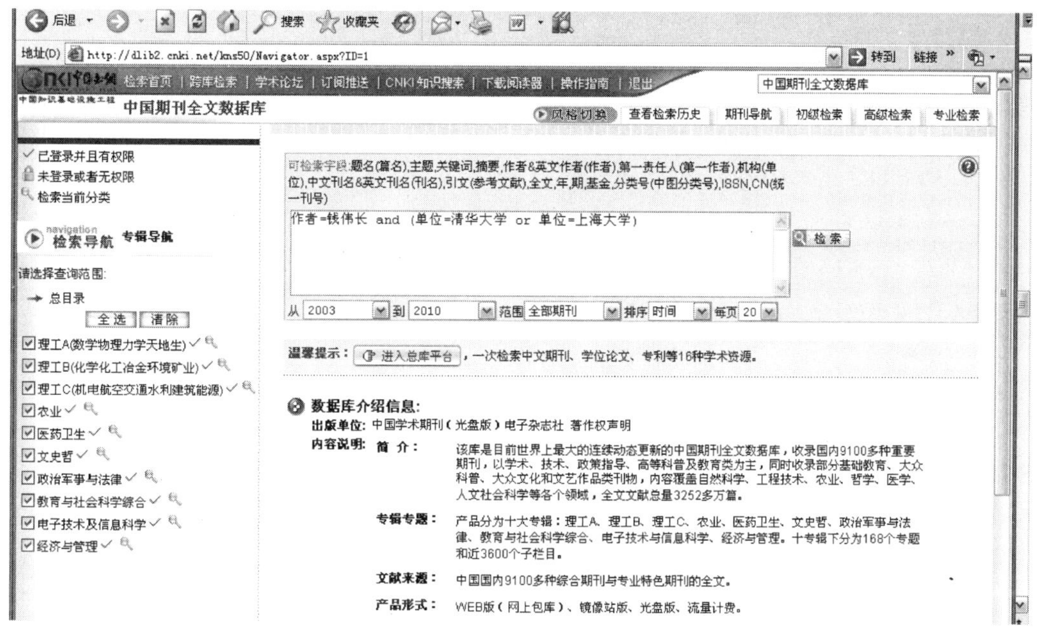

图 5-1-7　CNKI 专业检索界面

四、检索结果处理

1. 题录保存

主要功能就是帮助用户有选择地暂时存储检索结果记录，以备日后查看。在检索结果列表中选择要保存的记录，有两种操作方式：① 点击结果界面右上角的 全选 按钮，选中所有检索结果列表中的记录，如需更改，点击 清除 即可。② 直接在想要保存的记录“篇名”前打钩即可。如图 5-1-8 所示。

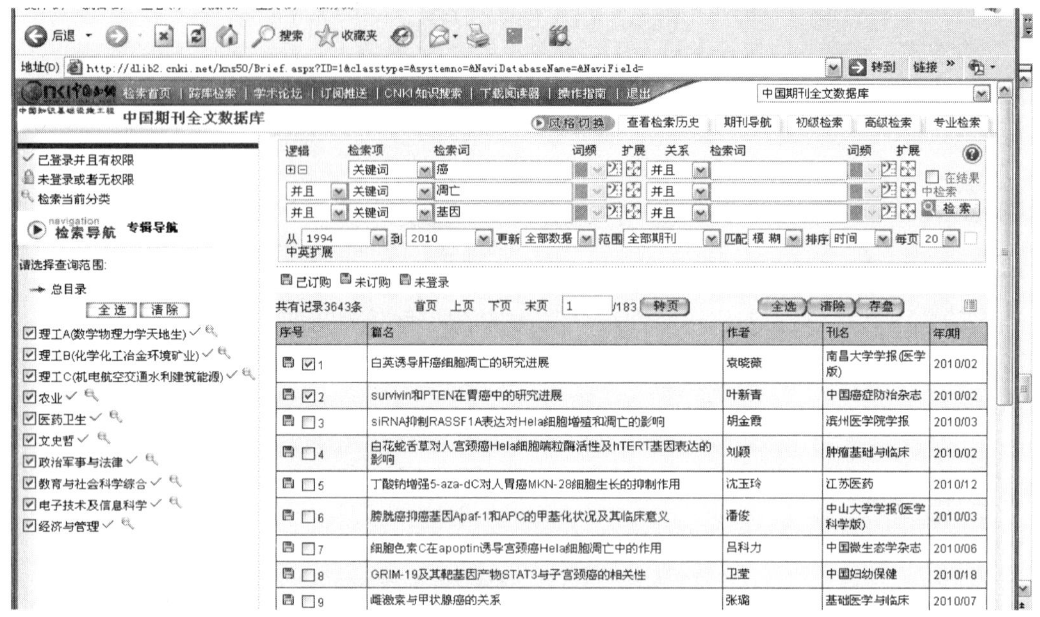

图 5-1-8 CNKI 检索结果选择

点击检索结果页面右上角的“存盘”按钮，会弹出如图 5-1-9 所示窗口（选择以简单方式输出）：

输出格式：○简单 ◉详细 ○引文格式 ○自定义 ○查新 RefWorks

自定义：□题名 □作者 □中文关键词 □单位 □中文摘要 □基金 □刊名 □ISSN □年 □期 □第一责任人

处理结果： 预览 打印 清除设定

1	题名	白英诱导肝癌细胞凋亡的研究进展
	作者	袁晓薇;谢立群;
	刊名	南昌大学学报(医学版)
	单位	武警江西总队第二支队卫生队;武警医学院附属医院消化内科;
	中文摘要	
2	题名	survivin和PTEN在胃癌中的研究进展
	作者	叶新青;陈发龙;
	刊名	中国癌症防治杂志
	单位	广西医科大学肿瘤医院病理科;
	中文摘要	肿瘤的发生与细胞增殖、凋亡和基因变异、缺失有关。survivin是一个具有调节细胞有丝分裂和抑制细胞凋亡双重功能的凋亡抑制蛋白。PTEN是一个具有双重特异性磷酸酶活性的抑癌基因,其主要功能是参与调控细胞增殖、迁移和凋亡的过程。研究显示sur-vivin的过表达和PTEN的失活均与肿瘤的发生、发展有关。本文就survivin和PTEN的分子结构、作用机制及其在胃癌中的应用研究进行综述。

图 5-1-9 CNKI 题录输出格式显示

这里共提供了五种输出字段方式：简单、详细、引文格式、自定义、查新。在不同方式的输出字段中会显示不同的记录属性，如“题名”、“中文关键词”等等，用户可以根据自己的需求进行选择。

提示：题录最大保存记录数为 50。

2. 查看及保存全文

在检索结果列表中直接点击篇名前的按钮或者点击“篇名”链接，然后在细阅窗口从 **CAJ原文下载** **PDF原文下载** 任选点击下载，全文保存时自动以“篇名”为文件名，如图 5－1－10 所示。

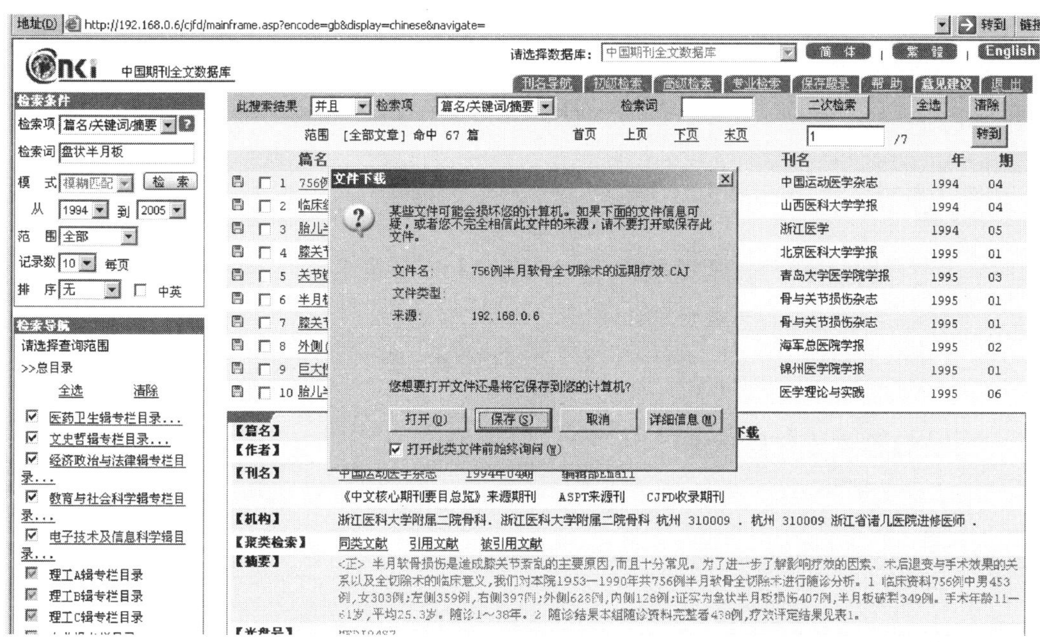

图 5－1－10　CNKI 全文保存

CJFD 全文提供了两种文件格式：PDF 格式与 CAJ 格式。阅读 PDF 原文需要 Adobe 公司的 Acrobat Reader 软件。而阅读 CAJ 原文需要下载 CNKI 提供的专用 CAJ 全文浏览器。

五、CAJ 全文浏览器安装与使用

1. 浏览器安装

在浏览器输入地址 http://www.cnki.net/software/xzydq.htm，出现如图 5－1－11 所示浏览器下载界面，当前最新版本为 CAJViewer 7.0.2。

点击页面上“完整版”下载，并进行解压缩，按照提示进行安装，最后重新启动计算机即可。

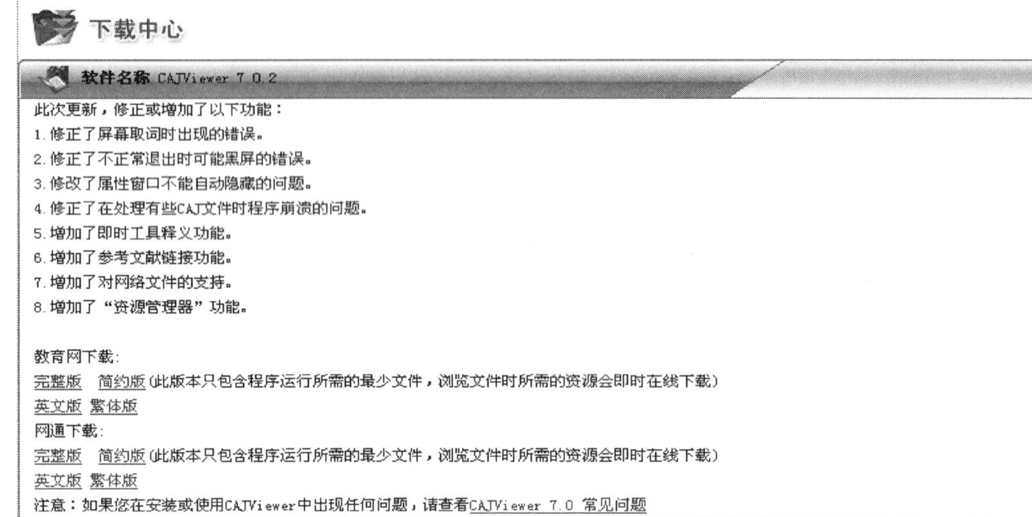

图 5－1－11 CAJ 浏览器下载

2. CAJ 全文浏览器介绍

CAJ 全文浏览器有六个主菜单：文件、编辑、查看、工具、窗口、帮助。

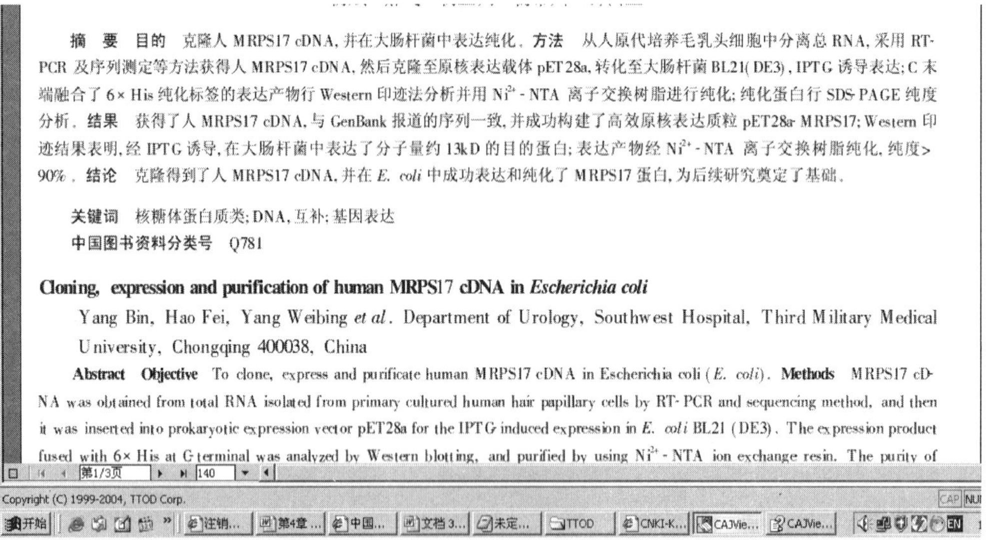

图 5－1－12 CAJ 全文浏览

（1）文本选择与复制保存。

点击工具栏上的"选择文本"按钮或者"纵向选择文本"按钮，对文献中的文字进行选择，被选中的文本高亮显示，然后通过菜单【编辑】→【复制】，将选中文字复制到剪贴板，或者单击右键选择"选择区域另存为或发送到 Word"直接保存成文本文件。见图 5－1－13。

摘　要　目的　克隆人 MRPS17 cDNA,并在大肠杆菌中表达纯化。方法　从人原代培养毛乳头细胞中分离总 RNA,采用 RT-PCR 及序列测定等方法获得人 MRPS17 cDNA,然后克隆至原核表达载体 pET28a,转化至大肠杆菌 BL21(DE3),IPTG 诱导表达;C 末端融合了 6×His 纯化标签的表达产物行 Western 印迹法分析并用 Ni^{2+}-NTA 离子交换树脂进行纯化;纯化蛋白行 SDS-PAGE 纯度分析。结果　获得了人 MRPS17 cDNA,与 GenBank 报道的序列一致,并成功构建了高效原核表达质粒 pET28a-MRPS17;Western 印迹结果表明,经 IPTG 诱导,在大肠杆菌中表达了分子量约 13kD 的目的蛋白;表达产物经 Ni^{2+}-NTA 离子交换树脂纯化,纯度>90%。结论　克隆得到了人 MRPS17 cDNA,并在 *E. coli* 中成功表达和纯化了 MRPS17 蛋白,为后续研究奠定了基础。

关键词　核糖体蛋白质类;DNA,互补;基因表达

中国图书资料分类号　Q781

Cloning, expression and purification of human MRPS17 cDNA in *Escherichia coli*

Yang Bin, Hao Fei, Yang Weibing *et al*. Department of Urology, Southwest Hospital, Third Military Medical University, Chongqing 400038, China

Abstract　**Objective**　To clone, express and purificate human MRPS17 cDNA in Escherichia coli (*E. coli*). **Methods**　MRPS17 cDNA was obtained from total RNA isolated from primary cultured human hair papillary cells by RT-PCR and sequencing method, and then

图 5－1－13　**文本复制**

（2）OCR 识别。

当文档本身为扫描档时，可使用工具栏上的“文字识别”按钮 对所选择的图像进行识别。首先使用工具栏上的“图像选择”按钮 选择要识别的内容，然后使用工具栏上的“文字识别”按钮对所选择的图像进行识别。识别结果同样可以复制到剪贴板，或直接保存成文件。见图 5－1－14。

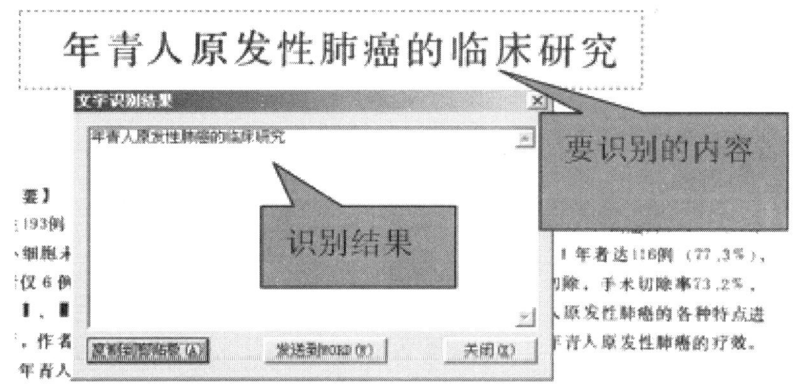

图 5－1－14　OCR **识别**

（3）图像选择与复制。

首先选中工具栏上的“图像选择”按钮 ，然后在页面区按住鼠标左键拖动，被选中的区域将会被一个虚框包括。可以使用工具栏上的“复制”把选择结果复制到剪贴板。同样，也可以使用快捷键 Ctrl+C 来进行。

（欧　愚）

第二节 维普中文科技期刊数据库（VIP）

一、数据库概况

重庆维普资讯有限公司的前身是中国科技情报所重庆分所数据库研究中心。作为中国数据库产业的开拓者，该公司自1993年成立以来，一直致力于电子与网络信息资源的研究、开发和应用。2000年建成的“维普资讯网”已成为全球著名的中文信息服务网站，是中国最大的综合性文献服务网，并成为google搜索的重要战略合作伙伴，是google scholar最大的中文内容合作网站。该数据库产品主要为中文科技期刊数据库（全文版/文摘版）、中文科技期刊数据库（引文版）、外文科技期刊数据库、中国科技经济新闻数据库等。

中文科技期刊数据库（全文版/文摘版）（Chinese Scientific Journals Database，CSJD）是重庆维普资讯有限公司推出的一个功能强大的中文科技期刊检索系统。收录了1989年至今12000余种期刊，1000余万篇文献，并以每年180万篇的速度递增，其中核心期刊1800余种。涵盖社会科学、自然科学、工程技术、农业科学、医药卫生、经济管理、教育科学、图书情报和社会科学8大专辑28个专题。

其特点为：①由专业质检人员对题录文摘数据进行质检，在主题标引用词基础上，编制了同义词库、同名作者库，并定期修订，有助于提高文献查全率；②检索入口多、辅助检索手段丰富，查全、查准率高；③配备了功能强大的全文浏览器；④期刊全文采用扫描方式加工，保持了全文原貌；⑤通过与期刊出版社签订入编协议，基本解决了版权问题。

二、数据库检索

1. 登录

打开http：//www.cqvip.com或镜像站点进入中文科技期刊数据库主页。购买了使用权的单位可直接登录，无需输入用户名和密码，可免费检索和下载维普资源。如图5－2－1所示。个人用户可通过购买维普阅读（充值）卡，注册后可检索和下载维普资源。

2. 检索方法

数据库提供5种检索方法：快速检索、传统检索、高级检索、分类检索和期刊导航。每种检索方法又分别提供题名、刊名、关键词、作者、第一作者、作者机构、文摘、分类号等11种检索入口。

（1）快速检索。

用户可根据自己的实际需求选择检索入口，输入检索词或检索式进行检索。快速检

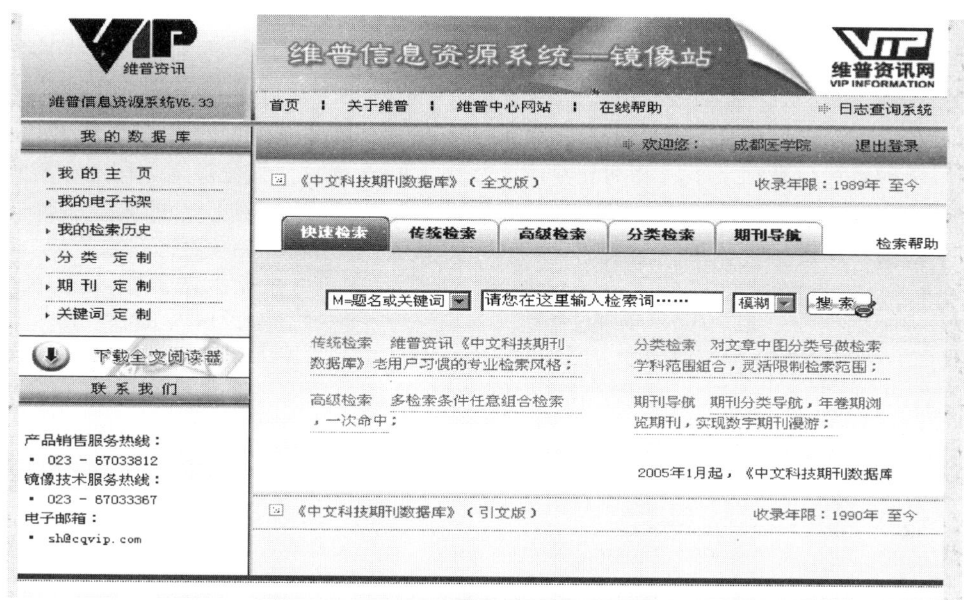

图 5—2—1　**中文科技期刊数据库首页**

索页面中默认的年限为 1989—2010，检索入口默认为“题名或关键词”。

【检索示例】在默认状态下输入“肝炎”，得出检索结果，如图 5—2—2 所示。

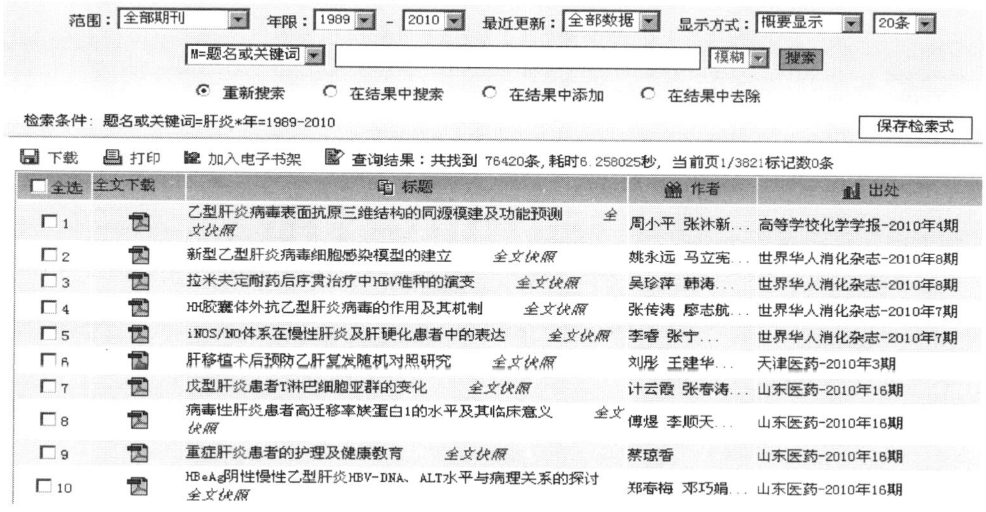

图 5—2—2　**中文科技期刊数据库快速检索结果显示**

快速检索共找到 76420 条记录。在此基础上还可以进行逻辑组配二次检索。

限定检索范围最常用的是：

① 范围限定：全部期刊、重要期刊、核心期刊等。

② 年限：数据收录年限从 1989 年至今，检索时可根据需要进行年限选择限制。

③ 检索结果组配：重新搜索、在结果中搜索（检索结果中必须出现所有检索词，相当于布尔逻辑的“与”、“and”、“＊”）、在结果中添加（检索结果中至少出现任一检索词，相当于布尔逻辑的“或”、“or”、“＋”）、在结果中去除（检索结果中不应该出现包含某一检索词的文章，相当于布尔逻辑的“非”、“not”、“－”）。

二次检索可以在检索字段和期刊范围、年限之间任意组合进行检索。在上述检索结果中进一步检索“急性肝炎”，在检索入口“题名或关键词”字段检索输入“急性”进行二次检索，检索结果缩小，如图 5－2－3 所示。

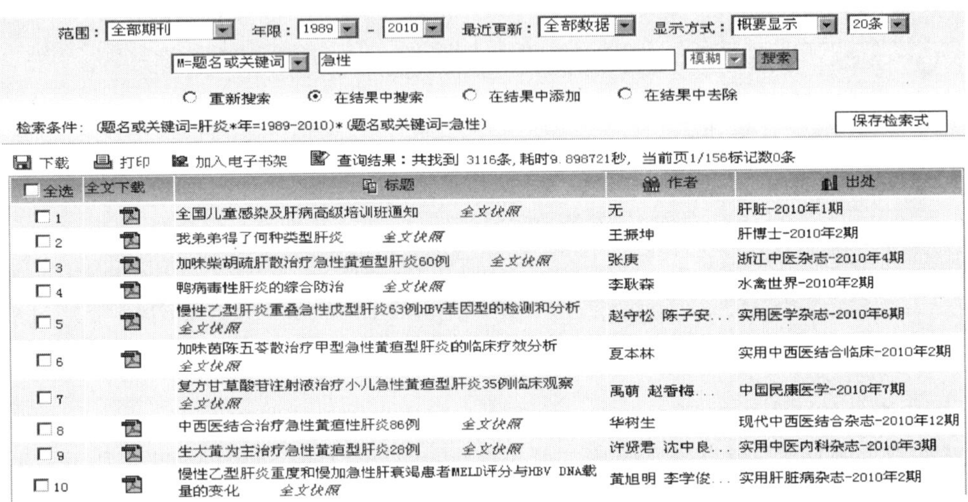

全选	全文下载	标题	作者	出处
1		全国儿童感染及肝病高级培训班通知 全文快照	无	肝脏-2010年1期
2		我弟弟得了何种类型肝炎 全文快照	王振坤	肝博士-2010年2期
3		加味柴胡疏肝散治疗急性黄疸型肝炎60例 全文快照	张庚	浙江中医杂志-2010年4期
4		鸭病毒性肝炎的综合防治 全文快照	李耿森	水禽世界-2010年2期
5		慢性乙型肝炎重叠急性戊型肝炎63例HBV基因型的检测和分析 全文快照	赵守松 陈子安...	实用医学杂志-2010年6期
6		加味茵陈五苓散治疗甲型急性黄疸型肝炎的临床疗效分析 全文快照	夏本林	实用中西医结合临床-2010年2期
7		复方甘草酸苷注射液治疗小儿急性黄疸型肝炎35例临床观察 全文快照	禹萌 赵香梅...	中国民康医学-2010年7期
8		中西医结合治疗急性黄疸性肝炎86例 全文快照	华树生	现代中西医结合杂志-2010年12期
9		生大黄为主治疗急性黄疸型肝炎28例 全文快照	许贤君 沈中良...	实用中医内科杂志-2010年3期
10		慢性乙型肝炎重度和慢加急性肝衰竭患者MELD评分与HBV DNA载量的变化 全文快照	黄旭明 李学俊...	实用肝脏病杂志-2010年2期

图 5－2－3 中文科技期刊数据库二次检索结果显示

同时可以进一步选择期刊范围、年限等为检索条件作进一步检索，得到的检索结果越来越少。用户点击文章题目可查看题录信息，如图 5－2－4 所示。

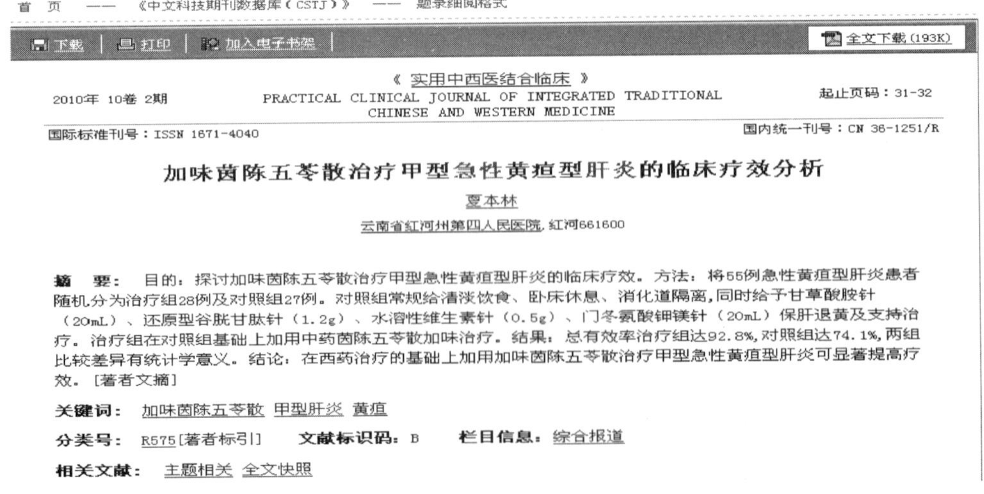

《实用中西医结合临床》
PRACTICAL CLINICAL JOURNAL OF INTEGRATED TRADITIONAL CHINESE AND WESTERN MEDICINE

2010年 10卷 2期　　起止页码：31-32

国际标准刊号：ISSN 1671-4040　　国内统一刊号：CN 36-1251/R

加味茵陈五苓散治疗甲型急性黄疸型肝炎的临床疗效分析

夏本林

云南省红河州第四人民医院，红河661600

摘 要： 目的：探讨加味茵陈五苓散治疗甲型急性黄疸型肝炎的临床疗效。方法：将55例急性黄疸型肝炎患者随机分为治疗组28例及对照组27例。对照组常规给清淡饮食、卧床休息、消化道隔离，同时给予甘草酸胺针（20mL）、还原型谷胱甘肽针（1.2g）、水溶性维生素针（0.5g）、门冬氨酸钾镁针（20mL）保肝退黄及支持治疗。治疗组在对照组基础上加用中药茵陈五苓散加味治疗。结果：总有效率治疗组达92.8%，对照组达74.1%，两组比较差异有统计学意义。结论：在西药治疗的基础上加用加味茵陈五苓散治疗甲型急性黄疸型肝炎可显著提高疗效。[著者文摘]

关键词： 加味茵陈五苓散 甲型肝炎 黄疸

分类号： R575[著者标引] **文献标识码：** B **栏目信息：** 综合报道

相关文献： 主题相关 全文快照

图 5－2－4 中文科技期刊数据库检索文章题录显示

原文下载：点击上图中【全文下载】按钮，即可保存或打开原文，如图 5－2－5 所示。

实用中西医结合临床 2010 年 3 月第 10 卷第 2 期　·31·

加味茵陈五苓散治疗甲型急性黄疸型肝炎的临床疗效分析

夏本林

（云南省红河州第四人民医院　红河 661600）

摘要：目的：探讨加味茵陈五苓散治疗甲型急性黄疸型肝炎的临床疗效。方法：将 55 例急性黄疸型肝炎患者随机分为治疗组 28 例及对照组 27 例。对照组常规给清淡饮食、卧床休息、消化道隔离，同时给予甘草酸胺针(20mL)、还原型谷胱甘肽针(1.2g)、水溶性维生素针(0.5g)、门冬氨酸钾镁针(20mL)保肝退黄及支持治疗。治疗组在对照组基础上加用中药茵陈五苓散加味治疗。结果：总有效率治疗组达 92.8%，对照组达 74.1%，两组比较差异有统计学意义。结论：在西药治疗的基础上加用加味茵陈五苓散治疗甲型急性黄疸型肝炎可显著提高疗效。

关键词：加味茵陈五苓散；甲型肝炎；黄疸

中图分类号：R 575　　文献标识码：B　　doi:10.3969/j.issn.1671-4040.2010.02.020

甲型肝炎病毒 (HAV) 是小核糖核酸病毒 (Picornavirus) 科的一员，1981 年归类为肠道病毒属 72 型，最近由于它在许多方面的特征与肠道病毒有所不同而归入嗜肝 RNA 病毒(Heparnavirus)科[1]。甲肝急性黄疸时期起病急，有畏寒、发热、全身乏力、食欲不振、厌油、恶心、呕吐、腹痛、腹胀、肝区痛、腹泻、尿色逐渐加深等症状。我们对 55 例甲型急性黄疸型肝炎患者采用加味茵陈五苓散治疗，获得满意

1.3　疗效标准　两组患者入院后每天观察临床症状（全身皮肤黄染、巩膜黄染、乏力、食欲不振、厌油、腹胀、肝区痛、尿色），入院第 1、3、5、7、9 天复查谷丙转氨酶、谷草转氨酶、总胆红素。治愈：临床症状消失，谷丙转氨酶、谷草转氨酶、总胆红素恢复正常；有效：临床症状明显减轻，谷丙转氨酶≤80IU/L、谷草转氨酶≤80IU/L、总胆红素≤40.6μmol/L；无效：临床症状减轻不明显或无缓解，谷丙转氨酶>

图 5－2－5　中文科技期刊数据库检索原文部分显示

（2）传统检索。

传统检索的检索方法与快速检索类似，具备学科类别限制、数据年限限制和辅助检索功能。

·学科类别限制：分类导航系统是参照《中图法（第 4 版）》进行分类的，每一个学科分类都可以按照树形结构展开，利用导航缩小检索范围，进而提高查准率。

·数据年限控制：数据收录年限从 1989 年至今，检索时进行年限选择限制。

·辅助检索功能：

同义词库：勾选页面左上角的“同义词”，选择关键词字段进行检索，可查到该关键词的同义词。检索中使用同义词功能可提高查全率。适用的检索字段有：关键词、题名或关键词、题名。如用户输入“阿司匹林”，点击查看同义词：阿斯匹林、阿司匹灵、乙酰水杨酸。用户可以全选，以扩大检索范围。如图 5－2－6 所示。

同名作者库：勾选页面左上角的“同名作者”，选择检索入口为作者或第一作者，输入检索词“李强”，点击“检索”按钮，即可找到作者名为“李强”的作者单位列表，用户可查找需要的至多 5 条信息作进一步选择。适用的检索字段：作者、第一作者。如图 5－2－7 所示。

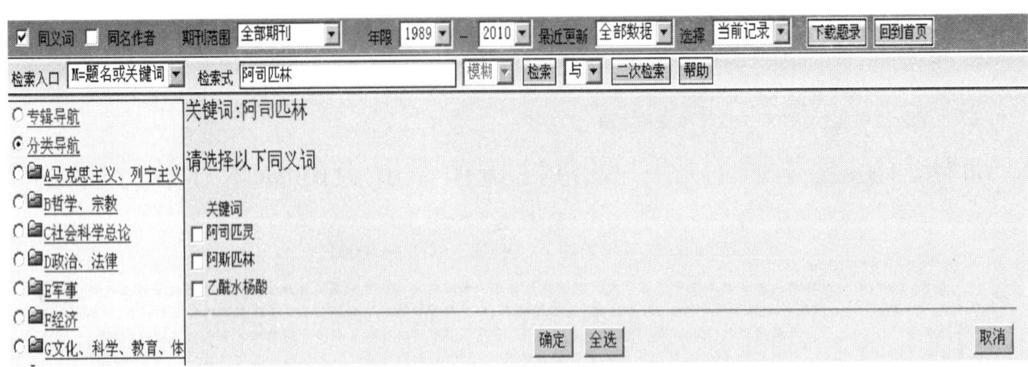

图 5-2-6 中文科技期刊数据库同义词选择界面

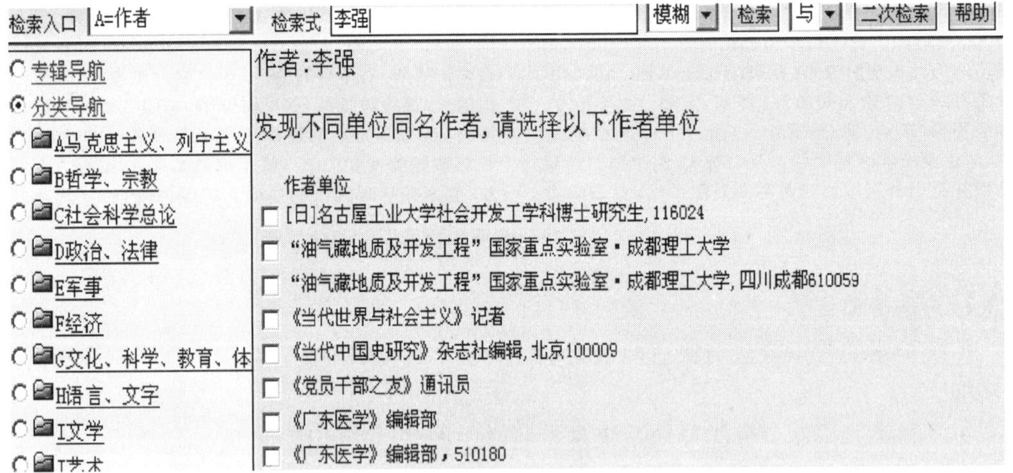

图 5-2-7 中文科技期刊数据库同名作者选择界面

例如：查找“外科诊断学”的文献，可以在“医药、卫生”类中进行查找，如图 5-2-8 所示。

（3）高级检索。

高级检索提供了两种方式供用户选择使用：表单检索和命令检索。

① 表单检索。表单检索为读者提供一个检索表单，除可输入检索词外，还可以选择逻辑运算、检索项、匹配度，并进行相应字段扩展信息的限定等操作，如图 5-2-9 所示。

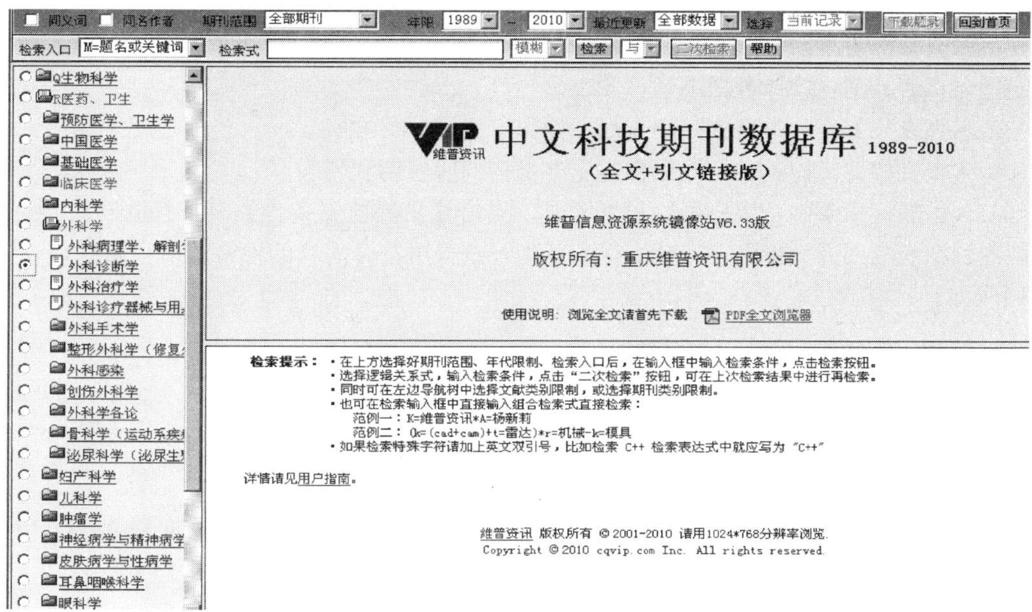

图 5—2—8　中文科技期刊数据库传统检索界面

图 5—2—9　中文科技期刊数据库表单检索界面

· 检索规则：

检索时严格按照从上至下的顺序进行，用户在检索时可根据检索需求进行检索字段的选择。

逻辑运算符“ * ”表示“and”；“+”表示“or”；“—”表示“not”。

检索字段代码：U（任意字段）、M（题名或关键词）、S（机构）、J（刊名）、K（关键词）、A（作者）、C（分类号）、R（文摘）。

·查看同义词：检索出该词典同义词，以扩大检索范围。

·查看同名/合著作者：以列表形式显示不同单位同名作者，也可以选择单位来限定同名作者范围，选择数据不超过 5 个。

·查看分类表：弹出分类表页面，操作方法同分类检索。

·查看相关机构：显示该机构为主办机构的所属期刊列表。

·扩展检索条件：用户可以根据需要，点击【扩展检索条件】，以时间条件、专业限制、期刊范围进一步限定，减少搜索范围，获得更符合需求的检索结果，如图 5-2-10 所示。

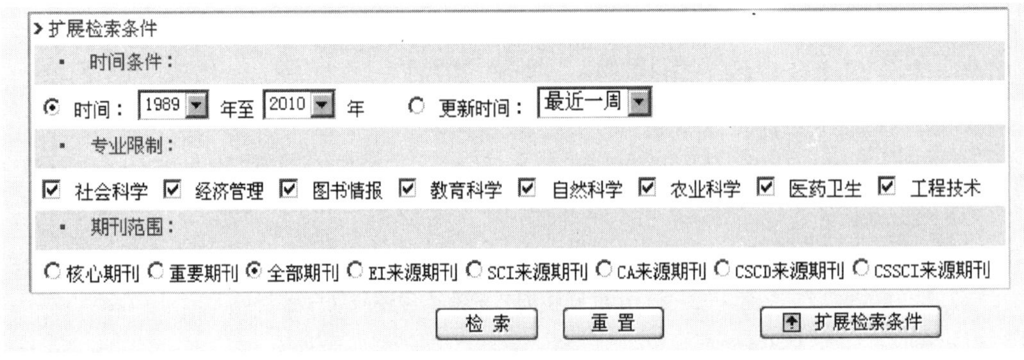

图 5-2-10 中文科技期刊数据库扩展检索条件界面

② 命令检索。在检索框中直接输入逻辑运算符、字段标识符等，点击“扩展检索条件”并对相关检索条件进行限制后点击“检索”按钮即可，如图 5-2-12 所示。

检索式输入有错时检索后会返回“查询表达式语法错误”的提示，点击浏览器的“后退”按钮返回检索界面重新检索。

检索规则：逻辑运算符和检索代码同“向导式检索”；无括号时逻辑与“＊”优先运算，有括号时先括号内后括号外。括号“()”不能作为检索词进行检索；扩展检索条件同“向导式检索”中的“扩展检索条件”。

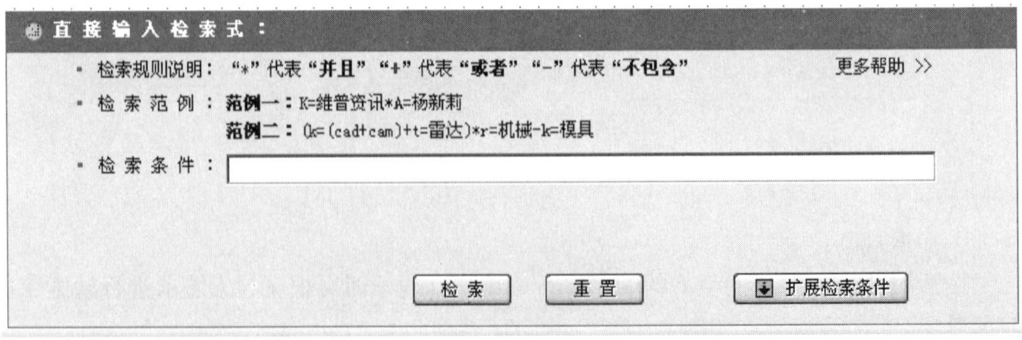

直接输入检索式：
检索规则说明：“*”代表“并且” “+”代表“或者” “-”代表“不包含” 更多帮助 >>
检索范例：范例一：K=维普资讯*A=杨新莉
范例二：(k=(cad+cam)+t=雷达)*r=机械-k=模具
检索条件：
检索 重置 扩展检索条件

图 5-2-11 中文科技期刊数据库命令检索界面

（4）分类检索。

分类检索相当于对检索范围做了限制，用户检索前可以对文章所属学科类别进行限制，比如用户选择医药卫生类，则用户检索到的文章都是医药卫生学科类别下的文章，如图 5－2－12 所示。如果不添加，则在所有文章中检索。

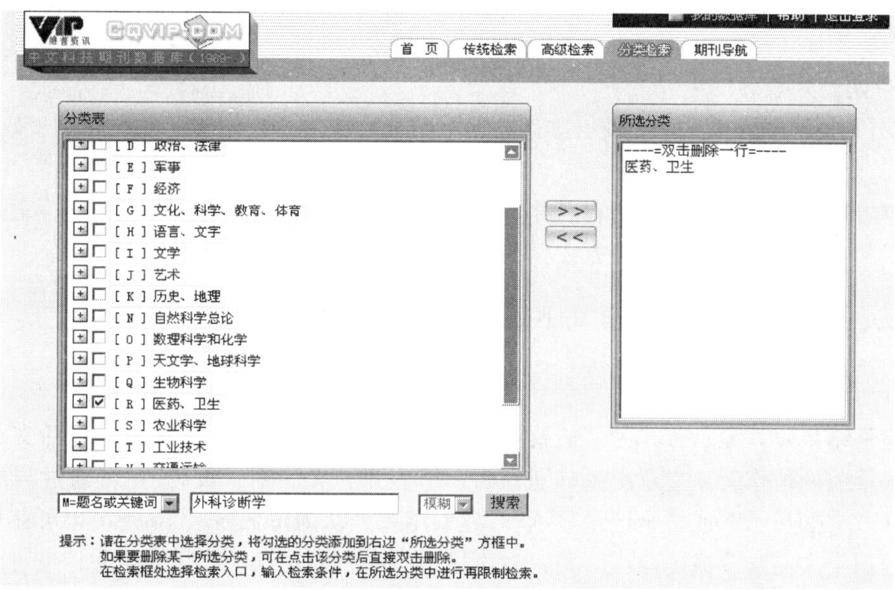

图 5－2－12　**中文科技期刊数据库分类检索界面**

（5）期刊导航。

期刊导航提供 3 种方式来查找所需要的期刊：刊名检索、字母顺序检索、学科分类检索，如图 5－2－13 所示。

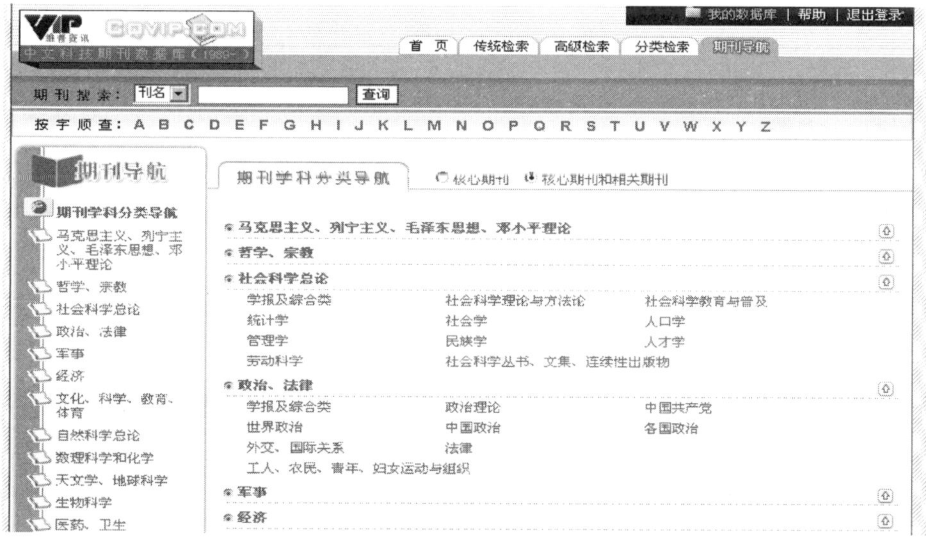

图 5－2－13　**中文科技期刊数据库期刊导航界面**

① 期刊查找。

· 按字顺查：按期刊名的第一个字母字顺进行查找；

· 按学科查：点学科分类名称可查看该学科涵盖的所有期刊。还可限制“核心期刊”、“核心期刊和相关期刊”，选择“核心期刊”则只能查看所选学科类别下涵盖的核心期刊；

· 期刊搜索：提供刊名和 ISSN 号检索入口，ISSN 号检索必须是精确检索，刊名字段的检索属于模糊检索；期刊检索提供二次检索功能。

② 期刊列表。

期刊列表页面上提供的相关信息有：刊名、ISSN 号、CN 号、核心期刊标记（★）。

③ 文章检索。

点击期刊列表页面上的期刊名称，进入单个期刊的整刊浏览页面。整刊检索提供跨年检索和某年内按期浏览两种方式。在一次检索的基础上，可进行二次检索。

三、检索结果显示及全文下载

1. 检索结果概要显示

检索结果默认显示方式为“概要显示”，如图 5－2－2 所示。其内容包括文章的标题、文章前两位作者、文章出处（期刊名、出版年、卷、期、页码）。可通过显示方式处选择“文摘显示”或“全记录显示”。检索结果默认为每页显示 10 条，也可在显示方式处根据个人需求改成 20 或 50 条；对于检索结果中的文章，可逐页翻阅，也可用跳转功能跳转至用户希望阅读的页号。提供对应检索条件的“相关检索”内容浏览。

点 加入电子书架 可将勾选中的文章保存到“我的数据库”的电子书架中；点 保存检索式 可将当前检索操作的表达式保存在“我的数据库”的检索历史中。点击概览页面上的文章标题，可查看到该篇文章的细览页面。

2. 文章下载

在检索结果的概览页面上勾选文章，点击全文下载按钮 下载，选择下载题录文摘（概要显示、文摘显示、全记录显示），点击下载按钮，完成后点“继续检索”回到检索页面继续检索操作。

选择下载全文，则出现全文下载列表，在列表中点全文下载图标可下载全文；点加入电子书架可将文章保存到“我的数据库”的电子书架中。

3. 文章打印

勾选文章后点“打印”按钮，选择打印的文章内容（概要显示、文摘显示、全记录显示）并确认打印，根据页面提示打印即可。

4. 全文处理

提供 PDF 格式。需下载安装 Adobe Reader 阅读软件才能打开。在首页点击 下载全文阅读器，选择某一版本的浏览器点击下载即可。

（胡　臻）

第三节　万方数据资源

万方数据资源由万方数据股份有限公司研制，是一个以科技信息为主，涵盖经济、文化、教育等相关信息的综合性信息服务系统。万方数据库提供网络版万方数据知识服务平台和镜像版万方数据资源系统两种使用方式。个人用户可以在网上注册成会员并购买万方数据检索阅读会员卡/充值卡进行网络版的检索和全文下载，并拥有整个万方数据资源系统信息资源的完全使用权，而非会员只可以免费检索，不能下载全文。一般高校和企事业单位购买的是镜像版。

一、万方数据知识服务平台

万方数据知识服务平台的网址是（http：//www.wanfangdata.com.cn），首页提供了多种文献类型的简单检索界面，并设有资源介绍、科技动态等栏目，如图5－3－1所示。用户可以免费检索并获得文摘信息，浏览下载全文则需要下载PDF软件并付费，万方提供了手机付费、银行卡付费等多种付费形式。

图5－3－1　万方数据知识服务平台首页

1. 主要数据库介绍

（1）期刊论文。

期刊全文资源是万方数据知识服务平台的重要组成部分。集纳了多种科技及人文和社会科学期刊的论文，其中绝大部分是进入科技部科技论文统计源的核心期刊。论文共计 1300 多万篇。

（2）会议论文。

万方数据收录由中国科技信息研究所提供的国际及国家级学会、协会、研究会组织召开的各种学术会议论文，每年涉及上千个重要的学术会议。是目前国内收集学科最全、数量最多的会议论文文摘数据库。总计约 87 万篇。

（3）学位论文。

万方数据收录了国家法定学位论文收藏机构——中国科技信息研究所提供的自 1980 年以来我国自然科学领域各高等院校、研究生院及研究所的硕士研究生、博士及博士后论文，并由万方数据进行了先进的数据加工处理，文摘数量总计约 115 万篇。

（4）专利信息。

包含中国专利、欧洲专利、世界专利和德、日、美、英等国的专利信息。中国专利收录了从 1985 年至今受理的全部发明专利、实用新型专利、外观设计专利。共计 283 万件专利信息。

（5）中外标准。

收录了国内外的大量标准，包括中国国家发布的全部标准、某些行业的行业标准以及电气和电子工程师技术标准；收录了国际标准数据库，美、英、德等国的国家标准，以及国际电工标准；还收录了某些国家的行业标准，如美国保险商实验所数据库、美国专业协会标准数据库、美国材料实验协会数据库、日本工业标准数据库等。共计 25 万多件。

（6）法律法规。

该库收录了自 1949 年新中国成立以来全国人大及其常委会颁布的法律、条例及其他法律性文件；国务院制定的各项行政法规，各地地方性法规和地方政府规章；最高人民法院和最高人民检察院颁布的案例及相关机构依据判案实例作出的案例分析，司法解释，各种法律文书，各级人民法院的裁判文书；国务院各机构，中央及其机构制定的各项规章、制度等；工商行政管理局和有关单位提供的示范合同式样和非官方合同范本；以及外国与其他地区所发布的法律全文内容，国际条约与国际惯例等全文内容。该库是比较全面、实用的法律法规全文数据库，对把握国家政策有着不可替代的参考价值。约 23 万条记录。

（7）外文文献。

收录了中国科技信息研究所馆藏的英、法、德、意等文种的期刊论文、会议录等。

2. 数据库检索

万方数据资源系统各种产品的检索方法基本相同。现以中国学位论文全文数据库为例进行介绍。

该数据库始建于 1985 年，收录了我国哲学、经济学、法学、教育学、文学、历史学、理学、工学、农学、医学、军事学、管理学硕士、博士及博士后研究生论文。

（1）浏览检索。

有两种方式：分类浏览和学校所在地浏览。

① 分类浏览。分类浏览以《中国图书馆图书分类法》为基础，将全部数据库划分成哲学、经济学、法学、教育学、文学、历史学、理学、工学、农学、医学、军事学、管理学 12 个大类。点击主类目名称，出现子类目，点击子类目名称，系统会显示关于该子类目的所有文献条目。

② 学校所在地浏览。点击学校所在地的省市名称，出现学校或科研机构名称，点击该学校或科研机构会显示其所有的学位论文。

（2）简单检索。

在主页上点击“学位论文”，即进入“简单检索”界面，如图 5-3-2 所示。在输入框输入检索式，点击“检索”，系统自动检索文献。简单检索输入框默认接受的检索语言为 PairQuery，其基本概念为：每个 PairQuery 表达式由多个空格分隔的部分组成，每个部分称为一个 Pair，每个 Pair 由冒号分隔符“:”分隔为左右两部分，“:”左侧为限定的检索字段，右侧为要检索的词或短语。限定的检索字段以及“:”可以省略，省略时候的含义是在任意字段中检索。另外要注意模糊检索和精确检索。模糊检索：直接输入的任何词或者短语，表示在全部字段中检索。精确检索：检索词部分使用引号“”或书名号《》括起来，表示精确匹配。精确匹配依据字段的不同，含义有所不同。

图 5-3-2 中国学位论文全文数据库简单检索界面

（3）高级检索。

点击简单检索界面中的“高级检索”，系统就进入“高级检索”界面，如图 5-3-3 所示。高级检索界面出现“高级检索”、“经典检索”、“专业检索”3 种方式。高级检索的功能是在指定的范围内，通过增加检索条件满足用户更加复杂的要求，检索到满意的信息。高级检索区域列出了标题、作者、导师、关键词、摘要、学校、专业、发表日期等检索项供选择，填写的检索信息越详细检索得到的结果就会越准确。高级检索区域提供了 3 种排序方式：“相关度优先”、“经典论文优先”和“最新论文优先”。可以选择在检索结果页面每页显示的记录条数，有 10 条、20 条和 30 条三种选择。

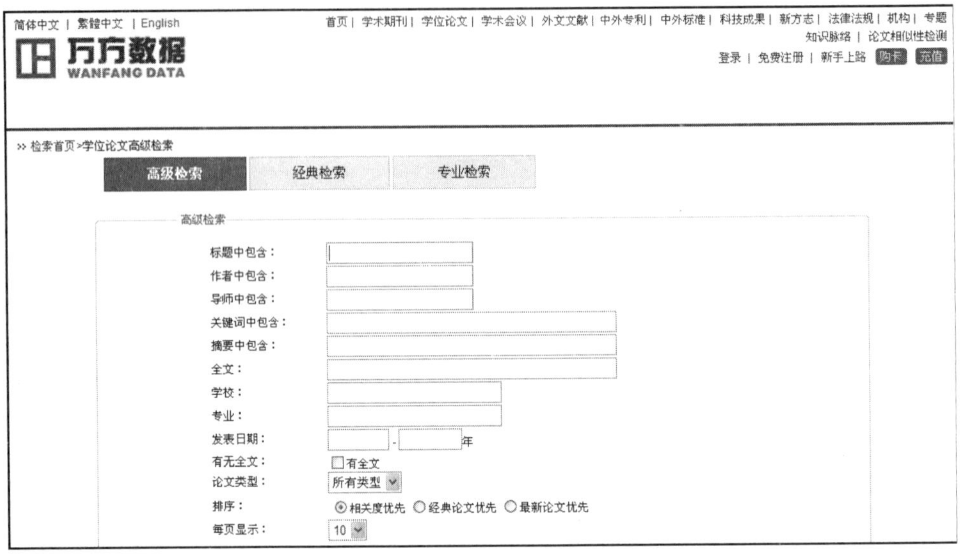

图 5－3－3　中国学位论文全文数据库高级检索界面

（4）经典检索。

在高级检索界面点击“经典检索”，系统进入“经典检索”界面，如图 5－3－4 所示。经典检索有 5 个输入检索条件的检索框，这些检索条件是“与”的关系。点击各检索项的下拉列表，选择字段（如标题、作者、导师、学校、专业、中图分类号、关键词、摘要），输入检索词来检索。

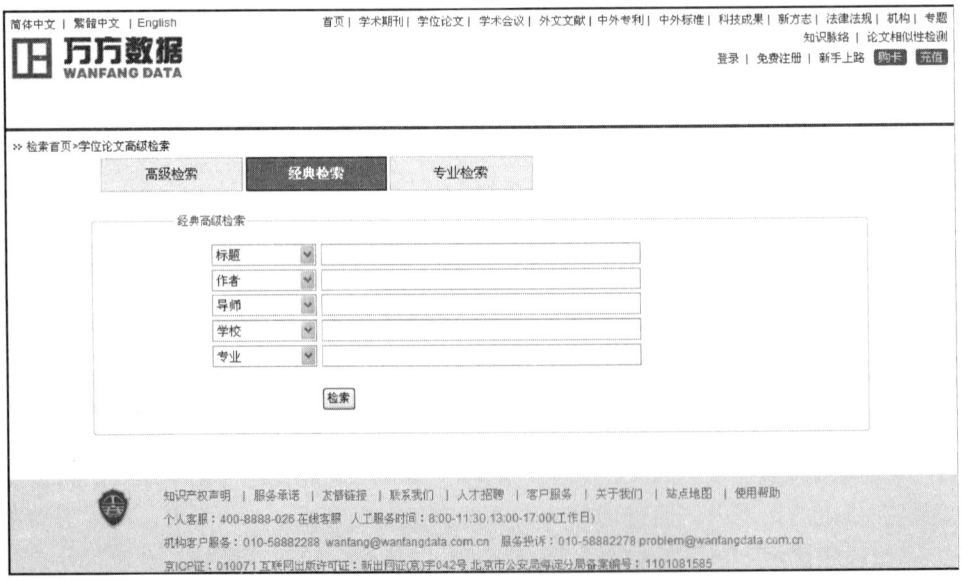

图 5－3－4　中国学位论文全文数据库经典检索界面

（5）专业检索。

在高级检索界面点击“专业检索”，系统进入“专业检索”界面，如图 5-3-5 所示。专业高级检索需要检索人员根据系统的检索语法编制检索式进行检索。它适合于熟练掌握 CQL（Common Query Language，通用检索语言）的专业检索人员。

图 5-3-5　中国学位论文全文数据库专业检索界面

（6）二次检索。

在检索结果页面上有“缩小搜索结果范围”选项，可输入检索词进行二次检索，如图 5-3-6 所示。

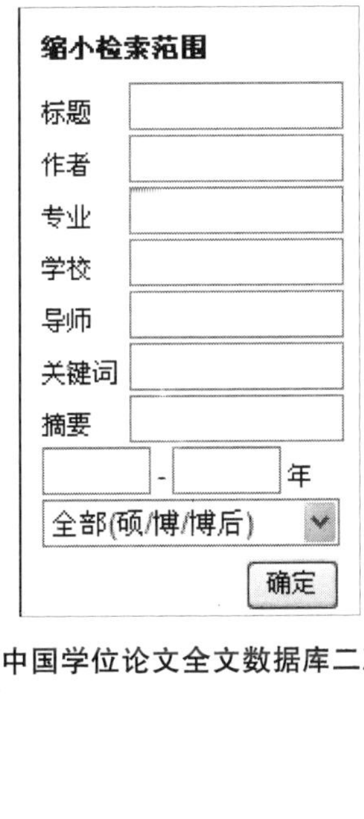

缩小检索范围

标题

作者

专业

学校

导师

关键词

摘要

- 年

全部(硕/博/博后)

确定

图 5-3-6　中国学位论文全文数据库二次检索界面

3. 检索技术

（1）精确检索（“”）：含有空格或其他特殊字符的单个检索词用引号（“”）引起来，以免引起错误。

（2）关系运算符（=），相当于模糊匹配，用于查找匹配一定条件的记录。关系运算符（exact），能精确匹配一串字符串。关系运算符（all），当检索词中包含有多重分类时，它们分别可以被扩展成布尔运算符（AND）的表达式。关系运算符（any），当检索词中包含有多重分类时，它们分别可以被扩展成布尔运算符（OR）的表达式。

（3）通配符（*）：表示匹配任意0个或多个字符，如果表示单个字符“*”，那么可以用转义字符“*”来表示。

（4）布尔逻辑算符：基本的运算符有3个，AND（逻辑与）、OR（逻辑或）、NOT（逻辑非）。

4. 检索结果

（1）检索结果列表。

数据库的检索结果是以题录形式显示，一次显示10条、20条或30条。浏览时根据需要点击所需题目，可看到该文献的作者、专业名称、导师姓名、授予学位、授予单位、授予时间、分类号、关键词、论文页数、文摘语种、文摘等信息。

（2）显示格式。

也可以标记要显示所需信息的记录，在“选择显示格式”的4个选项“DEFAULT”、“全部信息”、“论文题录”和“参考文献”中进行选择，然后点击“显示选择记录”，就可以一次浏览多篇所需要信息的详细记录。系统默认的“DEFAULT”为全部信息记录。

（3）显示全文。

点击篇名，显示详细记录后，再点击详细记录下面的“查看全文”，系统会分左、右两部分显示论文的目录和封面。在目录中，论文的各个章节都作了链接，想要浏览论文的某章某节，直接点击目录即可，并可有选择性地打印、复制。

二、万方数据资源系统（镜像版）

镜像版主要面向高校、科研单位和企事业单位，由学位论文全文、数字化期刊、科技信息和商务信息4个子系统构成。

1. 学位论文全文子系统

学位论文全文子系统精选相关单位近几年来的博硕士论文，涵盖自然科学、数理化、天文、地球、生物、医药、卫生、工业技术、航空、环境、社会科学、人文地理等各学科领域。在主页点击学位论文全文即可进入图5－3－6所示的检索主页。该系统提供初级检索、高级检索、浏览全库和分类检索4种检索方法。

（1）初级检索。

检索字段有论文题目、作者姓名、学科专业、导师姓名、学位级别、授予学位单位、中图分类号、关键词、论文摘要、馆藏号等。

检索控制项有以下几个。

① 论文范围：可选择硕士、博士或全部，系统默认全部。

② 年代限制：用户在前面的选择框内勾选使年代限制生效，默认状态是未选。

③ 匹配：有模糊、精确、前方一致 3 种匹配方式。前方一致匹配是指整个字段前部分（从第一个字符开始）与检索词相同。不同字段可选的匹配方式不尽相同，如选择论文题名、摘要等字段时匹配方式显示的是虚的，表示 3 种匹配方式都可以。

④ 逻辑运算符：有“与”、“或”、“非” 3 种选择。

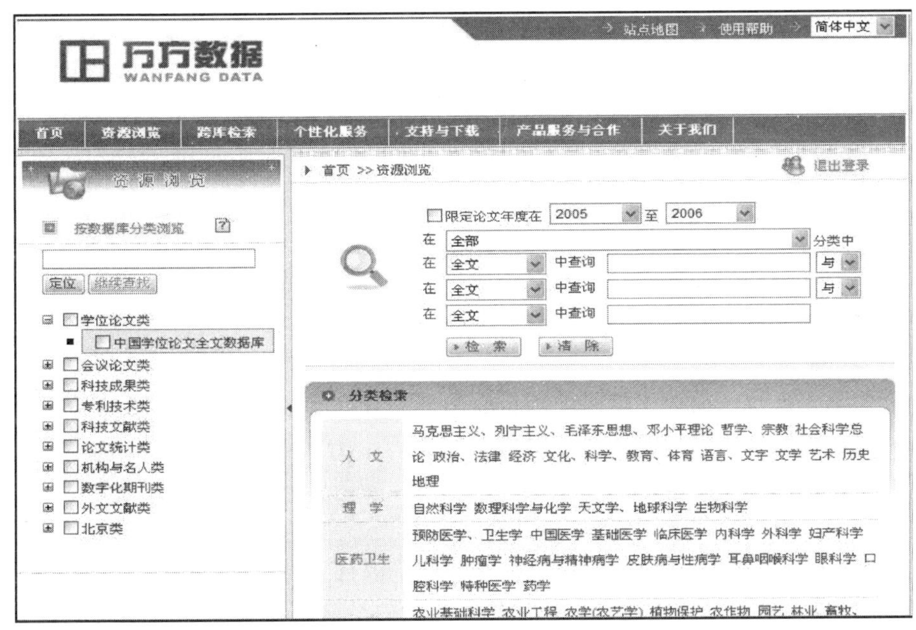

图 5－3－7　**学位论文全文子系统**

（2）高级检索。

在初级检索页面点击“高级检索”，即可进入高级检索界面。该检索方法支持布尔逻辑检索、相邻检索、截词检索、同字段检索、同句检索和位置检索等多种全文检索技术。适于专业人员检索。

（3）浏览全库。

点击初级检索界面中的“浏览全库”，可以浏览数据库中的全部论文。

（4）分类检索。

初级检索页面下方提供了分类浏览，点击相应的分类条目，如化学工业，可直接浏览该类目的所有论文。

2. 数字化期刊子系统

数字化期刊子系统收录 6000 多种各学科领域期刊，实现了全文上网、论文引文关联检索和指标统计。从 2001 年开始，数字化期刊已经囊括我国所有科技统计源期刊和重要社科类核心期刊。

在万方数据资源系统镜像版主页点击数字化期刊进入数字化期刊群界面。该界面提供了按学科分类、按期刊分类、按省市分类以及按字母顺序浏览期刊的链接，并设有论文查询和引文查询。

按学科分类设有哲学政治、社会科学、经济财政、教科文艺、基础科学、医药卫生、农业科学、工业技术八个大类，每个大类又细分出若干的小类。检索时点击相关类目即可得到该类目下的所有期刊，如点击工业技术类目下的化学工业即可得到有关化学工业的所有期刊名称列表，点击期刊名称即可得到该刊按年和期的排序列表，进而查看全文。

3. 科技信息子系统

科技信息子系统是多种科技文献数据库的信息集合。它汇集中国学位论文文摘、会议论文文摘、科技成果、专利技术、中外标准、各类科技文献、科技机构、科技名人等近百个数据库。信息来源于科技部及其他政府部门有关科研单位、新闻媒体，每天新增信息约 200 条，采用滚动方式更新。

在主页点击科技信息进入科技信息子系统界面，点击数据库名称，可在相应的数据库内检索。

4. 商务信息子系统

商务信息子系统内的数据库是中国企业与产品数据库（CECDB），该库始建于 1988 年，由万方数据联合国内近百家信息机构共同开发。十几年来，CECDB 历经不断的更新和扩充，现已收录 96 个行业的近 20 万家企业详尽信息，是国内外工商界了解中国市场的一条捷径。目前，CECDB 的用户已经遍及北美、西欧、东南亚等 50 多个国家与地区，主要客户类型包括公司企业、信息机构、驻华商社、大学图书馆等。国际著名的美国 DIALOG 联机系统更将 CECDB 定为中国首选的经济信息数据库，而收进其系统向全球数百万用户提供联机检索服务。

《中国企业、公司及产品数据库》中的信息全年 100%更新，提供多种形式的载体和版本。全记录包含 30 多个字段，对企业进行了全方位的立体描述。

（曾满江　李勇文）

第四节　中国生物医学文献服务系统

一、中国生物医学文献服务系统概述

中国生物医学文献服务系统（简称 SinoMed）是中国医学科学院信息研究所/图书馆开发研制的集检索、开放获取、个性化定题服务和全文传递服务于一体的生物医学文献检索服务系统。

SinoMed 涵盖资源丰富，兼有中西文数据库。在全面涵盖中国生物医学文献数据库

（CBM）的基础上，新增西文生物医学文献数据库（WBM）、日文生物医学文献数据库、俄文生物医学文献数据库、英文文集汇编文摘数据库、英文会议文摘数据库、北京协和医学院博硕学位论文数据库、中国医学科普文献数据库 7 种资源。该服务系统收录的学科范围广泛，年代跨度大，具有深度加工、数据规范的特点；各数据库均根据美国国立医学图书馆《医学主题词表（MeSH）》（中文版）、中国中医研究院中医药信息研究所《中国中医药学主题词表》，以及《中国图书馆分类法・医学专业分类表》进行主题标引和分类标引，文献内容揭示更加全面、准确；同时它提供的多途径检索功能，使检索过程更快、更高效，检索结果更细化、更精确。

二、医学主题词表

1.《医学主题词表》

（1）概述。

《医学主题词表》（Medical Subject Headings，MeSH 表）是美国国立医学图书馆（National Library of Medicine，NLM）研制的，用于标引、编目和检索生物医学文献的英文受控词表。它是对生物医学文献进行主题标引以及检索生物医学文献数据库的指导性工具，对提高查全率及查准率具有十分重要的意义。

MeSH 词表是经过严格的规范化处理的受控情报语言。它以标准的术语描述生物医学概念，通过注释、参照系统和树状结构，表达词汇的历史演变，揭示了词间的语义关系，指导检索者使用规范化的术语进行有效检索；另一方面它对各种同义词、多义词和同形异义词进行规范化的处理，使得一个概念只能用一个词汇来表达，帮助用户尽可能地查全信息。

NLM 提供三种方式联机免费获取其电子版：一是 MeSH Browser，包括 MeSH 表的全部内容，供用户从浏览树状结构体系或关键词入手获取主题词信息；二是 UMLS Metathesaurus^{R}，除 MeSH 表外，还包括其他受控词表的主题信息；三是 MeSH Databases，为用户检索 Medline/PubMed 提供帮助。目前 MeSH 表在全世界很多国家都得到广泛的应用，有多个语言版本。中国医学科学院医学信息研究所等机构将英文版的 MeSH 表翻译成了中文，并在《中国生物医学文献数据库（CBM）》中提供其中、英文的电子版，为中文文献的标引和检索提供了极大的方便。

（2）收词类型。

① 主题词（Subject Headings）：又称叙词（Descriptors），是用于描述主题事物或内容的规范化词汇。

A. 主题词的形式：词汇以名词为主，可数名词多采用复数形式如 blood cells（血细胞），不可数名词或表示抽象概念的名词采用单数形式如 brain stem（脑干）。主题词包括单个词或词组。词组形式一般按自然语言顺序如 lung abscess（肺脓肿），但当一组主题词具有某些相同的概念时，采用倒置的形式将同一概念的词排列在前，修饰、限定的词放在后面，并用“,”隔开，如：

anemia，aplastic　（再生障碍性贫血）
anemia，dyserythropoietic，congenital　（先天性贫血）

anemia，hemolytic （溶血性贫血）
anemia，hemolytic，autoimmune （免疫性溶血性贫血）
anemia，hemolytic，congenital （先天性溶血性贫血）

B. 主题词的树状结构表：MeSH 表根据每个主题词的词义范畴和学科属性，又将全部主题词分门别类地归入 15 个大类（每个大类均用一个字母表示），每个大类又细分出 100 多个二级类目（见附录二）。二级类下再层层划分，逐级展开，每一个主题词均给予一个相应的树状结构号（字母或字母与数字的组合），以此来展示同一概念范围的主题词之间的并列、隶属等关系。

树状结构表有三个方面的作用：一是提供主题词等级关系的完整显示，上、下位词关系清晰，有利于用户进一步选词以扩大或缩小检索范围，改善检索效果；二是在计算机检索系统中，可实现自动扩检，即将某词的下位词进行检索，满足族性检索要求；三是通过上位词、下位词及同位词的显示，进一步明确词间分类关系及词义。

C. 主题词的单一性和动态性：主题词原则上一个语词只表达一个概念，一个概念也只用一个语词来表达。如表达乳腺癌的常见同义词有 breast neoplasms、breast cancer、breast tumors、human mammary carcinoma 等，但 MeSH 表只选择了 breast neoplasms 作为主题词，因此，凡论及乳腺癌的文献不管使用的是哪个词，在使用《医学主题词表》标引和检索的数据库中使用的主题词只能是 breast neoplasms，这样有利于提高文献的查全率。

MeSH 表是医学常用规范化词汇的浓缩，必然随着医学科学的不断发展而不断地增删、调整，以及时反映医学科学的最新发展、新主题和新事物，有一定的动态性。

② 限定词（Qualifiers）：又称副主题词（Subheading），是对主题词作进一步限定的词。限定词本身无独立检索意义，通常用组配符“/”与主题词一起使用，构成具有检索意义的表达式。如查找出血性贫血的文献，标引的主题词为 anemia，hemolytic，根据不同的内容可分别组配上不同的限定词，如“anemia，hemolytic/diagnosis”、“anemia，hemolytic/etiology”、“anemia，hemolytic/therapy”，在不增加主题词的情况下使表达文献的内容更为确切，检索达到更高的专指度。

限定词的数量及其可组配的主题词的范围均有严格规定。到 2010 年，MeSH 表规定使用的限定词有 83 个，MeSH 副主题词等级表见附录三。

③ 款目词（Entry terms）：它是主题词的同义词或相关词，作用是将自由词引见到主题词，当用户使用 breast cancer 检索文献时，MeSH 表会通过 breast cancer See breast neoplasms 指引用户使用主题词 breast neoplasms。因此，款目词只是丰富和增强词表功能的一种方式。

（3）MeSH 词的查找。

MeSH Browser（http://www.nlm.nih.gov/mesh/MBrowser.html）是 MeSH 表网络版。它不仅收录了 MeSH 表最新版本的全部词汇，还收录了《化学主题词表》的 13 万多个化学物质主题词。

MeSH Browser 提供两种查询方式：①Navigate from Tree Top（树状结构的等级体系浏览），帮助用户从树状结构体系入手查询主题词的信息。②关键词查询方式，即直接在检索框中输入词进行查询，可以将欲查询的词限定在主题词、限定词或补充概念（化学物质名称）中某一种或全部，还可以限定在《化学主题词表》的某一特定字段如化学物质登记号或酶编码（CAS Registry/EC Number）中进行查询；可选择三种匹配方式：Find Exact Term（精确词查询）、Find Terms with ALL Fragments（查询词组中所有的词）和Find Terms with ANY Fragment（查询词组中任意一个词）。（见图5－4－1）

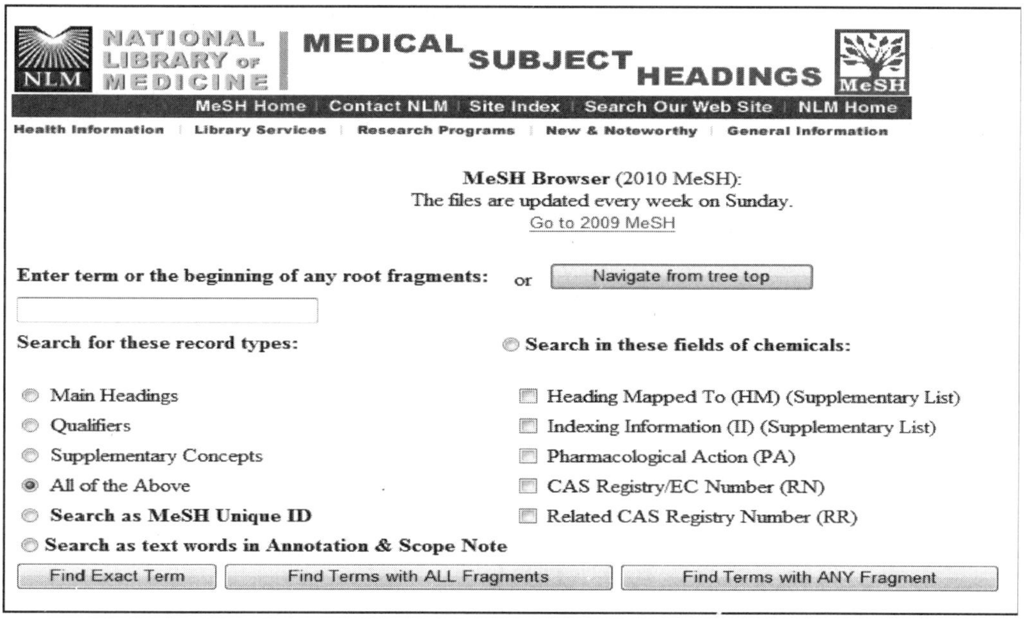

图5－4－1　MeSH Browser查询界面（2010－8－4）

中文版的医学主题词可以通过《中国生物医学文献数据库（CBM）》的主题检索途径进行查询，其具体检索方式详见本节第三部分。

（4）主题词检索的优势。

主题词检索与自由词检索相比，具有以下几点优势：一是可以克服同一概念由于拼法不同而导致的漏检或误检，如维生素C有“Vitamin C”和“Ascorbic Acid（抗坏血酸）”两种拼法，使用MeSH词“Ascorbic Acid”可将两种拼法的文献都检索出来。二是主题词检索具有下位词扩展检索功能。例如再生障碍性贫血（Anemia，Aplastic）的下位主题词还有先天性再生低下性贫血（Anemia，Hypoplastic，Congenital）、先天性纯红细胞再生障碍性贫血（Anemia，Diamond－Blackfan）、范可尼贫血（Fanconi anemia），使用主题词扩展检索功能可以把再生障碍性贫血的下位概念都检索出来。三是主题词检索支持副主题词限定功能，使检索更具有专指性。四是可以限定查找主要主题词，使查出的结果更加准确。

（5）主题词/副主题词的组配举例。

例1：检索有关肝癌手术治疗的文献。

第一步使用医学主题词表，可从“liver cancer”这个款目词，找到其主题词“liver

neoplasms”；

第二步详细了解“liver neoplasms”的注释信息，选择是否扩展主题词；

第三步选择可搭配的副主题词“surgery”与主题词“liver neoplasms”组配，表达检索题目的主题。

2.《中国中医药学主题词表》

它是由中国中医研究院中医药信息研究所主持编制，1987 年第一版，1996 年出修订版，2006 年出第三版，并以印刷版和电子版两种形式出版。该词表具有编制技术先进、词表体系结构科学、词语标准化规范花、收词完备、一表多用、实用性强、与国际权威医学词表 MeSH 兼容等特点，因此逐渐成为全球范围内医学界进行中医药文献标引的依据。

该词表同 MeSH 一样也是一部规范化、动态的检索语言叙词表。词表尽量收全中医药词汇，而对西医药名词一般不予收录。共收录主题词 6938 条，其中正式主题词 5806 条，入口词 1132 条。词表包括字顺表、树形结构表、副主题词表、出版类型表、附表和索引表六部分。各表的编排体例与 MeSH 词表相似，其树形结构表包括 14 个大类 59 个子类目，并对 11 个专门用于中医药学的副主题词规定了定义及使用范围。这 11 个专门的副主题词包括：中医疗法、中药疗法、中西医结合疗法、按摩疗法、针灸疗法、气功疗法、穴位疗法、气功效应、针灸效应、生产和制备、中医病机。

《中国中医药学主题词表》也可通过《中国生物医学文献数据库（CBM）》的主题检索途径进行查询。

三、中国生物医学文献数据（CBM）

1. 中国生物医学文献数据库概述

中国生物医学文献数据库是中国医学科学院医学信息研究所开发研制的综合性医学文献数据库。收录 1978 年以来 1600 多种中国生物医学期刊，以及汇编、会议论文的文献题录，年增长量约为 40 万条。目前它实现了与维普全文数据库的链接功能，可直接通过链接维普全文数据库获取 1989 年以来的全文。学科覆盖基础医学、临床医学、预防医学、药学、中医药学及医院管理等生物医学领域的各个方面，是目前国内医学文献的重要检索工具。

数据库的题录全部根据美国国立医学图书馆《医学主题词表（MeSH）》、中国中医研究院中医药信息研究所《中国中医药学主题词表》以及《中国图书馆分类法》进行主题标引和分类标引。

2. 数据库结构与检索特点

CBM 的记录包括 30 多个可检索字段，其中常用的字段标识符见下表：

表 5－4－1 CBM 常见字段标识符

字段标识符	注 释	字段标识符	注释
AA	著者文摘	PG	页码

续表5－4－1

字段标识符	注 释	字段标识符	注释
AB	文摘	IP	期
AD	地址（第一作者）	PP	出版地（期刊）
AU	著者	PY	出版年
CL	分类号	PT	文献类型
CT	特征词	SO	出处
FS	资助类别	TA	期刊名称
ID	资助编号	TI	中文题目
IS	ISSN（标准出版物号）	TT	英文题目
LA	语种（缺省值为中文）	TW	关键词
MH	主题词	VI	卷
MMH	主要概念主题词		

CBM在SinoMed检索平台上的特色检索功能有：①智能检索，自动实现检索词、检索词对应主题词及该主题词所含下位词的同步检索。②检索功能完备，不但提供特色主题词检索、分类检索，还提供多种限定检索功能，包括文献语种、临床研究类型、是否核心期刊等限定。③链接检索，在检索结果中，自动实现作者、出处、关键词、主题词、主题词/副主题词、主题相关等知识点的快速链接，可全方位满足用户在检索过程中的新发现、新需求。同时检索结果的多种排序、显示、拷盘、打印输出等功能极大程度上方便了用户。④结果分析，支持对检索结果从年代、作者、作者单位、来源期刊、主要主题词、文献类型等多角度进行辅助分析，帮助您快速了解领域发展现状、洞察学科发展线索。⑤为您提供独立个人空间，保存有价值的检索策略，跟踪领域最新发展；贮存感兴趣的检索结果，按个人习惯进行组织和再利用，自由随意，方便灵活。⑥原文获取，提供灵活多样的原文获取途径：维普原文直接链接、学位论文在线浏览、免费全文直接下载、电子馆藏直接调用及通过原文传递服务系统进行原文索取。

3. 检索途径与方法

CBM的检索途径主要有基本检索、主题检索、分类检索、期刊检索、作者检索五种。

（1）基本检索（自由词检索）。

进入检索界面后的默认状态，检索步骤如下。

① 选择检索入口，可分以下三种情况：

· 缺省：表示输入的检索词同时在中文标题、摘要、作者、关键词、主题词和刊名字段中进行检索。

· 全部：表示输入的检索词同时在所有可检索的字符型字段中查找。

· 指定字段：表示输入的检索词仅在某一指定字段中进行检索，包括题目、英文题目、作者、地址、关键词、文摘、基金、参考文献、刊名、出版年、期、分类号、主题词、特征词等（图 5−4−2）。

图 5−4−2 CBM 基本检索界面

② 在检索输入框中输入检索词或检索式，检索词本身可使用通配符，检索词之间还可使用逻辑运算符。检索式可以用检索史区号代替。

· 通配符包括：

A. 单字通配符（?）。替代一个字符。如输入“血？动力”，可检索出含有以下字符串的文献：血液动力、血流动力等。

B. 任意通配符（%）。替代任意个字符；输入“肝炎%疫苗”，可检索出含有以下字符串的文献：肝炎疫苗、肝炎病毒基因疫苗、肝炎病毒活疫苗、肝炎灭活疫苗等。

· 逻辑运算符“AND”、“OR”、“NOT”用法与其他数据库相同。检索词之间的逻辑运算符可直接用英文方式直接输入，如“糖尿病 AND 肥胖”。逻辑运算符的优先级顺序为：() ＞ NOT ＞ AND ＞ OR。

· 检索词如果含有括号、连字符等特殊符号时，需用半角双引号来标识检索词，表明这些特殊符号也是检索词的一部分。如“N−［8−（2−羟苯基）氨基］辛酸钠”、“1，25−（OH）2D3”。

③ 选择是否精确检索或智能检索

· 精确检索：检索词与命中检索字符串完全相等。SinoMed 系统中默认进行的是模糊检索。模糊检索亦称包含检索，能够扩大检索范围，提高查全率。

如：检索作者“张明”的文献，勾选“精确检索”的情况下只能检出作者为“张明”的文献。在不勾选“精确检索”的情况下可检出作者为“张明”、“刘张明”、“张明丽”等的文献。

· 智能检索：能够自动实现检索词、检索词对应主题词及该主题词所含下位词的同步检索。CBM 只在“缺省字段”支持智能检索功能。如：在“缺省”字段输入“艾滋病”，勾选“智能主题”后点击“检索”按钮，系统自动检出“中文标题”、“摘要”、“关键词”、“主题词”等字段中含“艾滋病”、“AIDS”和“获得性免疫缺陷综合征”的所有文献。

注意：智能检索不支持逻辑组配检索。若想通过智能检索查找同时关于“AIDS”和“乙肝”方面的文献，就需要分步进行：A. 在基本检索界面分别对“AIDS”、“乙肝”进行智能检索；B. 在“检索历史”界面，对第一步的查找结果进行逻辑“AND”组配检索即可。

④ 可在已有检索结果的范围内进行二次检索，输入新的检索词，选中“二次检索”前面的复选框，点击“检索”按钮即可。二次检索是在已有检索结果基础上再检索，逐步缩小检索范围，与上一个检索词之间的关系为“AND”。

⑤ 限定检索：是对检索对象进行进一步限定，限定设置后，一直有效，若要取消限定，打开“限定检索”，点击“清除”，并“确认”。限定的条件包括年代范围、文献类型、研究对象等。具体限定内容见图 5－4－3。

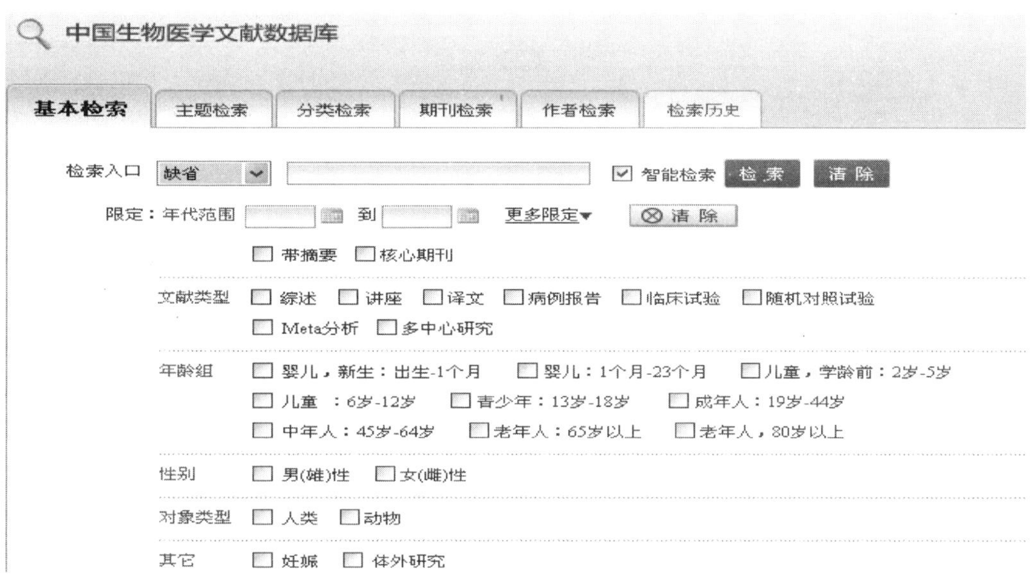

图 5－4－3　CBM **限定检索界面**

限定条件每组内的词间关系为“OR”，组间关系为“AND”。限定检索不能单独使用，而是与其他检索式组配使用。

例 2：检索女性被动吸烟方面的文献。

第一步选择“缺省”入口，输入检索词“被动吸烟”；

第二步点击“更多限定”链接，选择性别特征词中的“女（雌）性”，点击“确定”；

第三步选择“智能检索”，点击“检索”按钮，检出命中文献。系统显示的检索表达式为：缺省［智能］：被动吸烟－限定：女（雌）性。

（2）主题检索。

CBM使用的中文主题词表（CMeSH）主要收录了美国《医学主题词表（MeSH）》中译本和《中国中医药学主题词表》。进入主题检索界面，可进行中、英文主题词的查询，浏览选择主题词，选择合适的副主题词，使检索结果更加符合检索者的需求。在CBM数据库中，与“关键词检索”相比，采用规范化的主题词进行检索，能有效提高查全率和查准率。具体步骤如下：

① 进入主题词检索界面（图5－4－4），在检索入口选择“中文主题词”或“英文主题词”，然后在输入框中键入相对应的检索词，点击“查找”按钮，系统显示含有该检索词的主题词轮排表。

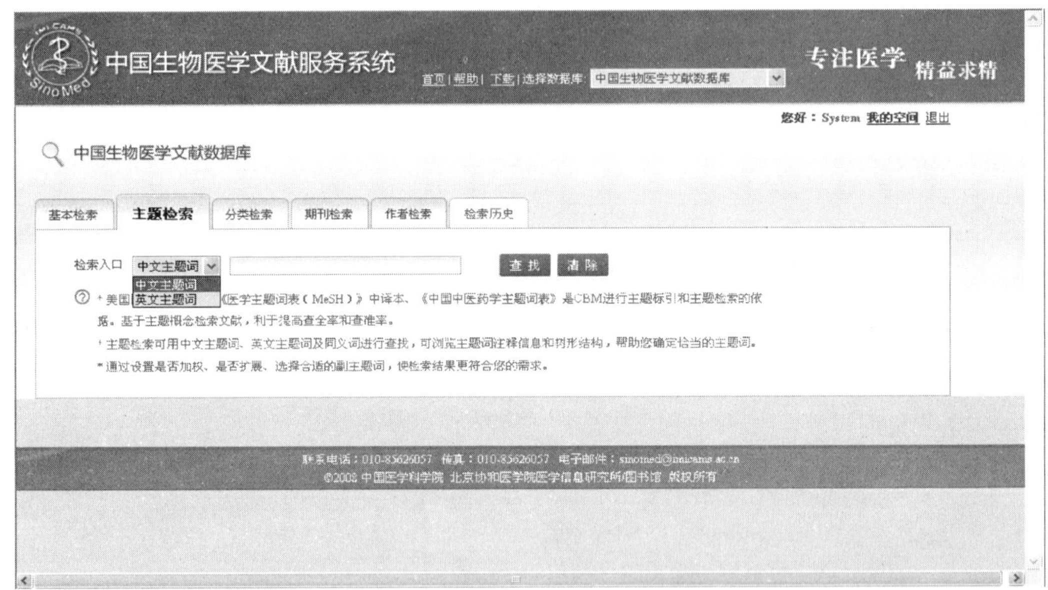

图5－4－4 CBM主题检索界面

同一行中，左边一列为主题词的款目词（同义词），中间一列为正式主题词，右边一列为该主题词命中的文献数。

② 对主题词进一步设置后进行检索。在主题词轮排表中选择一个主题词后，进入该主题词的注释表。在主题词注释表中，可浏览主题词信息和树形表，选择是否扩展检索、加权检索以及副主题词检索等选项，最后点击“主题检索”按钮进行检索。

A. 主题词注释表包括所选主题词的中文名称、英文名称、款目词、树状结构号、相关词、可组配的副主题词、药理作用主题词、检索回溯注释、标引注释、历史注释、范畴注释等。认真阅读主题词的注释信息，可进一步确认主题词是否与检索主题一致。

B. 主题词扩展检索与非扩展检索：扩展检索是对当前主题词及其所有下位主题词进行检索；非扩展检索则仅限于当前主题词的检索。系统默认状态为扩展检索。如主题词“HIV感染”，扩展检索指对该主题词和10个下位主题词进行检索，不扩展检索仅对“HIV感染”进行查找。

C. 主题词加权检索与非加权检索：主题词“加权”表示主题词的重要程度，反映文章论述的主要内容。加权主题词用“*”表示，如“肝肿瘤*”，加权检索表示仅对加星号（*）主题词在主要概念主题词字段（MMH）进行检索；非加权检索则表示对主题词在主题词（MH）和主要概念主题词（MMH）两个字段中均进行检索。系统默认状态为非加权检索。

D. 主题词/副主题词组配检索

● 副主题词：主要用于对主题词的某一特定方面加以限制，强调主题词概念的某些专指方面。如“肝/药物作用”表明检索的文献并非讨论肝脏的所有方面，而是讨论药物对肝脏的影响。

● 主题词与副主题词的组配规则：CBM 数据库中副主题词一共 94 个，表明同一主题的不同方面。不是所有的副主题词均能与每个主题词进行组配，“可组配副主题词”列出了当前主题词可以组配的所有副主题词。每个副主题词前面都有一个多选框，可以同时选择多个副主题词。点击某个副主题词可弹出该副主题词的注释窗口，有助于正确使用副主题词。

E. 副主题词扩展检索：一些副主题词之间也存在上下位关系，如副主题词“副作用”的下位词包括“中毒”和“毒性”，选择“扩展副主题词”，指对该副主题词及其下位副主题词同时进行检索，非扩展则仅限于当前副主题词。

例 3：检索有关“针灸治疗肥胖症”方面的文献。

分析：该题目的关键词有“肥胖症”和“针灸”，由于肥胖症包含的下位词较多，而针灸可以作为副主题词，因此采用主题检索方法比较合适。

第一步进入主题检索界面，输入“肥胖”，点击“浏览”按钮，查找对应的主题词“肥胖症”。

第二步进入“肥胖症”主题词注释表，查看详细信息，确定扩展主题词，选择扩展“全部树”；同时在可组配的副主题词表中选择副主题词“针灸疗法”，点击“添加”。

第三步确定完毕后，点击“主题检索”按钮，检出命中文献。系统显示的检索表达式为：主题词/肥胖症/全部树/ZL（针灸疗法的缩写）。

（3）分类检索。

分类检索是依据《中国图书馆图书分类法》医学类目分类号或分类词进行检索。它从文献所属的学科角度进行检索，有利于提高族性检索。在 CBM 中欲查找某学科主题文献时，可以通过两种方式实现：一种是在类名、类号输入框输入学科类名或类号来实现；另一种是通过分类导航逐级展开来实现。检索步骤如下：

① 进入分类检索界面（图 5-4-5），选择检索入口“类名”或“分类号”，输入检索词，点击“查找”按钮。

② 在分类表中选择合适的类名，进入分类检索页面，选择扩展检索、复分组配检索，点击“分类检索”按钮。

• 扩展/不扩展检索：扩展检索表示对该类目及其下位类进行查找。不扩展检索则表示仅对该类目检索。

• 复分组配检索：复分组配用于对主类号某一特定方面加以限制，强调某些专指方面。如复分号“022”表明主类号的“病理学”方面。不是所有类号都有复分组配，仅

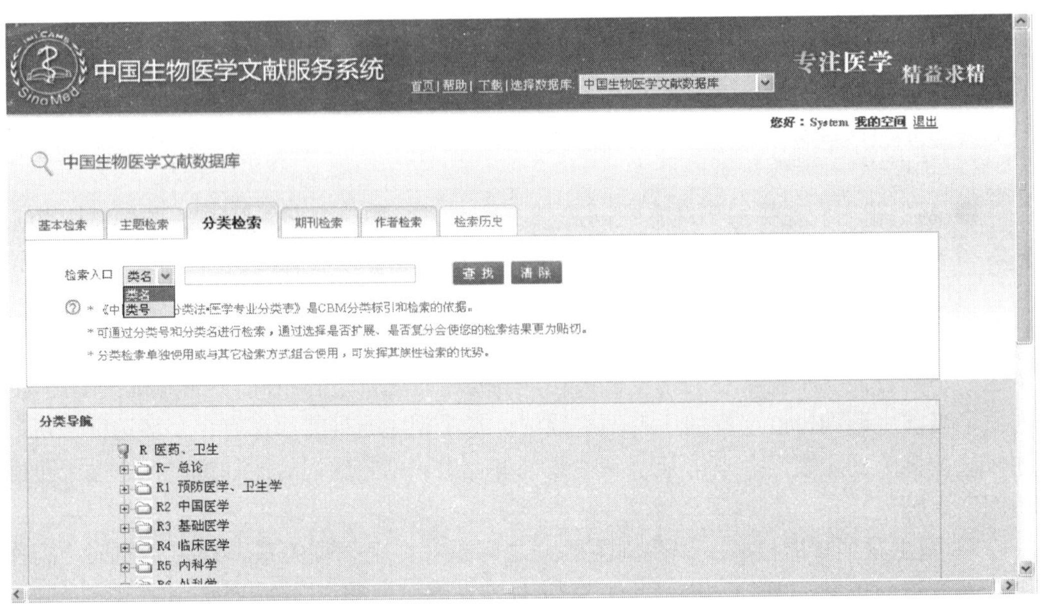

图 5-4-5　CBM 分类检索界面

以下类号可进行复分组配：R25/278 中医各科及中医急症学、R5/8 临床各科疾病与“临床医学复分表”进行复分组配；R282.71/.77 各种药材与“各类药材分类复分表”进行复分组配。

（4）期刊检索。

期刊检索提供两种方式进行期刊检索，一是从期刊名称、出版地、出版单位、期刊主题词或者 ISSN 号等检索入口直接查找期刊；二是直接使用页面上方的期刊导航浏览检索。

（5）作者检索。

进入检索页面，在检索输入框中键入完整作者名或作者名片段，点击“查找”按钮，系统显示包含检索词的作者列表，选择作者名，进入作者机构名称表，选择重名作者的具体机构名称，就可检索出具体单位的某位作者的所有文献。与基本检索界面的作者检索不同的是，在作者检索界面还可进行第一作者检索。

（6）定题检索（我的空间）。

定题检索可定制和跟踪某一课题的最新文献。具体步骤为：①初次使用必须先注册；②制订检索策略并保存；③定期调用检索策略，获取最新信息。

（7）链接检索。

通过点击检索结果中的蓝色超链接字段进行。可以选择作者（检索该作者发表的文献）、期刊（检索该期刊收录的所有文献）、关键词（在缺省字段检索该词）、特征词（在特征词字段检索该词命中的文献）、主题词（对该主题词标引的所有文献进行检索）和副主题词（仅检索该主题词与该副主题词组配的文献）、相关文献（按照内置算法检索出与该篇主题内容相关的文献）、参考文献（显示该篇文献的参考文献）的链接检索。

4. 检索结果的显示、输出及全文获取

SinoMed平台支持多种个性化检索结果浏览和输出设置。

(1) 检索结果的显示。

·单页记录显示条数：可自主设置每页显示的命中记录数，系统默认每页显示20条。

·排序方式：支持“年代”、“作者”、“期刊”和“相关度”4种排序方式。系统支持的最大排序记录数为65000条。

·检索结果显示格式：支持“题录格式”、“文摘格式”和“详细格式”3种检索结果显示格式。

(2) 检索结果的输出。

支持“打印”、“保存”和“E-mail”3种检索结果输出方式。单次“打印”、“保存”的最大记录数为500条，单次“E-mail”发送的最大记录数为50条。可对全部检索结果记录进行显示浏览或输出，也可只对感兴趣的记录进行显示浏览或输出。

(3) 全文获取。

点击获取原文图标，根据全文链接情况可能出现三种信息提示：①直接下载原文；②显示题录列表，选择所要下载的原文；③申请人工全文服务。

(4) 检索结果分析。

主要对检索结果中命中文献进行分析，主要是对文献的作者、出版时间、作者单位、来源期刊、加星主题词、文献类型这几个方面分别进行统计、排序，提供记录数和百分比，方便用户对文献进行简单的分析管理。

5. 检索实例

例4：检索论述“高血压病因”的相关文献。

分析：本课题的关键词有“高血压”和“病因”，因“高血压”下位词较多，“病因”可作为副主题词，因此宜选用主题扩展检索方法。

检索表达式：主题词：高血压/全部树/化学诱导，先天性，并发症，胚胎学，病因学，遗传学，免疫学，微生物学，寄生虫学，病毒学，中医病机。

例5：检索有关“黄芪注射液辅助治疗毒鼠强中毒的疗效”的相关文献。

分析：本课题的关键词有“毒鼠强”、“中毒”、“黄芪”、“注射液”和“治疗应用”，其中可以作为主题词的有“毒鼠强”、“黄芪”和“注射剂”，“中毒”和“治疗应用”均可作为副主题词。因此宜选用主题检索方法。但在查找主题词“毒鼠强”时，没有相关主题词，这时可选取其上位词“杀啮齿动物药”进行检索。

检索表达式：#1 主题词：杀啮齿动物药/全部树/中毒
#2 缺省[智能]：毒鼠强
#3 主题词：黄芪△/全部树/治疗应用
#4 缺省[智能]：黄芪
#5 主题词：注射剂/全部树/全部副主题词
#6 缺省[智能]：注射液

#7 (#1 or #2) and (#3 or #4) and (#4 or #5)

四、跨库检索

SinoMed 检索系统中，不但提供单库检索，还提供跨库检索，可以选择两个或多个数据库同时进行检索，检索界面如图 5−4−6 所示。

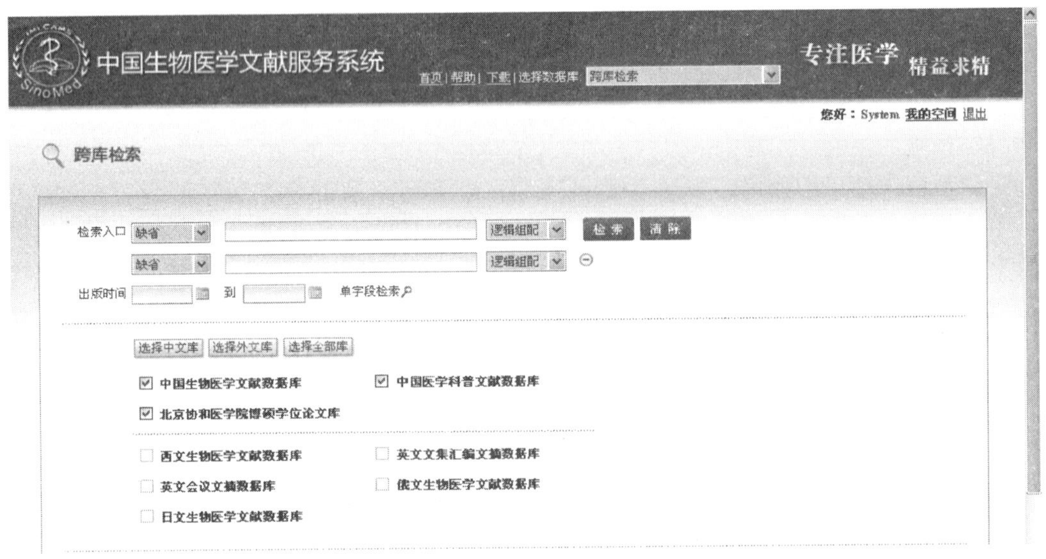

图 5−4−6 SinoMed 跨库检索界面

跨库检索的步骤如下：

①选择数据库，可只选中文库、外文库或中、外文数据库混合选择。

②选择“单字段检索”或“多字段检索”进行检索。其提供的检索入口字段包括缺省、全部字段、标题、摘要、作者、作者单位和文献来源。

缺省字段在跨库检索中，是标题、摘要、作者、文献来源内容的组合。

多字段检索提供多个字段之间的逻辑组配检索功能。通过点击“逻辑组配”框中的逻辑运算符，可增加检索项。

③输入检索词或构建逻辑组配检索式。

④限定检索时间范围，默认是全部年代。

⑤点击“检索”按钮，完成检索。

SinoMed 检索系统中各数据库的字段有差异，因此其提供的检索途径和限定条件等有一定的不同，需要用户根据自己的需求进行选择。

（伍　利）

参考文献

1. 蒋永光主编. 中医药文献信息获取与利用. 北京：人民卫生出版社，2009

2. 杜伟主编. 信息检索. 北京：科学出版社，2009

3. 董建成主编. 医学信息检索教程（第二版）. 南京：东南大学出版社，2009

4. 郭继军主编. 医学文献检索（第三版）. 北京：人民卫生出版社，2009

5. 曹洪欣主编. 医学信息检索与利用（第二版）. 上海：第二军医大学出版社，2008

6. 邢美园，梁玲芳，何立芳主编. 医学文献检索. 杭州：浙江大学出版社，2006

7. http://www.wanfangdata.com.cn/help/index2.html

8. http://tongfang.jstvu.edu.cn/kns50/help/help.aspx

第六章 外文医学文献检索工具

第一节 Medline 与 PubMed

一、Medline 概述

Medline 是由美国国立医学图书馆（National Library of Medicine，NLM）研制开发的国际上最具有权威的综合性生物医学文献书目数据库。其中包括三种重要的索引：《医学索引》（Index Medicus）、《牙科文献索引》（Index to Dental Literature）、《国际护理索引》（International Nursing Index）。它收录了 1950 年以来 80 多个国家和地区的 5000 多种生物医学及相关学科期刊，年收录文献约 40 万篇，其中约 70% 为英文文献。Medline 涉及的学科范围包括基础医学、临床医学、药理学、预防医学、护理学、口腔医学、兽医学、生物学、环境科学、卫生管理和情报科学等。

Medline 有多种光盘以及 Web 版在线产品，即有不同界面的 Medline 数据库。国内使用最早的是美国银盘系统（Silver Platter Medline on CD，SPIRS），以后又升级为 WinSPIRS。目前，Medline 更多地被纳入许多基于网络的信息检索系统中，如 PubMed、NLM Gateway、OVID、Dialog、ISI Web of Knowledge、EBSCO、EMBASE 等。PubMed 自 1997 年向用户免费提供 Medline 检索服务以来，已经成为科研人员检索生物医学文献最主要的途径。

二、PubMed

PubMed（http://www.ncbi.nlm.nih.gov/pubmed）是 NLM 下属的国家生物技术信息中心（NCBI）开发和维护的基于 Web 的生物医学文献检索系统，是 Entrez 集成检索系统的重要组成部分。Entrez 是一个用以整合 NCBI 系列数据库信息的检索工具，这些数据库包括核酸序列、蛋白序列、大分子结构、基因组序列以及 Medline 等。PubMed 具有信息资源丰富、信息质量高、更新及时、检索方式灵活多样、链接功能强大、使用免费等特点，已成为目前世界上使用最广泛的免费 Medline 检索系统。

1. PubMed 收录范围

（1）Medline。

PubMed 的主要来源，记录末尾标识为［PubMed－indexed for MEDLINE］。

（2）PreMedline。

Medline 的前期数据，收录正在加工处理的记录，记录末尾标识为［PubMed－in process］。文献经过标引主题词和文献类型等加工信息后转入 Medline。

（3）Publisher－Supplied Citations。

出版商提供的文献数据。主要是 Medline 选择性收录的期刊中超出收录范围的文献，如 *Nature*、*Science* 这些综合性期刊上刊登的非医学专业的文献。记录末尾标识为［PubMed－as supplied by publisher］。

2. PubMed 常用检索字段

PubMed 中提供的可供检索和显示的字段共 60 多个，由于每条记录收录时间、内容、文献类型差异等原因，其记录包含的字段数各不相同，常用的字段见表 6－1－1。

表 6－1－1 PubMed 常用检索字段一览表

字段标识	字段全称	注 释
AD	Affiliation	单位或地址
AU	Author	著者
EDAT	Entrez Date	文献收入 PubMed 的日期
NM	Substance Name	化学物质名称
TA	Journal Title	期刊名
LA	Language	语种
MH	MeSH	主题词
MAJR	MeSH Major Topic	主要主题词
SH	MeSH Subheadings	副主题词
PA	Pharmacologic Action MeSH Terms	药理作用的 MeSH 主题词
PL	Place of publication	出版地
DP	Date of Publication	出版日期
PT	Publication Type	文献类型
TW	Text Words	文本词
TI	Title	题名
TIAB	Title/Abstract	题名/文摘
TT	Transliterated Title	翻译题名（非英文文献）

3. PubMed 检索规则

（1）词汇自动转换（automatic term mapping）功能。

在PubMed的检索框中输入检索词进行检索时，系统会按顺序自动在以下3个表中进行词语的匹配、转换和检索。PubMed的这种智能检索功能，不仅能准确拆词，还能准确转换词汇，从而有效保证了文献的查全率和查准率。

① MeSH translation table（主题词转换表）：如果系统在MeSH转换表中找到相匹配的主题词后，就将主题词与输入词一同进行OR组配检索。如果输入的是词组，系统除了进行主题词转换外，还会自动将词组拆分为单词进行检索，并以AND组配检索。如输入liver cancer，系统转换为“liver neoplasms”[MeSH Terms] OR（“liver”[All Fields] AND “neoplasms”[All Fields]）OR “liver neoplasms”[All Fields] OR（“liver”[All Fields] AND “cancer”[All Fields]）OR “liver cancer”[All Fields] 进行检索。

② Journals translation table（刊名转换表）：该表包含刊名全称、缩写、ISSN。输入期刊全称时，系统自动转换为刊名缩写形式进行检索，同时将输入的词组在所有字段中检索，并将词组拆分为单词以AND组配检索。如输入Journal of medical systems，系统转换为“J Med Syst”[Journal] OR（“journal”[All Fields] AND “of”[All Fields] AND “medical”[All Fields] AND “systems”[All Fields]）OR “journal of medical systems”[All Fields]。如果输入的是刊名缩写或ISSN号，系统则不会在所有字段中检索，只检索此期刊中发表的文献记录。

③ Author Index（著者索引）：如果输入的词在以上的转换表中未找到相匹配的词，且输入的并非单个单词，PubMed会在著者索引进行查询。如输入john smith，系统执行的检索为Smith，John [Full Author Name] OR john smith [Author]。

（2）截词检索。

PubMed允许使用“*”号作为通配符进行截词检索。截词功能只限于单词，对词组无效。使用截词检索功能时，PubMed会关闭词汇自动转换功能。

（3）强制检索。

如果用户不想将输入的词组被分割进行检索，就可使用强制检索功能，采用双引号（""）将检索词引起来，系统就会将其作为不可拆分的短语形式在所有字段中执行检索。使用双引号强制检索时，PubMed会关闭词汇自动转换功能。

（4）布尔逻辑检索。

在PubMed检索输入框中，可直接使用布尔逻辑运算符AND、OR、NOT进行组合检索，字母须使用英文大写，可使用小括号改变运算顺序。如可输入allergen AND（asthma OR rhinitis）进行检索。

4. PubMed主界面介绍

PubMed主界面于2009年改版后按功能可分为检索区和辅助功能区（图6-1-1）。

检索区位于页面的上端，search下拉菜单可选择NCBI提供的其他信息资源数据库；检索框中可输入一个或多个检索词，点击蓝色“search”按钮即可进行检索，“clear”按钮用于清除检索框中的检索式。在主检索框上方还提供有limits（限定检索）、Advanced search（高级检索）和help（帮助）三个功能按钮。

辅助功能区位于页面的下方，主要有Using PubMed（使用帮助）、PubMed Tools

（个性化检索工具）、More Resources（其他资源）三部分。个性化检索工具包括 Single Citation Matcher（单篇引文匹配器）、Batch Citation Matcher（批量引文匹配器）、Clinical Queries（临床查询）和 Topic-specific Queries（主题查询）四种个性化工具。其他资源包括 MeSH Database（医学主题词数据库）、Journals Database（期刊数据库）、Clinical Trials（临床试验）、E-utilities、Linkout（外部链接）五个部分。

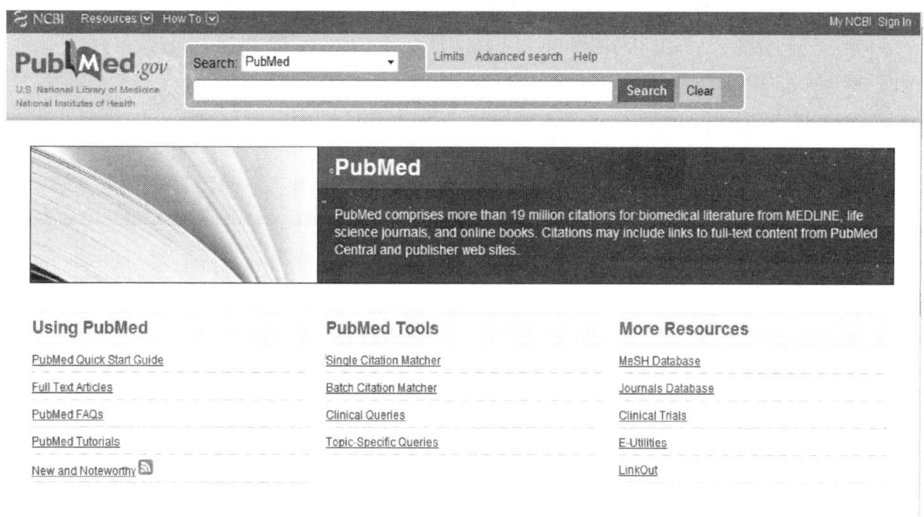

图 6-1-1　PubMed 主界面（2010 年 8 月 4 日）

5. PubMed 检索方法

（1）基本检索。

在 PubMed 检索框中可输入自由词、主题词、著者、刊名等各种检索词进行检索，也可输入逻辑运算符连接的检索式，还可输入检索字段标识符进行检索。但需要注意以下几个方面：

① 著者检索：输入著者姓名的全称或者姓氏全称加名缩写均可进行检索。如输入 zhang san 或者 zhang s 均可检索，但检索结果不尽相同。前者是精确检索，但可能会漏掉一些记录，这些记录中可能有些尚未对 zhang san 编入著者全名索引。后者是模糊检索，检索含有 zhang s 的所有记录。

② 刊名检索：输入刊名全称、刊名缩写或者 ISSN 均可。如输入 Journal of medical systems 或者 J Med Syst 或者 0148-5598，均可进行检索。

③ 字段标识符检索：在 PubMed 主页面的检索框中，可以直接在检索词后用方括号添加检索字段标识进行限定检索（字段标识参见表6-1-1）。如输入 hypertension [TI] AND 2009 [DP]，表示检索 2009 年出版的篇名中含有 hypertension 的文献。

（2）高级检索（Advanced search）。

高级检索界面（图 6-1-2）主要由检索提问区（Search Box）、检索构建区（Search Builder）、检索史显示区（Search History）三个部分组成。

① 检索提问区：在输入框中输入检索词，点击“Search”进行检索，或点击

“Preview”先预览结果数目。输入框上方的“details”按钮提供检索的详细内容。

② 检索构建区：用户可在字段框中选择需要限定的字段，输入对应的检索词，然后选择与主检索词的逻辑关系，点击“Add to Search Box”按钮，将其添加到检索提问区组成新的检索策略后执行检索。

点击输入框下方的“Show index”按钮，可显示与检索词相关的轮排索引词表，同时还显示出各索引词的命中文献数，以帮助检索者精确构建检索式（图 6－1－3）。

③ 检索史显示区：高级检索界面将检索史直接显示在提问区下方。

在高级检索界面的检索构建区和检索史显示区下方的“Search Builder Instructions”或“Search History Instructions”按钮，还向用户提供使用方法的说明。

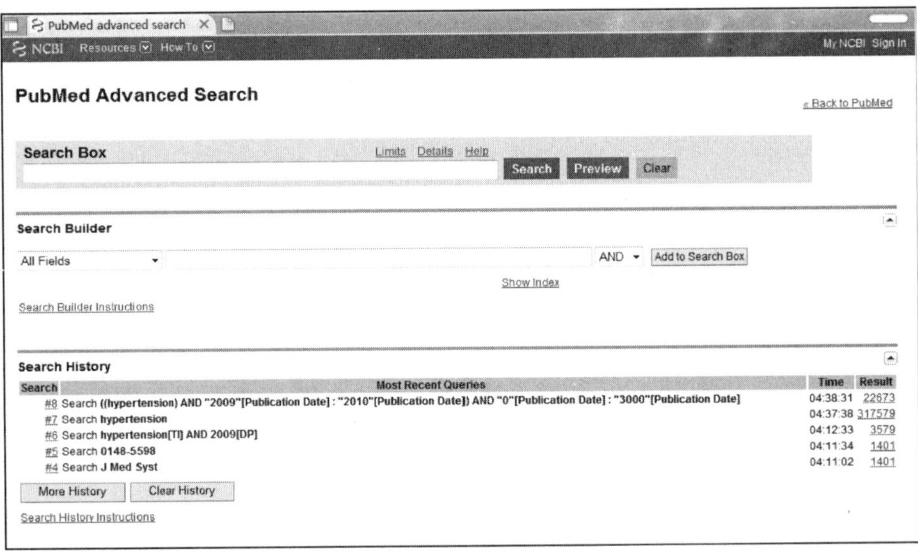

图 6－1－2 PubMed 高级检索界面（2010 年 8 月 4 日）

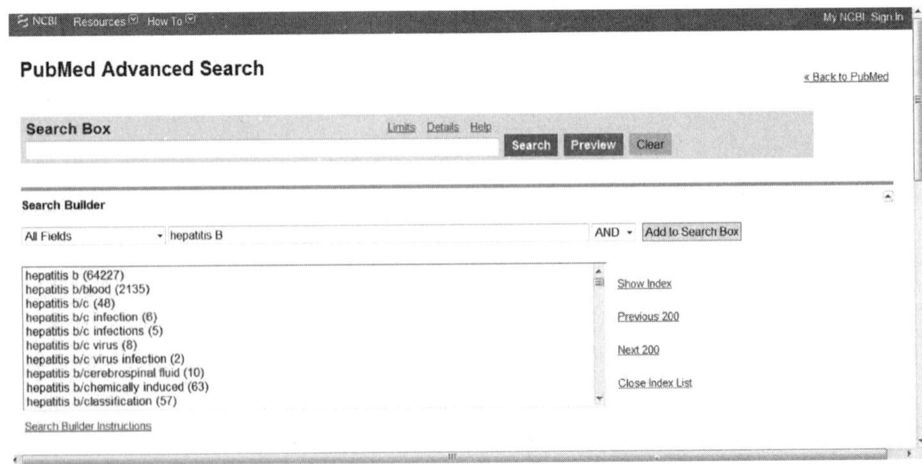

图 6－1－3 Show Index 检索显示界面（2010 年 8 月 4 日）

（3）限定检索（limits）。

限定检索的入口有多个，一是基本检索框的上方，二是高级检索提问框的上方，三是MeSH检索主界面输入框的下方。具体限定检索页面（图6－1－4）提供的限定选项包括Dates（文献出版日期）、Type of Article（文献类型）、Species（动物或人研究对象）、Subsets（子集）、Text options（原文选项）、Languages（语种）、Gender（性别）、Ages（年龄）、Search Field Tags（字段限定）等。

限定检索还可执行独立检索，不需要限定在检索词后。

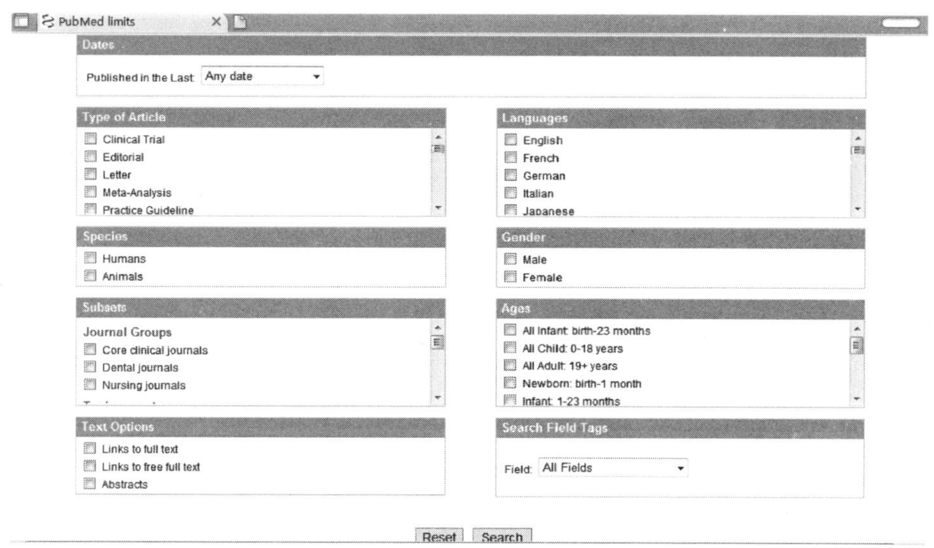

图6－1－4　PubMed的限定检索页面（2010年8月4日）

6. 个性化检索区

（1）Single Citation Matcher（单篇引文匹配器）。

用于查找某篇文献的准确信息。检索方法是进入检索页面（图6－1－5），将已知的信息填入到相应的检索提问框内，其中“Date”可用全称或缩写；“Date”输入格式是年/月/日；此外还有卷、期、首页码、作者姓名、标题关键词等。如果某项信息缺失，可不填写，填入的信息越详细，检索越准确。

（2）Batch Citation Matcher（批量引文匹配器）。

适合于核对批量的文献信息。提问格式为：期刊名称｜日期｜卷｜首页码｜作者姓名｜用户核对文献的标识，如果某项信息缺失，可不填写。每一提问式单独成行，一次最多可输入100条提问式。返回结果将标有该文献的PMID（PubMed的识别号）。

如果该文献无法找到，将显示以下三种情况：①INVAILD_JOURNAL，说明输入的刊名缩写不正确；②NOT_FOUND，说明输入的刊名正确，但因其他信息错误而未查找到完全匹配的记录；③AMBIGUOUS，说明输入的文献信息不完全，在PubMed中检出了多篇与之相匹配的文献，建议再用Single Citation Matcher去查找。

PubMed Single Citation M...

NCBI Resources How To

PubMed Single Citation Matcher

- Use this tool to find PubMed citations. You may omit any field.
- Journal may be the full title or the title abbreviation.
- For first and last author searching, use smith jc format.

Journal:

Date: yyyy/mm/dd (month and day are optional)

Volume: Issue: First page:

Author name (see help)

Only as first author Only as last author

Title words:

Go Clear

图 6－1－5 Single Citation Matcher 检索页面（2010 年 8 月 4 日）

（3）Clinical Queries（临床查询）。

这是专为临床医生查找医学资源而设计的搜索功能（图 6－1－6）。它可以同时查询到以下三个方面的内容："Clinical Study Categories"、"Systematic Reviews"、"Medical Genetics"。

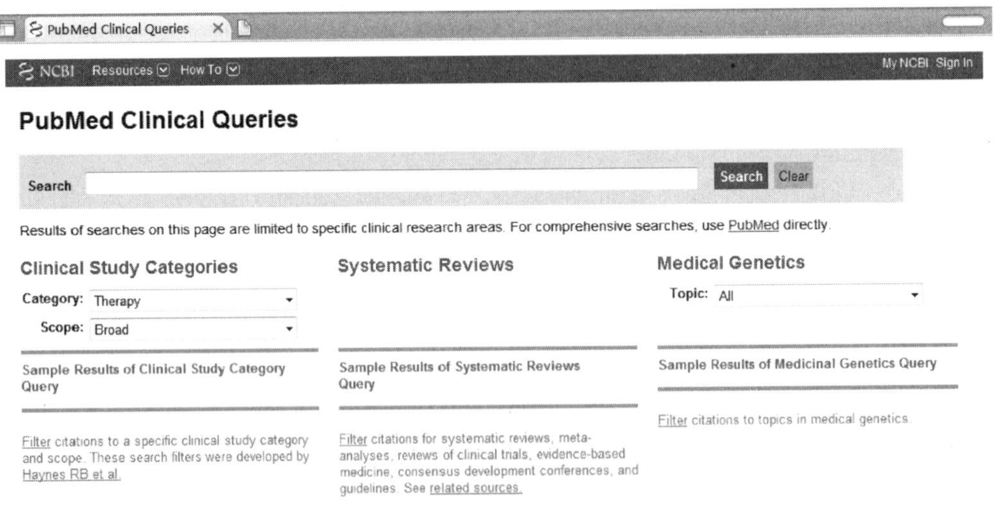

图 6－1－6 Clinical Queries 检索页面（2010 年 8 月 4 日）

①"Clinical Study Categories"供查找疾病的 etiology（病因）、diagnosis（诊断）、therapy（治疗）、prognosis（预后）、clinical prediction guides（临床预报指南）五个方面的文献。并可选择 narrow 或 broad 进行限定检索，分别强调查准或查全。

②“Systematic Reviews”供查找疾病的系统评价文献。

③“Medical Genetics”供查找医学遗传学方面的文献，设有 Diagnosis（遗传诊断）、Differential Diagnosis（鉴别诊断）、Clinical Description（遗传疾病临床症状）、Genetic counseling（遗传咨询）、Molecular Genetics（分子遗传学）、Genetic Testing（遗传检测）、Managment（遗传管理）等。

（4）Topic－specific Queries（主题查询）。

是针对不同的用户、不同的学科专题以及不同类型的期刊而设立的专项信息检索服务。例如特设了 AIDS（艾滋病）、Bioethics（生物伦理学）、Cancer（癌症）、Complementary Medicine（替代医学）、Health Literacy（健康素养）、History of Medicine（医学史）等专题检索。

（5）My NCBI。

是 PubMed 推出的个性化服务，包括存储检索策略，并且可以对存储的检索策略进行自动更新检索，最终可将结果发送到指定的 E－mail 邮箱；还可以对检索结果设定 Filter（过滤器，结果分类）和 Linkout 等。进入 My NCBI，首先免费注册，得到用户名和密码，便可享受其个性化服务。

7. 特色资源

（1）MeSH Database（医学主题词数据库）。

供用户选择规范化的主题词，组配相关副主题词，并可构建检索策略进行主题词检索。

点击首页的“MeSH Database”链接，进入主题词数据库检索界面，在输入框中输入检索词后点击“Go”，系统自动匹配与之对应或相关的主题词（图 6－1－7）。用户可在系统提示的主题词中进行选择，如果不需要组配副主题词，可直接把选中的主题词通过“Send to”下拉菜单中的“Search Box with AND”、“Search Box with OR”或“Search Box with NOT”选项送入检索框。可以一次性将多个主题词选中后送入检索框；如果需要组配副主题词，可在“Display”下拉菜单中选择“Full”，系统详细列出可供选择的副主题词，并显示出主题词参见词、树状结构等。用户选择好组配所需副主题词后，再用“Send to”下拉菜单中的选项将词语送入检索框，然后点击检索框下方的“Search PubMed”按钮，检索 MeSH 字段中含有所需主题词和副主题词的文献记录。

（2）Journals Database（期刊数据库）。

供查找 PubMed 和 Entrez 其他数据库收录期刊及其文献信息。用户可通过期刊所属学科和主题、刊名全称、Medline 刊名缩写、国际标准刊名缩写（ISO Abbreviaton）、ISSN、NLM 存取号等进行查找。

点击首页的“Journals Database”链接，进入期刊检索界面，可输入期刊信息进行检索（图 6－1－8）。出现检索结果后，可点击列出的期刊条目，浏览更详细的期刊信息，包括期刊的印刷版 ISSN、电子版 ISSN、刊名缩写、ISO 缩写、创刊时间、出版者、语种、出版国、涉及主题、NLM 标识号等。若想进一步检索期刊中发表的文献，可对期刊条目进行勾选，然后在“Send to”下拉菜单中选择“Search Box with OR”送

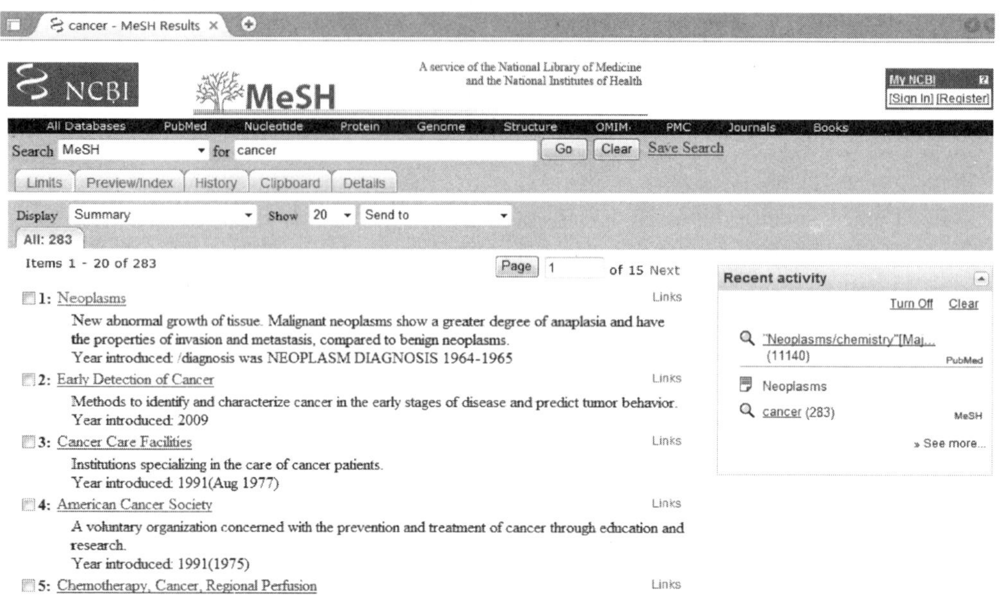

图 6-1-7 MeSH Database 检索页面（2010 年 8 月 4 日）

入检索框，再点击检索框下的“Search PubMed”执行检索，就会显示期刊中发表的文献条目。

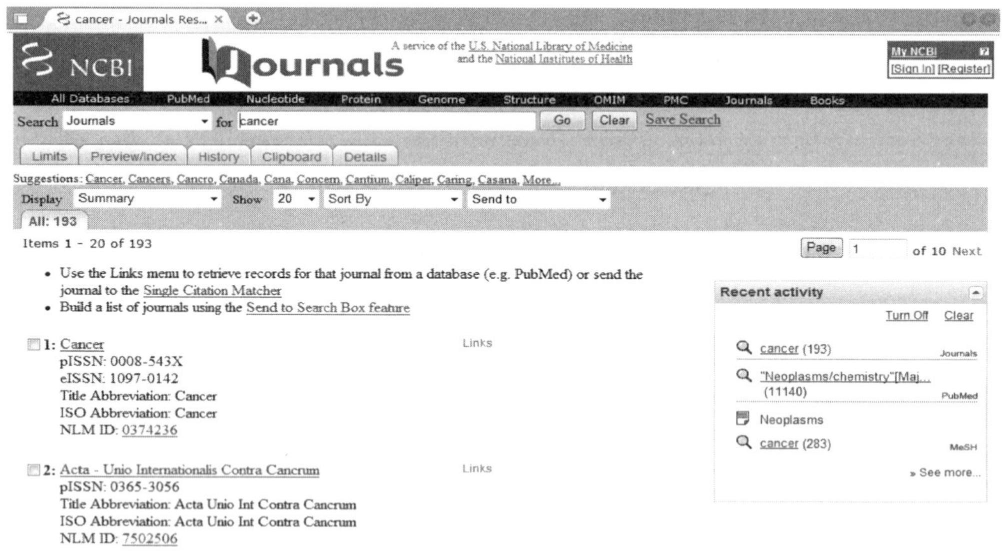

图 6-1-8 Journals Database 检索页面（2010 年 8 月 4 日）

（3）Clinical Trials（临床试验）。

该链接直接进入“ClinicalTrials. gov”网站，是临床试验网络注册库。收录了全球由国家拨款或私募经费资助的各项试验目录，以及这些临床试验的资料，兼有伦理和学术双重作用。它一方面确保公众对目前正在开展或既往已开展项目的了解，从而发挥伦理作用；同时还可为研究人员、期刊编辑人员和审稿专家提供一些解读研究结果所需的背景资料；通过完整罗列各项临床试验的目录清单，还可提示研究人员对当前尚未发表成果的课题加以注意。

该库可以帮助那些患有致命性疾病患者找到意愿参与的合适试验项目。该网站的试验注册对国内外注册户均不收费。只要能上网，任何人都可以免费使用该注册库。

（4）Linkout（外部链接）。

PubMed 中的记录通过 Linkout 与期刊出版商或信息提供商、期刊全文、图书馆馆藏信息、生物学数据库、大众健康信息和研究工具等建立广泛链接，从而为用户获取 PubMed 的外部资源提供了方便。

8. 检索结果的处理

PubMed 对检索结果提供多种处理方式，包括显示和输出两大部分。

（1）显示方式（Display Settings）。

PubMed 系统为检索结果的显示提供三种选择：Formats（格式）、Items per page（每页显示条数）、Sort by（分类排序），系统按所选格式显示检索结果（图 6－1－9）。

Display Settings: Summary, 20 per page, Sorted by Recently Added

Format	Items per page	Sort by
Summary	5	Recently Added
Summary (text)	10	Pub Date
Abstract	20	First Author
Abstract (text)	50	Last Author
MEDLINE	100	Journal
XML	200	Title
PMID List		

Apply

图 6－1－9　Display Settings 选项页面（2010 年 8 月 4 日）

如果只需显示一部分记录，则可点击该记录左边的选择框予以标记，再点击 Display Settings 选择显示格式；如果只需显示一条记录，则可直接点击该记录的题名超链接，系统会自动显示该记录的文摘格式。在此界面，也可选择其他格式令系统显示。

Summary 格式：显示文献的著者、篇名、来源、相关文献、PubMed 及 Medline 标识码和文章加工情况标识。

Abstract 格式：显示文献的著者及其地址、篇名、来源、摘要、出版类型、PubMed 标识码。

（2）保存结果（Send to）。

PubMed 系统可用不同的方式保存检索结果，它是通过 Send to 下拉菜单选择。保存方式有“File”（保存到文件中）、“Clipboard”（保存到剪贴板）、“E-mail”（发送到电子邮箱）、“Collection”（保存到 My NCBI 中）、“Order”（原文订购服务）5 种。

9．PubMed 检索举例

（1）检索 2006 年以来出版的有关电子健康档案用于社区卫生服务的英文综述文献。

① 分析检索内容，确定检索词及其逻辑关系：通过分析，该课题的内容主要由“电子健康档案”、“社区卫生服务”2 个关键词构成，即“electronic health record”与“community health service”，它们之间的逻辑关系为 AND。限定条件有：出版日期——2006-2010、语种——英语、文献类型——综述。

② 检索过程：第一步，在 PubMed 主界面的检索框中输入“electronic health record AND community health service”（图 6-1-10）。

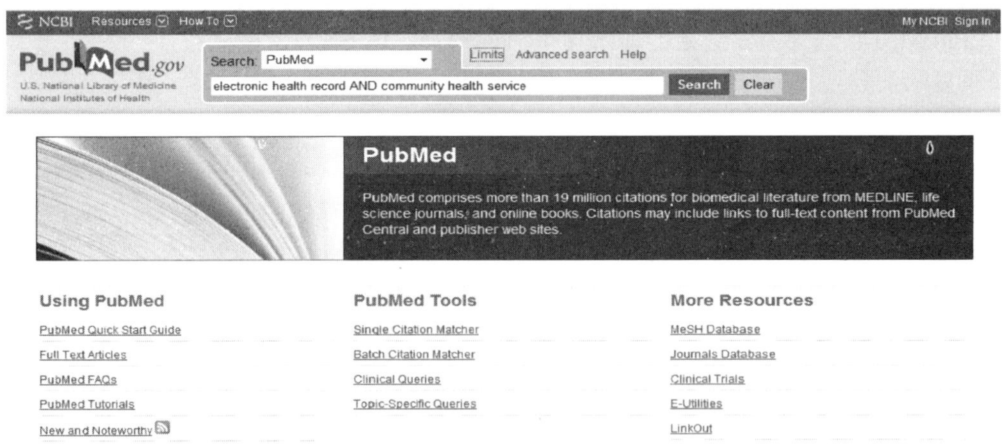

图 6-1-10　在 PubMed 主页面输入检索式（2010 年 8 月 11 日）

第二步，点击“limits”按钮，根据检索要求分别对出版日期、文献语种、文献类型进行限制（图 6-1-11）。

第三步，点击“Search”执行检索，出现检索结果（图 6-1-12）。

③ 结果浏览和管理：用户对结果条目进行浏览，选择显示方式，并对所选结果进行输出管理。在结果页面的右侧，系统还提供有文献类型筛选服务（Filter your results），分别列出检索结果中的综述（Review）文献篇数，免费全文（Free Full Text）篇数等信息，同时为这些文献提供链接。

（2）检索肝癌患者肝移植的免疫学研究方面的文献。

① 分析检索内容，确定检索词及其逻辑关系：该课题的内容主要由“肝癌”、“肝移植”、“免疫学”3 个关键词构成，即“liver cancer”、“liver transplantation”、“immunology”，由于免疫学可以作为副主题词来限定肝移植，所以本课题宜采用主题词与副主题词组配的方法进行检索；肝癌与肝移植同为主题词，它们之间是 AND 的

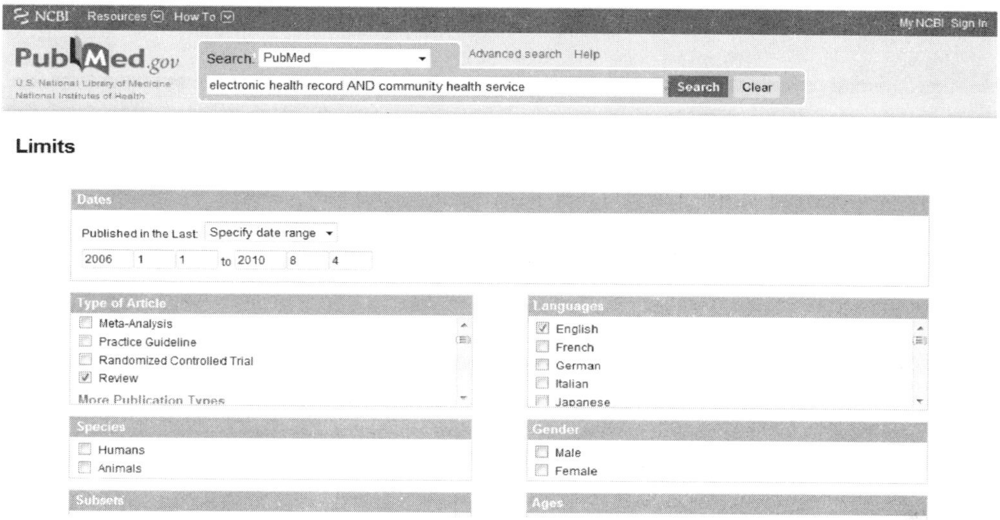

图 6－1－11　在 Limits 页面进行限定（2010 年 8 月 11 日）

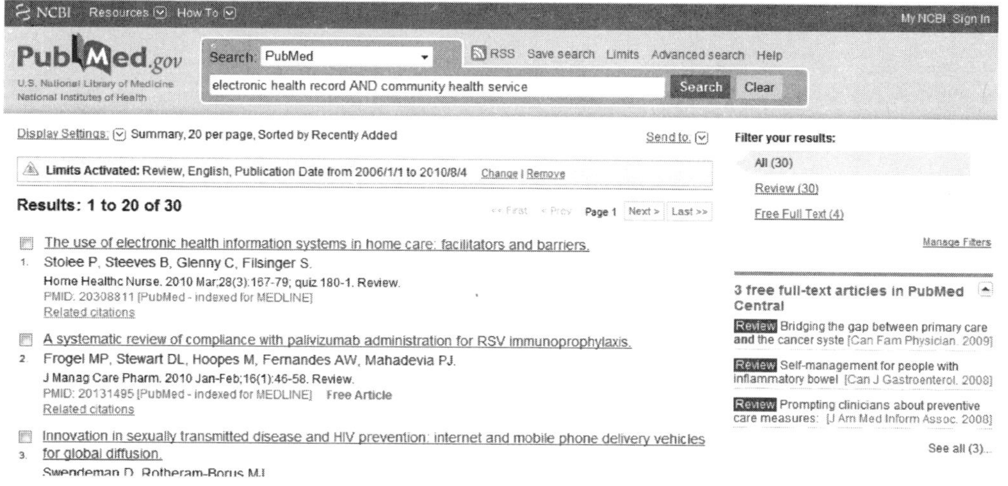

图 6－1－12　检索结果显示页面（2010 年 8 月 11 日）

关系。

② 检索过程：第一步，进入“MeSH Database”检索页面，在检索框中输入“liver cancer”，点击“Go”，出现主题词列表，可知其主题词为“liver neoplasms”。点击主题词“liver neoplasms”，在副主题词列表中选择“surgery”，点击“Send to”下拉菜单中的“Search Box with AND”选项，将所选主题词送入预检索框（6－1－13）。

第二步，在主题词检索框中输入第 2 个检索词“liver transplantation”，点击“Go”，出现主题词列表，点击主题词“liver transplantation”，在副主题词列表中选择“immunology”。点击“Send to”下拉菜单中的“Search Box with AND”将“liver transplantation/immunology”送入检索框，并与之前添加的“liver neoplasms”以

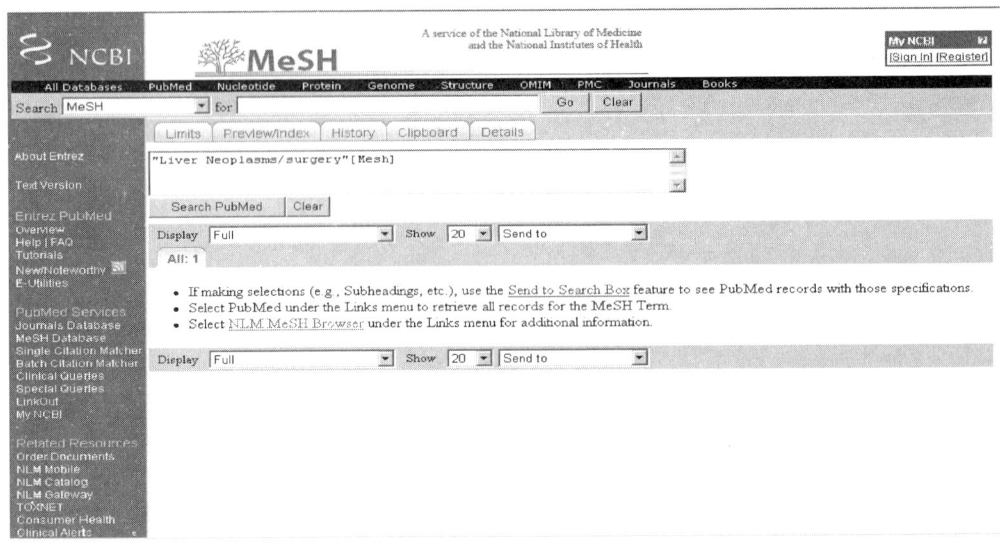

图 6－1－13 主题词 liver neoplasms 送入预检索框（2010 年 8 月 11 日）

AND 连接（图 6－1－14）。

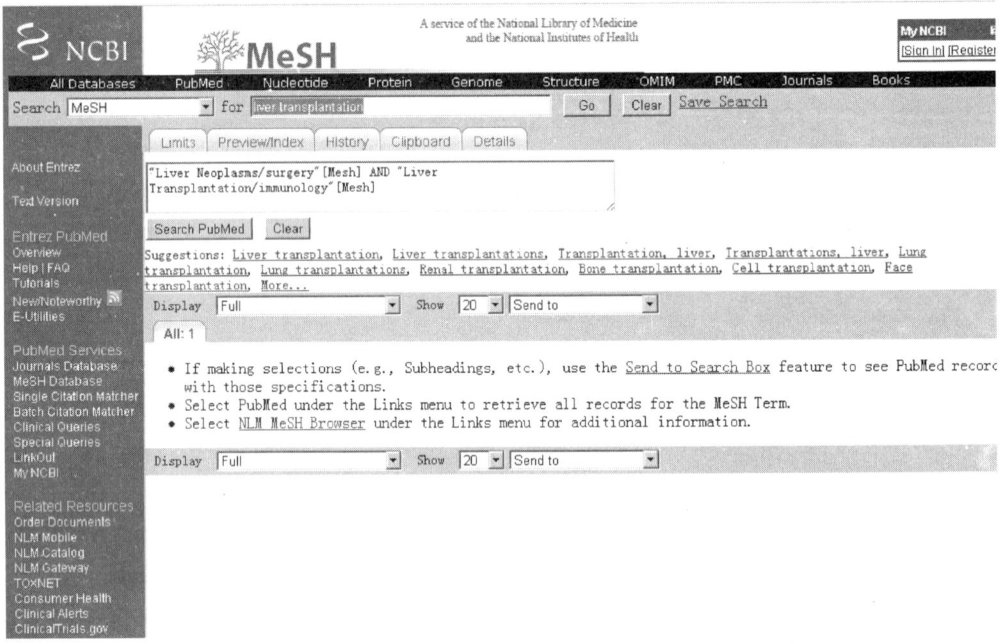

图 6－1－14 检索式送入检索框页面（2010 年 8 月 11 日）

第三步，点击检索框下方的“Search PubMed”按钮执行检索，出现检索结果（图 6－1－15）

③ 结果浏览和管理：用户对结果条目进行浏览，选择显示方式，并对所选结果进

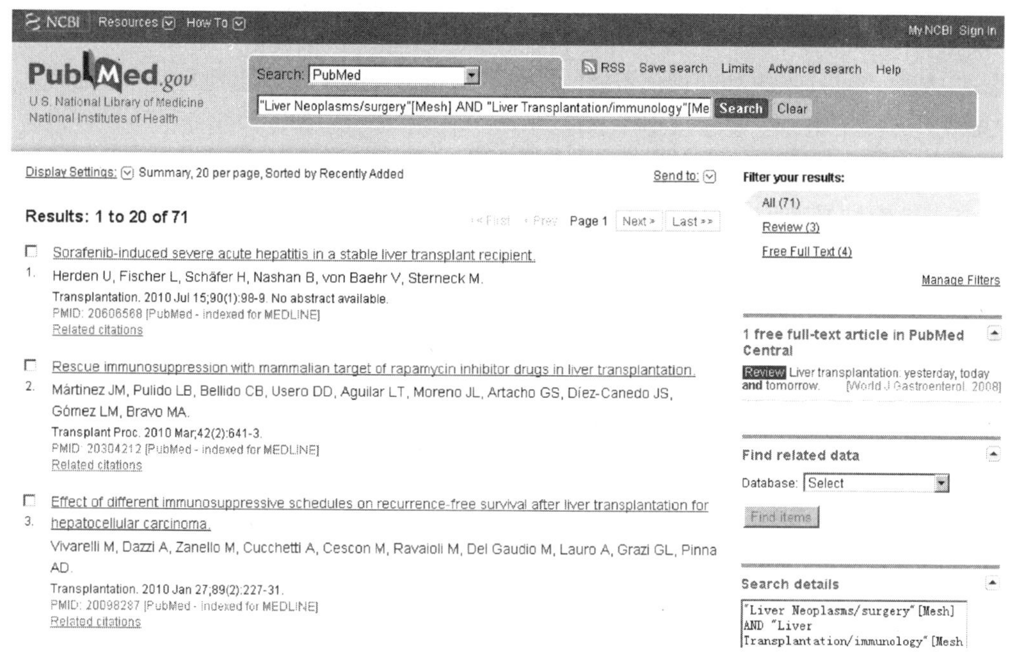

图 6—1—15　检索结果显示页面（2010 年 8 月 11 日）

行输出管理。在结果页面的右侧，系统还提供有文献类型筛选服务（Filter your results），分别列出检索结果中的综述（Review）文献篇数，免费全文（Free Full Text）篇数等信息，同时为这些文献提供链接。

三、PubMed 与 Medline 的区别与联系

1. 收录范围

PubMed 比 Medline 收录的内容更丰富。除 Medline 之外，PubMed 还收录 PreMedline、出版商提供的文献以及 NCBI 链接的外部资源。

2. 数据更新

PubMed 的数据更新比 Medline 更快。PubMed 中的数据每日更新，Medline 光盘库每月更新；PubMed 可以检索到与期刊电子版同步发行的最新文献，而 Medline 不能。

3. 检索功能

与 Medline 相比，PubMed 的检索功能更强大。主要表现在：具有自动词语匹配功能，实现自由词、主题词的自动转换和并行检索；更精细的 Limits 限定检索功能；其他的主题词检索、期刊检索、引文匹配、临床查询、专题检索、外部链接、My NCBI 等功能可以满足用户不同的检索需求。

4. 链接功能

PubMed 具有强大的链接功能，而 Medline 光盘数据库无此功能。PubMed 链接功

能主要体现在两个方面：一是系统内部相关文献的链接，通过“Related Articles”链接以及在 Abstract 和 Citation 显示格式下，记录右边直接以窗口形式显示相关的文献链接；二是 PubMed 系统外部相关资源的链接，通过“Link Out”实现与期刊出版商、信息提供商、图书馆、生物学数据库、序列中心等提供的 Web 资源建立链接，获取更多的外部相关资源。

5. 检索结果获取

PubMed 不但可显示多种浏览格式，输出格式，还可以获取全文。PubMed 通过 PMC 提供部分期刊的免费全文获取，也可以通过链接到期刊出版商的 Web 站点获取部分免费全文或者通过 Order 向图书馆订购原文。

（伍　利）

第二节　EMBASE

EMBASE（Excerpta Medica Database）由 Elsevier 公司推出，它将荷兰《医学文摘》1100 多万条生物医学记录与 700 多万条独特的 MDELINE 记录相结合，收录了 70 多个国家的 7000 多种期刊，涵盖了各种疾病和药物信息，基本汇总了欧洲、亚洲文献，是全球最大最具权威性的生物医学与药理学文献数据库。

EMBASE 每天新增记录约 2000 多条，其中 80%都包含摘要，通过 EMBASE 可同步检索 2000 多万条 EMBASE 和 MEDLINE 文献记录，且结果无重复，具有独特的 EMTREE 主题词表，覆盖所有 MeSH 术语。

一、EMTREE（生命科学辞典）

Emtree 生命科学辞典是对生物医学文献进行主题分析、标引和检索时使用的权威性词表。主要收录超过 54000 条优选术语，同时收录每个术语的至少 5 个同义词，具有多级树状结构。在药物和药剂学术语及同义词方面具有优势，17 个药物副主题词，47 个投药途径关联词，14 个疾病副主题词，包含所有 MeSH 术语（24000 条），在 EMBASE 和 MEDLINE 之间检索，可自动进行主题词对照检索。

EMTREE 的特点：①自然语序，不用倒置；②采用单个名词形式而不用复数形式；③采用美式英语拼写法；④除非常用，几乎不用缩写；⑤希腊字母全部拼写；⑥不用“-”、“”、“,”等标点符号，除非化学名称中的分隔符；⑦可以检索非常专业的术语。

二、Search（检索方法）

1. Quick Search（快速检索）

可以在检索框输入任意的单词、词组或检索表达式，支持截词符、临近符和布尔逻辑运算。使用自然语言检索，可用单词或词组进行检索，对词组进行精确检索时需加引号。若选择 Extensive search 选项，则表示对检索式进行扩词检索，即根据输入的检索词自动在 EMTREE 词表中找到相关的主题词及其下位词，并将这些词在主题词字段中进行检索。

2. Advanced Search（高级检索）

可进行多条件的组合检索，其检索界面如图 6－2－1。

（1）Map to EMTREE。

可进行术语对照检索，如检索："mad cow disease" 术语对照为 "bovine spongiform encephalopathy"。

（2）扩展检索（Explosion Search）。

可对包括被检索词及其所有下位词进行检索。

（3）关键词检索（Also search as free text）。

还可检索以关键词为重点内容的文章，提高相关性。

（4）主要概念检索（Search terms must be of major focus）。

基于主要 EMTREE 药物或医学索引主题词字段，对文章的主要或者重点内容进行检索。

（5）其他限制选项（Quick Limits）。

可选择如语言、是否带有摘要、是否带有分子序列号、人类与动物研究类型等，可检索特定时间段增加的记录等。

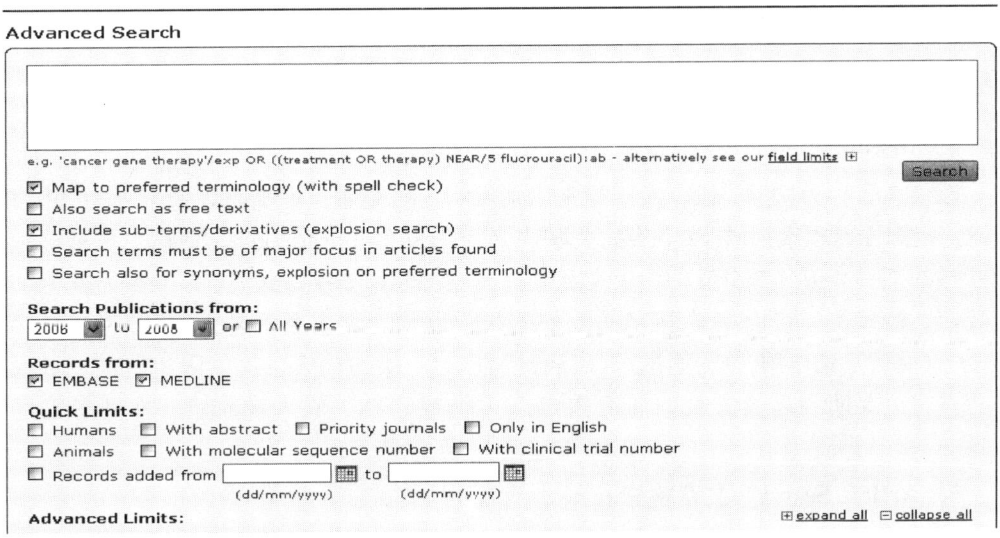

Advanced Search
e.g. 'cancer gene therapy'/exp OR ((treatment OR therapy) NEAR/5 fluorouracil):ab - alternatively see our field limits
Search
Map to preferred terminology (with spell check)
Also search as free text
Include sub-terms/derivatives (explosion search)
Search terms must be of major focus in articles found
Search also for synonyms, explosion on preferred terminology
Search Publications from:
2006 to 2008 or All Years
Records from:
EMBASE MEDLINE
Quick Limits:
Humans With abstract Priority journals Only in English
Animals With molecular sequence number With clinical trial number
Records added from (dd/mm/yyyy) to (dd/mm/yyyy)
Advanced Limits:
expand all collapse all

图 6－2－1　EMBase 高级检索界面

3. Drug Search（药物检索）

专门检索以某药物为研究重点的文献，以药物名称作为检索字段，可自动转换到优选术语；具有关键词检索和扩展检索；可进行药物专题检索，提供 17 个核心的药物关联词（Drug Subheadings）和 47 个给药途径关联词（Routes of Drug Administration），以增强索引的深度，能够对主题词起到限制和修饰作用，提高检索的精确性。其检索界面如图 6－2－2。

Drug Name:
e.g. 'low molecular weight heparin'
Search
Map to preferred terminology (with spell check)
Also search as free text
Include sub-terms/derivatives (explosion search)
Search terms must be of major focus in articles found
Drug Subheadings: None / Adverse drug reaction / Clinical trial / Drug administration — Or And
Routes of Drug Administration: None / Buccal drug administration / Epidural drug administration / Inhalational drug administration — Or And
Hold down the Shift, Ctrl, or "Apple" key to select or deselect multiple items
Search Publications from: 2006 to 2008 or All Years
Records from: EMBASE MEDLINE
Quick Limits: Humans With abstract Priority journals Only in English
Animals With molecular sequence number With clinical trial number
Records added from (dd/mm/yyyy) to (dd/mm/yyyy)
Advanced Limits: expand all collapse all

图 6－2－2 EMBase 药物检索界面

4. Disease Search（疾病检索）

以疾病名称为检索字段，专门检索以某疾病为研究重点的文献，检索界面如图 6－2－3。疾病专题检索提供 14 个疾病关联词（Disease Subheadings），使用户更精确地检索疾病的某一类或几类分支的相关文献，提高相关性，如疾病并发症、诊断、病因、不良反应、治疗等。它们相对于 MeSH 中的副主题词，与主题词进行组配。如（疾病）恢复/（疾病）副作用/外科手术/（疾病）治疗等。疾病检索也提供限定检索，可通过是否选自主要期刊以及文献的研究重点（人类或动物、成人或儿童、性别）等进行限定。

5. Article Search（文章检索）

主要对文章作者和文章发表的期刊进行检索。作者检索时，姓在前用全称，名在后用首字母。输入时姓与名之间空一格，名与名之间用“.”或空格分隔。如检索作者王永炎（Wang Yongyan），可输入“Wang Y. Y.”、“Wang Y Y”、“Wang Y.”或 Wang。期刊检索时，可输入刊名全称、缩写、ISSN 或分类编号。

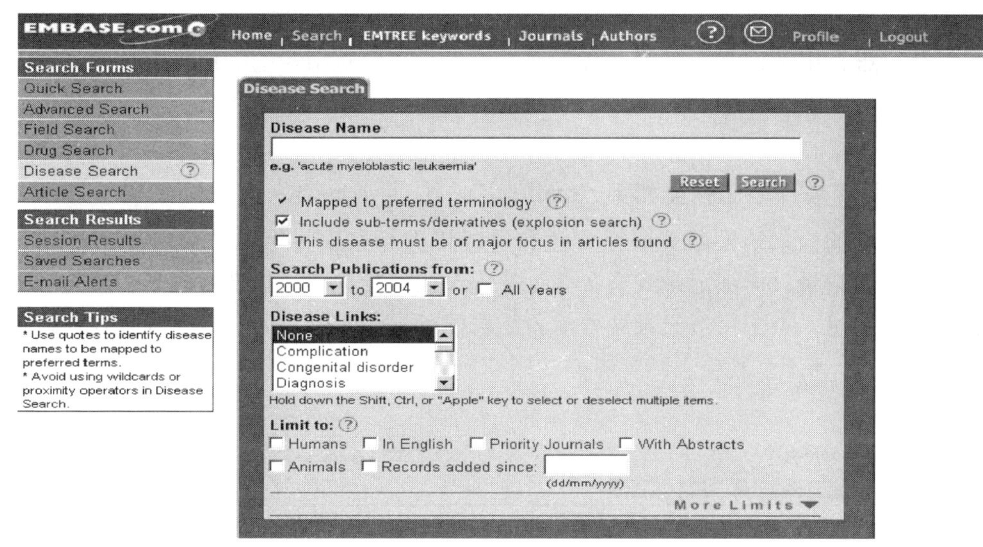

图 6－2－3　EMBase 疾病检索界面

6. 浏览期刊

可根据期刊的名称浏览期刊，如按字顺找到期刊，再查找到相应卷、期号和相应文献；也可根据期刊的学科主题浏览期刊；或根据期刊的出版商信息浏览期刊。

7. 查找 EMTREE

点击“浏览术语（EMTREE Keywords）”选项后，显示出词典的 15 个组成部分，再点击任意所需浏览的术语，该部分的若干分支的术语显现，可层层点击，最终结束于最小的不再分的术语。其检索界面如图 6－2－4。

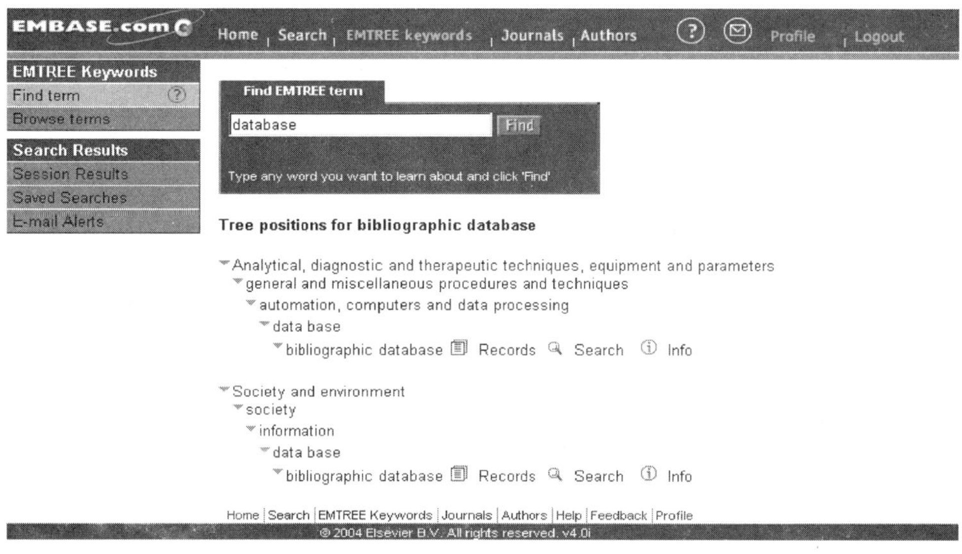

图 6－2－4　EMBase 查找 EMTREE 的检索界面

查找 EMTREE 可显示有关被检索术语的记录，可把被检索术语与其他查询词通过逻辑运算符进行组配检索，可显示有关该术语本身在树状结构中的位置及其同义词。

三、检索结果处理

1. 检索结果打印、存盘和 E-mail

获得文献的检索结果可根据相关性和出版年进行结果排序，结果可选用不同的格式，包括简短记录、详细记录或全文。每条记录均包括题名、作者、刊名、出处、全文链接标识等信息，点击每条记录序号前的复选框可标记文献，并选定下载方式，包括打印、存盘和 E-mail。其检索结果界面如图 6-2-5。

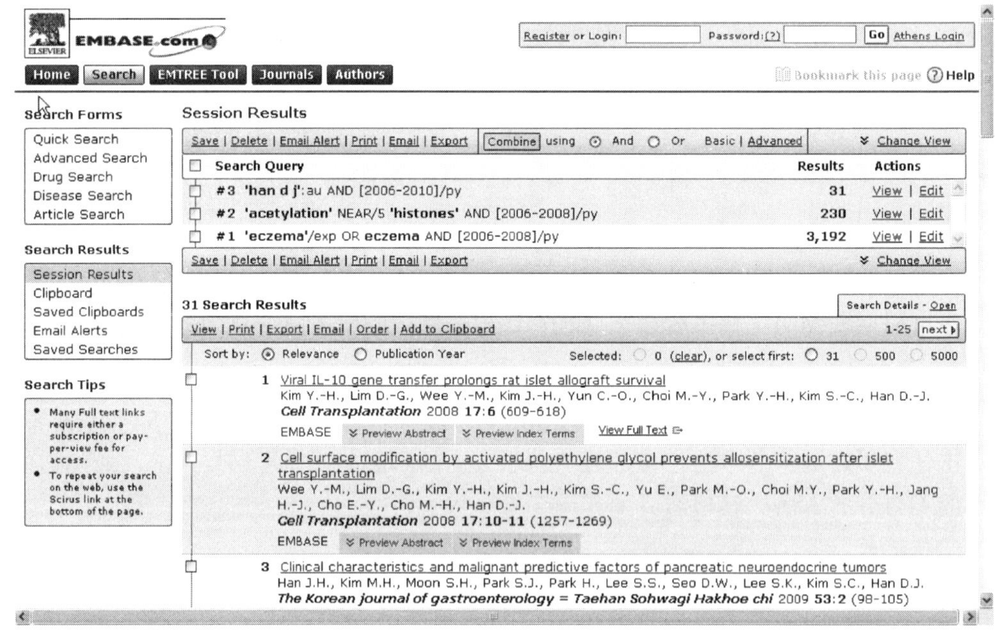

图 6-2-5 EMBase 检索结果界面

2. 检索史保存

提供检索史保存功能，可将保存的检索策略作为 E-mail 发送以跟踪获得最新文献。

3. 数据分析

点击检索结果右侧图标进行数据分析，可显示每个时段出版物的数量。

四、检索实例

检索 2008 年以前关于青少年（13-17 岁）横纹肌溶解症（rhabdomyolysis）诊断方面的文章。

第一步选择疾病检索界面，输入关键词 rhabdomyolysis，进行扩展检索（即包括被检索词及其所有下位词的检索)；如果仅检索以关键字为重点内容的文章，选择 Diagnosis；最后选定时间年限 2000－2008，如图 6－2－6。

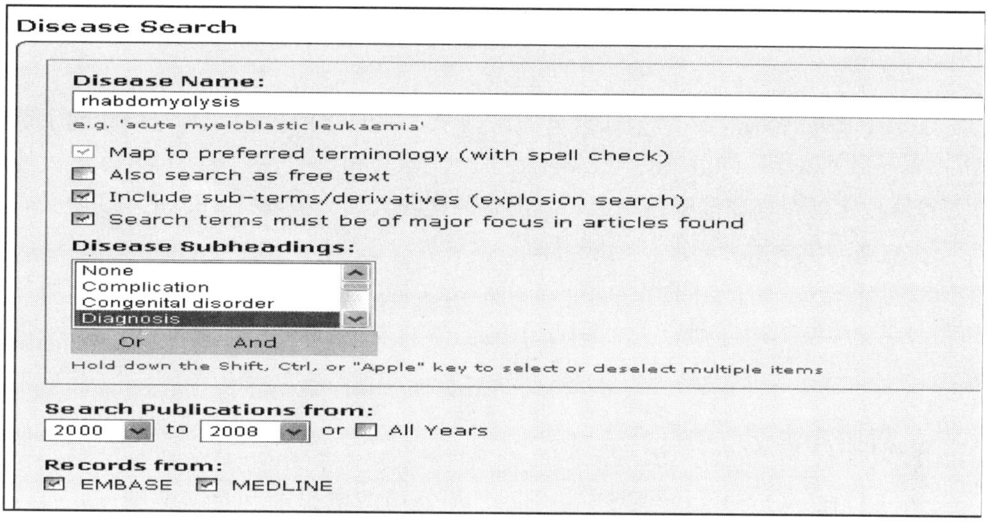

图 6－2－6　EMBase 疾病检索界面

第二步选择 Adolescent：13－17 years，并进行确认，如图 6－2－7。

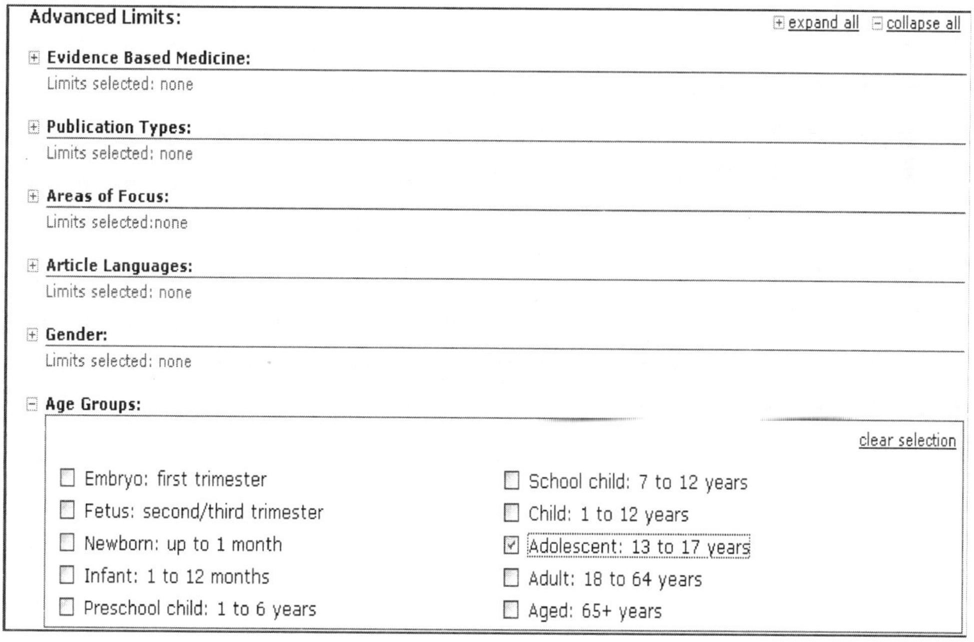

图 6－2－7　EMBase 高级检索 limits 界面

第三步点击“expand all”按钮，检索得出结果。

（刘　娟）

第三节　Elsevier Science Direct 电子期刊全文数据库

Elsevier BV. 是荷兰一家全球著名的跨国学术期刊出版机构，其先后收购了著名的 Pergamon、North－Holland、Academic Press 等公司。目前，Elsevier 每年大约有 100 万篇科技文献在全球范围内出版，所出版的期刊大部分被 SCI、SSCI、EI 收录，是世界公认的高品质学术核心期刊出版机构。

1997 年，Elsevier 推出了名为 Science Direct 的电子期刊计划，将该公司出版的全部印刷型期刊转换为电子版，并使用基于浏览器开发的检索系统 Science Server 进行检索。

一、数据库资源

Science Direct OnSite（SDOS）是 Elsevier 公司的电子期刊全文数据库，收录了 1995 年以来 Elsevier 公司的 1800 余种电子期刊全文，内容涉及农业和生物学、化学和化工、工程技术与能源、环境科学、计算机科学、生命科学、材料科学、临床医学、数学、物理、商业及经济管理、社会科学等学科。SDOS 的网址是 http://www.sciencedirect.com/，首页如图 6－3－1 所示。

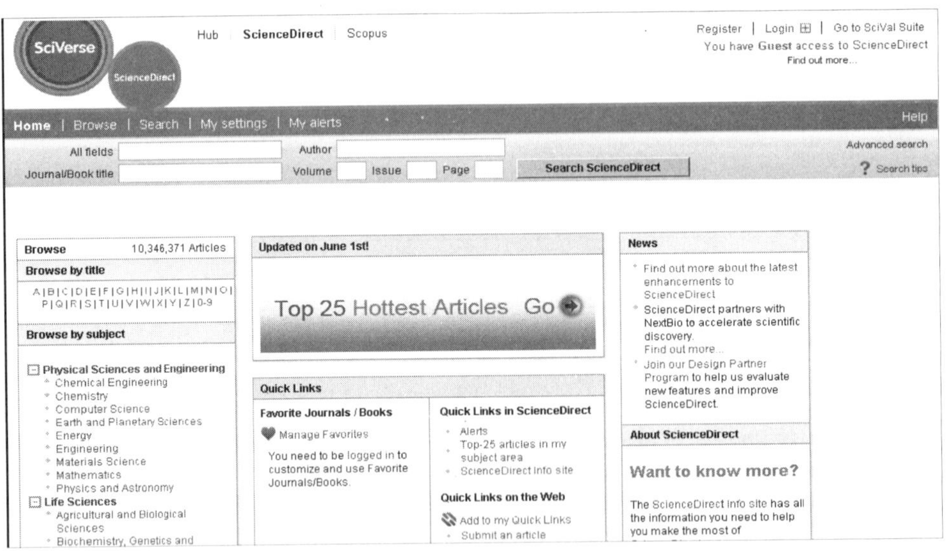

图 6－3－1　Elsevier Science Direct 首页界面

用户可以浏览、下载或打印自 1995 年以来的全文，其他内容只能看到文摘。用户在使用时可以按学科选择相应的期刊进行浏览，或者直接进行检索。Science Direct 数据库中的每篇文献前面都有一个小标志，如果标志是绿色的，就表示能够看到全文；

如果标志是灰色的，则表示只能看到文摘。Science Direct 数据库采用 IP 控制，凡是允许 IP 范围内的用户都可以免费使用。

二、检索技术

1. 字段检索

系统支持的检索字段有所有字段（All Field）、题名（Title）、文摘（Abstract）、关键词（Keywords）、刊名（source Title）、作者（Author）、具体作者（Specific Author）、参考资料（References）、国际标准刊号（ISSN）、国际标准书号（ISBN）、机构（Affiliation）、全文（Full Text）等。

2. 布尔算符

系统支持使用 AND、NOT、OR 来确定检索词之间的关系，并用括号对检索词进行逻辑分组来改变逻辑运算顺序。系统默认各检索词之间的逻辑算符是 AND。布尔算符必须用大写字母表示，如 social AND culture。

3. 位置算符

SDOS 数据库支持使用的位置算符（Proximity Operators）有两种：Adjacency（ADJ）和 Near 运算符。ADJ 算符表示连接的两词相邻，且前后顺序固定；NEAR 或 NEAR [n] 表示两个检索词之间可以插入少于或等于 n 个单词，且前后顺序任意，系统默认 n 的值是 10。检索的结果按相关度排序，两个检索词越接近，文献就越排在前面。

4. 同音词检索

用“[ ]”括住检索词，可检索到同音词。用 [ ] 可进行同一词义不同拼写的检索（发音相同），从而避免因拼写错误而导致检索无效，例如：检索式 [fibre] 可以检索出包含 fibre、fiber 等词的文献。

5. 截词检索

截词符“*”可以代替任意多个字符进行扩展检索，表示前方一致。

6. 系统的独特功能

（1）检索词组要使用双引号，例如“coral reef”。

（2）检索作者名字时，要使用其姓氏，方法为姓，名，例如 Smith，J；或者名在前，名和姓之间加一个空格，例如 J Smith。

（3）检索系统自动忽略禁用词，如：of、the、in、she、he、to、be、as、because 等。当检索的短语本身含有禁用词时，可在短语外加双引号。

三、检索途径与方法

该数据库提供浏览和检索两种界面，每种界面都支持快速检索和文献类型选择（期刊或图书或全部）。

1. 浏览检索（Browse）

点击“Browse”，进入浏览页面。可选择按字母顺序浏览（Journals/Books Alphabetically）或按学科主题浏览（Journals/Books by Subject）。其中“绿色的钥匙”标志，表示可以查看全文的期刊；“灰色的钥匙”标志，表示只能查看其摘要。见图6－3－2。

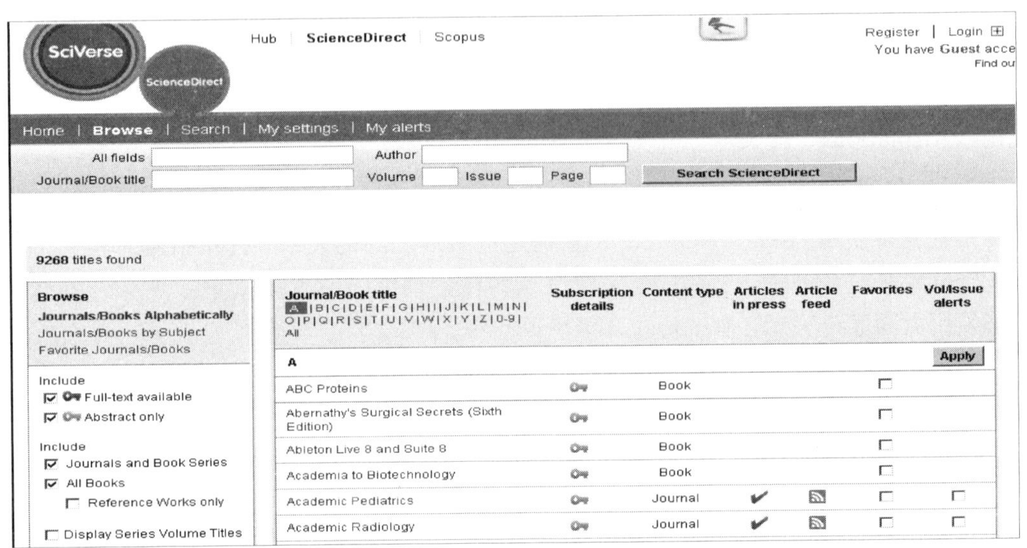

图 6－3－2 Elsevier Science Direct 浏览方式检索结果

2. 快速检索（Quick Search）

首页上提供了快速检索区，见图 6－3－3。检索区中包括文献内容的所有字段（All fields）、作者（Author）、期刊 /图书题名（Journal / book title）、卷（Volume）、期（Issue）、页码（Page）等检索字段。用户可以根据检索课题的要求，选择检索字段并在检索框中输入检索词，然后单击“Search ScienceDirect”按钮进行检索。快速检索可以使用逻辑组配符和截词符。

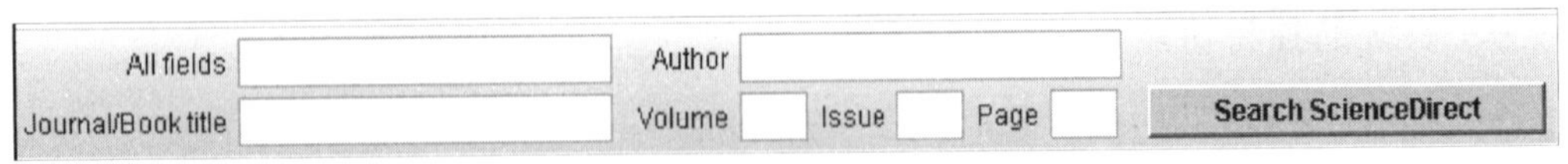

图 6－3－3 Elsevier Science Direct 快速检索界面

3. 高级检索

点击“search”，进入高级检索界面，见图 6－3－4。可以限定检索词出现的字段，还可以从资源类型、学科领域、时间范围等多个方面进行限定，缩小检索范围，增加检索结果的准确率。

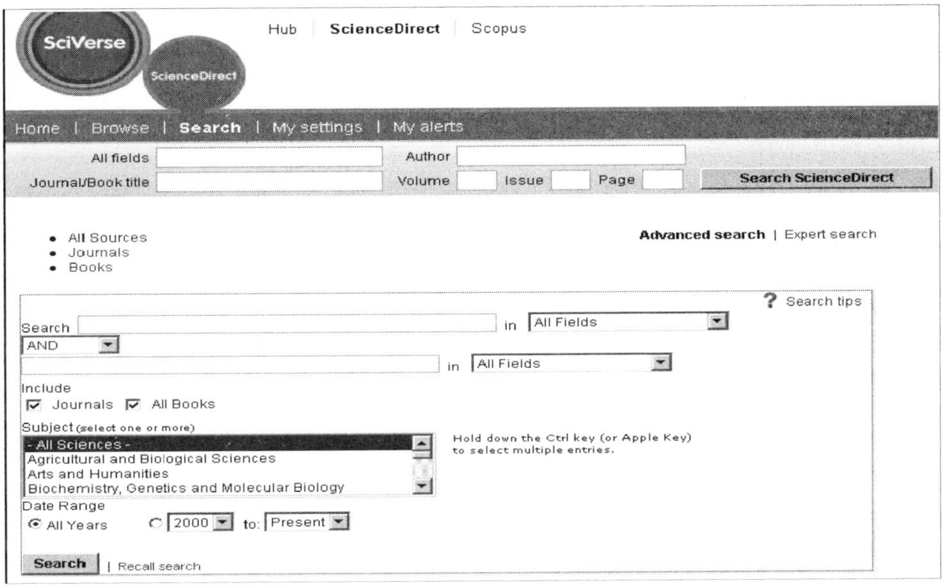

图 6－3－4　Elsevier Science Direct **高级检索界面**

4. 专家检索

在高级检索页面，点击“Expert Search”，进入专家检索页面，见图 6－3－5。专家检索需要用布尔语言构造检索式，其模式为“Field _ name（Search _ term）”。常用的检索字段为：title－abs－key（复合字段）、title（标题）、abstract（摘要）、keywords（关键词）、authors（作者）、specific－author（特定作者）、references（参考文献）、srctitle（期刊/图书名）、affiliation（作者机构）。如 title（heart attack）AND title（stress）。

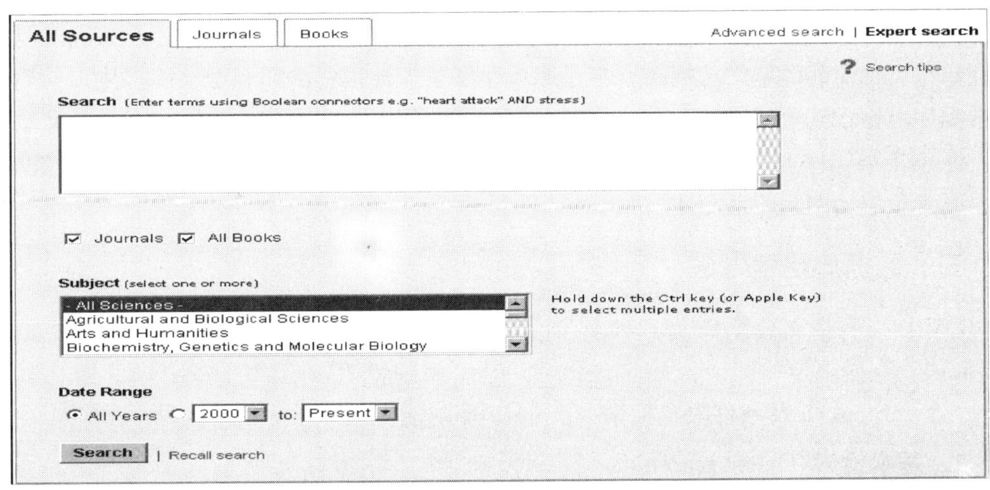

图 6－3－5　Elsevier Science Direct **专家检索界面**

（曾满江　李勇文）

第四节 OVID全文数据库

一、概述

OVID公司（OVID Technologies INC.）是世界著名的数据库提供商。该公司目前有人文、科技等多领域的数据库300余个，与生物医学相关的数据库有临床各科专著及教科书（BOOK@OVID）、循证医学（EBM）、Medline、EMBase、BIOSIS Previews及医学期刊全文数据库（journals@Ovid. fullText）等，这些数据库资源均在OVID平台上为用户提供服务。OVID在线全文期刊数据库共收录了60多个出版商提供的1000多种生物医学期刊，其中包括LWW（Lippincott Williams&Wilkins）出版商所出版的280种生物医学期刊（以临床期刊为主）、OUP（Oxford University Publisher）出版的50种期刊、NATURE的17种期刊、AMA的10种期刊等。其所收录的期刊全文最早可回溯至1993年。

二、数据库登录

OVID期刊全文数据库是通过IP控制的在线访问数据库，已购买数据库的单位可直接通过教育网访问其国外网站而不付国际流量费。打开数据库主页，首先进入的是其最新消息的页面，该页面显示各数据库的数据追加时间和数量及数据库中各字段最新变化情况等，点击“continue”进入数据库选择界面。用户可根据需要直接点击所需数据库，进入单库检索模式，也可以在各数据库名前的复选框中选择多个数据库进行跨库检索。在OVID数据库选择页面中，一般有两个数据库与全文数据库有关：一是以用户所在单位名称命名的全文数据库，它是本单位购买了使用权的期刊全文库，用户使用这个数据库可检索到无时滞的全文；另一个以“journals@ovid full text”命名的全文数据库，它包含OVID平台全部期刊书目数据的数据库，用户可查询其中所有书目数据，但只有本单位已购买的期刊才能获取全文。

三、数据库检索方法

OVID期刊全文数据库为用户提供了基本检索（basic search）、引文检索（find citation）、字段限定检索（search fields）、语法规则检索（OVID syntax）、期刊浏览（browse contents）及条件限定检索（limits）等功能。

1. 基本检索（basic search）

它是该数据库的默认检索方式。用户自由输入检索词或提问语句，系统经过分析，对检索词的各种词形进行检索，还可将常用的缩写形式自动转换为全称，如输入“MRI”，系统将转换成“Magnetic Resonance Imagery”。

2. 引文检索（find citation）

它是OVID系统为用户提供的一项用于查找特定文献的功能。它利用文献的书目信息查找特定文献，可查找的信息包括篇名、刊名、著者名、文献出版年、卷、期及首页页码、索取号码和数字文献识别符（DOI）等。

3. 字段限定检索（search fields）

系统为用户提供了27个限定检索词的字段：刊名、文摘、索取号、著者、著者关键词、标题文本、数字文献识别符（DOI）、文献类型等。使用此功能时，在检索框中输入检索词，在字段列表中选择限定的字段，单选、多选均可。

4. 语法规则检索（OVID syntax）

即OVID旧平台的高级检索功能，能提供关键词、著者、题名关键词及期刊名称检索。

（1）关键词检索（keyword）。

是语法规则检索默认的检索途径。可在文献的标题、文摘、全文及标题文本（正文图表的标题）“caption text”等字段中检索所输入的检索词，可使用通配符“MYM”或“＊”。

（2）著者检索（author）。

直接输入著者姓名进行检索。注意：应姓前名后。

（3）题名关键词检索（title）。

在文献题名中检索所输入的词或词组，可使用通配符“MYM”或“＊”。

（4）期刊名称检索（journal）。

利用期刊名称进行检索。输入刊名可输入全称或部分刊名，但不可使用刊名缩写；输入部分刊名时，一定要输入刊名全称的开头部分，不可使用刊名中间的关键词。利用刊名检索时，会出现刊名索引列表，可在刊名前的复选框中选取一个或多个刊名进行检索。

5. 期刊浏览（browse contents）

在全文数据库检索首页的顶部，点击“browse contents”打开此项功能，它提供两种期刊浏览方式：一是按刊名A－Z字顺浏览。二是按学科分类进行浏览，系统将其所收录的期刊按学科分为6类：临床医学（Clinical Medicine）、生命科学（Life Science）、护理（Nursing）、行为社会科学（Behavioral & Social Sciences）、物理科学和工程（Physical Science & Engineering）和心理学期刊子集（PsycARTICLES）。每大类下又分若干子类，用户可方便了解该数据库中有哪些与所需专业相关的期刊。

6. 条件限制选项（limits）

可对检索结果进行条件限制。条件限制出现在两处：一是在检索输入框下，可直接点击“limits”打开条件限制选项，包括每日更新文献（daily updatc）、原始文献（original articles）、综述（reviews articles）、有文摘的文献（articles with abstracts）、心理学期刊子集（PsycARTICLES）及文献发表年限（publication year）；二是补充限定（additional limits），它提供更多条件限制选项，包括带有参考文献的文章（articles with references）、有图片的文章（articles with graphics）、期刊所属子集（journal subsets）及出版类型（publication types）等。

7. 其他辅助检索功能

（1）特殊功能项。

包括更换数据库（change database）、数据库指南（database field guide）、咨询邮件的发送（ask a librarian）、在线帮助（help）、退出（logoff）、建立个人账户（personal account）及存储检索策略/提示（saved searches/alerts）等功能。

（2）检索历史（search history）。

点击“search history”即可显示检索历史，包括检索式选择框、检索式（searches）、检索文献总数（results）及显示结果按钮（display）等。该页面上还有几个功能按钮，分别是删除所选择的检索式（remove selected）、检索式组合检索（combine searches）、保存检索式（saved search history）等。

（3）检索助手（search aid）。

OVID 平台中检索结果显示页面的左上角提供此功能。在检索结果不理想的情况下，可通过“narrow search”帮助用户将结果限定在某种期刊中来缩小范围，或通过“broaden search”增加有关检索词来扩大检索范围。

（4）指令检索。

在高级检索默认的关键词检索页面中实现。指令检索包括：

① 逻辑组配检索：用“and，or，not”表示“与，或，非”的逻辑关系。例如：#1 and #2（#1、#2 代表检索式序号）。

② 字段限定检索：在检索词后直接输入字段名称，格式为：“检索词．字段名．”，如 pneumonia. ti.，表示篇名含有 pneumonia 的文献。

③ 位置限定检索（邻近检索）：其算符为“adj”。“adj”位于 2 个检索词间表示 2 个检索词要相邻，如：chronic adj2 pneumonia，表示在 chronic 与 pneumonia 间至多可插入 2 个词或字符。

④ 截词检索：采用“MYM”进行无限截词检索。

⑤ 通配符：通配符“#”和“?”。其中“#”代表一个字母，而“?”可代表 0 或 1 个字母。如输入“wom#n”，可检索出含有“woman”和“women”的文献，而输入“tumo? r”，可检索出含有“tumor”或“tumour”的文献。

（5）相关资源的链接功能。

OVID 检索系统的资源链接功能强大，既可相互链接 OVID 平台上各数据库资源，还可整合其他资源并与之建立链接，如馆藏书目数据库、期刊全文数据库及网络免费期刊资源等，从而使用户在同一平台上可方便地获取不同资源。

（6）个人账户管理（personal account）。

个人账户是 OVID 系统为用户提供的用于管理个人检索课题的一种功能。使用时应先申请注册一个个人账户，该账户为用户提供一个存储空间，用于保存已经设计好的检索式。检索式的保存有 3 种类型供选择：temporary（临时的，仅保存 24 小时）、

permanent（永久保存）和 AutoAlert SDI（自动文献传递）。在保存检索式的同时，用户还可对保存过的检索式进行更名（rename）、复制（copy）、删除（delete）、编辑（edit）、显示（display）及发送检索结果的链接（email jumpstart）等操作。在自动文献传递的设置中，可设计接收传递文献的电邮地址、主题、格式、报告类型、输出字段、结果排序、接收邮件的时间及检索结果去重等。

四、结果显示与输出

OVID 系统检索结果的显示与输出包括文献题录及全文的显示与输出。

1. 文献题录的显示与输出

点击检索式显示栏中的“display”，系统显示检索结果的题录信息列表，包括：文章相关评价、文章加注解图标、著者、文献篇名、文献出处及各种不同显示方式链接等。在题录列表上方，有检索策略、定制显示格式“customize display”、重新恢复系统设置显示格式“reset display”的链接，还有查看所有文摘“view all abstracts”、检索结果排序等。定制显示格式用于设置记录显示格式，系统提供包括题录、文摘等 4 种显示格式，如果这 4 种格式均不符合需要，还可通过“select fields”自定义显示记录的字段。“reset display”表示恢复系统默认显示格式。“results manager”用于管理检索结果中题录或文摘的显示与输出，位于检索结果显示页面的左下角。

2. 全文显示与输出

在检索结果的题录列表中有“OVID full text”链接，点击后即可显示全文。OVID 全文有 2 种显示格式：html 和 PDF。Html 格式的全文中包含相关链接，如正文链接、参考文献链接等。PDF 格式的全文则便于存盘或打印。

（胡　臻）

第五节　其他英文医学全文数据库

一、HighWire Press

1. HighWire Press 概述

HighWire Press 是全球最大的提供免费全文的学术文献出版商，于 1995 年由美国斯坦福大学图书馆创立。最初仅出版著名的周刊 *Journal of Biological Chemistry*，目前已收录电子期刊 710 多种，文章总数已达 230 多万篇，其中超过 77 万篇文章可免费获得全文；这些数据仍在不断增加。通过该界面还可以检索 Medline 收录期刊的 1200 多万篇文章，可看到文摘题录。收录的期刊覆盖以下学科：生命科学、医学、物理学、社会科学。其检索主页如图 6－5－1。

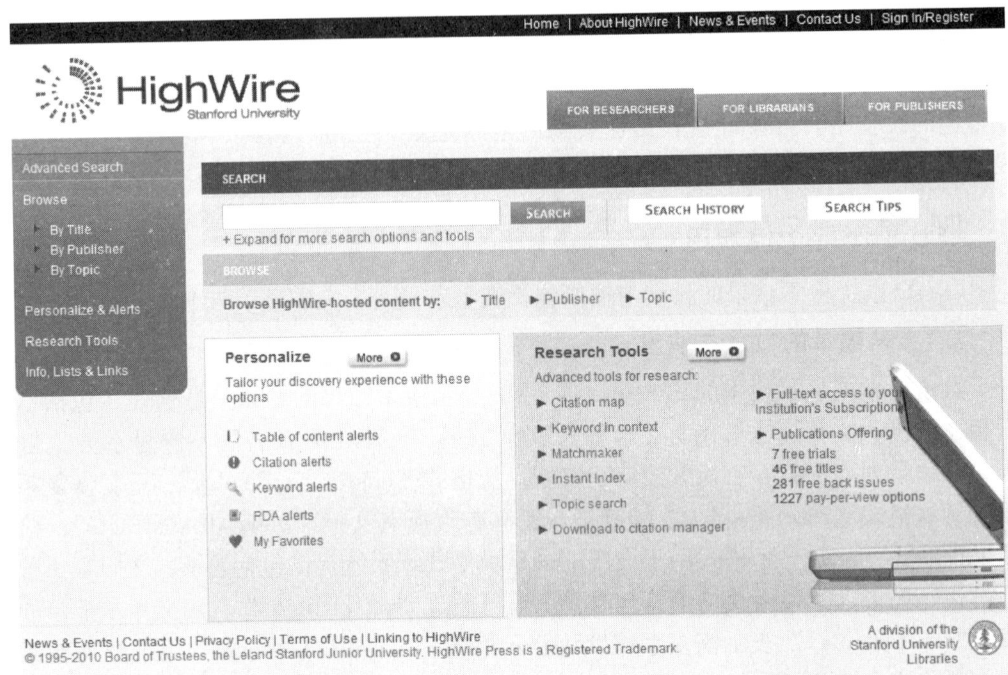

图 6-5-1 HighWire Press 的检索主页界面（2010 年 8 月 26 日）

2. 检索方法

HighWire Press 的检索有三种方式：

（1）浏览。

HighWire Press 给出了三种不同的浏览方式，分别是按字母顺序浏览、按出版者浏览、按主题浏览。点击后系统给出刊物列表，刊名后标注为“Free issues”的期刊可以免费获得过刊的全文，时间从 3 个月前到两年前不等。标注为“Free site”的期刊可以获得所有全文。

（2）一般检索。

可以输入作者、关键词、年、卷、页等限制进行检索，点击检索结果后的文摘、全文、期刊网站、引用图，可以分别获得文摘、全文（PDF 格式）、该期刊的网站主页和该文被引用情况。

（3）高级检索。

可提供以下限制，比如年、卷、起始页、作者、起始年月、结果显示形式、匹配形式（最佳匹配、最新收录）、数据库（PubMed、HighWire-hosted journals）等。

二、SpringerLink

1. SpringerLink 概述

德国施普林格（Springer - Verlag）是世界著名的科技出版社，该社通过

Springer－Link 系统发行电子图书并提供学术期刊检索服务。目前共出版有 530 余种期刊，其中 498 种已有电子版，其检索系统名称为 Link。其主页界面如图 6－5－2。

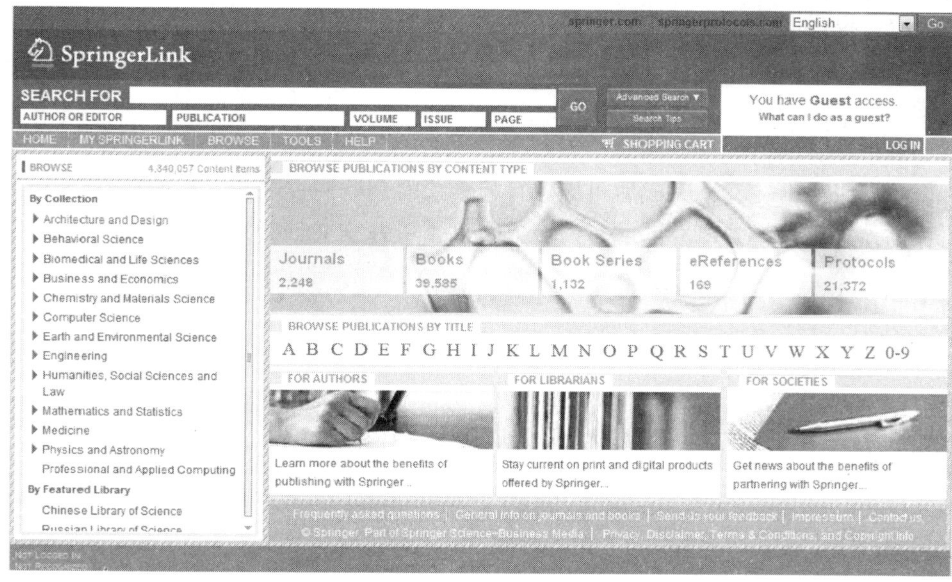

图 6－5－2　SpringerLink 主页界面（2010 年 8 月 26 日）

SpringerLink 通过纯数字模式的专家评审编辑程序，从以卷期为单位的传统印刷出版标准过渡到以单篇文章为单位的网络出版标准，大大提高了文献网上出版的速度和效率，并保持了文献的高质量要求。

SpringerLink 电子期刊（全文）的学科覆盖范围：生命科学 Life Science（134 种）、化学 Chemical Sciences（52 种）、地球科学 Geoscience（61 种）、计算机科学 Computer Science（49 种）、数学 Mathematics（80 种）、医学 Medicine（221 种）、物理与天文学 Physics and Astronomy（58 种）、工程学 Engineering（61 种）、环境科学 Environmental（42 种）、经济学 Economics（32 种）和法律 Law（12 种）等（由于一些期刊内容在学科上的交叉，故存在同一种期刊被划分在多个学科的情况），其中大部分期刊是被 SCI、SSCI 和 EI 收录的核心期刊，是科研人员的重要信息源。

2. 检索方法

检索方式：SpringerLink 数据库提供两种检索途径：search（检索）和 browse（浏览）。search 具有检索功能（可以输入检索词）；browse 只具有浏览功能，不能输入检索词检索，只能浏览查找

浏览：在 SpringerLink 主页的内容类型栏目下点击期刊，可以浏览所有的在线电子期刊，进入二级页面后可以选择期刊的学科进行进一步的筛选。也可以在首页先选学科，再选内容类型。在列表里找到需要的期刊后，点击该期刊就可以看到该期刊的卷册，进而可以看到该卷册的所有文章。

检索：基本方法，在首页的“Search For”框后输入关键词，点击“提交”就可以进行检索，这将检索出所有内容类型所有学科的结果；高级检索，在首页点击“高级检

索”进入高级检索页面，在这里可以按全文、标题、摘要、作者、编辑、ISSN、ISBN、DOI进行组合查询，还可以限定日期和排序。

系统所提供的二次检索的入口在一次检索结果显示页的右边，即引导词“For”及后接的空白框，此处为填写二次检索词的位置，准确填写后，点击“Search”，执行二次检索。

为满足读者的连续检索请求，系统提供“Alert”服务。读者可以在系统中免费申请一个用户账号，在检索完成后可以保存检索策略到此用户账号，后期就可以直接获取这方面的检索结果，为研究课题等的完成提供了更好的文献资源保障。

3. Blackwell

1. Blackwell简介

英国出版商Blackwell Publishing综合出版社会科学、科学与医学方面的期刊，目前有800多种电子期刊通过网络提供服务。其主页如图6－5－3。

图6－5－3 Blackwell主页界面（2010年8月26日）

Blackwell出版的期刊约54％为理科类期刊，其余为人文社会科学类。具体学科涉及农业、动物学、医学、建筑、工程、计算机技术、数学与统计学、商业经济、金融会计、法律、生命科学、物理学、人文科学、艺术、社会及行为科学等。

Blackwell以出版国际性期刊为主，即包含很多非英美地区出版的英文期刊。其中有300多种期刊被SCI收录，有近200种被SSCI收录。

该数据库期刊收录连续完整，通过Blackwell Synergy提供现刊，且有100多种期刊先于印刷刊在网上提供，时效性强，还有对引文和参考文献的链接。

2. 检索方法

Wiley－Blackwell 主要检索方式为：基本检索、高级检索、Web 站点全文检索、缩写词检索。此外，还有按主题浏览、按出版类型浏览的辅助检索工具。

（1）基本检索。

基本检索提供两个检索限定：All Content——表示在所有范围内检索，包括文献名、书的章节、协议等；Publication Titles——仅在出版物名称中检索，如期刊名、电子书名、数据库名等。

（2）高级检索。

高级检索是一个独立的页面，提供全面的选项进行复杂检索。可以输入检索词，选择检索字段及检索词之间的关系；可以限定检索范围——出版类型、主题范围、出版时间、排序方式。

（3）Web 站点全文检索。

Web 站点全文检索使用 Google 搜索引擎，可以对出版商的 Web 站点上的学术期刊论文全文进行检索，并能直接链接到出版商的 Web 站点查看全文。搜索结果会显示在 Google 支持的界面上。所有检索结果的文章摘要都会被突出，并设有链接。

（4）缩写词检索。

可以对缩写词进行检索、浏览，检索时可以进行限定。术语检索结果包括术语、定义、所属学科主题范围等信息。可以通过定义中关键词检索来查找特殊字符；在参考列表（Reference Table）中提供常用附录一览表（希腊字母、罗马数字、数学符号、单位换算表等）。

（5）主题浏览。

分为 14 个主题大类，在每个主题大类下又分为若干个子类，可以按字母顺序浏览；每个主题类目都包含了各种出版类型，可以按出版类型浏览。

（6）出版类型浏览。

有六种出版类型：电子期刊、电子图书、工具书、数据库、协议、收藏。可以浏览六种出版类型的全文。

四、EBSCOhost

1. EBSCOhost 简介

EBSCOhost 是 EBSCO 公司的一个功能强大的数据库检索系统，直接联结到由 EBSCO 制作的全文数据库或其他数据库（如 ERIC、Econlit、Medline、Psyinfo 等）。所联结数据库涵盖范围包罗万象，包括针对公共、学术、医学和商业性图书馆而设计的各类数据库。其中“商业资源数据库”和“学术研究数据库”是两个最重要的全文数据资源。EBSCOhost 主页界面如图 6－5－4。

商业资源数据库（Business Source Premier，BSP）：是专门为商业院校和图书馆设计的数据库。该数据库目前总共收录 4450 多种期刊的索引与文摘，其中 3600 多种全文期刊，被 SCI & SSCI 收录的核心期刊为 398 种（全文有 145 种）。主要报导经济学、

图 6—5—4 EBSCOhost **主页界面**（2010 **年** 8 **月** 26 **日**）

市场、管理、金融、会计及国际商务等领域的信息。有些全文可回溯到 1936 年。

学术研究数据库（Academic Search Premier，ASP）：是专门为学术机构设计的多学科文献数据库。目前该数据库总收录期刊 7699 种，其中能提供全文的期刊有 3971 种，被 SCI & SSCI 收录的核心期刊为 993 种（全文有 350 种）。主要报导社会科学、人文学科、教育、计算机科学、工程学、物理学、化学、语言学、艺术和文学、医学、种族研究等等学科的信息。有些全文可回溯到 1975 年。

2. 检索方法

首页设置了数据库名称列表、期刊浏览（刊名列表）、使用说明（详细信息），检索界面语言选择。选择单个数据库时，直接点击数据库名称则可打开；选择多个数据库时，先要勾选，再点击“继续”；检索界面语言选择的作用是供用户选择自己熟悉的语言，以便了解数据库的各个功能。

（1）检索方式：有期刊浏览、基本检索、高级检索（系统默认值）。其中，期刊浏览的功能相当于出版物检索；基本检索是直接从检索栏输入检索词的检索，不能对字段进行限制；高级检索可以选择多个字段的组合检索，逻辑运算符包括 and、or 或 not。

（2）当选择单个数据库时，检索界面提供关键字、出版物、主题词、参考文献、索引、图像等检索方法，其中主题词检索是建议采用规范词的检索；参考文献检索是查找文献被引情况的检索；索引检索是从数据库提供的各种索引中进行选择的检索。选择多个数据库时，检索界面只提供关键字检索方法。

（3）检索字段：在高级检索界面，提供可选择的字段有任意字段、著者、题名、主题词、关键词、文摘等。

（4）二次检索：在检索结果界面，要缩小检索范围时，只能从主题词或出版物类型中进行检索。

五、ProQuest

1. ProQuest 简介

ProQuest Information and Learning 公司通过 ProQuest 数据库平台提供了一组数据库，涉及商业管理、社会与人文科学、科学与技术、金融与税务、医药学等广泛领域，包含学位论文、期刊、报纸等多种文献类型。该平台提供文摘题录信息，大部分文献有全文。

ProQuest 有以下的医学相关数据库：

ProQuest Medical Library（简称 PML），以 MEDLINE 作索引，共收录期刊 670 种，其中收录了 604 种重要的基础医学、临床医学及卫生健康方面的全文专业期刊（现刊 518 种），可以满足科研机构、医学院、医院以及企业图书馆中各种不同类型科研人员对医学期刊全文的需求。

ProQuest Medical & Health Complete，由 PML 数据库中全部的医学期刊加上医疗卫生、医院管理等方面的期刊组成的数据库。

ProQuest Nursing Journals，护理学全文期刊数据库。

ProQuest Psychology Journals，心理学和相关学科领域的全文期刊数据库。

PsycARTICLES，涵盖普通心理学、基本心理学、应用心理学、临床心理学、理论心理学。

ProQuest Biology Journals，涵盖环境、生物化学、神经学、生物技术、微生物学、植物学、农业、生态学及药物学、大众健康等。

Pharmaceutical News Index，关于药理学新闻、药物研究和药物调节剂信息的权威数据库。

2. 检索方法

选择所需数据库，默认为所有数据库（All databases），点击“Continue”进入检索界面。该库提供三种检索方式：词检索（by word）、出版物检索（for publication）和主题检索（by topic），其中词检索又分为基本检索（Basic）、高级检索（Guided Search）和自然语言检索（Natural Language Search）三种方式。

（1）词检索。

可以检索单字或词，即在检索框中直接输入要检索的字或词，如果组成词的单字为三个或三个以上，则必须使用引号将检索词括起来，且不区分大小写。

① 基本检索：检索框可输入单词或词组，还可使用字段限制检索、布尔逻辑算符、位置算符。用出版物类型（publication type：期刊、报纸或全部）、出版时间、检索字段对检索加以限制。

“search in：”后的下拉菜单中有两个选项，读者可任选其一。“Citations and Abstracts”，默认的检索字段为作者、文摘、文章题名、机构名称、地理名称、个人名称、产品名称、主题词、出版物名称；“Article Text”，除了文摘和文章题名外，还将在全文范围内对检索词进行检索。

② 高级检索：功能与基本检索相同，只是屏幕上列有多个检索框和字段的下拉式菜单供选择，使用更为方便；此外，可以用文章类型（article type）限制检索。

在字段下拉式菜单中，若选择基本字段（Basic Fields），指在作者、主题词、文章题名、文摘、机构名称、地理名称、个人名称、产品名称、出版物名称 9 个字段内检索。也可选一专指性字段检索：文摘、文章题名、作者、公司/机构、地理名称、PDF 文件、个人名称、产品名称、出版物名称、主题词、全文。

③ 自然语言检索：用美国英语在检索框内输入一个问题、一句话或一个短语进行检索。注意检索的术语要区分大小写，且两个或两个以上的大写单词作为一个短语。

检索时，读者要对检索结果排序方式（Sort by）进行选择：按相关度逐渐降低（Most relevant，若文章前出现五颗星表示此文章与检索问题最相关）或按由近到远日期顺序排列检索结果。

④ 其他检索技术。主题词表检索：为每篇收录的文献给出了主题词，并将这些主题词编辑成主题词表，列出各种参照和上、下位类词表，可使用该词表直接进行检索，也可在基本和高级检索中使用主题字段检索。

布尔逻辑检索：布尔逻辑算符（要求大写）分别为 AND、OR、AND NOT。

截词检索：使用“?”表示后截断，使用“＊”做通配符，如 operat?，表示 operator，operations，operational 等词；wom＊n，表示 woman，women。

（2）出版物检索。

只检索某一种特定出版物的全文，包括对某一特定卷期内容的检索。可输入出版物的全称或直接点击 List publications 按字顺显示该数据库所有的出版物名称，点击任一出版物名称可浏览其出版的有关文章。

（3）主题检索。

按用户兴趣将全部内容划分为评论性问题、地球科学、健康、新闻、工业和技术、人物、动植物、社会科学、体育和娱乐、教育、艺术 11 个类目，每个类目又进一步细分为二级、三级类目，可以按类目名称浏览和检索。

（丘　琦）

参考文献

1. 隋莉萍主编. 网络信息检索与利用. 北京：清华大学出版社，2008

2. 穆丽红，陈晓毅主编. 药学信息检索与利用. 北京：海洋出版社，2008

3. 周金元主编. 医药信息检索与利用教程. 镇江：江苏大学出版社，2008

4. 董建成主编. 医学信息检索教程（第二版）. 南京：东南大学出版社，2009

5. 曹洪欣主编. 医学信息检索与利用（第二版）. 上海：第二军医大学出版社，2008.

6. 郭继军主编. 医学文献检索（第三版）. 北京：人民卫生出版社，2009.

7. http ://help. sciencedirect. com/flare/sdhelp _ Left. htm # CSHID = qs _ tips. htm | StartTopic = Content% 2Fqs _ tips. htm | SkinName = sdhelp _ rebrand, available at 2010. 9. 10

第七章　特种文献数据库检索

第一节　引文数据库检索

一、引文及引文索引概述

1. 引文

引文，即被引用的文献（citations），又称参考文献（bibliographic references）或文献注释（notes），它是在科学论著活动中，作者引用或参考他人的论著或文献资料。引证文献则称为来源文献（source document）。引文一般有两种类型：一是参考文献，二是文献注释。

2. 引文分析和引文索引

引文分析是对专业论著之间的引用与被引用的现象进行统计、归纳、比较、抽象、概括等分析，以揭示学术文献数量分布特征和内在关联规律的方法。

1955年，美国尤金·加菲尔德（Eugene Garfield）博士首次提出“引文索引”概念。所谓引文索引（citation index），是一种以文献之间的引用关系为基础的文献索引，它以被引用文献即引文为标目，其下列出引用过该文献的全部文献（来源文献）的检索工具，即以一篇文献作为检索词，通过收录其所引用的参考文献和跟踪其发表后被引用的情况来掌握该研究课题的来龙去脉，从而迅速发现与其相关的研究文献。一篇文章的引用率越高，它的影响力就会越大。

将学术论文及其文后的参考文献收集起来，按照一定的顺序排列即可编制成引文数据库。一般的引文索引数据库除了引文索引外，往往还附有来源索引、机构索引和轮排主题索引。检索途径除了著者姓名、地址、研究主题、期刊名等外，被引著者、被引期刊、被引文献等也可作为检索项。

目前，引文索引检索工具主要包括ISI编辑出版系列引文检索工具、中国科学引文索引等检索工具，此外还有通过引文检索工具所派生的期刊评价工具《期刊引用报告》。

二、Web of Science

Web of Science是由Thomson Scientific公司创建的网络版多学科引文数据库，主要整合了科学引文索引（Science Citation Index，SCI）、社会科学索引（Social Sciences Citation Index，SSCI）、艺术和人文索引（Arts & Humanities Citation Index，A&HCI）、会议论文索引数据库（Conference Proceedings Citation Index，CPCI）和两个化学信息事实型数据库（Current Chemical Reactions，CCR 和 Index Chemicus，IC），以 ISI web of knowledge 为检索平台。

其中，SCI 收录了 150 多个学科的文献信息，覆盖了自然科学、工程技术、生物医学等所有科技领域。每周收录 19000 多篇文献，423000 篇参考文献，目前收录了自 1900 年以来的 8200 多种期刊。SSCI 为多学科综合性社会科学引文索引，全面收录自 1996 年以来 2823 种社会科学期刊，同时也收录 Science Citation Index Expanded 所收录的期刊当中涉及社会科学研究的论文。会议论文索引数据库包括最重要的会议、讨论会、研讨会、座谈会等会议发表的文献，各种学科的公约等。

Web of Science 集成了学术期刊、图书、丛书、会议文献等多种信息，既可以分库检索，也可以多库联合检索。

1. 检索规则

① 布尔逻辑检索：支持国内外检索系统通用的布尔检索法，包括逻辑与、逻辑或、逻辑非等。

② 截词检索：支持?，* 和 MYM 三种截词符，其中? 代表一个字符，* 代表 0 个、一个或多个字符，MYM 表示 0 或 1 个字母。如 Diseas * 可检索出 Disease、Diseases 和 Diseased；Lap * roscop * 可检索出 Laparoscopic 腹腔镜、Laparoscopic 腹腔镜检查的、Laparoscopy 腹腔镜检法。

③ 词组检索：如果要进行精确的词组检索，则在词组的两边加引号“”表示。

④ 位置检索：支持位置运算符“same”，它表示检索词必须出现在同一句子中（指两个句号之间的字符串），检索词在句子中的顺序是任意的。

⑤ 当使用多个运算符时可用扩号决定优先顺序，一个检索提问表达式中最多可使用 50 个运算符。

2. 检索操作

数据库提供的主要检索字段有以下几种：Topic，检索论文的标题、关键词、扩展主题词及文摘；Author，作者名；Group Author，团体作者名；Publication Name，出版物名称；Year Published，出版物出版的年代；Address，论文作者的地址；Conference，会议名称；Funding Agency，基金资助机构；Grant Number，授权号。

Web of Science 提供了一般检索（Search）、引文检索（Cited reference Search）、结构化检索（Structure Search）、高级检索（Advanced Search）及检索史（Search History）等功能。

（1）一般检索。

① 在一般检索（图 7－1－1）中，可进行某篇论文的收录查询：如何天白发表的“Solvent － induced novel morphologies in diblock copolymer blend thin films”，*JOURNAL OF PHYSICAL CHEMISTRY B*，2006，110（4）：1647－1655。

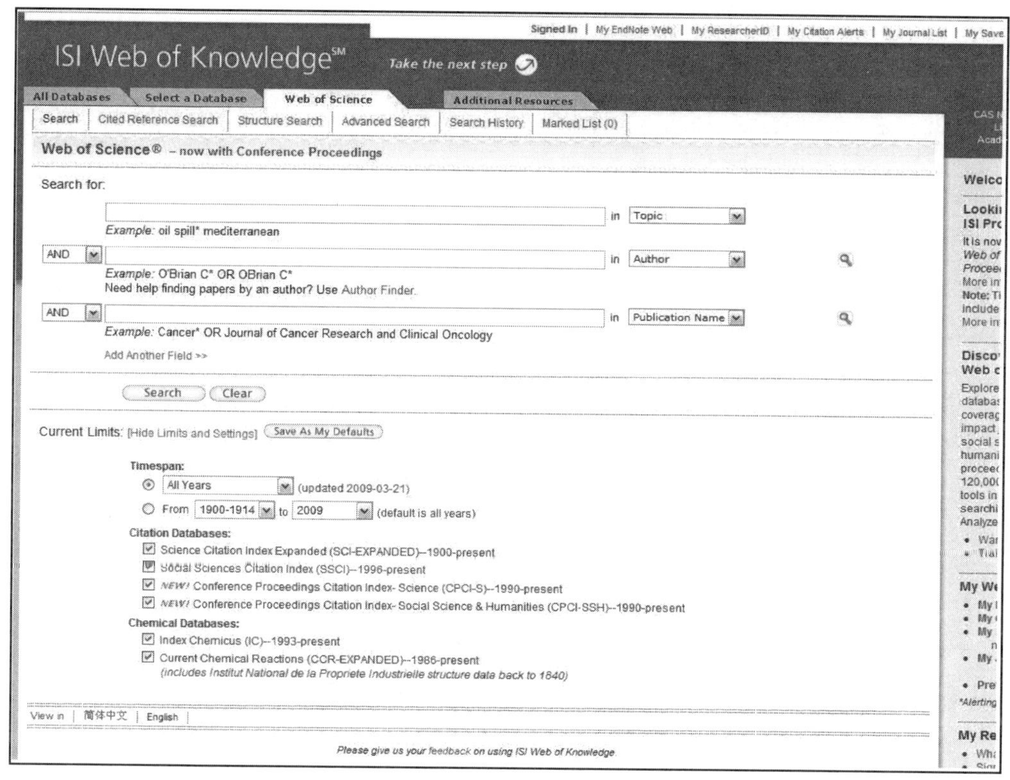

图 7－1－1　Web of Science 一般检索界面

② 可查询某人的论文收录，作者输入的方式是姓用全称，名用首字母，多个作者检索时可用布尔逻辑符号 AND 或 OR 连接。有时还可利用通配符检索来查找国内作者发表的文献，如检索钟南山院士发表的文献可使用“Zhong N∗”，以达到查全的目的。

③ 可查询某单位发表论文的收录。机构名称经常用缩写，如，University 用 univ，College 用 coll，hospital 用 hosp。利用系统提供的“Abbreviations”可获得机构名中常用词汇的缩写。如中国科学院光化学重点实验室（Key Laboratory of Photochemistry Institute of Chemistry Chinese Academy of Sciences）：Chin∗ Acad Sci∗ and Key Lab Photochcm∗。同时，为提高文献的查全，也要注意机构名的不同表达方式。

④ 可进行某一专题的检索，如禽流感的研究“avian influenza” or “bird∗ flu”。

（2）引文检索。

引文检索（图 7－1－2），主要用于查找科技文献被引用的情况，是从被引用文献查到引用文献的过程。可用被引著者（Cited Author）、被引文献（Cited Works）和被引文献发表年代（Cited Year）作为检索点进行检索。被引著者检索是输入被引作者的姓名来进行检索，可参看被引作者索引（Cited Author Index）。检索时姓前名后，名用缩写，也可使用逻辑运算符。检索结果显示的为简单记录格式，包括论文被引频次、被引作者、被引期刊、年代、卷、起始页码。如为图书则只有被引频次、被引作者、被引期刊和出版年代。如为专利则只有被引频次、被引作者、被引专利号和专利授权国家。点击被引频次隐含链接，可获得所有引用该论文的来源文献。

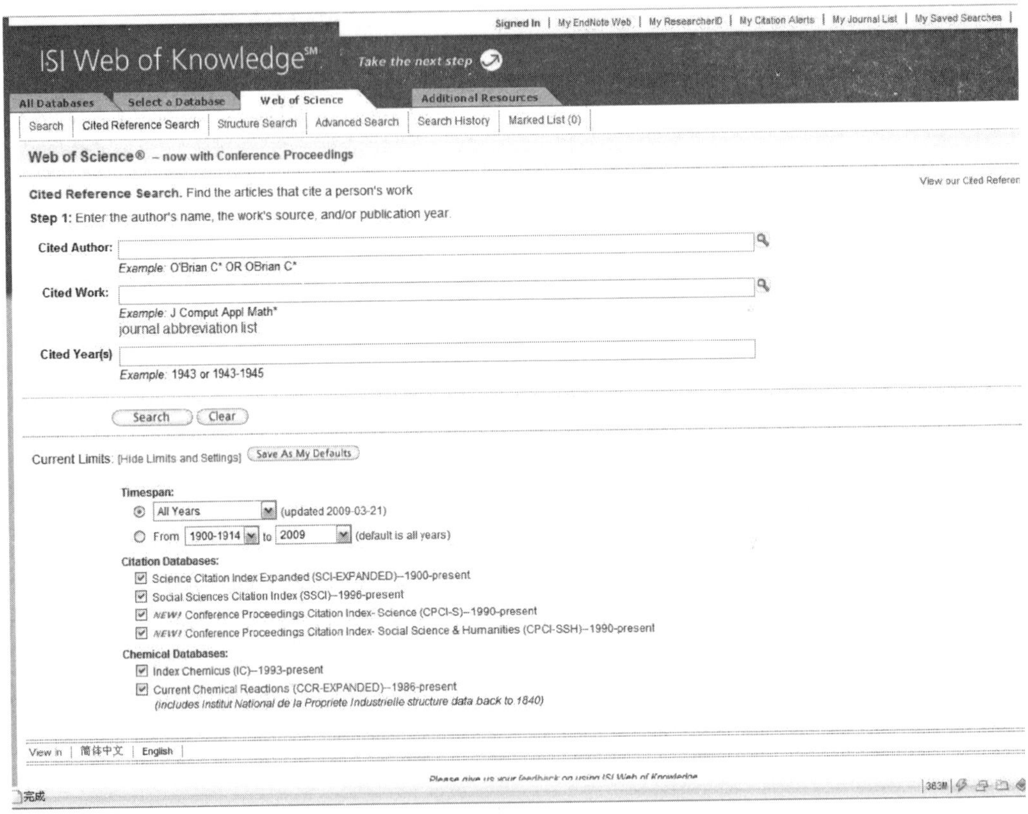

图 7－1－2 Web of Science 引文检索界面

也可用期刊或图书名称进行检索，输入专利号可查专利的被引用情况。被检索的期刊或图书书名要求用缩略语，可参考被引著作索引（Cited Work Index）或 ISI 期刊简称一览表。

进行引文检索，需要了解和注意以下几点：①被引著者的输入规则与著者检索的输入相同；②被引文献（Cited Work）的检索输入也可以是被引图书书名和被引专利文献的专利号；③在屏幕返回的被引文献中若出现 View Record 链接，表示该被引文献在 Web of Science 的来源期刊收录范围内，即能够得到该文献的摘要等详细信息；④Web of Science 普通检索中的 Source Title 用刊名全称，引文索引中的 Cited Work 用刊名缩写，如果对刊名的缩写和全称无把握时，可用截词符；⑤被引文献次数是动态性的数据，随着时间的推延，其次数有可能会增加。

（3）高级检索。

高级检索是使用字段标识符与逻辑运算符的检索方法。在检索表达式中可以使用逻辑运算符、括号、截词符等。

高级检索页面的下方列出了检索历史。对于复杂的课题，可在检索提问框中一次性输入复合检索式，也可以先分步检索，然后通过检索式序号进行逻辑组配。

（4）分析功能。

Web of Science 数据库可进行检索结果分析和相关记录分析。检索结果可按照作者、国家区域、文献类型、机构名称、语种、出版年等进行分析，以了解某个研究的核心研究人员、核心研究地区、研究的发展趋势、主要有哪些机构在从事这项研究等。

通过相关记录分析，可以了解某一特定研究论文的参考文献论文通常发表在什么类型的文献源上、哪些其他机构也在从事相同领域的研究工作、相关科学研究如何跨学科进行发展和应用等。

三、中国科学引文数据库

中国科学引文数据库（Chinese Science Citation Database，简称 CSCD）由中国科学院国家科学图书馆于 1989 年创建，是我国第一个引文数据库，其编辑政策与 Web of Science 的编辑理念相似，遵循多学科性和完整性，主要收录我国数学、物理、化学、天文学、地学、生物学、农林科学、医药卫生、工程技术、环境科学和管理科学等领域出版的中英文科技核心期刊和优秀期刊。

中国科学引文数据库分为核心库和扩展库，数据库的来源期刊每两年进行一次评选。核心库的来源期刊经过严格的评选，是各学科领域中具有权威性和代表性的核心期刊。扩展库的来源期刊经过大范围的遴选，是我国各学科领域优秀的期刊。CSCD 2009 共遴选了 1123 种期刊，其中英文刊 67 种，中文刊 1056 种；核心库期刊 748 种（以 C 为标记），扩展库期刊 375 种（以 E 为标记）。目前收录从 1989 年至今的论文记录将近 350 万条，引文记录近 1700 万条。

中国科学引文数据库内容丰富、结构科学、数据准确。系统除具备一般的检索功能外，还提供新型的索引关系——引文索引。使用该功能，用户可迅速从数百万条引文中查询到某篇科技文献被引用的详细情况，还可以从一篇早期的重要文献或著者姓名入手，检索到一批近期发表的相关文献，对交叉学科和新学科的发展研究具有十分重要的参考价值。中国科学引文数据库还提供了数据链接机制，支持用户获取全文。

中国科学引文数据库具有建库历史最为悠久、专业性强、数据准确规范、检索方式多样、完整、方便等特点，自提供使用以来，深受用户好评，被誉为“中国的 SCI”。中国科学文献计量评价研究中心还依据 CSCD 定期作出中国学术期刊来源期刊的分析报告、中国科技期刊引用报告、科技论文统计分析报告、科学基金论文统计分析报告等。

2007 年，汤森路透科技与医疗集团与中国科学院合作将 CSCD 引入 ISI Web of Knowledge 平台，成为该平台上第一个非英文语种的数据库，如图 7－1－3。

ISI Web of Knowledge 平台以中英文双语对照的方式显示 CSCD 的内容，其中大多数论文题录信息（题名、作者和来源出版物）都是以中英文双语的形式提供的；40％的论文包含英文摘要；超过 60％的参考文献是英文的；用户可以在检索 CSCD 的同时，利用 ISI Web of Knowledge 平台上的跨库检索功能。

此外在 ISI Web of Knowledge 平台中，CSCD 数据库中论文的被引频次能够很好地与 Web of Science 的被引频次进行整合，从而能够同时反映国外学术成果在中国的影响力和中国学术成果在全世界的影响力。

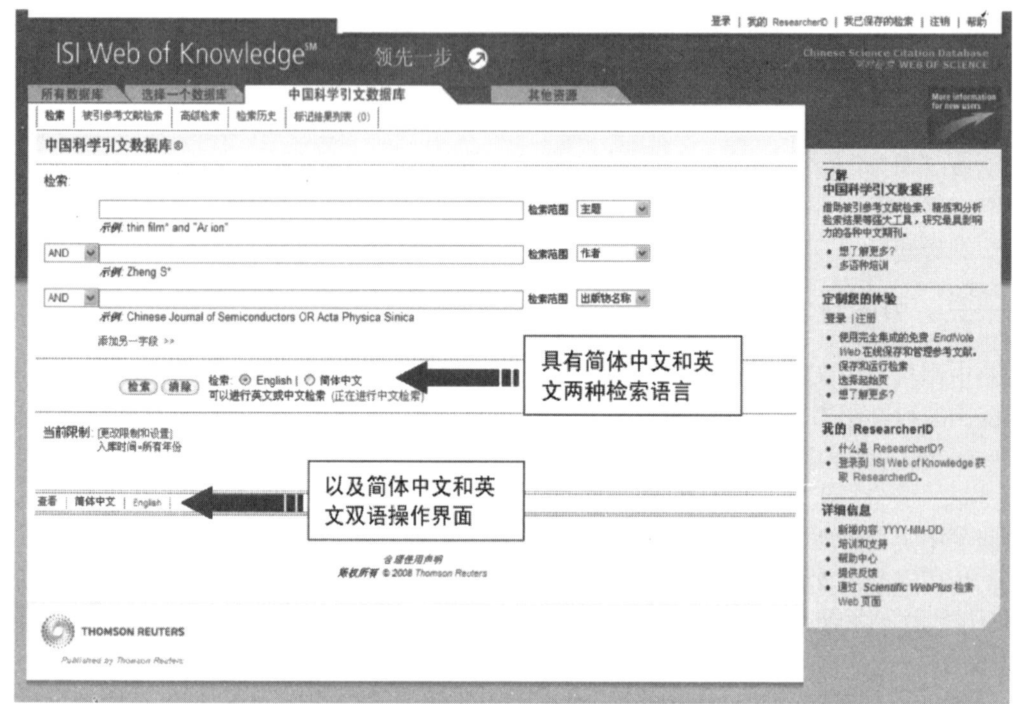

图 7-1-3 中国科学引文数据库的 ISI Web of Knowledge 平台界面

四、其他相关数据库

1. 中文社会科学引文索引

中文社会科学引文索引（Chinese Social Sciences Citation Index，CSSCI）是由南京大学中国社会科学研究评价中心开发研制的引文数据库，用来检索中文社会科学领域的论文收录和文献被引用情况。CSSCI 收录包括法学、管理学、经济学、历史学、政治学等在内的 25 大类的 500 多种学术期刊，现已开发 CSSCI（1998 年—2009 年）12 年度数据，来源文献近 100 余万篇，引文文献 600 余万篇。

目前，利用 CSSCI 可以检索到所有 CSSCI 来源刊的收录（来源文献）和被引情况。来源文献检索提供多个检索入口，包括篇名、作者、作者所在地区机构、刊名、关键词、文献分类号、学科类别、学位类别、基金类别及项目、期刊年代卷期等。被引文献的检索提供的检索入口包括被引文献、作者、篇名、刊名、出版年代、被引文献细节等。其中，多个检索口可以按需进行优化检索：精确检索、模糊检索、逻辑检索、二次检索等。

在 CSSCI 还可以通过统计分析子系统得到作者发文情况统计，机构发文情况统计，地区发文情况统计，发文的学科分布统计，图书、期刊的被引统计，出版社被引统计，作者被引统计，论文被引统计等。每一种统计均可按学科分别进行。由此可定量评价社会科学研究机构、高校、地区、作者个人的科研生产能力、学术成果、学术影响。

同时，CSSCI还可以提供期刊的多种定量数据：期刊论文录用量，期刊论文及期刊被引频次，期刊影响因子，期刊论文作者的地域分布、学科分布，期刊引文的年代分布及半衰期，期刊引文的学科分布，期刊论文被引用的年代分布及半衰期。由期刊的多种定量指标可得相应的统计排序，由此可评价期刊的学术影响和地位。

2. 中国科技论文与引文分析数据库

中国科技论文与引文分析数据库（CSTPC）是中国科技信息研究所信息分析研究中心与万方数据公司在历年开展科技论文统计分析工作的基础上共同开发的一个具有特殊功能的数据库，该数据库分为论文统计和引文分析两大部分。

CSTPC的数据来源于我国1989年以来出版的1200多种科技类核心期刊，以及科技部年度发布的科技论文与引文的统计结果，收有论文122多万篇，引文132万次，并在此基础上每年不断增加，学科范围覆盖了数学、物理、化学、生物、医学等各个领域。

CSTPC的特点是“途径齐全”。CSTPC收录的科技论文数量较大，且有9个引文检索点，在检索途径上能满足不同用户的引文检索要求。它集文献检索、引文与论文统计分析于一体，有助于科技人员查找重要科技论文及有关参考文献，对帮助各级科技管理部门和各科研机构、高等院校掌握全国和各单位及部门科技论文发表情况，了解历年来我国科技论文统计分析与排序结果，开展科技论文的引文分析，也有很大益处。但CSTPC作为一个不断发展中的数据库，也有一些不足之处，如数据更新较慢，著者及被引著者只收有第一作者，无法查找其他合著者的文献，检索字段中没有关键词、主题词字段，无法从主题途径入手检索文献。相信随着时代的发展，CSTPC会日趋完善，成为科研人员和管理人员的好帮手。

3. 清华同方中国引文数据库

中国引文数据库（Chinese Citation Database，CCD）由清华同方公司创建，主要涵盖中国学术期刊电子杂志社出版的1979年至今的科技类期刊文献的参考文献，包括中文参考文献和外文参考文献，可查询多种科技文献，包括图书、期刊、学位论文、会议论文、报纸、专利、标准、年鉴等被引用的详细情况。

CCD可进行快速检索和高级检索，提供源文献检索和引文检索。提供多种途径数据统计，包括作者统计、机构统计、期刊统计、专题统计、基金统计和出版者统计，并为检索结果提供分析及分析报告打印。

以作者统计为例，通过一系列指标，为用户提供全面而翔实的特定作者文献被引信息，作者对象可实现的统计指标包括：

（1）发文量：统计作者每年的发文情况，并用柱状图显示出来。

（2）各年被引量：统计作者的各年被引量，并用柱状图显示。

（3）下载量：统计作者发表文献每年被下载的次数，并用柱状图显示。

（4）H指数：H指数是从引证关系上评价学术实力的指标，作者的H指数是指该作者至多有H篇论文分别被引用了至少H次。本统计项提供H指数值及H指数名次。

（5）期刊分布统计：统计作者的文献发表在哪些期刊上，并按发表的文献篇数进行降序排序。

（6）作者被引排名：统计当前作者被其他作者引用的频次，并按照引用频次进行排序显示。

（7）作者关键词排名：记录作者全部文献各关键词出现的频次。为用户提供关键词列表，可反映个人作者的研究趋势。

CCD 收集期刊种类多，信息量大，覆盖面广，学科门类齐全，具有“广而全”的特点，能满足不同专业用户的检索需要。同时还可以迅速从数百万条引文中查询到某篇科技文献被引用的详细情况，以及从一篇早期的重要文献或著者姓名入手，检索到一批近期发表的相关文献，对交叉学科和新学科的发展研究具有十分重要的参考价值。

4. 期刊引文分析报告

期刊引文分析报告（Journal Citation Reports，JCR）是一个独特的多学科期刊评价工具。网络版 JCR 是唯一提供基于引文数据统计信息的期刊评价资源。通过对参考文献的统计汇编，JCR 可以显示出引用和被引用期刊之间的相互关系。JCR 可计量的统计数据提供了一种系统客观反映某学科分类中期刊相对重要性的方法。

目前 JCR 提供科学技术领域 5900 多种期刊、社会科学领域 1700 多种期刊的引文分析信息。

JCR 对每种被收录的期刊，都会提供引文和论文数量、影响因子、立即影响指数、引用和被引半衰期、引用和被引期刊列表、期刊所属学科的引用分析数据等统计数据。

通过 JCR 数据库，用户可以了解在某个学科领域中哪些期刊影响力最大、哪些期刊是综述性的期刊、哪些期刊是被学者们经常利用和引用的、哪些期刊是热门期刊；同时可以为科研人员有选择地浏览学术期刊并结合实际有选择地投稿提供参考。

五、引文分析的发展

1. SJR 指标和引文潜能

SCImago 研究团队成功开发了 SJR 指标（SCImago Journal Rank，SCImago 期刊排名）。基于三年的出版物信息，SJR 利用某一引文网络对不同的文献源（期刊论文、会议论文和评论性文章）赋予不同的分值。

受 Google 利用网页进行排名计算方法的启发，SJR 在赋予分值的时候考虑被引期刊的级别，也就是说，被 SJR 分值相对较高的期刊被引其分值要高于被 SJR 分值相对较低的期刊被引。

另外一个文献计量新指标是 SNIP（单篇文章的源标准化影响），该指标是莱顿大学科学和技术研究中心的 Henk Moed 教授的心血结晶。SNIP 将以下几个因素考虑在内：源学科领域的特性，尤其是作者在参考文献清单中引用其他文章的频次，引文影响成熟度，用于评估的数据库对学科领域所有文献的覆盖程度。

SNIP 是在三年引文窗口期中某一来源出版物中的每篇论文的平均被引次数与该学科领域的“引文潜能”之间的比值。所谓“引文潜能”是指一篇文章估计在指定的学科领域中所有达到的平均被引次数。这个指标是重要的，因为它考虑到这样一个事实，即被引量通常在不同的学科中差异很大，比如说，生命科学领域的引文量就比数学或社会科学领域的引文量要高。

“引文潜能”在同一学科的不同研究领域也可能不同。比如说，基础研究期刊的“引文潜能”通常要比应用研究期刊的高，而刊载学科热点的期刊则通常要比发表成熟研究主题论文的期刊具有更高的“引文潜能”。

2. 引文分析网络化

2004年由著名搜索引擎Google推出的学术搜索服务——Google Scholar，也成功引入了引文分析方法。其中，它提供的一大功能亮点——引文链接服务，就主要建立在引文分析基础上：通过自动分析和摘录学术文献的引文信息，并将它们作为搜索结果的一部分单独组织；当用户查看搜索结果中的相关文献记录时，点击“Cited by”功能即可搜索到其所有的引用文献信息，而且这些引用文献信息不仅来自各种数据库的存储内容，还包含在图书和各类非联机出版物中的引用文献信息。

与传统的引文索引数据库系统（SCI、SSCI等）相比，Google Scholar在多个方面拥有创新性功能。首先，在收录范围与文献类型方面，它不仅收录普通网页中的学术论文，还广泛包括来自学术出版商、专业学会网站、预印本库、机构库等提供的同行评议论文、学位论文、图书、预印本、文摘、技术报告等多种文献，内容覆盖医学、物理学、经济学、计算机科学等多个学术领域。此外，Open Archives Initiative中OAIster所包含的上百万篇论文也可通过Google Scholar进行查询，并可提供CrossRef链接服务。其次，在学术文献引用与被引用关系的揭示方面，Google Scholar不仅能反映学术期刊文献之间的相互引用关系，还能广泛反映学术期刊、书籍、预印本库、机构库、各类非联机出版物等多种类型文献之间的相互引用关系，使得文献相互引用关系网络覆盖的范围大大拓展。

（刘 娟）

第二节 会议文献检索

会议文献（Conference Literature）包括会议消息和会议论文。会议消息预报了会议召开的时间、地点、主题等，是参加学术会议的指南；会议论文是指在各种学术会议上发表的学术报告、会议录和论文集。医学会议文献具有内容新颖、学术性强、报道迅速等特点，是医学信息的重要来源。

一、国内医学会议文献检索

1. 医学会议信息查询

（1）中国医学会议网（http：//www.ok120.com）：由中国煤炭工业医学杂志社主办。主页栏目分为学术会议、展览培训、医学新闻、新闻焦点等，可浏览和查询会议信息。

(2) 37℃医学网(http://www.37c.com.cn):国内知名的综合性医学网站,提供国内部分医学学术会议信息,可查询会议名称、主办单位、学科分类、会议地点等。

(3) 医学会议在线(http://www.medig.com.cn):主页栏目分为最新医学会议、近期医学会议、医学会议报道、重点会议推荐、会议课件等。浏览和发布会议信息需要免费注册为会员。

2. 会议文献数据库

(1) 中国重要会议论文全文数据库。

是中国知网(http://www.cnki.net,CNKI)数据库之一,收录我国1999年以来国家二级以上学会、协会、研究会、科研院所及政府举办的重要学术会议中发表的文献。年更新论文约10万篇。

(2) 中国学术会议全文数据库。

是万方数据资源(http://www.wanfangdata.com.cn)的数据库之一,收录了1998年以来的由国际及国家级学会、协会、研究会组织召开的各种学术会议论文。学科范围覆盖自然科学、工程技术、农林、医药等,是目前国内收集学科最全、数量最多的会议论文数据库之一。

(3) 中国医学学术会议论文数据库(CMAC)。

是解放军医学图书馆研制开发的中文医学会议论文文献书目型数据库,收录了1994年以来中华医学会所属专业学会、各地区分会和全军等单位组织召开的医学学术会议论文集的文献题录。

(4) 中文会议论文数据库。

由国家科技文献中心(http://www.nstl.gov.cn)开发的中文会议论文数据库,收录了1985年以来我国国家级学会、协会、研究会以及各省、部委等组织召开的全国性学术会议论文。收藏重点为自然科学各专业领域,每年涉及600余个重要的学术会议,年增加论文4万余篇。

二、国外医学会议文献检索

1. 医学会议信息查询

(1) Doctor's Guide(http://www.docguide.com)。

由美国P/S/L Consulting Group Inc创建的世界优秀医学专业网站之一。该网站设有一个Congress Resource Centre(CRC),可为临床医师提供近年世界范围内的医学会议信息。用户可按会议的专业(Specialty)、召开日期(Dates)和地址(Location)3种途径浏览会议信息,也可以通过在"Search CRC"检索框内输入关键词来检索会议信息。此外,该中心还设有高级检索(Advanced Search)界面,支持布尔逻辑运算检索。该中心提供的会议信息包括会议名称、日期、地址、联系人与联系电话、传真、电子邮箱及变更信息等。

（2）Medical Conferences。

该站点（http ://www.medicalconferences.com）是由英国的医学会议公司（Medical conferences Comp.）创建，专门提供医学会议信息（包括会议预报信息）及培训信息的专业网站。它以每日更新的方式预报世界上许多国家的7000多个医学会议，会议信息由会议的组织者在网上直接提供。该网站的会议检索支持关键词、会议名称、日期和地点检索，但检索结果仅包括会议名称、日期和地址。要获得详细信息，需要免费注册后向会议组织者进行索取。

（3）Healthcare Conferences。

该站点（http ://www.healthcareconferences.com）由爱尔兰 VIA Net.Works，Incorporation 创建，专门用于会议信息和继续医学教育学习班或研讨班相关消息的检索，并提供与会议或学习班相关的事务服务（包括订票、住宿、旅游等）。用户可按会议所属的医学各专业、关键词和会议名称、日期、地址、主办者等多种途径进行检索，检索内容较为详细。

2. 会议文献数据库

（1）ISTP 与 ISI Proceedings。

ISTP（Index to Scientific & Technical Proceedings，科学技术会议录索引）由美国科学情报研究所（ISI）主办，1978年创刊，出版光盘版。主要收录约4000多个国际学术会议的2万余篇科技会议论文的题录。目前 ISI 基于 Web of Science 的检索平台，将 ISTP 和 ISSHP（社会科学及人文科学会议录索引）两大会议录索引集合成为 ISI Proceedings，汇集了世界上最新出版的会议录资料，包括专著、丛书、预印本以及来源于期刊的会议论文，提供了综合全面、多学科的会议论文资料。它提供常规检索（General Search）和高级检索（Advanced Search）两种方法。

（2）OCLC FirstSearch。

OCLC（Online Computer Library Inc.）即美国联机计算机图书馆中心，是世界上最大的提供文献信息服务的机构之一。FirstSearch（http ://www.oclc.org/firstsearch）是其发展迅速的一个新产品，通过该系统可检索80多个数据库。其中的两个数据库 ProceedingsFirst 和 PapersFirst 收录了1993年以来世界范围的会议文献，包括各种学术会议、专题会、学术报告会等发表论文的题录信息。该系统提供基本检索（Basic Search）、高级检索（Advanced Search）和专业检索（Expert Search）等多种检索方法。

（伍 利）

第三节 学位论文检索

学位论文，英文为 Dissertation、Thesis。论文的研究主题大多数是某学科的新课题。学位论文的出版形式多种多样，优秀的博士论文往往全文刊载于学科期刊中，部分硕士、博士论文以摘要的形式发布在学科杂志上，还有的并没有发表，不易获得。

一、中国学位论文检索

1. 中国学位论文概述

中国学位论文是中国高等院校和科研院所的本科生、研究生为获得学位资格（博士、硕士和学士）而撰写的学术性研究论文。学位论文包括学士论文、硕士论文和博士论文，通常人们所谓的学位论文仅限于博士和硕士学位论文。学位论文一般分为两大类型，即理论研究型和调研综述型。学位论文具有学术性、科学性、创造性、专业性和规范性。学位论文一般不公开出版，以打印本的形式存储在规定的收藏地点，中国硕士以上学位论文可在国家图书馆查到原文，也可向颁发学位的院校研究生部或图书馆索取。

2. 中国学位论文文摘/全文数据库

基于万方数据资源系统的中国学位论文文摘/全文数据库始建于 1985 年，收录了自 1980 年以来我国自然科学和社会科学各领域的硕士、博士及博士后研究生论文的文摘信息，内容包括论文题名、作者、专业、授予学位、导师姓名、授予学位单位、馆藏号、分类号、论文页数、出版时间、主题词、文摘等字段信息，从侧面展示了中国研究生教育的庞大阵容以及中国科学研究的整体水平和巨大的发展潜力。目前，文摘已达 110 多万篇，最近 3 年每年增加论文全文 10 多万篇，年增加全文 3 万余篇，它是中国目前收录学位论文信息最多、最全的数据库。

中国学位论文文摘/全文数据库提供了多种检索途径，包括个性化检索、高级检索、字段检索、分类检索等，以便于用户迅速检索出所需要的信息。

（1）个性化检索。

“个性化检索”入口针对具体数据资源的特点，为用户提供了一个方便易用、组配灵活的检索入口，适合所有用户使用。在利用“个性化检索”入口检索时，用户只需通过下拉菜单点选所要检索的字段，输入相应检索词，便可组配出比较复杂的检索表达式，查找出相关信息。

例 1：如果要求检索出“论文题名”中含有“纳米”一词的所有论文，则此栏应选择“论文题名”，并在其后的“检索词输入框”内输入“纳米”即可。

例 2：如果要求检索出与“纳米”技术相关的所有论文，则此栏可选“全文”，其后的“检索词”输入框可输入“纳米”，此时，作者、学位授予单位、文摘等字段中含有“纳米”的记录也符合此检索条件。

（2）二次检索与显示格式选择。

二次检索是在已有检索结果范围内再一次检索，以便进一步缩小检索范围。

（3）关联检索。

在某一记录的全部信息中，不仅会以适当形式给出此记录的相关信息，还有可能提供关联检索入口。对全文数据库，还会提供访问对应全文的全文链接。

在所示学位论文库的“全部信息”显示格式中，不仅给出了此论文的相关信息，还提供了查看论文全文的链接与“关联检索”入口。

（4）分类浏览。

分类浏览页面直观易用。用鼠标点击其中任一分类，便可检索出学位论文全文库中此分类下的所有论文。

3. 中国优秀博士/硕士学位论文全文数据库

基于中国知网（CNKI）系统的中国博士/优秀硕士学位论文全文数据库是目前国内相关资源最完备、高质量、连续动态更新的中国博士/优秀硕士学位论文全文数据库，从1999年至今，累积博士学位论文全文文献78995篇，优秀硕士学位论文全文文献560456篇。分为十大专辑：理工A、理工B、理工C、农业、医药卫生、文史哲、政治军事与法律、教育与社会科学综合、电子技术与信息科学、经济与管理。十专辑下分为168个专题和近3600个子栏目。文献来自全国652家硕士培养单位的优秀硕士学位论文和全国420家博士培养单位的博士学位论文。

其检索方式同中文期刊全文数据库。检索项中有主题、题名、关键词、摘要、作者、作者单位、导师、第一导师、导师单位、网络出版投稿人、论文级别、学科专业名称、学位授予单位、学位授予单位代码、目录、参考文献、全文、中图分类号、学位年度、论文提交日期、网络出版投稿日期等，供检索时组配使用。

4. CALIS高校学位论文库

CALIS高校学位论文库（http：//etd. calis. edu. cn/ipvalidator. do）是由CALIS全国工程文献中心（清华大学图书馆）牵头组织负责，各高校合作建设，采用同一规范、分散加工、合作建库的运作模式。目前已有97所学校申请加入学位论文库建库工作，上网数据已达97000余条。内容涵盖自然科学、社会科学、医学等各个学科领域。该库提供简单检索和高级检索两种检索方式，用户可以分别从题名、论文作者、导师、作者专业、作者单位、摘要、分类号、主题和全字段等不同角度进行检索，是用户获取我国高等学校学位论文重要的文献数据库之一。2000年4月开始逐步向高校用户提供学位论文查询、文献索引浏览、最新文献报道、全文传递等配套服务。

目前大约有25万条学位论文文摘索引，已有约97家大学签订建设的协议，有70多家建立了本地学位论文提交和发布系统，有简单检索和高级检索方式。

5. 中国学位论文其他相关资源

（1）中国国家图书馆学位论文中心。

国家图书馆学位论文收藏中心是国务院学位委员会指定的全国唯一负责全面收藏和整理我国学位论文的专门机构，也是人事部专家司确定的唯一负责全国收藏博士后研究报告的专门机构。国家图书馆是国家规定的博士论文缴送本接收馆，是国内博士论文最大的收藏机构。自1981年以来，国家图书馆收藏博士论文近12万份，此外，还收藏部分院校的硕士学位论文、台湾博士学位论文和部分海外华人华侨学位论文。为了便于永久保存，国家图书馆着手开始学位论文全文影像数据库建设。博士论文全文影像资源库以书目数据、篇名数据、数字对象为内容，提供简单检索、高级检索、二次检索、关联检索和条件限定检索。现提供6万余份博士论文前24页的展示浏览。检索方式有一般检索和高级检索。

（2）国家科技图书文献中心中文学位论文库。

国家科技图书馆文献中心（http://www.nstl.gov.cn/index.html）中文学位论文数据库主要收录了1984年至今我国高等院校、研究生院及研究院所发布的硕士、博士和博士后的论文。学科范围涉及自然科学各专业领域，并兼顾社会科学和人文科学，每年增加论文6万余篇。每季更新。检索字段包括：论文题名、关键字、作者、分类号、完成年、导师姓名、授予学位、学位授予单位、研究专业和研究方向。在检索的时候可以按照具体情况灵活设置，可进行两个检索条件的复合检索，并且自由选择逻辑运算关系。

（3）中国科学院学位论文检索系统。

中国科学院学位论文检索系统（http://www.las.ac.cn/index_others.jsp?subjectselect=ETD）报道和揭示中国科学院培养毕业的硕士、博士论文和博士后报告的内容，著录内容有题名、论文作者、学位信息、中英文关键词、中英文文摘、导师信息等。2007年初统计该数据库中发布数据有4.3万多条，且每年以不少于5000条的速度增长。该数据库中所有的论文都提供文摘，大部分学位论文提供了电子版前16页全文。

（4）香港大学学位论文库。

香港大学学位论文库（http://sunzi1.lib.hku.hk/hkuto/index.jsp）收录了香港大学1941年以来的博士和硕士论文，涉及人文、教育、社会、医学和自然科学等多学科，部分可以查到原文。

（5）台湾地区部分高校学位论文查询。

台湾地区部分高校学位论文（http://ethesys.lib.nsysu.edu.tw/link.shtml）可通过eThesys（Electronic Theses Harvestable and Extensible System）分散式学位论文共建共享计划来查询。这个计划包括台湾硕博论文摘要检索系统和CETD中文学位论文服务系统。Ethesys从2000年开始收录硕士论文，此系统免费提供给台湾地区高校使用。这是一个复合系统，包括论文交纳、审核、查询等功能，而且不同学校可以根据自己的需求来修改系统，具有一般检索和高级检索功能。

二、国外学位论文检索

1. 国外学位论文概述

世界各国对学位论文的管理方法并不相同。美国的学位论文主要由美国国际大学缩微品公司（UMI）提供服务。UMI专门从事学位论文的报道、检索和缩微复制，在美国有博士授予权的大学90%以上都与UMI合作，向UMI提供博士论文原件，UMI根据博士论文原件复制，同时把收到的博士论文做成文摘，编制检索工具，供用户检索使用。在美国，研究图书馆协会（ARL）也开展了与UMI类似的业务。加拿大的学位论文由国家图书馆统一管理。英国的学位论文由英国图书馆出借部（BLLD）统一收藏和管理，BLLD已收藏约40多万篇学位论文。日本学位管理办法是：由国立国会图书馆收藏和管理国立或公立大学的学位论文，私立大学的学位论文由本校图书馆收藏。

2. PQDT 数据库

(1) 概况。

PQDT 即 ProQuest 数字化博硕士论文文摘数据库，由美国 ProQuest Information and Learning（原 UMI 公司）创建。PQDT 数据库具有收录年代长、数据更新快、信息量大等特点。它收录了欧美 1000 余所大学和著名研究机构的文、理、农、医等领域的博士、硕士论文的摘要及索引，内容覆盖理学和人文社科等领域，其主题涉及农业、天文学、生物和环境科学、商业和经济、化学、教育、工程、美术和音乐、地质学、保健科学、历史和政治、语言和文学、图书信息科学、数学和统计学、哲学和宗教、物理学、心理学和社会学等领域，现已收录超过 200 万条记录，涵盖了从 1861 年获得通过的全世界第一篇博士论文（美国），到本年度本学期获得通过的博硕士论文信息。每年约增加 4.7 万篇博士论文，1.2 万篇其他论文，5.5 万篇论文摘要，利用该数据库可免费检索最近两年的学位论文文摘数据库（包括 22 万篇题录和文摘），同时可获得 1997 年以来的学位论文全文的前 24 页（PDF 格式和 TIFF 格式）。它是目前世界上最大和使用最广泛的学位论文数据库。

(2) 检索方法。

① 基本检索。

PQDT 数据库检索式的一般格式为：字段名（检索词），如 title（biology）。系统还支持字段内及不同字段之间的逻辑组配。选择字段，在基本检索中可以对检索条件进行逻辑组合，来确定检索字段的组合，也可以限定检索年代。在“more search options”中，可通过输入文献的标题、作者、学校名称更精确地查找文献，点击【browse authors】链接和【browse schools】链接能集中查阅到相关作者和学校的论文情况，点击【look up subjects】链接能集中查阅到检索主题的文献资料。

【检索示例】在 PQDT 数据库检索中查询关于肝炎方面的学位论文。

该课题的具体检索步骤如下：

A. 确定检索词。该课题的检索词为肝炎，其对应的英文检索词为“Hepatitis”。

B. 选择数据库检索方式。由于该课题仅要求检索肝炎方面的资料，对作者、检索时间均无限制，因此，可以选择基本检索。具体操作上：进入基本检索界面，在检索框中输入检索词“Hepatitis”。

C. 点击【search】按钮即可完成检索，可以检索到 6000 余条记录。

② 高级检索。

如果需要进行更为复杂的检索，可进入高级检索进行更多字段的检索或进行更多主题概念的逻辑组配。

将检索条件加入检索式输入框中来辅助构成检索式。如果不够，可以点击【add a row】增加一行。在输入正确的检索式后，点击右边的【search】按钮即可进行高级检索。在构造检索式时，PQDT 系统支持布尔逻辑检索、位置检索、字段限定检索、截词检索、词组/短语检索以及自动忽略噪音词等功能。

系统常用的运算符包括逻辑运算符 AND、OR、NOT，分别代表逻辑与、逻辑或、逻辑非。邻近检索 w/n：表示两个检索词之间可有 n 以内（包括 n）个字母，词序可变，如 intelligent w/10 buildings 检索出“intelligent buildings”与“buildings that are intelligent”的论文。Pre/n：表示前一个检索词与后一个检查词之间相隔 n 个字母，词序不变，如 military Pre/1 weapons 只检索出“military weapons”的论文。为了检索出检查词的不同形式（动词的进行时、过去时和名词的单复数形式）和不确定单词的拼写形式时可使用截词符“?”。如 Biolog? 表示 Biology 和 Biological。系统列出噪音词，若以噪音词作为检索词时，系统将自动忽略并用空格取代进行检索。

③ 论文分类浏览。

除基本检索和高级检索模式外，系统还提供了按学科分类浏览论文的模式。点击【browse】按钮，即可进入分类浏览界面。系统页面出现学科分类导航树，按 A－Z 的顺序排列。点击某学科名称的首字母，系统即进一步显示其学科子类，此时用户可点击所需求的某一子类名称，系统即显示该子类检索结果。

（3）检索结果处理。

PQDT 检索结果包括题名、作者、授予学位学校、出版时间、论文页码、出版号、指导教师、授予学位、来源代码、数字化版本、文摘等信息。1997 年以后的论文，可以通过“24page preview”浏览前 24 页的内容。系统提供多种结果保存方式，可以联机打印（print）、电子邮件传递（E-mail）和下载存盘（download）。系统支持对检索结果做标记（mark），在检索完成时进行批量处理。

（4）个性化服务。

PQDT 数据库对检索结果提供个性化服务。在检索结果页面，用户可以标记需要的检索记录，而这些标记的检索记录将被保存在【my research】中，用户可以对这些记录进行管理。点击任意界面上方的【my search】，将打开检索结果个性化服务界面。在该界面，用户可以创建网页链接【create a web page】和创建 RSS 反馈【create RSS feed】等，还可以查看最近的检索【recent searchs】、已访问的出版物【visited publications】等。

3. NDLTD 数据库

（1）概况。

NDLTD 全称是 Networked Digital Library of Theses and Dissertations，是由美国国家自然科学基金支持的一个网上学位论文共建共享项目，为用户提供免费的学位论文文摘，还有部分可获取的免费学位论文全文（根据作者的要求，NDLTD 文摘数据库链接到的部分全文分为无限制下载、有限制下载、不能下载几种方式），以便加速研究生研究成果的利用。目前全球有 170 多家图书馆、7 个图书馆联盟、20 多个专业研究所加入了 NDLTD，其中 20 多个成员已提供学位论文文摘数据库 7 万条，可以链接到的论文全文大约有 3 万篇。在 CALIS 上建立有 NDLTD 的镜像服务器。

（2）特点。

① NDLTD 是以 WEB 为基础的联机检索数据库。

自从 NDLTD 成立以来就顺应网络发展的潮流，采用 WEB 在线方式联机检索。各种文本、图像、音视频信息都被加工成电子信息，采用超链接形式被阅读者获取，其官方网址为 http ://www.ndltd.org/。NDLTD 提供联合目录查询、基于 OAI（Open

Archives Initiative）的联合目录试验系统、试验型联合查询系统、浏览成员站点查询、浏览 Virginia Tech 等 5 种途径。

② 多种检索界面。

A. 使用 NDLTD 提供的目录查询（NDLTD Union Catalog）：检索界面简单易用。检索入口包括作者、题名、主题和成员编号四种，选择合适的检索入口，输入检索词便可以实现检索。可以使用高级检索来支持逻辑检索式。

B. 基于 OAI 的联合目录试验系统（OAI－based Union Catalog）：可以实现快速检索和快速浏览两种操作。快速检索直接输入检索词即可实现；快速浏览要选择待检索的研究机构，论文完成年限以及检索结果的排序方式。

C. 试验型联合查询系统：有简单查询和高级查询两种，并支持逐级浏览。

D. 成员站点集合（member contact information）：可以获得目前 NDLTD 的 170 多个成员机构的链接。通过链接可进入具体的机构进行电子版博硕论文数据库的查询，使用成员站点集合主要采取浏览的方式。

E. Virginia Tech 上收藏的优秀的电子版论文：部分可获得全文。

③ 基本检索入口。

通常情况下用户可以通过 NDLTD 的主要承建单位弗吉尼亚科技大学的博硕论文数据库检索数据，其网址为 http：//scholar. lib. vt. edu/theses/etd－search. html。

其基本的检索界面提供了 6 个简单的检索入口：著者（Author）、机构（Department）、关键词（Keyword）、篇名（Title）、协会（Institution）和文献发表年代（Year）。

例：欲查找有关“prevention”、“AIDS”方面的论文。首先确定检索字段 Keyword；确定逻辑关系“+”；在输入框里面输入检索词“prevention”＋“AIDS”。点击“Search”按钮，开始检索。

④ 高级检索入口。

如果检索者想进行更为复杂的检索，掌握和运用一些技巧，在高级检索中，将起到事半功倍的效果。点击“Advanced”进入高级检索。高级检索界面分为：检索式输入框和检索式构造辅助表。辅助表分为三种方式：Keywords＋Fields 提供基本检索界面，Dated 进一步提供论文的年代，Show 提供检索结果的显示方式。

A. 确定检索字段。为了方便读者，高级检索方式提供了多达 18 个可检索的字段，比简单检索方式多了 12 个字段，常用的包括：主题（Title）、团体（Body）、全球资源定位器（URL）、短语（Phrase）、发表日期（Date）等。

B. 逻辑关系词。高级检索当中可使用“should contain”、“must contain”、“must not contain”逻辑关系词，与相应的布尔逻辑对应。

C. 检索显示结果，可以根据读者的需要显示。包含两方面：一是检索论文的年代可以根据读者需要设定成某个时间段，二是最终检索结果在页面上的排列方式。

⑤ 二次检索。

当检索结果很多的时候，可以点击页面顶部二次检索（Search these results）链接进行二次检索。然后我们可以在输入框中填入二次检索词，在已经命中的结果当中检索，缩小检索范围。

（3）检索结果处理。

系统提供的检索结果排序方式有按学校名称的首字母排序、题名的首字母排序、作者的首字母排序、年代排序等方式。检索结果界面直接显示命中论文的题目列表，包括题目、作者、摘要、日期等简单信息。

点击【go to Document】的链接即可获得原文，点击【find similar Document】的链接能检索出与这篇文献相类似的文献。点击【more information】链接可获得全部数据记录，包括题名、创建者、主题、描述、日期、标识符、来源、语种等信息。

（胡　臻　李勇文）

第四节　标准检索

一、标准文献检索概述

标准是为在一定的范围内获得最佳秩序，对活动或其结果规定共同的和重复使用的规则、导则或特性的文件。该文件经协商一致制定并经一个公认机构批准。标准具有明确的适用范围和用途，有一定的产生过程、统一的编制格式和叙述方法，强制性标准具有法律约束性的特点。标准是现代化企业组织生产、提高产品质量的必备技术文献，也是技术监督部门、商品检验部门进行商品检验的法律依据，因此，获取和使用准确的标准文献成为科技工作以及管理经营工作者的基本技能之一。

1. 标准文献（Standard Literature）

指按照规定程序编制并经过一个公认的权威机构（主管部门）批准的，供一定范围内广泛使用的标准，包括一整套在特定活动领域内必须执行的规格、定额、规则、要求的技术文件。

我国标准按照级别一般分为国家标准、部（行业、专业）标准、企业标准和地方标准几种类型。按照标准化对象，通常把标准分为技术标准、管理标准和工作标准三大类。技术标准是指对标准化领域中需要协调统一的技术事项所制定的标准；管理标准是指对标准化领域中需要协调统一的管理事项所制定的标准；工作标准是指对工作的责任、权利、范围、质量要求、程序、效果、检查方法、考核办法所制定的标准。

2. 我国标准编号结构

我国标准一般采用统一编号方式，编号结构采用“标准代号+序号+发布年代号(即发布年份的后两位数字)”形式。代号采用两个大写的汉语拼音字母表示。按照我国管理标准的有关部门的规定，我国标准的代号一般用两个大写汉语拼音字母表示：强制性国家标准用“GB”为代号，推荐性国家标准用“GB/T”为代号；强制性行业标准的代号，用行业名称的两个汉语拼音字母表示，推荐性行业标准的代号，则在该拼音字母后加斜线“/”加“T”表示；企业标准的代号用“Q”加斜线“/”加企业的数字代号表示；地方标准的代号用“Q”前加省、市、自治区简称汉字表示。国外标准一般也采取一定的编号方式以便于管理与使用。

3. 中国标准文献分类法（CCS）

我国的标准文献分类采用1984年中国标准局编制的《中国标准文献分类法（试行）》。该分类法采用两分法，由一、二两级类目组成。一级类目下设24个大类，每类用一位罗马字母表示；每大类下再设二级类目，用两位阿拉伯数字表示。我国的标准书目或目录多依据中国标准文献分类的原则列类，因而了解这部分知识有利于我们检索查阅标准信息。

4. 查询字段

查询标准的字段是由构成标准的内外表特征组成，主要有：行业、标准名称、标准级别、标准号、标准提出单位、审批单位、批准时间、实施时间等。

5. 查询工具

根据获得内容的程度不同可将查询工具归纳为三类：

（1）获得标准全文的全文数据库；

（2）获得标准相关信息的二次工具，包括印刷型与光盘型的标准目录汇编及其相应的数据库；

（3）标准网，提供标准信息的网站主要有标准化组织网、行业协会、学会网和标准咨询综合服务网等几种。

二、国内标准文献检索

1. 中国国家标准信息网

中国国家标准信息网（http ://www. gb-gov. cn），由《国家标准信息咨询网》管理和维护。

该网站收录有完备的中国国家标准、行业标准、国际标准、国外先进标准，畅通的信息渠道以及与多家国内外标准化组织机构建立的标准信息资源代理关系，可提供种类齐全、现行有效的标准信息/文本。

2. 中国标准信息网

中国标准信息网（http :// www. chinaios. com/index. htm，China Standards Information Nets，以下称“CSIN”）的标准信息主要依托于质检标准化管理委员会、中国标准化研究院标准馆及院属科研部门、地方标准化研究院（所）及国内外相关标准化机构。

中国标准信息网面向全国质量、监督、检验、检疫系统及国内其他相关产业提供咨询服务，主要经销中国标准出版社、机械出版社等在内的几十家国家级出版社最新出版的国家标准、行业标准、科技图书、期刊和软件等。

3. 中国标准服务网

中国标准服务网是国家级标准信息服务门户网站，是世界标准服务网

（www. wssn. net）的中国站点。其标准信息主要依托于国家标准化管理委员会、中国标准化研究院标准馆及院属科研部门、地方标准化研究院（所）及国内外相关标准化机构。该网提供的标准信息来源于 60 多个国家、70 多个国际和区域性标准化组织、450 多个专业学（协）会的标准以及全部中国国家标准和行业标准共计约 60 多万件。此外，还包括 160 多种国内外标准化期刊和 7000 多册标准化专著。该服务网提供的首批数据库包括中国国家标准、中国行业标准、地方标准、国际标准、国外标准、国外学（协）标准、技术法规、标准化期刊等百余种数据库。

“标准文献共享服务网络建设”是国家科技基础条件平台重点建设项目之一，由国家质量监督检验检疫总局牵头，中国标准化研究院承担，实施周期为期三年。在三年的项目实施过程中，始终以“边建设边服务”为原则，在完成项目任务书规定的各项任务的同时，实现了由“项目”到“平台”的转变，最终搭建了面向全国运行服务的“国家标准文献共享服务平台”（以下简称“标准文献平台”），在很大程度上解决了获取标准信息难和标准资源重复建设等问题，凸显出“标准文献平台”对我国社会经济发展的重要支撑作用。

“标准文献平台”门户网站（http：//www. cssn. net. cn）向社会开放服务，提供标准动态信息采集、编辑、发布，标准文献检索，标准文献全文传递和在线服务等功能。

4. 万方数据－中外标准数据库

万方数据的《中外标准》为国家技术监督局、建设部情报所提供的中国国家标准、建设标准、建材标准、行业标准、国际标准、国际电工标准、欧洲标准以及美、英、德、法国国家标准和日本工业标准等，已累计收录 25 万多条中外标准。

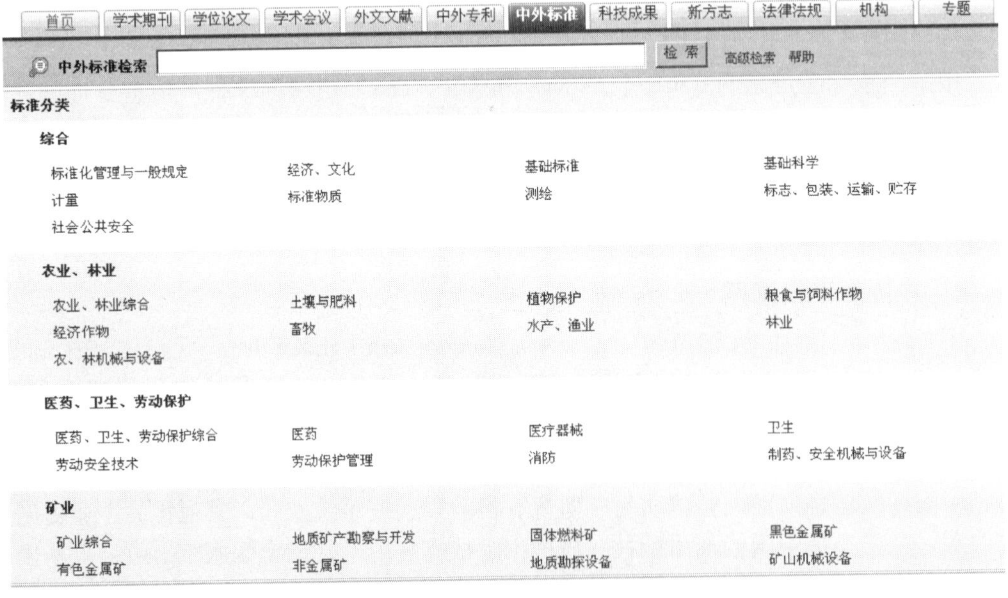

图 7－4－1　万方中外标准检索界面

在高级检索界面，可供选择的检索字段包括标准类型、标准编号、标准名称、发布单位、起草单位、发布日期、实施日期、中国标准分类号、国际标准分类号、关键词和任意字段等检索途径。

检索网址：http ://c. wanfangdata. com. cn/standard. aspx。

5. 国家科技图书文献中心—标准数据库

国家科技图书文献中心的标准和计量规程，截止 2010 年 8 月，共收录国外标准 135420 条、中国标准 26229 条、计量检定规程 2589 条。

图 7—4—2　NSTL 标准检索界面

检索途径包括标准名称、标准号、关键词、标准分类号等；可设置查询的限制条件，比如馆藏范围、时间范围等，推荐使用默认条件。

检索网址：http ://beta. nstl. gov. cn/NSTL/facade/search/searchByDocType. do?subDocTypes=S01，S02&name _ chi=标准。

6. CNKI—标准数据库

CNKI 的标准数据库包括《中国标准数据库》和《国外标准数据库》。

《中国标准数据库》收录了国家标准、国家建设标准、中国行业标准的题录信息，共计标准 14 万余条。《国外标准数据库》收录了国际标准、国际电工标准、欧洲标准、德国标准、英国标准、法国标准、日本工业标准、美国标准、美国部分学会标准等题录信息，共计标准 31 万余条。检索途径包括中文标准名称、标准号、起草单位、起草人、采用标准、发布日期、中国标准分类号、国际标准分类号等。

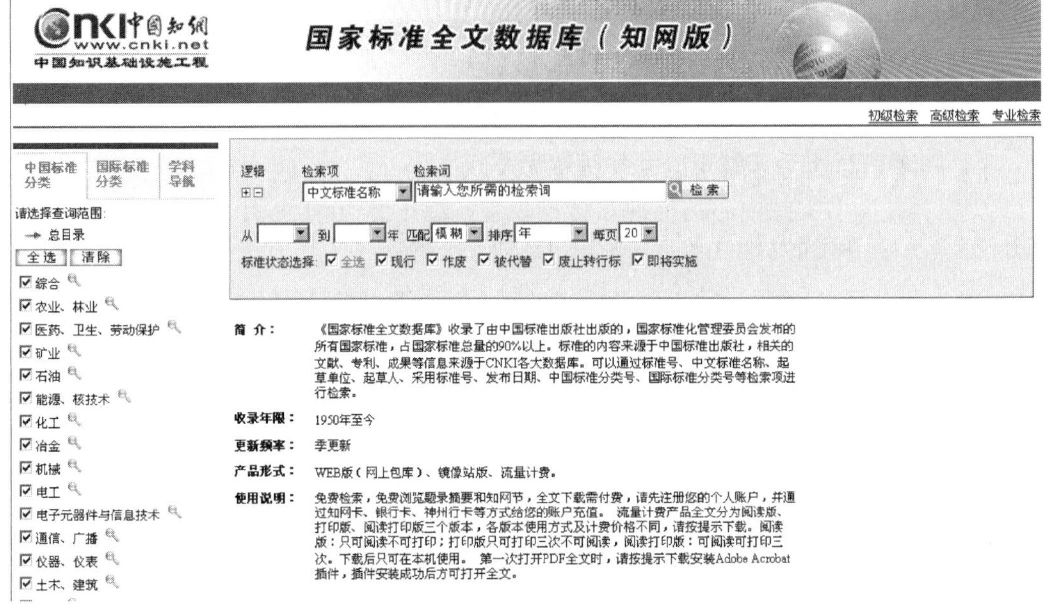

图 7－4－3 CNKI 国家标准全文数据库检索界面

检索网址：http ://dbpub. cnki. net/Grid2008/Dbpub/Brief. aspx? ID=SCSF。

7. 国家科学图书馆标准文献信息服务系统

目前，标准信息数据库收录各类标准文献总计 270118 篇，发布时间：1900 年—2010 年。其中，ISO 标准 18074 篇（1961—2010）、中国国家标准 25532 篇（1963－2009）、美国国家标准 13286 篇（1950－2010）、欧洲标准 15644 篇（1973—2010）、德国国家标准 33461 篇（1928—2010）、英国国家标准 31173 篇（1900—2010）、法国国家标准 31404 篇（1930—2010）、中国行业标准 68339 篇（1949—2009）、国际电工委员会 6820 篇（1925—2010）、美国机械工程师协会 667 篇（1949—2009）、美国材料试验协会 12171 篇（1942—2010）、美国电工电子工程师协会 982 篇（1965—2009）、美国保险商实验室 838 篇（1900—2009）、日本工业标准 11727 篇（1951—2010）。另有计量检定规程 2092 篇（1972－2007）。

检索网址：http ://www. las. ac. cn/standard/standard. jsp。

8. 药品标准管理系统

药品标准管理系统由武汉天罡医药软件有限公司研发，是集《中国药典》标准、卫生部部颁标准、新药转正标准为一体的国家药品标准数据库检索系统。

系统功能包括标题顺序检索，即可按药品名称、编码及拼音码顺序检索多库药品标准，可以同时查看多篇检索到的文章；标准分类检索，即根据药典、部颁、新药转正、国标等标准分类，按顺序、剂型、药理作用、组合条件等方式检索药品标准；剂型分类检索，即根据剂型分类按药品名称、编码及拼音码检索多库药品标准；药理分类检索，即根据药理分类按药品名称、编码及拼音码检索多库药品标准；多库全文检索，即可输入任意字词检索药品标准；多窗口顺序检索，即可按药品名称、编码及拼音码顺序检索多库药品标准，可以同时查看多篇检索到的文章，并进行多窗口显示，方便不同版本的标准进行比较。

9. 国家食品药品监督管理局（SFDA）

国家食品药品监督管理局是国务院综合监督食品、保健品、化妆品安全管理和主管药品监管的直属机构，负责对药品（包括中药材、中药饮片、中成药、化学原料药及其制剂、抗生素、生化药品、生物制品、诊断药品、放射性药品、麻醉药品、毒性药品、精神药品、医疗器械、卫生材料、医药包装材料等）的研究、生产、流通、使用进行行政监督和技术监督；负责食品、保健品、化妆品安全管理的综合监督、组织协调和依法组织开展对重大事故查处；负责保健品的审批。

在 SFDA 网站的数据查询页面，可以查询同药品、医疗器械、保健食品、化妆品等相关的标准信息。

检索网址：http ://app1. sfda. gov. cn/datasearch/face3/dir. html。

三、国外标准文献检索

1. 国际标准化组织（ISO）

国际标准化组织（International Organization for Standardization，简称 ISO）是世界上最大的非政府性标准化专门机构，在国际标准化中占主导地位，目前有正式成员国 163 个，其主要目标是制定除电子和电气领域以外的各工业技术领域的国际标准。目前拥有 185 个技术委员会和 602 个分技术委员会，共制定了 1 万多项现行标准。

ISO 标准的识别：国际标准化组织制订的正式标准和标准草案，其标准号均由代号、序号及制订年份三部分组成。ISO 的所有标准每隔五年审定一次，使用时应注意版本。国际标准化组织制定的著名系列标准有 ISO9000、ISO14000 等。

ISO（http ://www. iso. org/iso/home. html）的主页提供以下主要超链接：ISO 介绍、ISO 各国成员、ISO 技术工作、标准和世界贸易、ISO 分类、ISO9000 和 ISO14000、新闻、世界标准服务网络、ISO 服务等。

ISO 提供“简单检索（Search）”和“高级检索（Advanced Search）”两种方式。ISO 的简单检索可利用 ISO 号和关键词快速查找标准题名或 ISO 的在线信息。高级检索中可通过标题栏、ISO 目录、协会、ICS（International Classification for Standards）等入口检索，同时可对检索结果进行 ISO 号、协会、ICS 等的设置，如图 7-4-4 所示。在 ISO 目录不能查找到合适的公开标准时，ISO 的高级检索将在内部搜索。ISO 检索支持截词检索技术，用“*”实现，支持布尔逻辑检索，用“AND”、“OR”、“NOT”表示逻辑与、逻辑或和逻辑非；用双引号表精确检索；对大小写不敏感。

检索网址：http ://www. iso. org/iso/search/extendedsearchstandards. htm?formKeyword=&displayForm=true&published=on&title=on&description=on。

2. 美国国家标准学会（ANSI）

美国国家标准学会（http ://www. ansi. org/default. aspx，American National

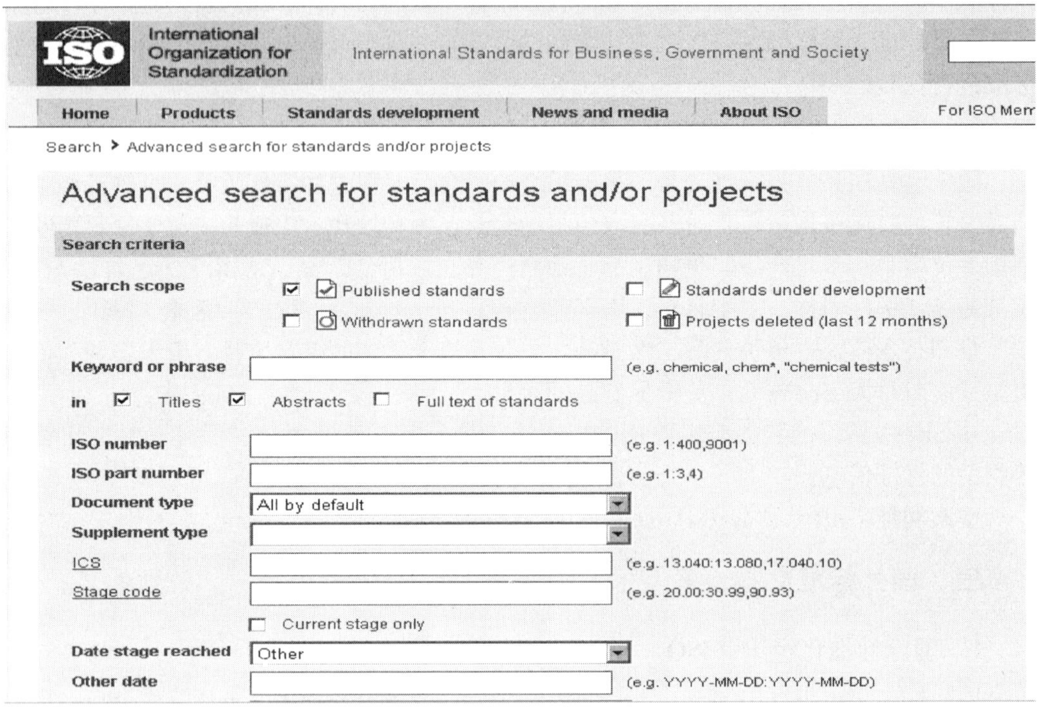

图 7-4-4 ISO 高级检索界面

Standards Institute，简称 ANSI）是由公司、政府和其他成员组成的自愿组织。它们协商与标准有关的活动，审议美国国家标准，并努力提高美国在国际标准化组织中的地位。此外，ANSI 使有关通信和网络方面的国际标准和美国标准得到发展。ANSI 是 IEC 和 ISO 的成员之一。

ANSI 是一个准国家式的标准机构，它为那些在特定领域建立标准的组织提供区域许可，如电气电子工程师协会（IEEE）。ANSI 是国际标准化委员会（ISO）和国际电工委员会（IEC）5 个常任理事成员之一，4 个理事局成员之一，参加 79%的 ISO/TC 的活动，参加 89%的 IEC/TC 活动。ANSI 是泛美技术标准委员会（COPANT）和太平洋地区标准会议（PASC）的成员。

美国国家标准学会是非赢利性质的民间标准化组织，是美国国家标准化活动的中心，许多美国标准化协会的标准制订修订都同它进行联合。ANSI 批准标准成为美国国家标准，但它本身不制定标准，标准是由相应的标准化团体和技术团体及行业协会和自愿将标准送交给 ANSI 批准的组织来制定，同时 ANSI 起到了联邦政府和民间的标准系统之间的协调作用，指导全国标准化活动。ANSI 遵循自愿性、公开性、透明性、协商一致性的原则，采用 3 种方式制定、审批 ANSI 标准。

ANSI 标准检索网址：http://webstore.ansi.org/。

可以通过文档号、关键词或新闻关键词检索标准及同标准相关的新闻。

3. 世界标准服务网

世界标准服务网（http ://www. wssn. net）是国际标准化组织推出的国际性标准信息检索网站。其特点是提供一个全世界标准信息网络的互联平台，以链接的方式将各级各类标准信息网站连接在一起，形成一个统一的标准信息检索系统，只要进到了世界标准服务网就可以查到全世界各国的标准信息。在世界标准服务网中可检索到国际标准化组织（ISO）、国际电工委员会（IEC）和国际电信联盟（ITU）的标准网站；可以查到国家级成员的标准网站，如日本工业标准委员会（JISC）、印度标准局（BIS）等；可以查到被 ISO、IEC、ITU 认可的 6 个区域性标准化机构的网站，如欧洲标准化委员会（CEN）、太平洋地区标准化会议（PASC）等；可以查到 52 个国际性从事标准化的组织的网站，如国际铁路联盟（UIC）、世界卫生组织（WHO）等；可以查到 5 个与标准化工作相关的其他国际组织或区域性组织的网站，如世界贸易组织（WTO）、世界贸易中心（ITC）等。

检索网址：http ://www. wssn. net。

4. 美国食品和药品管理局（FDA）

美国食品和药品管理局（简称 FDA，http ://www. fda. gov/）是美国政府在健康与人类服务部（DHHS）和公共卫生部（PHS）中设立的执行机构之一。FDA 主要分测试和注册两个内容，医疗器械、化妆品、食品、药品类产品需要进行 FDA 注册，FDA 注册可以直接在 FDA 官方网站上进行申请。

食品和药品管理局主管：食品、药品（包括兽药）、医疗器械、食品添加剂、化妆品、动物食品及药品、酒精含量低于 7%的葡萄酒饮料以及电子产品的监督检验；产品在使用或消费过程中产生的离子、非离子辐射影响人类健康和安全项目的测试、检验和出证。根据规定，上述产品必须经过 FDA 检验证明安全后，方可在市场上销售。FDA 有权对生产厂家进行视察，有权对违法者提出起诉。

经 FDA 网站可以检索药品、医疗器械、食品、化妆品等相关信息，如药品数据库、新药批准目录、失效专利药品、药典等。

橙皮书（Approved Drug Products with Therapeutic Equivalence Evaluations，电子版），这是 FDA 网站中涉及药学最精华的部分，是国内新药研究工作者，特别是把握国内外药学进展的智囊们最关心的部分。该栏目更新很快，且系统、权威而全面。进入橙皮书网页（http :// www. accessdata. fda. gov/scripts/cder/ob/default. cfm）后，可以根据活性成分、专有名、申请人、申请号、专利等 5 个途径来检索。

欲了解自 1939 年起 FDA 批准药物情况，可以检索 FDA 药品数据库（Drugs@FDA Database，http :// www. accessdata. fda. gov/scripts/cder/drugsatfda/index. cfm），如图 7－4－5。检索途径包括药物名称、活性成分、申请号等，可通过药物名称浏览药物，也可查看月度药品批准报告。

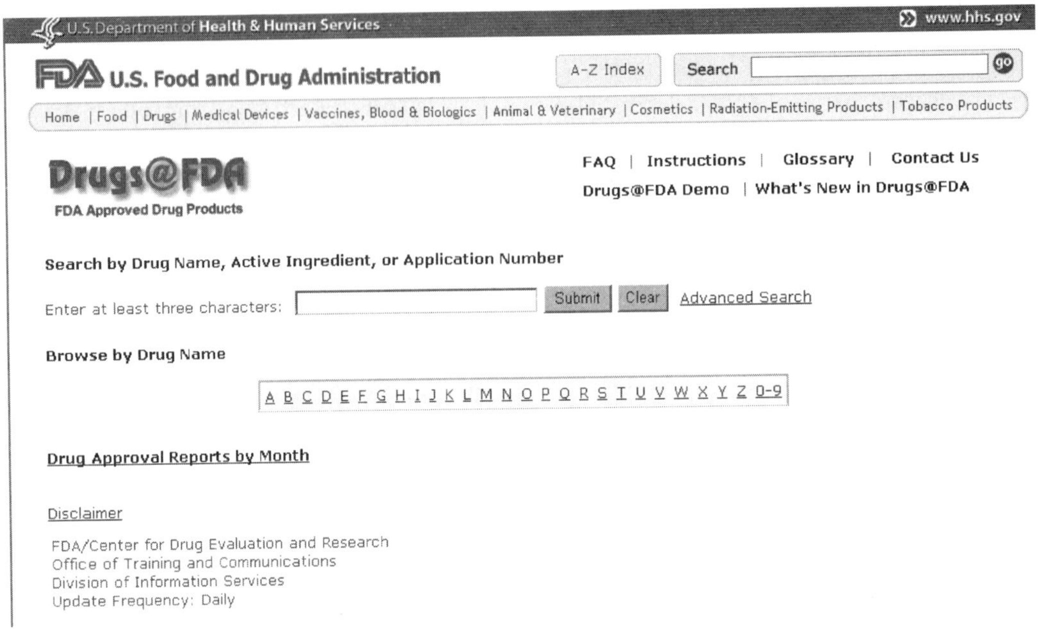

U.S. Department of Health & Human Services www.hhs.gov

FDA U.S. Food and Drug Administration A-Z Index Search

Home | Food | Drugs | Medical Devices | Vaccines, Blood & Biologics | Animal & Veterinary | Cosmetics | Radiation-Emitting Products | Tobacco Products

Drugs@FDA
FDA Approved Drug Products

FAQ | Instructions | Glossary | Contact Us
Drugs@FDA Demo | What's New in Drugs@FDA

Search by Drug Name, Active Ingredient, or Application Number

Enter at least three characters: Submit Clear Advanced Search

Browse by Drug Name

A B C D E F G H I J K L M N O P Q R S T U V W X Y Z 0-9

Drug Approval Reports by Month

Disclaimer

FDA/Center for Drug Evaluation and Research
Office of Training and Communications
Division of Information Services
Update Frequency: Daily

图 7-4-5 FDA 药品数据库检索界面

（李勇文）

第五节 专利文献检索

专利文献是实行专利制度的国家及国际性专利组织在审批、公布专利过程中产生的官方文件及有关出版物的总称。专利文献是掌握科技动态、评价科研课题与科技成果、辅助经济决策的重要信息资源。检索专利文献对指导科研决策、推广应用新技术和推动经济发展具有十分重要的意义。

一、专利基础知识

1. 专利的概念

专利包含专利权、获得专利权的发明创造和专利文献三重意思。专利权是指国家专利管理部门依法授予专利申请人独占实施其发明创造的权利，其中所称的发明创造是指发明、实用新型和外观设计。专利是知识产权的重要组成部分，它具有专有性、地域性和时间性。我国专利法规定，自申请日起计算，发明专利权的保护期限为 20 年，实用新型专利权和外观设计专利权的保护期限为 10 年。一项创造发明必须同时具备新颖性、创造性和实用性才能向专利局申请专利，经审查批准后才能依法授予专利权，而且只是在授予专利权的国家和地区范围内得到保护。要得到多个国家和地区的专利保护，就必须向有关国家和地区的专利部门提出申请，经审查批准授予专利权后，可获得相应国家和地区的专利保护。

2. 专利的种类

我国专利法保护的专利种类有以下 3 种：

（1）发明专利，指对产品、方法或者其改进所提出的新的技术方案，如“无创血糖检测仪”。发明专利的科技含量很高，有很好的新颖性、创造性和实用性。

（2）实用新型专利，指对产品的形状、构造或者其结合所提出的适于实用的新的技术方案，如“一种脉搏型动态血压检测仪”。

（3）外观设计专利，指对产品的形状、图案、色彩或其结合所做出的富有美感并适于工业上应用的新设计，如“胃康灵包装盒”。

3. 专利文献的特点

（1）集技术、法律和经济信息于一体。

（2）内容新颖，报道迅速。

（3）内容详尽，实用性好。

（4）格式统一，编排规范。

（5）数量大，范围广。

4. 专利文献检索的目的

进行专利文献检索的目的有以下几种：

（1）新颖性检索，主要用于确定已提出或准备提出专利申请的发明创造是否具有新颖性，即确定在某一日期前有关发明创造是否已被公开过。进行此方面检索主要是为了避免重复劳动，所以在申请专利或进行重大科研立项以前必须检索相关专利文献。

（2）侵权检索。进行此方面检索主要是为了防止侵犯他人专利权，包括防止侵权检索和被动侵权检索。防止侵权检索是指在一项新技术或新产品投放市场之前，或准备采用一种新方法或新工艺前需要进行的检索，其目的在于了解有关国家是否有相关内容的专利存在，防止侵犯他人专利权，避免专利纠纷。此类检索的对象为有效专利，检索的时间范围依各国专利保护期限而定，检索的国家根据将要从事工业生产活动所涉及的国家来确定。被动侵权检索是在当事人被别人指控侵犯专利权时进行的专利检索，是为了寻找证据对对方的指控提出无效诉讼。

（3）法律状态检索。专利法律状态检索分为专利有效性检索和专利地域效力检索。专利有效性检索就是查找该专利现在是否有效，何时失效等；专利地域效力检索就是查找一项或多项发明创造在哪些国家或地区受到保护。

（4）现有技术水平检索。此类检索一般只需阅读专利说明书中的技术内容部分，对科研选题具有一定的指导意义和启发作用。

二、国内专利检索

1. 国内专利文献检索工具

（1）中国专利公报。

创刊于1985年9月，是检索近期中国专利最有效的工具，分为《发明专利公报》、《实用新型公报》和《外观设计公报》3种，现在均为文摘性周刊，主要报道专利申请项目的内容摘要、发明人和申请号等各项著录信息。从公报中可以查到发明专利申请的法律状况、发明或实用新型说明书摘要、外观设计的图片或照片及简要说明等。每期公报附有3种索引，包括分类索引、公开号（或审定号、专刊号）索引和申请人（或专利人）索引。

（2）中国专利索引。

由中国知识产权局出版，现为季刊，主要是根据1985年4月1日以后定期出版的《发明专利公报》、《实用新型公报》和《外观设计公报》上的全部专利信息积累编辑而成。每期分3册出版，包括《中国专利索引·分类年度索引》、《中国专利索引·申请人、专利权人年度索引》和《中国专利索引·申请号、专利号索引》。

（3）中国专利分类文摘。

由中国专利局根据中国专利公报重新加工、编辑而成。1985年起出版《中国发明专利分类文摘》，1989年起出版《中国实用新型专利分类文摘》，均为年刊。由于以文摘形式出版，集专利公报和年度索引的优点于一体，成为中国专利文献的重要检索工具之一。

（4）其他检索期刊。

除上述专利文献检索工具外，还有一些期刊专门报道有关医学、药学、制药机械和医疗器械等专利信息的期刊，这些期刊包括《中国医药专利》、《中国药品专利》和《中国医疗器械专利》等。

2. 互联网上的国内专利文献检索

互联网上的专利文献信息比较丰富，国内许多专利文献数据库已建成上网，其中一些网站提供专利数据库检索服务，免费浏览专利题目和文献，有的可直接检索到专利的原始文献，有的专利机构则提供专利全文免费检索服务。网上专利文献信息的内容及形式容易发生变化，检索时需注意这个特点。现将国内检索专利文献信息的主要网站介绍如下。

（1）中华人民共和国国家知识产权局（SIPO）网站（http：//www. sipo. gov. cn）。

该网站由国家知识产权局创建，收录了1985年中国专利法实施以来公开的全部专利，提供检索中国专利文献全文数据库，检索结果有申请人（或专利权人）、专利名称和摘要等20多项详细的信息。数据库信息每周更新。检索时无需会员注册，不用下载专用浏览器。

检索举例：检索数据库中有关“血压检测仪”的专利文献。

① 输入网址，进入网站首页，点击服务栏目中的“文献服务”，进入专利文献检索的界面，点击页面左侧的“高级搜索”，进入专利检索主界面，如图7－5－1，可根据自己掌握的专利信息逐项填入相应检索途径框内进行检索；

② 在“名称”栏中输入“血压检测仪”，点击“检索”按钮，可检索出该数据库中有关血压检测仪的专利文献，点击要阅读的专利文献题录，可了解该专利的摘要、公开（公告）日和申请号等其他信息，通过摘要可进一步了解该专利的特点、组成和适用范

围等；

③ 需要阅读全文时，点击该专利的标题即可。

图 7－5－1　国家知识产权局网站专利检索主界面

（2）中国专利信息网（http ://www. patent. com. cn）。

① 概况：该网站由中国专利局检索咨询中心和长通飞华信息技术有限公司 1998 年 5 月共同创建，是国内在互联网上全面提供中国专利信息检索与专利产品信息服务的专业网站，收录了我国 1985 年以来的全部专利信息，可提供中国专利的题录、文摘和全文检索服务。首次进入网站题录检索的用户需进行注册，注册后可免费检索题录、浏览专利全文说明书的首页。检索全文时须注册交费。该网站还链接世界各个国家、地区及专利组织的免费专利。

② 检索途径：进入首页，点击栏目中的“专利检索”，输入注册用户名称和密码，点击“登录”，进入专利检索界面，如图 7－5－2。检索界面可提供简单检索、逻辑组配检索和菜单检索三种检索方法。简单检索在检索框中输入关键词即可检索，输入多个关键词时用空格隔开，关键词之间默认的逻辑关系是逻辑“与”（AND）。逻辑组配检索则可更多地利用 AND、OR（逻辑“或”）和 NOT（逻辑“非”）进行组配检索。菜单检索的检索途径有发明名、申请号和申请人等 17 个。

（3）中国知识产权网（http ://www. cnipr. com）。

由国家知识产权局知识产权出版社主办，于 1999 年 6 月创建。收录了 1985 年 9 月以来在中国公开的全部专利信息，信息每周更新。图 7－5－3 为中国知识产权网专利检索的界面，此网站支持中、英文检索，并提供了“发明专利”、“实用新型”、“外观设计”、“发明授权”、IPC 分类（国际专利分类）检索、法律状态检索、国外专利检索、中国中药专利数据库检索等，既可以进行单项检索，又可以进行基本检索和高级检索。但是此网站不提供专利说明书全文，只可免费获得专利文摘。

图 7－5－2　中国专利信息网专利检索界面

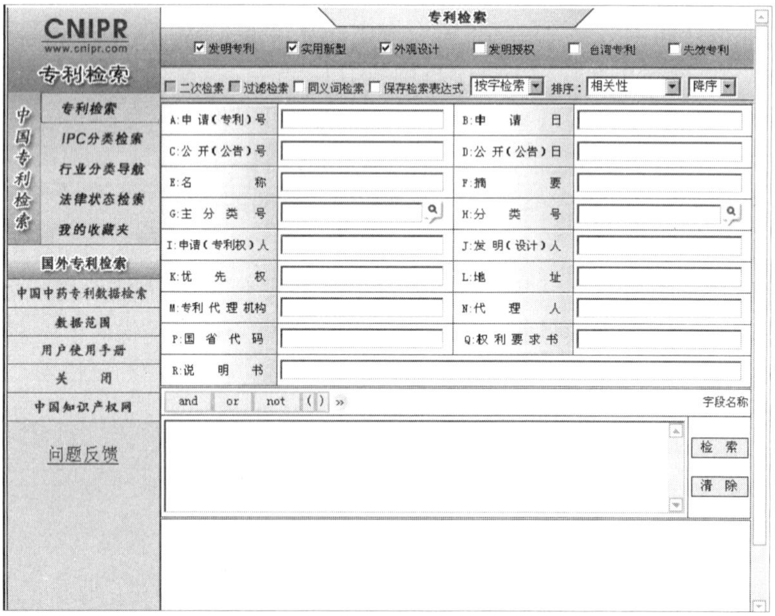

图 7－5－3　中国知识产权网专利检索的界面

（4）中国专利数据库检索系统（http：//www. cnpat. com. cn）。

该系统由中国国家知识产权局中国专利信息中心提供，可检索 1985 年以来我国公布的所有发明专利、实用新型专利及有待审批的专利申请，还能提供专利申请和其他专利信息服务。中国专利信息中心拥有最新、最完整的专利信息源，遍及全国各地的专利信息收集网和服务网，以先进的信息处理技术为依托，为国内外用户提供快捷、优质的专利信息服务。该中心同时具有加速专利信息传播和促进专利技术实施的社会化综合性服务职能。中国专利数据库检索系统首页如图 7－5－4 所示。

图 7－5－4　中国专利数据库检索系统首页

（5）中国专利数据库（http：//www. cnki. net）。

基于中国知网（CNKI）数据资源系统的中国专利数据库收录了 1985 年 9 月以来的所有专利，包含发明专利、实用新型专利、外观设计专利 3 个子库，准确地反映中国最新的专利发明。专利的内容来源于国家知识产权局知识产权出版社，相关的文献、成果等信息来源于 CNKI 各大数据库。通过点击中国知网首页中部的“中国专利”链接，即可进入中国专利数据库，其界面如图 7－5－5 所示。可以通过申请号、申请日、公开号、公开日、专利名称、摘要、分类号、申请人、发明人、地址、专利代理机构、代理人、优先权等检索项进行检索，并下载专利说明书全文。

与通常的专利库相比，CNKI 资源系统的中国专利数据库每条专利记录都集成了与该专利相关的最新文献、科技成果、标准等信息，可以完整地展现该专利产生的背景、最新发展动态、相关领域的发展趋势，可以浏览发明人与发明机构更多的论述以及在各种出版物上发表的信息，根据国际专利分类（IPC 分类）和国际外观设计分类法分类。其具体检索方法同中国期刊全文数据库。

（6）其他专利文献信息网站。

① 万方数据知识服务平台（http：//www. wanfangdata. com. cn）：在该网站首页点击“资源更新”栏目中的“专利技术”，进入专利检索界面，提供高级检索、经典检索和专业检索 3 种检索方式。在专利的“国别组织”栏中有中国、日本和美国等 10 个国家或组织。

图 7—5—5 中国专利数据库界面

② 国家科技图书文献中心中国专利库（http://www.nstl.gov.cn）：主要收录中国国家知识产权局从 1985 年以来所有公开的发明、实用新型和外观设计专利，数据库每周更新一次。每年增加专利 23 万多件。

③ 中国医药信息网（http://www.cpi.gov.cn）：由国家食品药品监督管理局信息中心主办。在主页中点击“数据检索”，进入“药品专利数据库”和“医疗器械库”，可免费检索这两个数据库的题录，浏览摘要和全文则需该中心授权使用。中国药品专利数据库约 45 天更新一次。

④ 中国医疗器械信息网（http://www.cmdi.gov.cn）：由国家食品药品监督管理局信息中心主办。网站在首页的专业数据库中设有“产品专利库”，可检索 1985 年以来在中国境内申报的国内外医疗器械专利 3.3 万多项。

三、国外专利检索

1. 德温特公司的专利文献检索（http://www.Derwent.com）

德温特公司（Derwent）是英国一家私营专利信息收集与出版的机构，可提供印刷型检索工具和网上专利文献检索服务。该公司成立于 1951 年，它的专利出版包括专利题录、文摘、累积索引等。出版类型多种多样，收录齐全，专利数据来源于 40 多个国家和地区以及两个国际专利组织。德温特世界专利索引数据库（Derwent World Patents Index，DWPI）收录了全世界 3500 万条专利信息，包括农业、兽医、电子/电力工程、化学、药学等。每年增加专利文献信息 70 多万条。所有国家专利均用英语报道。该公司还与 ISI（Institute for Scientific Information）合作建立网络专利数据库——德温特发明专利索引（WII），为全世界的研究人员提供了全面综合的专利信息，它最著名的出版物有两种：《世界专利目录周报》和《世界专利文摘周报》。

2. 美国专利及其检索

美国专利与专利文献在世界上占有重要地位。目前，美国是拥有专利最多的国家，约占世界专利总数的 1/4，其中近 1/3 的专利内容是其他国家的发明在美国申请的相同专利。所以，从美国专利中，也可以查出许多其他国家的重要专利文献。

美国专利商标局网站（http://www.uspto.gov）是检索美国专利的重要站点，美国专利与商标局（US Patent and Trademark Office，USPTO）免费提供网上检索美国专利数据库，数据库每周更新一次，用户可免费检索美国专利全文和 1790 年以来专利文献中的图片。数据库分为两个部分，即授权专利（Issued Patent）数据库和申请专利（Patent Applications）数据库。两个数据库检索方法基本相同，有快速检索（Quick Search）、高级检索（Advanced Search）和专利号检索（Patent Number Search）3 种途径。检索入口有申请号、发明人、专利名称和分类号等 30 多个。

3. 欧洲专利检索

欧洲专利局（European Patent Office，EPO）专利文献检索和阅读入口为 http://ep.espacenet.com，是欧洲专利组织通过其 18 个成员国的专利机构在因特网上免费向用户提供专利信息检索的站点。该网站服务的具体内容包括检索最近两年内由欧洲专利局和欧洲专利组织成员国出版的专利，世界知识产权组织（WIPO）出版的 PCT 专利的著录信息以及专利的全文扫描图像。该网站还提供欧洲专利局所收集的 1920 年以来的世界各国专利信息的检索，以美国、英国、法国、德国等专利收藏最全，其中 1970 年以后所收集的专利都有英文的标题和摘要可供检索。文献格式为 PDF 格式，可按页下载保存。检索方式有“Smart Search”、“Quick Search”、“Advanced Search”、“Number Search”和“Classification Search”五种。

4. PCT 网站专利检索

PCT 是 Patent Cooperation Treaty（专利合作条约）的简称，是由世界知识产权组织提供的基于 Internet 的免费专利数据库检索系统，其网址为 http://pctgazette.wipo.int。目前该数据库可检索自 1997 年 1 月以后公开的所有 PCT 国际专利说明书的扉页、题录、文摘和图形。数据库数据每周及时更新著录项、摘要等内容，并提供英语与法语两种工作语言。

（曾满江　李勇文）

第六节 卫生统计资料检索

一、世界卫生组织（WHO）

1. 概述

世界卫生组织（简称世卫组织或世卫），是联合国属下的专门机构，国际最大的公共卫生组织，总部设于瑞士日内瓦。世界卫生组织的宗旨是使全世界人民获得尽可能高水平的健康。它负责对全球卫生事务提供领导，拟定卫生研究议程，制定规范和标准，阐明以证据为基础的政策方案，向各国提供技术支持，以及监测和评估卫生趋势。该组织给健康下的定义为“身体、精神及社会生活中的完美状态”。世界卫生组织的主要职能包括：促进流行病和地方病的防治，提供和改进公共卫生、疾病医疗和有关事项的教学与训练，推动确定生物制品的国际标准。截至 2010 年 8 月，世界卫生组织共有 193 个成员国。现任总干事为中国香港人陈冯富珍博士。WHO 中文网址为 http ://www. who. int/zh/。

2. 世界卫生报告

关于全球公共卫生和关键统计数据的年度报告。首次于 1995 年发表的《世界卫生报告》是世卫组织的主要出版物。每年，报告对全球卫生提供专家评估，包括涉及所有国家的统计数字，以一个特定主题为重点。报告的主要目的是向各国、捐助机构、国际组织和其他方面提供其所需的信息，以便帮助它们作出政策和供资决定。报告也向更广泛的受众，从大学、教学医院和院校到记者和广大公众——实际上对国际卫生问题具有专业或个人兴趣的任何人提供。

3. 世界卫生组织其他统计资料

世卫提供了两个统计数据库：“全球卫生地图集”和“区域统计数字”。“全球卫生地图集”提供国家、区域和全球级传染病标准化数据和统计数字；“区域统计数字”提供来自世卫组织区域办事处的统计信息。

世卫组织还提供了死亡率和健康状况、疾病、服务普及率、高危因素、卫生系统等方面的分类统计数据。

二、中华人民共和国卫生部

1. 中国卫生统计年鉴

《中国卫生统计年鉴》是一部反映中国卫生事业发展情况和居民健康状况的资料性年刊。本书收录了全国及 31 个省、自治区、直辖市卫生事业发展情况和目前居民健康水平的统计数据，以及历史重要年份的全国统计数据。全书分为卫生机构、卫生人员、卫生设施、卫生经费、医疗服务、农村与社区卫生、妇幼保健、人民健康水平及营养状况、疾病控制与公共卫生、居民病伤死亡原因、卫生监督、医疗保障制度、人口指标等部分，另附主要社会经济指标、世界各国卫生状况。

2. 其他卫生统计资料

卫生部下设统计信息中心，负责公布全国卫生事业发展情况统计公报，统一管理并提供全国卫生统计资料；审批和管理本部各司（局）制发的业务统计报表、调查方案、审核本部各司（局）发布的业务统计数据；归口管理全国卫生统计分类标准及其代码的制订工作。

除发布《中国卫生统计年鉴》外，还提供同中国卫生事业相关的统计公报、统计月报、统计季报、统计年报、专题统计报告、统计提要等统计报告，是查询国内卫生统计资料的权威部门。

检索网址：http ://www.moh.gov.cn/publicfiles//business/htmlfiles/zwgkzt/pwstj/index.htm。

三、其他卫生统计资料检索途径

1. 利用医学资料汇编与资料性手册

医学资料汇编大多收集医疗卫生统计资料，如《中国卫生保健》、《当代中国卫生事业》等。此外，不少资料性手册也收录医疗卫生统计资料，如《计划生育手册》、《中国概况手册》等。

2. 利用报刊资料

某些报刊，如《健康报》，在报道中，往往列出许多数字来说明医疗卫生系统所取得的成就，如“年度统计报告”之类的文章，其中就包括不少卫生统计资料。这些统计资料虽然比较分散，但一般比较及时，亦是我们查找卫生统计资料不可忽视的来源之一。在利用报刊资料时，可借助《全国报刊索引》等检索工具。

（李勇文）

参考文献

1. 赵静. 现代信息查询与利用（第二版）. 北京：科学出版社，2008
2. 焦玉英，符绍宏，何绍华编著. 信息检索. 武汉：武汉大学出版社，2008
3. 黄燕编著. 医学文献检索. 北京：人民卫生出版社，2009
4. 赵丹群. 试论引文分析方法的网络化发展与应用. 图书情报工作，2009，53（8）：39－42
5. http ://china1.elsevier.com
6. http ://www.las.ac.cn
7. http ://beta.nstl.gov.cn
8. http ://www.cnki.net
9. http ://www.wanfangdata.com.cn

第八章　循证医学信息检索

第一节　循证医学概述

循证医学（Evidence-Based Medicine，EBM）的概念于1992年在美国医学会杂志首次提出。短短十余年时间，循证医学席卷了整个医学界。著名医学杂志《柳叶刀》把循证医学比作临床科学的人类基因组计划；美国《纽约时报》将它称为震荡世界的伟大思想之一；美国《华盛顿邮报》将循证医学称为医学史上又一最杰出成就，将会彻底改变21世纪的医学实践的模式。

一、循证医学的概念

循证医学（evidence-based medicine，EBM），即遵循证据的临床医学。它的核心思想是：在临床医疗实践中，对患者的医疗决策都应该尽量以客观的科学研究结果为证据。循证医学强调医师应认真地深思熟虑地将目前所得到的最佳证据，用于对每一个病人进行健康服务时的决策，使我们提供的医疗服务建立在目前所能获得的证据基础上。

循证医学是最佳研究证据、临床经验、病人独特价值观和个体情况的结合。

最佳证据，是指有效的、与临床相关的研究证据。这些证据可以来自于基础医学的研究，如关于诊断性实验（包括临床检验）的准确性研究、预后标志物的把握度研究、治疗、康复和预防措施的有效性和安全性研究等。但更主要的是来自以病人为中心的临床研究。来自临床研究的新证据不仅可以淘汰旧的、无效的诊断实验和治疗措施，而且能够以更准确的、更有效和更安全的新措施取代之。

临床经验，是指医生利用临床技能和既往经验快速评价病人的健康状况、进行诊断、估计治疗的可能风险和效益，以及分析病人的个体情况和期望的能力。

病人的价值观，是指每个病人对其治疗的选择、关注和期望，真正为病人服务的临床决定中应当整合病人的价值观。

病人的个体情况，是指个体的临床状况和临床背景。

传统医学是以经验医学为主，即根据医师的经验直觉或病理生理等来处理病人，根据经验和生物学知识阅读教科书、请教专家或阅读杂志。现代医学模式是在运用经验医学的同时强调循证医学在仔细采集病史和体格检查基础上，要求临床医师进行有效的文献检索，运用评价临床文献的正规方法，发现最相关和正确的信息，最有效地应用文献即证据，根据证据解决临床问题，制定疾病的预防措施和治疗措施（见表 8－1－1）。

表 8－1－1　传统医学（经验医学）与循证医学的区别

比较类别	传统医学	循证医学
证据来源	实验室研究	临床试验
搜集证据	不系统、不全面	系统、全面
评价证据	不重视	重视
判效指标	中间指标	终点指标
诊治依据	基础研究	最佳临床研究证据
医疗模式	疾病/医生为中心	患者为中心

二、循证医学实践的基础、步骤和意义

1. 循证医学实践的基础

高素质的临床医生、最佳的研究证据、临床流行病学的基本方法和知识及患者的参与是循证医学的基础。

临床医生是实践循证医学的主体，对疾病的诊治和任何处理都是通过医生去实施的。因此实践循证医学要求临床医生具有丰富的医学理论知识以及临床经验，并不断更新。

最佳临床研究证据是指对临床研究文献，应用临床流行病学的原则和方法以及有关质量评价的标准，经过认真分析与评价所获得的新近、真实、可靠且有临床重要应用价值的成果。

临床流行病学的基本理论和临床研究的方法学是实践循证医学的学术基础。

医生任何诊治决策的实施，都必须通过患者的接受和合作，才会取得相应的效果，因此患者平等友好的参与和合作是实践循证医学的关键之一。

2. 循证医学实践的步骤

实施循证医学的步骤可以分如下五步：

（1）结合临床上碰到的各种疾病诊断、防治、预后上的问题，以一个可以回答的问题形式提出来。

（2）收集有关问题的资料：根据上述临床问题上网检索相关文献，尤其可以检索针对这个临床问题的系统综述（systematic review）和实践指南（practice guideline）。

（3）评价资料的准确性和有用性：如没有找到有关的系统综述或 Meta－分析则可输入关键词，寻找原始文献，根据科学标准判定此证据可信度的级别，决定应用与否。

（4）在临床上应用这些有用的结果：结合自己的临床情况，决定是否将此证据用于自己的病人。在上述确定资料提供研究结果是否正确可靠的基础上，了解结果是什么，以及这些结果对处理自己病人的情况有无帮助，考虑应用该推荐措施的利与弊，将获得的证据与临床实践及病人的要求结合起来作出临床决策。临床实践中，医师应该根据循证诊断、循证决策的原则对疾病进行防治，并用有效的新技术替代那些繁琐、落后、效

果差、不经济的治疗方法。

（5）对前述四步的过程和效果进行评价，并尽力不断完善，以便今后使用。

从循证医学的定义和实践循证医学的5个步骤可以看出，检索同循证医学有关证据的技能是实践循证医学的重要技能之一。

3. 循证医学实践的意义

循证医学实践的目的是为了更好地解决临床医疗实践中的难题，解除患者的病痛，从而提高医疗质量和水平，促进临床医学的发展。循证医学在我国实施的意义主要是：

（1）有利于我国卫生决策的科学化。卫生部已借鉴循证医学的原理和方法，成立了卫生技术准入管理处，颁布卫生技术准入管理办法，对费用高、影响大、有争议的重要卫生技术实行准入管理。国家中医药管理局、国家药品监督管理局、国家计划生育委员会等卫生行政管理部门也积极学习和引进循证医学，探索用其提高国家药品政策、计划生育政策的科学性，促进中医药现代化建设。同时，循证医学对于帮助建立并完善标准化国家卫生资源数据库，实现基础数据实时采集、深度挖掘与二次开发，亦有重大现实和历史意义。

（2）提高医药行业的市场竞争力。循证医学以其凡事以证据说话、不断更新和后效评价的科学态度，为管理者提供清晰的管理思路和方法，用证据指导实践，对新药研发、生产、评价和不良反应进行监测，尤其对推动中医药现代化研究、走出国门、创造品牌有着极高的参考价值。

（3）提高医疗服务的水平和质量。我国幅员辽阔，医疗服务地域性差异明显，卫生资源配置不均衡，各地疾病谱构成不同，医务工作者素质和水平存在差异。普及循证医学知识可在基本不增加医疗费用的前提下，通过不断更新和提高医生的临床知识和专业技能来改善医疗服务质量，使政府、公众最终受益。

（4）有利于普及医学知识。随着循证医学最佳证据的普及，一方面使患者和公众可方便获得浅显易懂的医学研究结论，减少“有病乱投医”现象，保证其知情选择权；另一方面，提高国民健康意识，将有助于政府和医院实现从以治病为主到以防病为主的战略转变，保障患者的知情选择权，促进医患相互理解。

（5）促进临床医生整体素质和业务水平的提高。全球医学文献的信息爆炸，使得医学知识的淘汰和更新速度加快，何处寻证、以何为证使繁忙的临床医生无所适从。循证医学不仅教会临床医生如何鉴别和评价文献质量，而且帮助他们参与Cochrane协作网工作，制作系统评价，并将其结论传播给更多的临床医生，为其临床实践及高效率用证提供支持。这已在许多发达国家成功实现。在我国，如今正在通过中国循证医学中心与中国医师协会的战略合作实现这一目标。

三、循证医学的证据及其分级

循证医学中的“证”，即最佳的临床研究证据，它是指对当前已有的临床研究文献，应用临床流行病学的原则和方法以及有关质量评价的标准，经过认真的评价与分析获得的最真实可靠且有临床重要应用价值的研究成果，或者称为最佳证据。

1. 证据的分类

证据的分类方法有四种（见表 8－1－2）。

表 8－1－2　循证医学证据的分类

按研究方法分类	按研究问题分类	按用户需要分类	按获取渠道分类
原始临床研究证据	病因临床研究证据	系统评价	公开发表的临床研究证据
二次临床研究证据	诊断临床研究证据	临床实践指南	灰色文献
	预防临床研究证据	临床决策分析	在研的临床研究证据
	治疗临床研究证据	临床证据手册	网上信息
	预后临床研究证据	卫生技术评估	健康教育材料

2. 证据的分级

循证医学的证据通常可以分为以下几级：

一级：按照特定病和特定疗法收集所有质量可靠的随机对照试验后所作的系统评价或 Meta－分析。二级：单个的样本量足够的随机对照试验结果。三级：设有对照组但未用随机方法分组的研究。四级：无对照的系列病例观察，其可靠性较上述两种降低。五级：专家意见（见表 8－1－3）。

在没有这些金标准的情况下，可依此使用其他级别的证据作为参考依据但应明确其可靠性依此降低，当以后出现更高级别的证据时就应尽快使用。非治疗性的研究依据（病因、诊断和预后等）则不一定强调随机对照试验。

表 8－1－3　循证医学证据的分级

可靠性分级	证据来源	评价
一级	按照特定病和特定疗法收集所有质量可靠的随机对照试验后所作的系统评价或 Meta－分析	可靠性最高、可作为金标准的系统评价或 Meta－分析
二级	单个的样本量足够的随机对照试验结果	有较高的可靠性，建议采用
三级	设有对照组但未用随机方法分组的研究	有一定的可靠性，建议采用
四级	无对照的系列病例观察	可靠性较低，可供参考
五级	专家意见	可靠性最差，仅供参考

（丘　琦）

第二节 循证医学证据的类型

一、循证医学证据概述

循证医学证据及其质量是循证医学与循证医学实践的核心。

临床研究证据一般分为原始研究证据和二次研究证据两大类。原始研究证据是对直接在患者中进行的、单个的有关病因及诊断、预防、治疗、康复和预后等试验研究的第一手数据，进行统计学处理、分析总结后所获得的结论，主要包括单个的随机对照试验、交叉试验、队列研究、前-后对照研究、非随机同期对照试验及叙述性研究等。二次研究证据是将研究某一问题的全部原始研究证据尽可能全面地收集起来，进行严格评价、整合处理、分析总结后所获得的结论，是对多个原始研究证据进行再加工后得到的更高质量的证据，主要包括系统评价、卫生技术评估和临床实践指南。

二、循证医学证据类型

1. 随机对照试验

随机对照试验（Randomized Controlled Trial，RCT）是采用随机分配的方法，将符合要求的研究对象分别分配到试验组或对照组，然后接受相应的试验措施，在一致的条件或环境里，同步地进行研究和观察试验效应，并用客观的效应指标对试验结果进行测量和评价的试验设计。

RCT 应该具备的基本要素是：

（1）随机分组（randomized allocation）：运用随机数字表等工具将研究对象进行随机分组，而不是按照医生的主观判断或其他因素分组。

（2）有对照（control or comparison）：分组包括治疗组和对照组（可不止一组），两组患者治疗方案不同。

（3）研究对象是患有同样疾病的患者（patients）：临床研究中所有的对象都必须是病人，而不能是健康人或者动物。

（4）有干预（intervention）：必须有研究疗效的干预，可以是药物，也可以是某一种疗法。

例如，当研究某种药物治疗某种疾病的疗效时，纳入一定数量患有这种疾病的患者，运用随机的方法将患者分为治疗组和对照组，治疗组的干预为需要研究疗效的该药物（可以联合其他药物和治疗），对照组可以为安慰剂，常规治疗，或者不治疗。使用双盲法进行分组对照，即患者和医生均不知道用药分配情况，避免医生通过语言或者问题进行心理暗示。治疗结束后测量和评价疗效，对数据进行分析。测量疗效时，测量人员也可以被盲，即不知道自己检查的患者是治疗组的还是对照组的，以免产生偏倚。通过分析，可得出结果，所研究药物的疗效和对照组比较是否具有统计学意义，从而比较准确地评价该药的疗效。

由于随机可以最大限度地平衡各种已知和未知的混杂因素在两组中的分布，使得这种方法具有良好的真实性，因此被视为高质量的研究证据。RCT 是国际公认的临床疗效评价的金标准方法，在循证医学临床干预疗效评价的证据等级中，高质量的 RCT 结果，属于 I 级证据。

其他形式的随机对照试验：①半随机对照试验：半随机对照试验与随机对照试验设计相似。唯一的差别是试验对象分配形式不同，是按半随机的方式，即依入院顺序、住院号、出生年月、星期几等分别分配到试验组或对照组，接受各自的试验措施，进行观察研究。②非等量随机对照试验：随机对照试验，试验组和对照组样本量通常应是相等的。如果按照 2∶1 或 3∶2 的样本比例，随机地将试验对象分配到试验组和对照组中，称为非等量随机对照试验。在患者来源少、经费缺乏的情况下可考虑使用。

RCT 是评价干预效果的最佳设计，但不是所有的临床问题都需要开展试验研究。不同的临床问题采用不同的研究设计，同样可以提供高质量的研究证据。例如，临床检查、诊断的高质量证据来自于前瞻性、盲法、与金标准比较的研究；预后、病因学证据可来自于队列研究、病例对照研究；而成本研究主要来自于经济学分析。

2. 系统评价与 Meta－分析

（1）系统评价。

系统评价是一种全新的文献综合评价临床研究方法，是以某一临床具体问题为基础，系统全面地收集全世界发表的临床研究结果，采用临床流行病学严格评价文献的原则和方法，筛选出符合质量标准的文献，进行定性或定量合成，去粗取精，去伪存真，得出综合可靠的结论。同时，随着新的临床研究的出现进行及时更新，随时提供最新的知识和信息作为重要的决策依据。

系统评价将所有单个的试验联合起来，增大了样本量，减少了各种偏倚和随机误差，增强了检验效能，得出的结论就更为真实可靠，被认为是最佳证据的来源。

（2）Meta－分析。

Meta－分析，又叫荟萃分析，是指应用统计学方法，将多个独立的、可以合并的临床结果进行综合定量分析。它是汇总多个研究的结果并分析评价其合并效应量的一系列过程，包括提出研究问题、制定纳入和排除标准、检索相关研究、汇总基本信息、综合分析并报告结果等。

不论定性还是定量 Meta－分析，在实施过程中均有相同分析步骤，即提出问题、检索与题目相关的所有文献、筛选出符合纳入标准所有相关研究并进行严格评价、收集必要的数据信息、单个研究汇总描述、制定效应量综合分析与评价的计划书、异质性检验、估计合并效应量、敏感性分析等。

Meta－分析的结论不是一成不变的，它只是对现有资料综合分析的结果，随着新的研究资料的不断收集，其结论应加以更新。

（3）系统评价与 Meta－分析的关系。

Meta－分析是一种统计分析方法，它将多个独立的、可以合成的临床研究综合起来进行定量分析。而系统评价是将多个临床研究按照预定的方法和标准进行合成，包括根据某一题目系统、全面地收集、选择、评价和分析相关的文献资料，得出综合结论并定期进行更新。因此系统评价可以是定性的，也可以是定量的，即包含了 Meta-分析过程。

系统评价或 Meta-分析一方面能够通过对多个有争议或相互矛盾的小型临床研究采用严格、系统的方法进行评价、分析和合成，解决纷争或提出建议，为临床实践、医疗决策和今后的研究导向；另一方面，如果进行系统评价或 Meta-分析的方法不恰当，也可能提高不正确的信息，造成误导。因此，系统评价的方法和步骤的正确与否，对其结果和结论的真实性、可靠性起着决定性的作用。

3. 临床实践指南

临床实践指南（clinical practice guidelines，CPG）是指人们针对特定的临床情况，收集、综合和概括各级临床研究证据，系统制定出的，帮助临床医生和病人作出恰当处理的指导意见。一般由卫生行政主管部门组织制定。

一个好的指南主要应具有两个突出的组成部分：第一，证据的综合及概况，例如一种干预措施对典型病人平均效果的证据。第二，对如何将这一证据应用于具体病人提出详细的推荐意见。

在临床实践中，遇到一个需要解决的问题时，如果能找到质量较高的指南将是非常有用的。因为好的以证据为基础的临床指南已经完成了证据的收集和评价，并将证据与具体实践相结合，对临床实践提出比系统评价证据更为具体和实际的指导意见，是连接证据和临床实践的桥梁。但应注意，临床实践指南的质量良莠不齐，在使用时应辨别是否科学、合理、可靠，如果不科学、不合理、不可靠则可以不予采用。

4. 卫生技术评估

卫生技术评估（Health Technology Assessment，HTA）是指用于疾病预防、筛查、诊断、治疗和康复及促进健康、提高生存质量和生存期的技术手段。卫生技术评估是对卫生技术的技术特性、安全性、有效性（效能、效果和生存质量）、经济学特性（成本-效果、成本-效益、成本-效用）和社会的适应性（社会、法律、伦理等）进行系统、全面的评价，为各层次的决策者提供合理选择卫生技术的证据。

卫生技术评估整合应用医学、临床流行病学、卫生经济学和社会医学等的理论和方法，或对卫生技术进行临床试验，或对卫生技术的相关信息进行综合分析，同时采用咨询专家、比较分析、卫生经济分析、专家小组讨论表决的方法评估卫生技术，其最常用的信息合成法包括文献综述或系统评价。

（刘　娟）

第三节　循证医学检索

一、Cochrane 协作网及其检索

1. Cochrane 协作网与 Cochrane Library

Cochrane 协作网是一个国际性的非赢利的民间学术团体，旨在通过制作、保存传播和更新系统评价提高医疗保健干预措施的效率，帮助人们制定遵循证据的医疗决策。1992—1997 年，Cochrane 协作网的主要任务是收集、整理研究依据、尤其是临床治疗的证据，建立资料库即 Cochrane Library，以光盘形式一年四期向全世界发行。

Cochrane Library 之所以被认为是循证医学的重要资料库，主要因为以下几点：它是目前得到日益广泛关注和重视的最全面的系统评价资料库；是卫生保健疗效可靠证据最好的和唯一的来源；它易于不断得到更新和接受评论，修改错误，从而保证质量，增强结论的可靠性。Cochrane Library 适用于临床医生、临床科研和教学工作者、医疗卫生行政部门等有关人员。它主要包括以下内容：

（1）Cochrane 系统评价资料库（Cochrane Database of Systematic Review，CDSR）。

该库收集了各 Cochrane 系统评价组在统一工作手册指导下对各种健康干预措施所作的系统评价，包括全文（Completed Review）和研究方案（Protocols）。还包括评论与批评系统，以确保用户有助于改进 Cochrane 系统评价的质量。目前主要是根据随机对照试验完成的系统评价，并将随着新的临床试验的出现不断补充、更新。

（2）疗效评价文摘库（Database of Abstracts of Reviews of Effects，DARE）。

该库包括非 Cochrane 系统评价（非 Cochrane 协作网成员发表的普通系统评价）的摘要和目录，是对 Cochrane 系统评价的补充，由英国约克大学的国家卫生服务评价和传播中心提供。DARE 的特点是其系统评价的摘要包括作者对系统评价质量的评估。与 CDSR 不同的是，它只收集了评论性摘要、题目及出处，而没有全文。

（3）Cochrane 对照试验注册资料库（Cochrane Central Register of Controlled Trials，CENTRAL）。

CENTRAL 资料来源于各 CSR 小组和其他组织的专业临床试验资料库以及在 MEDLINE 上被检索出的临床试验报告。还包括全世界 Cochrane 协作网成员从有关医学杂志会议论文集和其他来源中收集到的临床试验报告。

（4）Cochrane 方法评价库（Cochrane Database of Methodology Review，CDMR）。

该库包括方法学组制作的 Cochrane 方法学研究的方案和评价。

（5）Cochrane 方法学数据库（Cochrane Methodology Database，CMD）。

该库包括用于系统评价所有发表的方法学研究报告，以及与系统评价直接相关的临

床试验方法学研究。如：随机对照试验中的研究方法与偏倚之间的联系，还包括怎样制作 Cochrane 系统评价，即 Cochrane 手册的链接。

（6）Cochrane 协作网信息（Cochrane Collaboration，CC）。

该库涉及 Cochrane 协作网方方面面的信息，包括协作网各实体组织，如系统评价小组，各 Cochrane 中心的简介和联系信息等。

2. Cochrane Library 网络版数据库及其检索

Cochrane Library 数据库由 John Wiley 公司负责出版和发行，并分为光盘版和网络版，数据每季度更新，用户可以免费浏览网络版系统的摘要，只有注册并付费的用户才能查看和下载全文。

（1）注册。

注册网址：http：//www. thecochranelibrary. com/，点选 Register Now 进行注册。注册后，认证通知电子邮件将寄送到你的电子邮件信箱，点击电子邮件内容中的链接生效。

（2）The Cochrane Library 检索功能。

在 Wiley InterScience 主页面左方的检索区，点选 Publication Titles，在检索栏键入 Cochrane 后点击 GO，点击 The Cochrane Library 进入，如图 8－3－1。

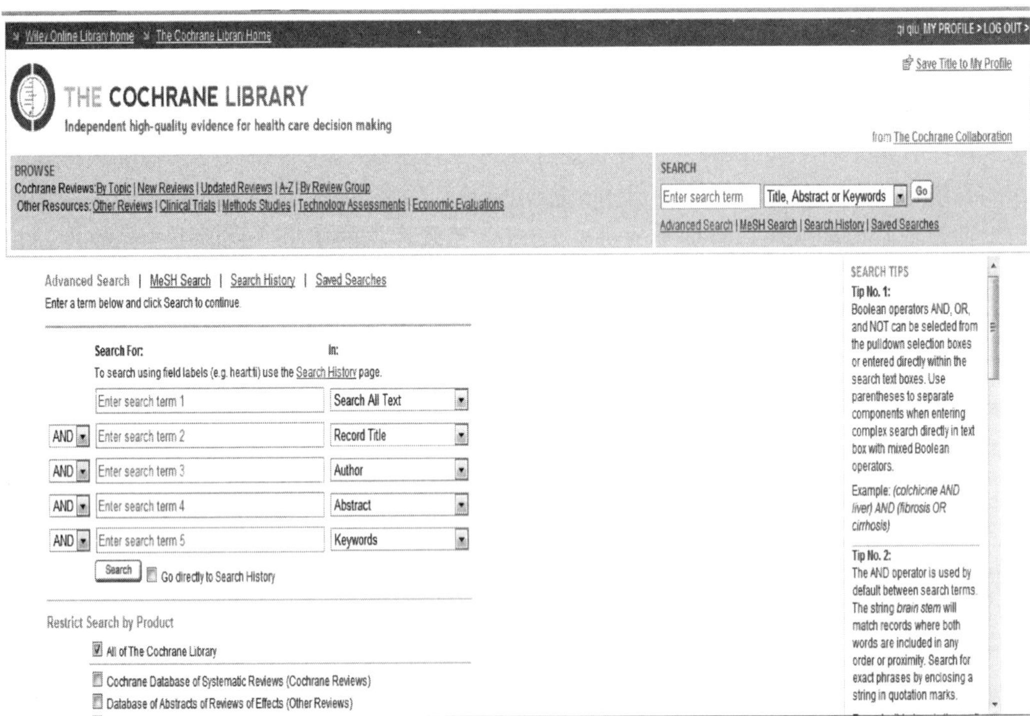

图 8－3－1　The Cochrane Library **首页**

① 浏览：

可浏览组成 The Cochrane Library 的各种不同的数据库。By Topic 可以依主题浏览各类评论；NEW Reviews 新增评论（查询新收录的评论）；Updated Reviews 更新的评论（现有评论的更新）；A－Z 依字母顺序列出所有评论；By Review Group 各类评论（可浏览各类相关的评论，如 The Eyes and Vision 类的评论）；Other Resources 浏览 The Cochrane Library 的其他资源。

② 检索：

所有检索相关链接都在此区，你可利用此区所提供的检索栏执行快速检索，你也可以点选 MeSH 执行索引检索，还可点选检索历史记录、储存的检索和检索小技巧。执行快速检索，只需将检索词键入检索栏。在此系统设定是从题名、摘要或关键词等字段进行检索，也可以点选下拉菜单选择其他功能进行检索。

③ 高级检索：

高级检索提供数种方式让你的检索更精准。可利用下拉菜单限制检索字段（全文、题名、作者、摘要、关键词、表格、出版形式、出处和 DOI 等），每一检索空格可提供一般检索指令，包括通配符，以＊表示，布尔逻辑运算（AND、OR、NOT），也可合并同时使用括号内的附注说明，并可用引号执行词组的检索。高级检索界面如图 8－3－2。

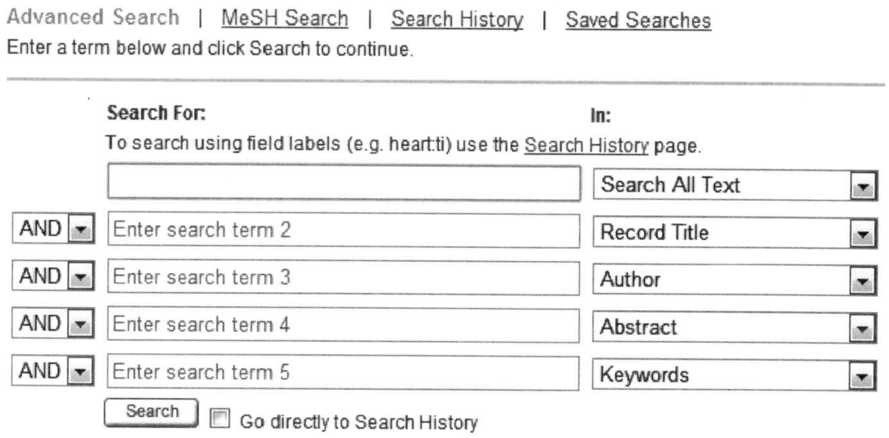

Advanced Search | MeSH Search | Search History | Saved Searches
Enter a term below and click Search to continue.
Search For: In:
To search using field labels (e.g. heart:ti) use the Search History page.
Search All Text
AND Enter search term 2 Record Title
AND Enter search term 3 Author
AND Enter search term 4 Abstract
AND Enter search term 5 Keywords
Search Go directly to Search History

图 8－3－2 The Cochrane Library 高级检索

将指定检索词置于系统所提供的检索框中，再利用空格左边的下拉菜单选择 AND、OR、NOT 逻辑组配符。选择拟检索的数据库，勾选数据库名前的空格即可，可点选一个或多个，系统初始设定为所有类型的数据库（图 8－3－3）。

④ MeSH 检索：

进行 MeSH 检索，点选检索区的 MeSH Search 即可。欲查找排列式索引，只需键入语词后点选 Thesaurus 即可。

当标题由排列式索引中被选出，则 MeSH 树状结构会包含该标题，MeSH 树状结构可借此选择广义词或狭义词来扩展或缩小查询范围。

选好要查询的词汇后，可以选择 1 到 2 个检索选项，Search this term only：只检索

Restrict Search by Product

☑ All of The Cochrane Library

☐ Cochrane Database of Systematic Reviews (Cochrane Reviews)
☐ Database of Abstracts of Reviews of Effects (Other Reviews)
☐ Cochrane Central Register of Controlled Trials (Clinical Trials)
☐ Cochrane Methodology Register (Methods Studies)
☐ Health Technology Assessment Database (Technology Assessments)
☐ NHS Economic Evaluation Database (Economic Evaluations)
☐ About The Cochrane Collaboration (Cochrane Groups)

Restrict Search by Record Status

☑ All

☐ New ☐ Conclusions Changed ☐ Commented
☐ New Search ☐ Major Change ☐ Withdrawn

☐ Commented
(Choose one or more specific statuses above and use this option to limit these selections to commented articles.)

图 8-3-3 检索类型限定

所选择的词汇，Explode 选项则会自动检索所有的下位词，将会扩大检索结果。有些词汇不止一个树状结构，可以选择是否包括所有的树状结构，或者只点选所需的树状词汇进行检索。

当你选好检索选项，可以用 Add qualifier restriction 功能所提供的下拉菜单，选择限定语进行检索。

最后点选 View Results 执行检索。

⑤ 检索结果：

The Cochrane Library 同时列出不同数据库的检索结果，括号中的数字代表在该数据库中符合你检索条件的记录数量。借助 Search History，可将本次检索结果与之前的检索结果合并检索。

点选 Save Search 储存检索内容。进入 Save Searches 页面后，可以管理和浏览之前所存的检索内容。也可在此启动通报系统（alert），点选 Activate Alert 后系统在新增或更新时，会主动将与检索主题相关的记录以 E-mail 的方式通知用户。

二、PubMed 循证医学检索

PubMed 是目前提供 MEDLINE 检索服务最好的检索系统（PubMed 具体检索方法见第六章第一节），下面介绍如何利用 PubMed 检索循证医学内容：

1. Clinical Queries 检索服务

Clinical Queries 是专门为临床医生研究设计的内置的临床方法学“过滤器”（Clinical Methodology Filters）。其中：Clinical Study Categories 和 Systematic Reviews 提供了查找循证医学相关证据策略模型。

Clinical Study Categories 这组检索策略模型是由加拿大临床流行病学和生物统计学研究人员 Haynes RB 等人在 1994 年提出来的，并进行了查全率和查准率分析。用户通过这一临床方法学检索过滤器，不需掌握复杂的检索策略，即可检索有关某一疾病的诊断、治疗、病因和预后相关类目信息。

Systematic Reviews 是由加利福尼亚大学医学系 Shojania KG 和 Bero LA 为查找系统评价、Meta－分析及实践指南文献设计的优化检索，即在 PubMed 中专门设置的 systematic 专题子集中进行检索。

2. PubMed 循证医学特征词

为了方便查询循证医学证据，PubMed 新增加了许多关于文献的科研类型、统计学方法等方面的文献类型特征词，有关循证医学证据的文献类型有：“clinical trial”、“Meta－analysis”、“randomize controlled trial”、“practice guideline”等。应注意，文献类型特征词的检索限定范围只限于 MEDLINE，不针对 PreMEDLINE 数据库。

3. 优化检索的示例

英国国家卫生保健服务系统的评价与传播中心（CRD）探索了从 MEDLINE 检索循证医学证据的检索策略。以下为 CRD 提供的一系列检索策略中的两种经过优化的检索系统评价的检索策略。

检索策略一：倾向查全

＃1 controlled in ab（检索在摘要字段中出现 controlled 的记录）

＃2 design in ab（检索在摘要字段中出现 design 的记录）

＃3 evidence in ab（检索在摘要字段中出现 evidence 的记录）

＃4 extraction in ab（检索在摘要字段中出现 extraction 的记录）

＃5 randomized controlled trials in pt（将出版物类型限制为 randomized－controlled－trials）

＃6 meta－analysis in pt（将出版物类型限制为 meta－analysis）

＃7 review in pt（将出版物类型限制为 review）

＃8 sources in ab（检索摘要字段出现 sources 的记录）

＃9 studies in ab（检索摘要字段出现 studies 的记录）

＃10 ＃ 1 OR ＃2 OR ＃3 OR ＃4 OR ＃5 OR ＃6 OR ＃7 OR ＃8 OR ＃9

＃11 letter in pt（将出版物类型限制为 letter）

＃12 comment in pt（将出版物类型限制为 comment）

＃13 editorial in pt（将出版物类型限制为 editorial）

＃14 ＃11 OR ＃12 OR ＃13

＃15（YOUR SUBJECT TERMS）（检索者的主题）

＃16 ＃10 NOT ＃14（从与系统评价有关的记录中排除出版物类型为 letter、comment 或 editorial 的记录）

＃17 ＃15 AND ＃16

检索策略二：倾向查准

＃1 review in ab（检索在摘要字段中出现 review 的记录）

＃2 review in pt（将出版物类型限制为 review）

＃3 meta－analysis in pt（将出版物类型限制为 meta－analysis）

＃4（meta near analysis）in pt（将 meta 与 analysis 同时出现在 1 句的记录限定在出版物类型字段）

＃5（meta near analysis）in ab（将 meta 与 analysis 同时出现在 1 句的记录限定在摘要字段）

＃6 ＃1 OR ＃2 OR ＃3 OR ＃4 OR ＃5

＃7 letter in pt（将出版物类型限制为 letter）

＃8 comment in pt（将出版物类型限制为 comment）

＃9 editorial in pt（将出版物类型限制为 editorial）

＃10 ＃7 OR ＃8 OR ＃9

＃11（YOUR SUBJECT TERMS）（检索者的主题）

＃12 ＃6 NOT ＃10（从与系统评价有关的记录中排除出版物类型为 letter、comment 或 editorial 的记录）

＃13 ＃11 AND ＃12

三、循证医学多元搜索引擎

循证医学多元搜索引擎能够快捷地获得多个网络资源信息，对于快速获得循证医学相关证据以解决临床问题十分有用。目前，最常用的循证医学多元搜索引擎是 SUMSearch 与 TRIP Database。

1. SUMSearch

SUMSearch 网站（http://sumsearch.uthscsa.edu/）由美国德克萨斯州卫生科学中心建立及维护，其特点为检索功能强大，文献来源可靠，提供原文链接，并可同时检索多个数据库来源（见图 8－3－4）。

其页面的左侧为检索区，检索者可在查询框内输入检索词进行检索，也可以点击“check my strategy”按钮链接到 PubMed 的主题词表。非正式专门用语和缩写不能作为检索词，各检索词之间可以用“and”，“or”和“not”进行逻辑组配，同时可用“MYM”或“＊”进行截词检索。

在页面的下方可以对检索内容进行限制设定，可针对 intervention、diagnosis、prognosis、etiology/causation、physical findings、screening/prevention、adverse treatment affects 之一进行检索；此外，还能限定检索的年龄、语种等。

SUMSearch 能同时检索多个数据库（如 MEDLINE，临床实践指南数据库 NGD，Cochrane 系统评价摘要，美国卫生研究质量管理机构的资料库 BHRQ 等），而将结果

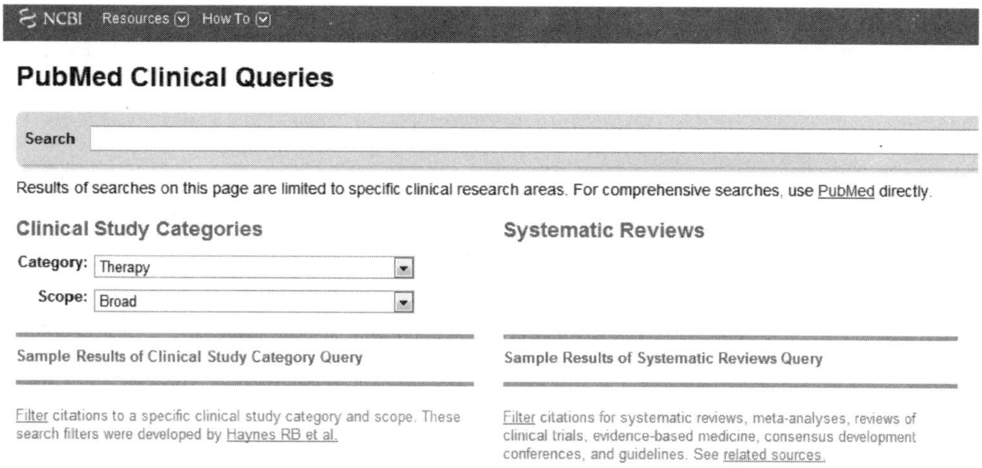

NCBI　Resources　How To

PubMed Clinical Queries

Search

Results of searches on this page are limited to specific clinical research areas. For comprehensive searches, use PubMed directly.

Clinical Study Categories

Category: Therapy

Scope: Broad

Sample Results of Clinical Study Category Query

Filter citations to a specific clinical study category and scope. These search filters were developed by Haynes RB et al.

Systematic Reviews

Sample Results of Systematic Reviews Query

Filter citations for systematic reviews, meta-analyses, reviews of clinical trials, evidence-based medicine, consensus development conferences, and guidelines. See related sources.

图 8－3－4　SUMSearch 首页

以不同颜色的链接列表的形式给出。要是检出结果过多，系统会增加限定而减少检出结果数；要是结果过少，则会增加检索站点来增加文献条数。对检出结果，SUMSearch 会进行排序，首先提供能够提供广泛信息的链接，例如相关的教材、百科全书、综述文献和临床实践指南等，之后提供信息比较专指的链接，如系统评价、原始研究文献，以方便使用者能够更方便地利用信息。检索者在查自己不熟悉的课题时，可以先看结果上方提供的广泛介绍的信息；而在查自己熟悉、比较专业的课题时，可以先看结果下方的系统评价和原始论文。

2. TRIP Database

TRIP Database（http://www.tripdatabase.com）建立于 1997 年，其目标是为医生提供“一站式”的信息服务，如今该网站收集了来源于 75 家期刊及网站的信息，其中包括 Cochrane Library 的系统评价摘要，Cochrane 疗效评价数据库，Bandolier，BMJ updates 等，并与相关杂志和电子教本进行链接。它还是收录临床指南、相关问题问答、电子教科书和医学图像最多的数据库。数据库每月更新，增加 300～400 篇新文章（见图 8－3－5）。

该数据库包括基本检索和高级检索，用户输入 2 到 3 个关键词即可查询，如欲检索词组，需用双引号将词组引起来，支持 AND、OR 等布尔逻辑组配检索，可以用“*”进行截词检索，此外该数据库还具有扩大检索同义词的功能。

对检索结果，TRIP Database 依照循证医学对证据的类型进行分类。利用结果页面右侧的“Filter Your Search”功能，用户能够对检索结果进行过滤。同时，对于 MEDLINE 数据库中的结果，可以过滤到关于“Therapy”、“Diagnosis”、“Systematic Reviews”、“Prognosis”、和“Etiology”的检索结果（见图 8－3－6）。

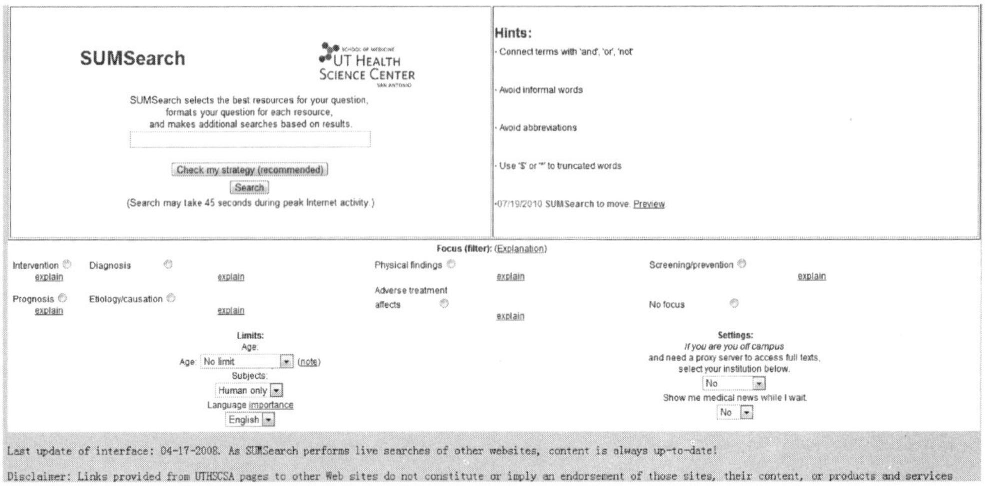

图 8－3－5 TRIP Database 首页

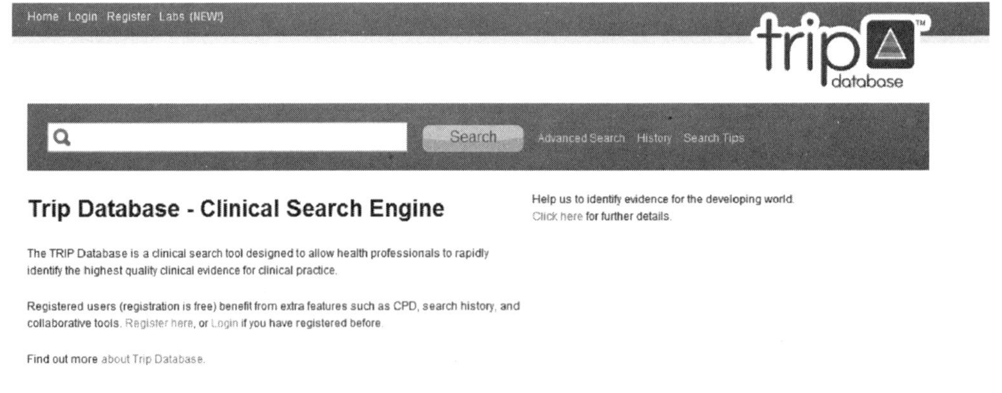

图 8－3－6 TRIP Database 的检索结果

四、临床实践指南检索

1. 临床实践指南网站

临床实践指南主要来源于各国建立的临床实践指南网站，有关的网站很多，其中比较大型及权威的有美国国家指南交换中心和加拿大临床实践指南网站等。

（1）NGC（national guideline clearinghouse）（http：//www.guideline.gov）。

NGC 是由美国卫生健康研究与质量管理机构（Agency for Healthcare Research and Quality，AHRQ）、美国医学会（American Medical Association，AMA）和美国卫生健康计划协会（American Association for Hospital Planning，AAPH）于 1998 年联合制作的一个提供临床实践指南和相关证据的功能完善的免费数据库，目前收集有来自全世界 200 多个指南制定机构提供的 1900 余篇指南全文。NGC 的特点是：①能提供结构式摘要，可进行指南之间的比较；②对指南的内容进行了分类，部分指南全文可链接，可订购指南；③能提供电子论坛，交换临床实践指南方面的信息；④对指南的参考文献、指南的制作方法、指南的评价、指南的使用等提供有链接、说明或注释。NGC 提供直接检索和浏览两种检索途径，并可对收集的指南进行比较。NGC 每周更新，更新的内容为新的或已修改的指南。

(2) CMA InfoBase (http://mdm.ca/cpgsnew/cpgs/index.asp)。

加拿大临床医学实践指南网站于 1995 年由加拿大国家、州或地区医学卫生组织、专业协会、政府机构和专家小组共同主办并认可，指南由加拿大各地和各机构团体提供。网站提供有关键词搜索、浏览、基本检索和高级检索等多种检索途经。该网站的栏目有：开发者名单、最新内容、热门话题、新闻、方法与资源、其他 CPG 网站、常见问题解答、搜索帮助、用户反馈及提交指南说明等。网站上还链接有加拿大医学会制作的《临床实践指南手册》。网站中一半以上的指南有全文。

(3) SIGN (http://www.sign.ac.uk/guidelines)。

苏格兰校际指南网站（The Scottish Inter－collegiate Guidelines Network，SIGN）建于 1993 年，重点关注癌症、心血管疾病和心理卫生等领域。网站的栏目有：指南（按主题排列的指南、按索取号排列的指南）、指南选题提示或范围、当前指南项目组正在进行的工作、指南开发的方法学等。此外该网站还链接有指南制作的支持材料、简介、用户申明及版权细节等内容。网站提供指南全文。

(4) NZGG (http://www.nzgg.org.nz/)。

由新西兰临床实践指南研究组（The New Zealand Guidelines Group，NZGG）于 1996 年在新西兰卫生委员会领导下建立，主要目的是为了制定和实施循证临床实践指南。该网站设有以下栏目：出版物、特别人群指南、证据源、用于实践的证据、消费者资源、新西兰循证健康公告等。将指南分为四种类型：基层医疗服务管理指南（guidelines for primary care management）、病人转诊和管理指南（guidelines for patient referral and management）、第一专科评估准入标准指南（guidelines for access criteria for first specialist assessment）和临床优先评估标准指南（guidelines for criteria for clinical priority assessment）。另外，该网站还链接一系列与临床指南的开发和评价有关的网站，如：证据源、Cochrane 合作组织、严格评价根据、循证的方法和根据、指南的指南、临床指南等网站。

其他比较有影响的国家指南网站还有：德国指南交换中心（German guide clearinghouse）、英国临床指南网站 Prodigy（clinical guideline）、英国国家临床示范研究所的 NICE（national institute for clinical excellence）、芬兰的 EBM guidelines 等。目前，国内循证医学指南还没有整合的网站，但有一些专业循证医学指南杂志或网站，如：《中国脑血管病防治指南》、《中国高血压防治指南》、《中国丙型肝炎防治指南》、《中国糖尿病防治指南》、《慢性乙肝防治指南》、医学空间（循证医学指南）（http://www.medcyber.com/resource/guide）等，这些专业资源也对临床诊断、治疗起到了一定的指导作用。

2. 循证医学指南的检索方法

循证医学指南的检索与其他医学信息检索一样，主要为计算机检索。不同的数据库和系统有不同的检索途径和界面，不能局限在某一种或几种检索方法。灵活使用检索技术，掌握多种检索方法，是提高查全率和查准率的关键。由于 NGC 在循证医学临床实践指南中具有代表性，因此本书以其为例，说明具体的检索方法。

NGC 的资源有：Annotated Bibliographies、EPC Report、Guideline Index、Discussion List、Linking to NGC、NGC FAQ、NLM links、Patient Resources、PDA/Palm 和 Summary Archive 等。以上资源在 NGC 检索主页面均提供有链接，其中 PDA/Palm 还为掌上电脑用户提供信息下载服务。它的主要特点有：能提供结构式摘要，可进行指南之间的比较；对指南的内容进行了分类，部分指南全文可链接，可订购指南；能提供电子论坛，交换临床实践指南方面的信息；对指南的参考文献、指南制作方法、指南的评价、指南使用等提供有链接、说明或注释。

NGC 可以通过互联网免费检索，提供直接检索和浏览两条检索途径，并可对收集的 guidelines（指南）进行比较。输入登录网址：http ://www. guidelines. gov/即可进入 NGC 主页，如图 8－3－7 所示。

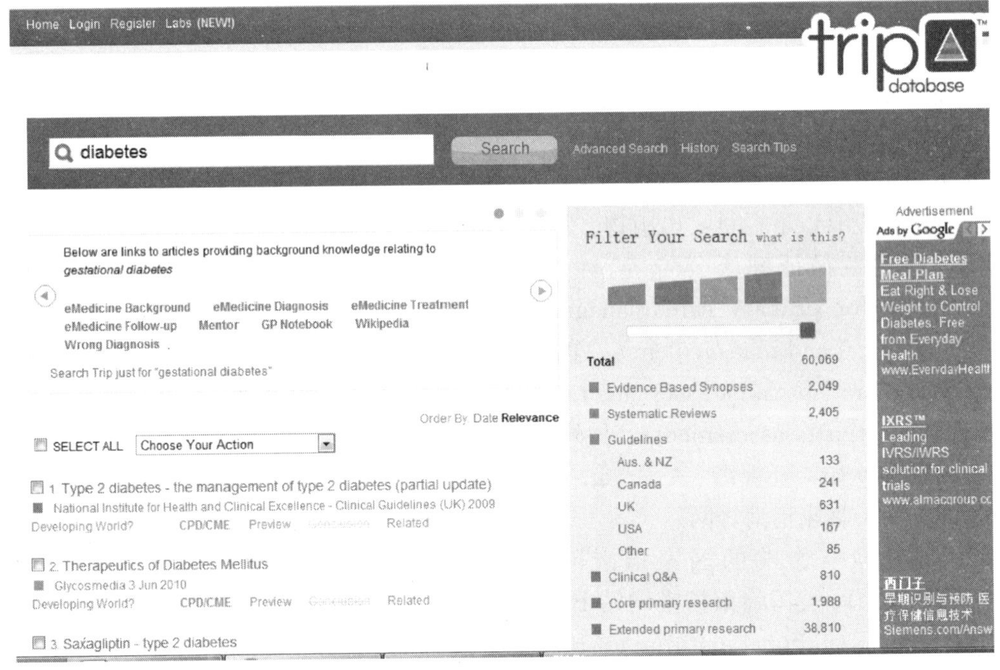

图 8－3－7 NGC 主页界面

其检索方法如下：

(1) 直接检索（Search NGC）。

NGC 提供两种检索途径，基本检索（Basic Search）与细节检索（Detailed Search)，其检索规则与 PubMed 相似。NGC 的 Basic Search 支持普通文本词检索、词组检索（将检索词用“”括起）、截词检索（截词符用“*”号），同时支持布尔逻辑组配 AND、OR、NOT，短语加引号。在 Detailed Search 中可进一步限定疾病名称、治疗或干预类型、指南的种类、组织机构性质、临床科别、证据强度、证据的研究评价方法、出版年限等。NGC 检索引擎具有将一些词语或短语与美国国立医学图书馆编制的“Unified Medical Language”（简称 UMLS）进行自动匹配的功能，能将检索词转换成相对应的 UMLS 中的医学词汇。例如，要检索心肌梗死的有关实践指南，检索时只要输入关键词“heart attack”，系统将自动地对主题词“myocardial infarction”进行检索。

（2）浏览（Browse NGC）。

分为 3 个栏目，可通过浏览目录，层层点击直至见所需指南。这 3 个类目分别为疾病类（Disease/condition）、治疗与干预（Treatment/Intervention）、创建 Guideline 的机构（Organization）。在 Disease/condition 浏览中，可使用疾病（Disease）和精神障碍（Mental Disorder）两种浏览方式。在 Treatment/Intervention 浏览中，可使用化学物质和药物（Chemical & Drugs）、分析、诊断、治疗技术及设备（Analytical, Diagnostic and Therapeutic Techniques and Devices）、行为学科与活动（Behavioral Discipline and Activities）3 种浏览方式。

（3）指南比较（Compare guidelines）。

执行特定检索提问后，在检索结果中选择特定的指南（点击欲比较指南前的方框进行选中），将选中的指南加入指南集合中（点击 Add to guideline Collection），对选中的指南进行比较（点击 Compare Selected Guidelines），可进行包括适应性、研究目标、评价方法、评价机构等内容的比较。例如：用基本检索或细节检索对“hypertension（高血压）”进行检索，检出 427 个相关的指南，可任选 2 个或 2 个以上（≤6）的指南进行比较。操作步骤如下：①在初始界面（图 9－3－9）的方框中输入关键词“hypertension”（高血压），点击 Search。②在搜索的结果中，选择你所需要比较的指南，在选中条目前面的方框中打钩。③单击检索结果屏幕底部的 Add to Guideline Collection（加入指南集合中），完成对所选指南的采集。④对指南进行采集后，单击屏幕底部的 Compare Selected Guidelines 按钮（比较所选指南），即可显示对两个或两个以上指南的比较。如图 8－3－8 所示，为 NGC 检索结果。

目前有不少指南已提供“显示全文”（View Full－text Guideline）功能，单击“View Full－text Guideline”超链接，可用 Win Zip 格式存储指南，单击存储的指南文件名，可自动打开 PDF 格式的文件供阅读及打印。在循证指南搜索结果中，一般可以看到每种推荐意见后都有一段讨论如何应用该推荐意见的文字解释，可供应用指南时参考。临床实践指南一般应标注证据等级或推荐意见级别，或两者同时标注。国际循证医学实践领域普遍应用的证据推荐意见的级别为 5 级：A 级，证据极有效，可推荐给所有临床人员。B 级：证据有效，可建议推荐给临床人员。C 级：证据在一定条件下有效，研究结果在应用时应谨慎。D 级：证据的有效性受到相当的限制，只在很窄的范围内有效，应用时有较多限制。E 级：证据未建立有效性。临床实践指南中的推荐意见是由可信度决定的。由此，对一些可信度较差的证据应谨慎采用或不予采用。由于网页设计的差异，各国的临床实践指南的检索方法也存在差异。如加拿大医学会临床实践指南

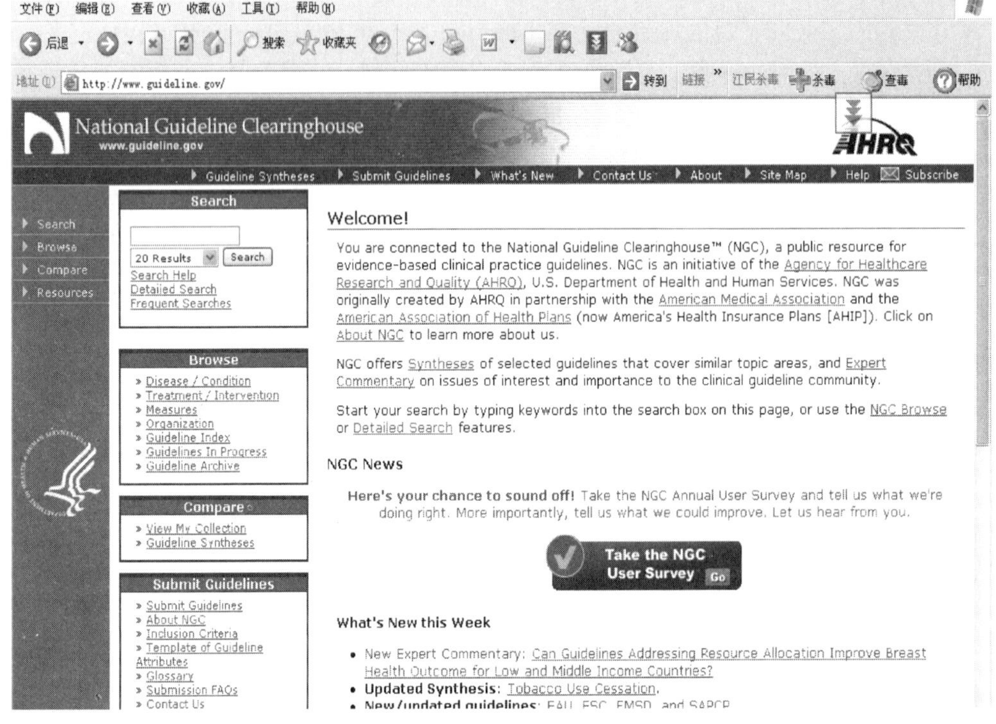

图 8—3—8 NGC 检索结果显示

(http://www.cmaj.ca/misc/service/guidelines.dtl) 有快速检索和高级检索两个界面。其快速检索主要有著者名称、关键词以及出版年、卷、页码，键入其中的某一个内容或多个内容进行检索；其高级检索沿用了美国 Stanford 大学的 HighWire 界面，主要有关键词、著者、刊名等检索途径。

五、卫生技术评估网站

1. ISTAHC

国际卫生技术评估会（International Society of Technology Assessment in Health Care，ISTAHC）成立于 1985 年，秘书处设在加拿大。宗旨是加强卫生技术临床、经济与社会影响的研究、教育、合作与信息交流，促进制定合理使用已存在的技术与合理传播新技术的政策。网址为：http://www.istahc.org/。

2. INAHTA

国际卫生技术评估机构网络（International Network of Agencies for Health Technology Assessment，INAHTA）成立于 1993 年。秘书处设在瑞典的卫生技术评估机构。其主要功能是促进卫生技术评估机构之间的合作交流，促进信息的共享与比较，以及预防不必要的重复性研究。网址：http://www.inahta.org/。

（丘 琦 胡 臻）

参考文献

1. Straus，S. E 主编. 循证医学实践与教学. 北京：北京大学医学出版社，2006
2. 邓可刚主编. 循证医学证据的检索与利用. 北京：人民卫生出版社，2008
3. 王家良主编. 循证医学. 北京：人民卫生出版社，2006
6. 周金元主编. 医药信息检索与利用教程. 南京：江苏大学出版社，2008
7. 方平主编. 医学文献信息检索. 北京：人民卫生出版社，2005
8. 赵文龙主编. 医学文献检索. 北京：科学出版社，2004
9. 张世红主编. 网络生物医学信息资源及其利用. 北京：北京图书馆出版社，2005
10. 杨克虎主编. 生物医学信息检索与利用. 北京：人民卫生出版社，2009

第九章　检索实例分析

第一节　综合检索分析

面对一个检索课题，一般均应当遵循以下检索步骤：分析课题需求—选择检索工具或系统—确定检索途径和方法—提取主题概念和检索词—实施检索—浏览检索结果（调整检索策略—重新检索）—获取所需信息。在整个检索过程中，应把握好每个步骤，以获取所需要的检索结果。其中分析课题需求、提取检索词、调整检索策略尤为关键。

一、分析课题需求

分析课题时，首先应明确检索目的，包括课题的主题或主要内容，课题涉及的学科范围，所需信息的数量、语种、年代范围、类型等具体指标。

一般来说，检索课题的类型主要包括以下情况：

（1）寻找针对具体问题的准确答案，或解决问题，或作为论据和引证。

（2）查找特定文献，根据某一篇文献的线索查找原文，或已知某一作者，查询其所有发表的文章。

（3）对某一问题做大致的了解，并就问题的一个方面，表述自己的观点撰写小型论文。

（4）查阅某一专题的前沿和最新资料，了解研究动态、发展趋势。

（5）对某一课题做全面调查研究，了解该课题的整个发展过程。全面而细致地了解国内外有关的所有出版物的情况，年代范围较广，需撰写综述或研究报告。

（6）对某一课题做深入的专题研究，在充分掌握材料和重要研究成果的基础上，提出创新性的具有一定学术水平的观点或论断，撰写研究报告或学术论文。

在以上课题类型中，第（1）、（2）种课题只要正确选择了检索工具和参考资源，便可以一步到位查到所需要的信息，很快达到检索目的，如多使用事实型数据库、参考工具书及搜索引擎等。例如，药品制备的规范标准，可查找《中华人民共和国药典》；查国内外哪些大学招收护理学专业研究生，可查大学类的机构名录或校方的招生简章资料；查“自动化”一词的概念与含义，可用百科全书、学科术语类解释辞典和相关手册；查钱学森的主要论著和贡献，可用名人录，等。

第（3）种类型课题可能只需要浏览一些简短的摘要或者参考几篇概论性文章就可

以了。

第（4）—（6）种课题则需要搜罗各种翔实、深入的信息，讲求时效性或系统全面，有时还要求学术品质较高的各类型的参考资料，如学位论文、会议论文、研究报告、重要专著甚至视听资料等。

二、提取检索词

提取检索词是计算机检索的关键，需要从课题的名称及描述语句出发提取。一般情况下，可以从以下步骤来进行。

1. 切分到词

对课题语句进行切分，即以词为单位划分句子，切分一定要到词为止，同时也要适度，不能因切分而改变语义。

例：胃切除术后的氨基酸吸收情况研究

拆分为：胃切除｜术后｜的｜氨基酸｜吸收｜情况｜研究｜

2. 确定核心词

在一组检索词中，往往只有一个词或少数几个词是核心词，是必须使用的关键词，而其他的词是限定这些核心词的。

例：胃切除术后的氨基酸吸收情况研究

核心词为：胃切除｜氨基酸

3. 删除不具有检索意义的虚词及其关键词

不具有检索意义的词有介词、连词、助词、副词等虚词及与课题相关度不大的其他关键词。过分宽泛、过分具体的词均可去掉。如：展望、发展趋势、现状、近况、应用、利用、作用等。

例：胃切除术后的氨基酸吸收情况研究

可去掉的虚词及其关键词为：的、情况、研究

4. 删除存在蕴涵关系的可合并词

如果两个词之间存在相互蕴涵的关系，可酌情去掉其中的一个而保留另一个。

例：解热镇痛药布洛芬的药理学研究

布洛芬为一种解热镇痛药，因此，可删除“解热镇痛药”。

5. 补充还原词组

许多名词是经由词组缩略而成，因此，可以采用与缩略相反的操作即补充还原，导出一个词的来源词组，并将来源词组作为原词的同义词，补充进检索式。

例：研制→研制+研究 * 制备

6. 补充同义词或相关词（同一关系）

例：AIDS 全称 Acquired Immune Deficiency Syndrome，或叫艾滋病；维生素 A 亦可称为视黄醇、维他命 A、甲种维生素、Vitamin A。

三、调整检索策略

根据初步检索结果判断，调整检索策略包括检索途径、检索方法，是否扩展检索或限定检索等。

当结果过多过宽则应进行检索细化以缩小检索范围，包括主题细化，通过浏览结果选择更专指的词或下位词，运用逻辑与、逻辑非、位置算符进行限定，指定检索字段，从年代、地理、语言及文献类型上限制，精确检索，等。

当结果过少则进行检索扩展，如：对已确定的检索词进行其同义词、相关词、上位词检索，使用截词符，利用检索系统的关联检索、相关关键词检索、引文检索等等。

四、检索效率案例分析

查全率和查准率是判定检索效果的主要指标。对一个课题项目进行检索，就是要求在取得较高查全率的基础上，保证查准率，同时检索手段必须手检、机检相结合，才能取得较高的检索效率。然而无论是手检、机检，它们所针对的检索工具（或系统）不尽相同，因此所采取的检索策略也有所差异。如果对课题的主题概念把握不好，检索词和检索策略选择不当，也会出现漏检和误检。

（1）主题概念分析有误。

【例题 1】发生在广东省的流感的预防控制和流行病学研究。

【评析】在中国生物医学文献数据库（CBM）中，检索本题中的地理名称“广东省”时，很多用户常常容易使用“地址=广东省”或“作者单位=广东省”，导致检索结果的查准率较低。

分析题意，其目的在于检索关于流感在广东省流行的文献。若从作者单位地址去检索，则检索结果中可能出现该文献的作者位于广东省，但文章并不涉及流感在广东省的流行情况；同时，有非广东省的作者写了发生在广东省的流感流行情况文献，却没有被检索出来。

为提高这道检索题目的查准率，可以使用 CBM 数据库的分类检索，选择 RZ 类地理名称中的“广东省”，或者主题检索使用主题词“广东”。

（2）检索工具有缺陷。

【例题 2】检索中国科学院陈可冀院士 2005—2010 年发表的论文。

【检索结果】中国生物医学文献数据库收录 106 篇，维普科技期刊全文数据库收录 85 篇，清华同方学术期刊网络出版总库收录 126 篇，万方数据学术期刊数据库收录 121 篇。

【评析】不同的数据库其收录范围、文献类型等并不一样，各大型数据库很难将某个学科领域的文献收录全面。中国生物医学文献数据库主要收录生物医学学科的期刊论文、会议论文和汇编资料等，而维普、清华同方和万方数据的期刊全文数据库则收录各综合学科领域的期刊论文，但几个数据库之间有重复收录的期刊，也有不同的收录范围，例如万方数据独家获取了中华医学系列的期刊论文版权。鉴于检索工具收录范围可能存在的缺陷性，需要借助多种工具进行查找以保证检索结果的查全率。

【例题 3】在 OCLC 系统数据库检索“核磁共振在地学中的应用”。

【检索结果】使用规范的英文主题词 nuclear magnetic resonance，没有检索结果，使用缩写 NMR 查出 1890 篇文献。

【评析】OCLC 数据库的语法规则是只对单词检索，不识别带空格的词组。

(3) 检索词提取有误。

【例题 4】检索“医院麻醉性镇痛药应用的发展趋势”方面的文献。

【评析】根据题目提取出其主要概念为麻醉性镇痛药、应用、发展趋势。很多用户常常使用检索式“关键词=麻醉性镇痛药 and 应用 and 发展趋势”，导致没有检索结果。在此，“发展趋势”实际上是不具检索意义的词，并且一般不作为关键词进行检索。但另一方面，很多综述类文献的题目常常使用“发展趋势”、“研究进展”等词，因此，也可从文献类型为综述对检索结果进行限定。

【例题 5】在 PubMed 数据库检索 SARS 的诊断和治疗方面的文献。

【评析】当查找疾病的诊断和治疗方面的文献时，用户常常习惯使用主题检索，这样有利于查准和查全。但在 Pubmed 主题检索界面输入 SARS 后，在主题词表中没有出现 SARS 及其对应的主题词，于是很多用户在此放弃主题检索或误用 SARS virus 作为主题词。

其实 SARS 是 Severe acute respiration syndrome 的缩写形式，当主题词表中使用 SARS 检索无果时，使用其全称进行检索即可。

【例题 6】检索“门静脉左右支反位、门静脉位置变异等各种门静脉畸形”的文献。

【评析】本题的主要概念为门静脉左右支反位、门静脉位置变异、门静脉畸形，但仔细分析其逻辑关系发现，门静脉左右支反位、门静脉位置变异均属于门静脉畸形，因此其主要概念即门静脉畸形，可使用主题词检索“主题词=门静脉/畸形”或关键词检索“关键词=门静脉 AND 畸形”。

(4) 检索方法和途径选择不当。

【例题 7】检索“教学实验室的管理”。

【评析】使用维普科技期刊全文数据库，输入“教学 * 实验室 * 管理”检索，得到的文献很少，分析发现该库偏重于收录科技期刊，所指实验室一般是自然科学专业的，很少有教学实验室。故将检索方法改为和分类检索相结合，选择教育类，输入实验室，得到更多结果。

分类检索是一种族性检索方式，善于使用分类检索可以提高查全率，如果遇到难以判定或不易选择检索词的课题，还可先使用分类途径进行浏览。

【例题 8】检索“脑瘫患儿的护理方面的文献”。

【评析】在维普数据库检索时，根据题意使用检索式为“脑瘫 * 患儿 * 护理”进行检索，得到结果较少。分析题意，可将关键词“患儿”使用分类检索儿科 R72 代替，关键词“护理”课使用分类号 R47 代替，以扩大检索范围，提高查全率。

（刘　娟）

第二节 学科案例分析

医学具有多学科的特点，可使用的信息资源非常丰富。结合检索工具篇，总结为以下方面：

1. 印刷版书刊。通过馆藏书目数据库，以医学各学科相关检索词查找，获取书刊信息。

2. 医学学术文献数据库，提供中外文图书、期刊论文、学位论文、会议论文、专利文献等检索，除了常用综合性数据库如维普、CNKI、万方数据等，Pubmed、Sinomed、EMBase等也是医学信息资源检索的必选库。除此之外，一些高校或研究机构还针对某些专科建立了特色数据库，如科技部2000年项目建成中国肿瘤防治数据库、国家“973”项目建成中医方剂学数据库、上海生物信息技术研究中心建立的艾滋病病毒数据库、国家心血管病中心组织建成的心血管外科数据库等。

3. 医学知识数据库，主要提供医学各学科相关知识点的查阅，如维普公司疾病知识总库、上海中医中药数据中心研发的中医疾病数据库等。

4. 专业信息网站，包括政府、学术机构、出版机构网站等。

5. 其他网络信息资源，可使用通用搜索引擎或医学搜索引擎获取。

一、临床医学检索案例分析

临床医学是医学科学中研究疾病的诊断、治疗和预防的各专业学科的总称。它根据病人的临床表现，从整体出发研究疾病的病因、发病机理和病理过程，进而确定诊断，通过治疗和预防以消除疾病、减轻病人痛苦、恢复病人健康，是一门实践性很强的应用科学。

现代临床医学不断发展进步，在临床实践中逐渐形成了许多分科和专业，如传染病科、神经科、心脏科、肾病科、内分泌科、消化科、呼吸科、普外科、肿瘤科、儿科、妇产科、老年病科、急症医学科等。

【例题1】中药复方对阿霉素肾病大鼠肾小球足细胞裂隙膜上Nephrin和Podocin分子表达的影响。

【检索目的】学位论文开题查新

检索是否有与该研究项目相同或类似的国内外研究报道。

【题目分析】

该课题的研究内容和目的是通过观察中药复方对阿霉素肾病大鼠模型肾小球足细胞Nephrin和Podocin分子表达和分布的影响，探讨中药复方对肾病综合征的治疗作用和机制，主要涉及临床医学肾内科和中药药理学。

在对课题进行分析时，要了解课题的全貌，明确课题的主要研究内容、所用方法及技术指标，注意尽量避免使用一些无关概念。要检索出这个课题所需的文献资料，必须首先对该课题进行概念分解和检索词提取。

根据题目进行分析，其主题概念有中药复方、阿霉素肾病、大鼠、肾小球足细胞、Nephrin、Podocin、分子表达。而根据其研究目的，本题是为了探讨中药复方对肾病综合征的治疗作用和机制，因此可以使用主题词肾疾病和多柔比星代替“阿霉素肾病”作为检索词；Nephrin 和 Podocin 是肾小球足细胞裂隙膜上的分子成分，两者的出现即代表分子表达，因此检索词“分子表达”可去除。

【检索工具】

（1）国外文献检索工具：

MEDLINE 光盘检索系统，Pubmed，EMBase 检索系统，Science Direct 全文数据库。

（2）国内文献检索工具：

中国生物医学文献数据库（Sinomed）；清华同方 CNKI 跨库检索平台（期刊全文库、博硕学位论文库、会议论文库）；国家科技成果库；国家科技图书文献中心（NSTL）；中文科技期刊数据库（维普）；万方数字化期刊全文数据库。

（3）生物医学参考书、工具书。

【检索式】

＃1 主题词＝复方/治疗应用 OR 中药（Traditional Chinese Medicine）OR 方剂（Prescriptions or formula）

＃2 多柔比星（Doxorubicin）/毒性

＃3 主题词＝肾疾病（Kidney Diseases）/化学诱导/中药疗法/病理学

＃4 肾小球足细胞（Podocyte）OR 肾小球/病理学

＃5 Nephrin AND Podocin

【检索策略】

＃1 AND ＃2 AND ＃3 AND ＃4 AND ＃5

【检索结果】

浏览检索结果，并对检索结果中的相关文献进行分析，发现对肾小球上皮细胞蛋白质及分子组成的研究较多，对肾小球滤过膜电荷屏障的研究上也有一定的认识，但对于以下相关问题未能涉及，比如某些分子在足细胞上的具体定位和功能，对这些复杂的蛋白和分子间的相互作用及其相互间的信号传递等。综合分析后得出结论，本课题项目具有新颖性，可以进行学位论文开题。

二、护理学检索案例分析

护理学是自然科学、社会科学、人文科学等多学科相互渗透的一门综合性应用学科。从 1860 年南丁格尔创办第一所护士学校——南丁格尔护士训练学校（Nightingale Training School for Nurses）起，护理学经历了四个阶段：简单的清洁卫生护理、以疾病为中心的护理、以病人为中心的整体护理、以人的健康为中心的护理。护理学通过不断的实践、教育、研究，得到积极充实和完善，逐渐形成了自己特有的理论和实践体系，成为一门独立的学科。

现代护理的工作范围不断扩大，主要涉及以下几个方面：①临床护理，服务对象主要是患者，服务包括基础护理和专科护理，它是应用基础理论知识、基本实践技能和基本态度的方法，来满足患者的基本需求。目前可分为内科护理、儿科护理、手术室护理、急诊护理、妇科护理、口腔护理、康复护理等专科；②社区护理，服务对象是个人、家庭和社区，服务时应用公共卫生学的理论，结合护理学的知识和技能，通过提供促进健康、预防疾病、早期诊断、早期治疗和减少残障的服务，提高人群健康水平；③护理管理，应用管理学的理论和方法，对护理工作中的人、财、物进行科学的计划、组织、协调和控制。

【例题 2】刚毕业的大学生小刘被分配到烧伤科担任护理工作，她想了解一下有关烧伤病人护理的相关知识。

【检索目的】对临床护理知识点的全面了解。

【题目分析】

烧伤属于外科创伤，包含的下位概念较多，因此首先要了解有关烧伤的学科分类，可通过查询 CBM 数据库的分类表或主题词表。烧伤分类包括 R826.54（战伤烧伤）、R726.44（小儿烧伤与烫伤）、R644（烧伤及烫伤、灼伤）、R818.74（放射线烧伤）、R647（电烧伤）。烧伤的下位概念包括化学烧伤、电烧伤、吸入性烧伤、眼烧伤、晒伤等。因此，在采用不同的方法进行期刊文献检索时要注意对检索词的扩展。同时也可按上述的分类或主题对检索到的文献进行分类，方便学习和知识的积累。

可选用的关键词有烧伤、灼伤、烫伤、晒伤，主题词选用烧伤，护理工作包括临床护理和康复护理。鉴于文献的量可能性较大，宜先查询综述性文献。

【检索工具】

1. 工具书、图书可利用大学图书馆或专业图书馆的 OPAC 系统进行目录查询，或者利用图书网站，查找相关书目。

2. 查找综述文献可选用的检索工具：CBM、PubMed、Googlescholar、中文科技期刊数据库、中国学术期刊全文数据库等。

【检索方法】以 CBM 和 PubMed 数据库为例。

CBM 数据库：宜选用主题检索。

表达式：烧伤/护理－限定：综述

PubMed 数据库：可选用主题检索及关键词检索。

表达式："Burns/nursing" limits：Review

【检索结果分析】

对某个知识点的全面了解，首选工具书（护理手册）或相关专业图书。工具书和图书能提供有关烧伤护理的基础知识，但是对不同种类的烧伤护理论述不深入，还需查找相关综述文献作为补充，最后可就一些再具体的知识点进行文献的查找。对文献的查找宜先查题录数据库，再查询全文数据库，以便全面地掌握相关文献情况。

【例题 3】检索护士素质与整体护理开展的相关文献。

【检索目的】对整体护理进行了解，为护理人员的继续教育提供素材。

【题目分析】

整体护理是以人为中心的现代护理观念，它涉及人的生理、心理、社会、文化、精神等多方面的内容。其包含的内容较为广泛，因此宜采用扩展检索。护士只是在医院里对护理人员的称呼，但是整体护理不只涉及临床护理，还涉及社区护理，因此护理人员也可作为检索对象。素质不属于医学主题词的范畴，只能作为自由词进行检索。

可选用的关键词有护士、护理人员、整体护理、素质、素养等。

【检索工具】这类文献以期刊文献为主，可选用的数据库有 CBM、PubMed、Googlescholar、中文科技期刊数据库、中国学术期刊全文数据库等。

【检索方法】

CBM 数据库：

主题检索：＃1 护士/全部副主题词

＃2 护理人员/全部副主题词

＃3 整体护理/全部副主题词

＃4（素质 or 素养）and（＃1 or ＃2）and ＃3

关键词检索：＃1 护士 or 护理人员

＃2 整体护理

＃3 素质 or 素养

＃4 ＃1 and ＃2 and ＃3

PubMed 数据库同上，可采用这两种方法。

【检索结果分析】对这类涉及管理、新观念的文献查找，要考虑用关键词进行检索，因其多学科属性，不宜采用分类法，而主题检索又可能会漏掉一些相关文献。

三、药学检索案例分析

药学是涉及药品生产、检验、流通、使用和研究与开发领域从事鉴定、药物设计、一般药物制剂及临床合理用药等方面工作的学科。

药学分为药剂学、药理学、药物化学和药物分析等分支学科，包括药物制备、质量控制、药物与生物体相互作用、药效学和药物安全性评价等基本方法和技术。

【例题 4】治疗动脉硬化的 HDL－C 血管清道夫磷脂脂质体粉剂胶囊的研究。

【题目分析】

涉及的主要概念有动脉硬化和 HDL－C 血管清道夫（磷脂脂质体粉剂胶囊）。HDL－C血管清道夫是组方药物，主要成分为：以三七、银杏叶、藏红花等天然中药资源提取物为基础，以动脉软化功能因子为佐剂，调节血脂，并突出升高 HDL－C。因此，对于组方药物的每味药都要作为一个检索点来查找，并且本课题要求查找粉剂磷脂脂质体胶囊。

本课题的检索要求：(1) HDL－C 血管清道夫组方药物治疗动脉硬化。(2) 药物剂型的研究：粉剂磷脂脂质体胶囊。

【检索工具】

(1) 国外文献检索工具：

Medline 或 Pubmed 数据库；Embase 数据库；国际药学文摘数据库 IPA；Elsevier 期刊全文数据库。

(2) 国内文献检索工具：

Sinomed 中国生物医学文献数据库；中国药学文摘数据库；维普科技期刊全文数据库；中国期刊网全文数据库。

【检索式】

#1 explode "Arteriosclerosis" /all subheadings (动脉粥样硬化/全部副主题词)

#2 " Liposomes" /all subheadings (脂质体/全部副主题词)

#3 phospholipid liposome (磷脂脂质体)

#4 " Powders" /all subheadings or " Capsules" /all subheadings (粉剂 or 胶囊/全部副主题词)

#5 powder or flour or capsule (粉剂)

#6 HDL－C or "Lipoproteins－HDL－Cholesterol" /all subheadings (脂蛋白，高密度胆固醇/全部副主题词)

#7 " Panax" /all subheadings (三七/全部副主题词)

#8 " Ginkgo－biloba" /all subheadings (银杏/全部副主题词)

#9 " Picrotoxin" /all subheadings (藏红花/全部副主题词)

检索策略如下：

#1 and #6 and (#7 or #8 or #9)

#1 and (#7 or #8 or #9) and (#2 or #3) and (#4 or #5)

【检索结果】有单位药的治疗动脉硬化的文献报道；同时，有液体磷脂脂质体治疗动脉硬化的实验研究的文献报道。反复修改检索策略，直到满意为止。

四、医学检验学检索案例分析

医学检验是运用现代物理化学方法、手段进行医学诊断的一门学科，主要研究如何通过实验室技术、医疗仪器设备为临床诊断、治疗提供依据。医学检验分为临床检验与医学实验技术两方面。进入 21 世纪以来，随着科学技术的迅猛发展，生物化学、免疫学、遗传学、分析化学、生物物理学以及电子技术、计算机、精密分析等学科和技术已向医学检验领域广泛渗透；激光、色谱分析、荧光分析、质谱分析、流式细胞术、DNA 扩增技术等许多高科技的技术手段，都已被广泛应用于医学检验。临床检验提供诊断的方法有临床血液学、临床生化、临床微生物学、临床免疫学和临床分子生物学实验诊断等。目前特别是分子生物学检验技术正向更高、更深的方向发展。

【例题 5】缺血修饰白蛋白 (ischemia modified albumin，IMA) 在急性冠状动脉综合征 (acute cornary syndrome，ACS) 临床诊断中的应用。

【检索目的】主要了解缺血修饰白蛋白在急性冠状动脉综合征早期诊断中的检测方法。

【题目分析】

急性冠状动脉综合征 (acute coronary syndrome，ACS) 是临床常见的心脏血管急症，也是造成急性死亡的重要原因。心肌缺血是 ACS 最常见的发病机制，临床工作中，有相当一部分症状隐匿的患者实际上是心肌缺血患者，这些患者的病死率比住院患者高 1 倍。因此，一种灵敏的心肌缺血标志物则成为能在 ACS 早期可逆阶段检出，从而使急性缺血患者能够及时、正确地诊断和治疗的关键。

缺血修饰白蛋白（ischemia modified albumin，IMA）是人体血清白蛋白在流经缺血组织时产生的，由于组织局部反应性氧化产物增多、酸中毒、细胞膜上各种能量依赖性离子泵破坏等变化，导致白蛋白结构发生改变，与过渡金属的结合能力下降，形成缺血修饰白蛋白。目前 IMA 的检测方法有白蛋白钴结合试验（albumin－cobaltbinding，ACB）、比色测定法、免疫化学法、液相色谱法、质谱测定法以及核磁共振法等。

关键词有急性冠状动脉综合征（acute cornary syndrome，ACS），缺血修饰白蛋白（ischemia modified albumin，IMA），早期诊断、临床检测、白蛋白钴结合试验、比色测定法、免疫化学法、液相色谱法、质谱测定法、核磁共振法等。

【检索工具】CBM、PubMed、Googlescholar、FreeMedline、EMBASE 等。

【检索方法】

CBM 数据库：

＃1 主题词＝急性冠状动脉综合征/全部副主题词

＃2 缺血修饰白蛋白［智能］OR 主题词＝血清白蛋白/代谢

＃3 ＃1 and ＃2

PubMed 数据库：

＃1 Acute Coronary Syndrome/diagnosis

＃2 ischemia modified albumin OR Serum Albumin/ metabolism

＃3 ＃1 and ＃2

【检索结果分析】

急性冠状动脉综合征宜作为主题词进行检索，缺血修饰白蛋白作为新兴词汇可以自由词进行检索同时搭配它的上位词保证查全。发表的最早文献从 1995 年开始，近五年来文献量激增，说明该课题是目前的研究热点之一；国内文献又以综述、概述居多，说明国内对该检测新方法的应用研究还较少。

五、公共卫生管理案例分析

【例题 6】刚参加工作的儿科医学小王，在临床实践工作中接触到存在睡眠障碍患儿，年龄集中在 0～5 岁，她想了解一下 0～5 岁儿童睡眠的影响因素及其他相关知识。

【课题分析】

睡眠对儿童有着促进生长发育的特殊意义，有助于机体多个系统，特别是中枢神经系统的发育成熟。儿童体格发育所必需的生长激素夜间分泌量比白天多，分泌高峰多出现于睡眠启动后的第一个慢波睡眠。所以睡眠不好将可能直接影响儿童体格及智力的发育，甚至会引起一系列行为问题。

本课题的学科分类主要属于疾病类，包含的下位概念较多，因此首先要了解有关“睡眠障碍”的学科分类，可通过查询 CBM 数据库的分类表或主题词表。

【检索工具】

1. 工具书、图书可利用图书馆的 OPAC 系统进行目录查询，或者利用图书网站，查找相关书目。

2. 查找综述文献可选用的检索工具：中文科技期刊数据库、中国学术期刊全文数据库、CBM、PubMed、Googlescholar。

【检索式】

CBM 数据库：

♯1 主题词=睡眠障碍/病因学−限定：婴儿，新生；婴儿；儿童，学龄前；人类

PubMed 数据库：

♯1 Sleep disorders/etiology

Limits：humans

【结果分析】对某个知识点的全面了解，首选相关专业图书。图书能提供有关幼儿睡眠障碍的基础知识，但是对不同影响因素引起的幼儿睡眠障碍论述不深入，还需查找相关文献作为补充，最后可就一些再具体的知识点进行文献的查找。

【例题 7】2010 年 7 月份以来，南京等地医院陆续收治因食用小龙虾而入院的病人，临床表现为肌肉酸痛并伴血清肌酸磷酸激酶和肌红蛋白升高，部分患者出现酱油色尿，医生诊断为横纹肌溶解症。经过进一步的流行病学调查及专家研究讨论，初步认为此次南京等地出现的少数横纹肌溶解综合征病例与食用小龙虾有关。请就此事件作相关文献调查。

【课题分析】

横纹肌溶解综合征俗称肌肉溶解，横纹肌溶解可使肌肉细胞中的内容物释放到血液中，这些内容物因含有较多的肌红蛋白而使患者表现为肌红蛋白血/尿症，由于肌红蛋白需通过肾脏排出体外，因而重症患者在排出过程中肌红蛋白很容易阻塞肾小管而影响肾功能。通常横纹肌溶解与某些遗传性疾病、肌肉外伤、肌肉缺血性损伤、肌肉运动过度、代谢性疾病、细菌和病毒的感染等有关。其次饮酒、药物或化学毒物也可导致横纹肌溶解。目前我国已报道因食用小龙虾而导致横纹肌溶解的病例，都是在食用小龙虾数小时至十多小时后发病，临床症状为：持续性肌肉疼痛，主要表现为全身性或局部性疼痛（如背、肩、颈部、胸部、下肢、上肢、腰部等），个别病例伴腰痛、乏力、胸闷、呼吸疼痛等症状。病例均无发热、肌肉痉挛、口干、头昏、麻木、意识障碍、肝脾肿大等。临床检验为肌酸磷酸激酶一过性的进行性升高。

小龙虾在我国已有多年的食用历史，食用人群比较广泛，是一种很受欢迎的风味食品。从历史上看，我国曾在 2000 年报道过北京地区发生 6 例小龙虾致横纹肌溶解综合征病例。据文献报道，其他国家也有因食用水产品导致横纹肌溶解综合征的病例，从 1924 年首次发现至今已有 80 多年的历史。该病在波罗的海地区、地中海地区、美国、巴西均有发生，多与食用水牛鱼、淡水鳕鱼或小龙虾等食品有关，但病例发生数均很少。1924 年，国际上首次报道了国外因食用水产品导致的不明原因的横纹肌溶解综合征的病例，因发生在波罗的海沿岸哈夫地区，因而称之为“哈夫病（Haff Disease)”，该病怀疑与一种尚未确定的毒素有关。哈夫病的典型临床表现为横纹肌溶解的突然发

作，伴随肌肉触痛、僵硬、酱油尿等。该病发生可能与大量食用水产品及个体因素有关。南京等地报告的横纹肌溶解综合征病例与既往国内外报告的哈夫病在临床表现、实验室检测结果、流行病学特征上高度相似。

本课题的学科分类主要属于疾病类，包含的下位概念较多，因此首先要了解有关"横纹肌溶解"的学科分类，可通过查询CBM数据库的分类表或主题词表。

【检索工具】

1. 工具书、图书可利用图书馆的OPAC系统进行目录查询，或者利用图书网站查找相关书目。

2. 查找综述文献可选用的检索工具：中文科技期刊数据库、中国学术期刊全文数据库、CBM、PubMed、Googlescholar。

【检索式】

CBM数据库：

#1　主题词 = 横纹肌溶解/病因学诊断

Pubmed数据库：

检索式：

#1 Rhabdomyolysis/diagnosis

#2 Rhabdomyolysis/etiology *

#3 #1 OR #2

Limits：Humans

【结果分析】

对某个知识点的全面了解，首选相关专业图书。图书能提供有关横纹肌溶解的基础知识，但是对具体个案论述不深入，还需查找相关文献作为补充，但未查到因食用小龙虾而致横纹肌溶解的相关文献，最后可就此事件具体的知识点进行文献查找。

六、循证医学检索案例分析

循证医学（evidence－based medicine，EBM）即遵循证据的临床医学。循证医学在仔细采集病史和体格检查基础上，要求临床医师进行有效的文献检索，运用评价临床文献的正规方法，发现最有关和正确的信息，最有效地应用文献即证据，根据证据解决临床问题，制定疾病的预防措施和治疗措施。

循证医学检索工具主要有循证医学出版物、Cochrane协作网、PubMed检索系统、循证医学多元搜索引擎、临床实践指南数据库和卫生技术评估网站等（详见第九章第三节）。

【例题8】

一位临床医生在工作中遇到了如下的问题："缺血性脑卒中患者采用溶栓疗法是否比传统疗法有更好的预后？"

【题目分析】

缺血性脑卒中是指突然发生的脑组织局部供血动脉血流灌注减少或血流完全中断，停止供血、供氧、供糖等，使该局部脑组织崩解破坏。溶栓疗法是通过导管把药物直接注入梗死的部位来溶解血栓，使闭塞血管再通，缺血脑组织重新得到血流灌注最终恢复其生理功能。采取此治疗方法的前后都要做一次脑血管造影，这本身就又有一定的危险性。

对该临床问题的信息需求进行分析和整理，可分为 PICO 这四个要素，“P”表示患者人群（patient 或 population），“I”表示干预措施（intervention），“C”表示比较因素（comparison），“O”表示结果，即干预措施的影响（outcome）。

此课题可分解成：

P：为缺血性脑卒中患者而非出血性脑卒中患者；

I：干预措施是静脉溶栓疗法；

C：对照组为非溶栓疗法；

O：干预措施的影响是比照预后。

【检索工具】

（1）循证医学检索系统 Cochrane 协作网。

（2）PubMed“Clinical Queries”检索。

（3）循证医学多元搜索引擎“TRIP Database”或“SumSearch”。

【检索式】

对于缺血性脑卒中，可以选择如下的检索词。

（1）主题词的选择：查阅主题词表，发现并没有“缺血性脑卒中”的先组词，我们通过主题词间的组配来表示这一概念。选择 Stroke（卒中）、Brain Ischemia（脑缺血）和 Thrombolytic Therapy（血栓溶解疗法）。

（2）关键词的选择：

卒中：Stroke *；Apoplexy；Cerebral Stroke *；Cerebrovascular Accident *；Cerebrovascular Apoplexy；Cerebrovascular Stroke *；CVA *（Cerebrovascular Accident）；Brain Vascular Accident *；Acute Stroke *。

脑缺血：Brain Ischemia *；Ischemic Encephalopathie *；Ischemic Encephalopathy；Cerebral Ischemia *。

血栓溶解疗法：Fibrinolytic Therapy；Thrombolysis，Therapeutic

Cochrane 协作网检索：

在浏览器地址栏输入 http://www.thecochranelibrary.com，进入 Cochrane 协作网主页。点击 Advanced Search 进入高级检索页面。

点击 MeSH Search 进入 MeSH 检索页面，在检索框内输入 Stroke 后点击 Go To MeSH Trees，点击 Stroke 的链接，勾选 Explode 后点击 View Results。

返回 MeSH 检索页面，重复以上步骤检索主题词 Brain Ischemia 和 Thrombolytic Therapy。

返回到高级检索界面，点击 Search History 按钮，进入到检索历史界面，在 Search For 检索框内键入 #1 AND #2 AND #3，点击 Go 按钮。在下方的 Current Search History 框里点击 #4 选项，跳转到结果界面。

【检索结果】

从 Cochrane 系统评价资料库获取 2 篇全文，从疗效评价资料库获取 54 篇全文，获取 2 篇技术评估全文，7 篇经济评价（检索日期 2010－09－01）。

PubMed Clinical Queries 检索：

在浏览器地址栏输入 http ://www. ncbi. nlm. nih. gov/pubmed，进入 PubMed 主页。点击 PubMed Tools 下的 Clinical Queries 进入检索页面。

在 Clinical Study Category 下拉框中的 Category 选项中选择 Prognosis，Scope 选项选择 Narrow（查准）。在检索框内键入 Stroke [Mesh] AND " Brain Ischemia" [Mesh] AND " Thrombolytic Therapy" [Mesh]，点击 Search 按钮。

【检索结果】

通过此方式检索到相关文献 154 篇，文献类型包括系统评价、Meta－分析、临床试验综述、循证医学研究和指南等（检索日期 2010－09－01）。

TRIP Database 检索

在浏览器地址栏输入 http ://www. tripdatabase. com/，进入 TRIP Databas 主页。

在检索框内键入（Fibrinolytic OR Thrombolysis）AND Brain Ischemia * AND Stroke *，点击 Search 按钮。

【检索结果】

从检索结果页面可以看出，检索到循证提要 43 篇、系统评价 75 篇、指南 41 篇、临床咨询 7 篇、电子书 298 篇，另外还有专利信息等（检索日期：2010－09－01）。

【例题 9】

近年来，河南省信阳等地区相继发现并报告发生被蜱虫叮咬后以发热伴血小板减少为主要表现的临床病例，18 名患者因多脏器损害，救治无效死亡。

2010 年 9 月 8 日，河南省信阳市卫生局疾控专家告诉媒体，正在当地传播的疑似无形体病，目前尚无法从根源上预防。国内有 12 个省份发现疑似无形体病例，这些地区的特点都是山区或水域丰富的地方。

请检索有关防治蜱虫叮咬后导致无形体病的临床实践指南。

【题目分析】

人类埃立克体病是由埃立克体经蜱传播所致的一种自然疫源性疾病。埃立克体是立克次体科中的一个属，主要侵犯白细胞和血小板。临床表现和其他立克次体病类似。

【检索工具】

美国国家指南交换中心循证临床实践指南数据库（http ://www. guideline. gov/）。

【检索式】

对于蜱虫选择自由词：ticks

对于无形体病选择自由词：anaplasmosis

检索式:"ticks" and "anaplasmosis"

在检索框内输入:"ticks" and "anaplasmosis"，点击检索按钮。

【检索结果】

从检索结果页面可以看出，检索到有关蜱虫叮咬传播无形体疾病的临床实践指南

2篇，分别是：(1) 美国传染病学会制定的治疗和预防莱姆病、巴贝虫病和人粒细胞无形体病的预防和治疗指南。(2) 对蜱虫传播的立克次病包括无形体病、落基山斑疹热、埃立克体病的诊断和处理指导意见。(检索日期：2010-09-01)。

七、科技文献检索案例

【例题10】检索“城际高速磁浮列车的紧急制动控制及其应用研究”的资料。

【题目分析】

本课题的学科分类主要属于交通运输中的列车制动装置（U260.35）方面，涉及的知识学科门类比较专指，可以采用“分类号”结合其他限定性关键词的方式进行检索。

该题属自然科学领域一般层次的应用型研究，通常情况下需要首先检索时间跨度为5年左右的文献，再视具体情况回溯5～10年。信息类型涉及工具书、中外文专利、期刊、学位论文、会议文献等。

【检索工具】

根据检索课题的学科范围和研究的方向性质，确定需要查找的检索工具如下：

1. 工具书、图书可利用图书馆的OPAC系统进行目录查询，或者利用图书网站，查找相关书目。

2. 查找综述文献可选用的检索工具：维普中文科技期刊数据库；万方中国科技文献数据库群；万方中国科学技术成果数据库；万方中国学术会议论文数据库；万方中国学位论文数据库；CNKI中国优秀博硕士学位论文全文数据库；CNKI中国重要会议论文集全文数据库；CNKI中国期刊全文数据库；NSTL中文期刊、中文会议论文、中文学位论文、西文期刊、外文会议论文、外文学位论文、国外科技报告；EBSCOHost；AIP/APS（美国物理所/物理协会）数据库；CSA（剑桥科学文摘数据库）；Engineering Village（EI）；中国国家知识产权局专利检索；欧洲专利局；美国专利商标局。

【确定检索途径】

本课题最好选用主题（关键词）途径，必要时可结合分类途径，检索方法选用交替法，即时间法与引文法交替进行。

【确定检索词】

首选检索词：本题可以选用的关键词有：城际铁路（intercity railroad）；高速列车（high-speed train）；高速铁路（high-speed railway）；磁浮（maglev、magnetic levitation）；紧急制动（emergency braking）；制动控制（braking control）；涡流制动（Eddy-current brake）。

备选检索词：快速列车（express trains）；有限元（Finite Element Analysis）；距离限值（stance limit）；模糊控制（fuzzy control）；刹车（brake）；制动力学（braking dynamics）。

【拟定检索式】（仅列举部分）

(1)（城际铁路 OR 高速铁路 OR 磁浮）AND（制动力学 OR 紧急制动 OR 涡流制动 OR U260.35）

(2) (intercity railroad OR high－speed railway OR maglev＊) AND (brak＊ dynamics OR emergency brak＊ OR Eddy－current brak＊ OR U260.35)

【检索实施】

根据不同检索系统的语法规则，对上述检索式作适当的调整，并选择合适的检索字段进行检索。本示例对上述 15 个数据库分别进行了检索，并利用网络搜索引擎 (baidu) 进行了补充查找，时间跨度均为 15 年。共检索出相关文献 50 余篇，其中密切相关的期刊论文 9 篇、学术会议论文 5 篇、专利文献 5 篇、博硕士论文 5 篇。(检索日期 2010－09－10)

【检索效果评价】

高速铁路制动系统的研究，目前仍是国内外相关领域学者研究的一个热点问题。我国一些高校及研究机构的部分研究成果已经达到或者处于世界先进水平，如浙江大学、西南交通大学等。

但目前类似的研究大多停留在理论层面上，从检索的结果看，其具体的应用性研究 (如应用于城际高速铁路) 较少，因此，此题——“城际高速磁浮列车的紧急制动控制及其应用研究”的社会价值及学术意义显著，具有一定的研究价值。

【例题 11】检索国内外是否有关于高分子聚合物调控型丝素蛋白药物释放系统的研究，确认该课题是否具有继续研究的价值。

【题目分析】

课题涉及生物技术、高分子化学、药物化学领域，技术要点要求检索近年来的中外文专利、期刊、学位论文等。最好采用主题途径，追溯 10～15 年。

中文关键词：高分子聚合物、聚乙烯醇、壳聚糖、丝素蛋白、调控、药物释放系统、高压静电纺丝、超细纤维。

英文关键词：high molecular /macromolecule，polymer，Polyvinyl alcohols/PVA，chitosan，silk fibroin/ fibroin protein，adjusting and controlling /controlled release / delivery system，drug delivery，electrospinning，ultrafine fiber。

【检索工具】

中文科技期刊数据库、中国科学技术成果数据库、中国专利数据库、CAB、欧洲专利数据库等 22 种国内外主要的数据库，并利用 GOOGLE 进行补充查找。

【检索结果】

检出相关文献 50 多篇，经筛选列出相关文献 14 篇。(检索日期 2010－09－10)

【检索结论】

① 5 篇相关文献报道丝素蛋白作为药物控制释放材料。

② 1 篇相关文献报道采用高压静电纺丝法，1 篇相关文献报道采用高压静电纺丝法的是乙烯一乙烯醇共聚物。

③ 7 篇相关文献报道丝素蛋白高分子聚合物 (主要是聚乙烯醇、壳聚糖) 复合共混物。

④ 未见丝素蛋白药控系统的高分子聚合物 (聚乙烯醇、壳聚糖) 研制及应用研究；未见药控系统的高分子聚合物溶胀降解行为研究；未见丝素蛋白超细纤维网体的高压静

电纺丝技术；未见药物匀释的药控系统构型设计与制备工艺。

⑤ 综上所述：在国内外检出文献中，未见与“高分子聚合物调控型丝素蛋白药物释放系统的研究”相关的文献报道。本课题具有研究价值。

八、社科文献检索案例

【例题 12】随着电子商务的发展，越来越多的人开始接触网络购物，“网购达人”随处可见，甚至有人沉迷于网络购物，无法控制，这已经被认为是一种网络心理疾病。请查找相关学术文献。

【课题分析】

网络成瘾指个体反复过度使用网络导致的一种精神行为障碍，表现为对使用网络产生强烈欲望，突然停止或减少使用时出现烦躁、注意力不集中、睡眠障碍等。按照《网络成瘾诊断标准》，网络成瘾分为网络游戏成瘾、网络色情成瘾、网络关系成瘾、网络信息成瘾、网络交易成瘾 5 类。标准明确了网络成瘾的诊断和治疗方法。

本课题是对网络交易成瘾方面的研究，学科分类主要属于精神病学与心理学类，包含的下位概念较多，因此首先要了解有关“行为，成瘾”的学科分类，可通过查询 CBM 数据库的分类表或主题词表。

【检索工具】

1. 工具书、图书可利用图书馆的 OPAC 系统进行目录查询，或者利用图书网站，查找相关书目，并查阅中国互联网络信息中心发布的《2009 年中国网络购物市场研究报告》等。

2. 查找综述文献可选用的检索工具：中文科技期刊数据库、中国学术期刊全文数据库、CBM、PubMed、Googlescholar。

【检索式】

CBM 数据库：主题词 = 行为，成瘾/全部副主题词

Pubmed 数据库：Behavior，Addictive

【结果分析】

对某个知识点的全面了解，首选相关专业图书。图书能提供有关网络成瘾或不良网络行为的基础知识，但是对网购强迫症的典型情况论述不深入，还需查找相关文献作为补充，最后可就一些更具体的知识点进行文献查找。

九、生物信息学分析案例

【例题 13】遗传性神经性耳聋是一种常见的常染色体显性遗传疾病，夏家辉院士于 1998 年 5 月克隆了人类遗传性神经性耳聋疾病基因（GJB3），该文于 1998 年 12 月在 *Nature Genetics* 上发表，实现了我国本土克隆疾病基因零的突破，在国内外产生了较大的影响，意义重大。现查找夏家辉院士 1998 年发表在 *Nature Genetics* 的关于人类遗传性神经性耳聋的致病基因——GJB3 的论文，在 GenBank 中查找该基因的原始核酸序列，并利用 NCBI 的 BLAST 工具，对所得的序列与序列号为 AK240246.1 的基因进行相似性比对。

(1) 在浏览器地址栏输入 http://www.ncbi.nlm.nih.gov/pubmed，进入 PubMed 主页。点击 PubMed Tools 下的 Single Citation Matcher（单引文匹配器）进入检索页面。

在 Single Citation Matcher 中的 Journal 选项中输入 Nat Genet，Date 检索框内输入 1998，Author name 检索框内键入 xia jh（如图 9－3－1），点击 GO 按钮，跳转到此论文的详细信息页面。

NCBI　Resources　How To

PubMed Single Citation Matcher

- Use this tool to find PubMed citations. You may omit any field.
- Journal may be the full title or the title abbreviation.
- For first and last author searching, use smith jc format.

Journal: Nat Genet

Date: 1998 (month and day are optional)

Volume:　Issue:　First page:

Author name (see help) xia jh

Only as first author　Only as last author

Title words:

Go　Clear

图 9－3－1　PubMed 单引文匹配器检索界面

(2) 在得到的结果页面中点击"Publication Types, MeSH Terms, Substances, Secondary Source ID"前面的"+"号，打开扩展项，可以看到 Secondary Source ID: GENBANK/AF052692 选项，点击该选项链接跳转到此基因的核酸序列报告，其中 ORIGIN 项表示该基因的原始序列。

(3) 在核酸序列报告页面右侧 Analyze this sequence 工具栏中点击 Run BLAST，跳转后如图 9－3－2。

(4) 在 Choose Search Set 下的 Entrez Query 检索框中输入要对比的基因，即 GenBank 序列号 AK240246.1，点击页面最下部的 BLAST 按钮。结果如图 9－3－3。

(5) 通过对比可知，AK240246.1 与 BC110640.1 类似，在 1262 个碱基对里面有 1061 个相同，相似百分率为 84%。

BLAST Basic Local Alignment Search Tool
Home Recent Results Saved Strategies Help
NCBI/ BLAST/ blastn suite
blastn blastp blastx tblastn tblastx
BLASTN programs search nucleotide databases using a nucleotide query. more...
Enter Query Sequence
Enter accession number, gi, or FASTA sequence Clear
AF052692.1
Query subrange
From
To
Or, upload file 选择文件 未选择文件
Job Title
Enter a descriptive title for your BLAST search
Align two or more sequences
Choose Search Set
Database Human genomic + transcript Mouse genomic + transcript Others (nr etc.):
Nucleotide collection (nr/nt)
Organism Optional
Enter organism name or id--completions will be suggested Exclude
Enter organism common name, binomial, or tax id. Only 20 top taxa will be shown.
Exclude Optional Models (XM/XP) Uncultured/environmental sample sequences
Entrez Query Optional
Enter an Entrez query to limit search
Program Selection
Optimize for Highly similar sequences (megablast)
More dissimilar sequences (discontiguous megablast)

图 9－3－2 基因核酸序列比对分析检索页面

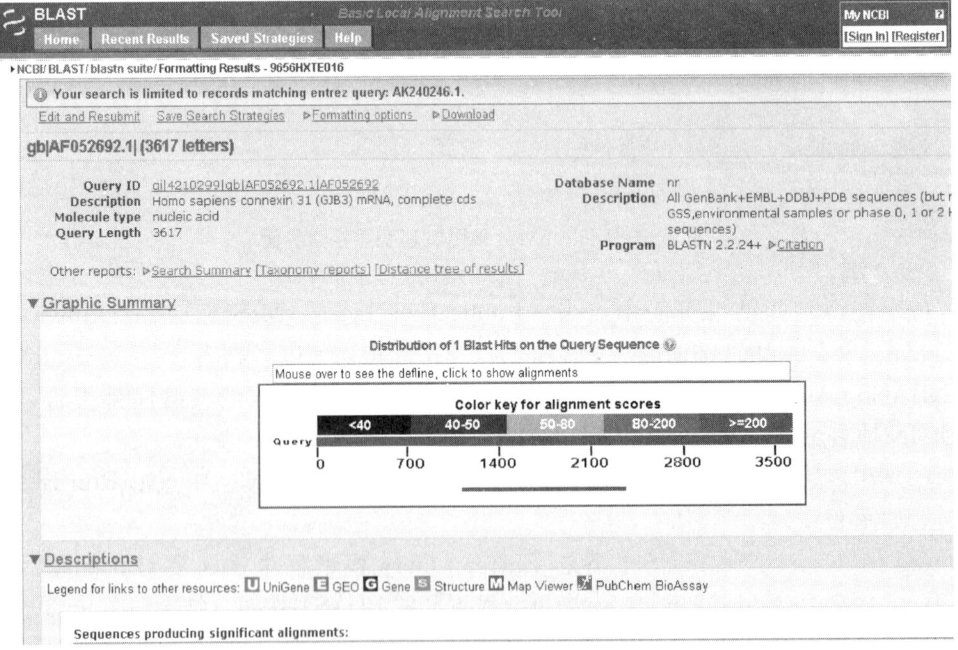

图 9－3－3 基因核酸序列比对分析结果页面

（刘 萍 刘 娟 伍 利 胡 臻 丘 琦 李勇文）

第十章　集成信息检索系统

信息集成是整合信息资源及解决数字信息系统可扩展性和支持复杂信息访问的重要基础，数字图书馆技术研究的一个热点问题就是如何帮助用户高质量地检索并获取真正有用的信息。借助海量存储技术和可靠性高的网络访问能力，作为国家层面进行全国性文献保障的一些重点文献服务机构，充分整合其所在行业的文献信息资源，构建大型元数据库，依托参考咨询、代查代检和馆际文献传递技术，通过其门户网站可为全国读者提供文献信息查询及全文服务。

任何一个文献情报服务机构，由于其服务对象和经费的限制，不可能也没必要购买所有类型的出版物，因此文献资源的共建共享成为各类文献情报服务机构的共识。读者只要会充分利用全国性的集成信息检索系统，通过馆际互借方式就能获取在本单位不能查找到的各类型文献资料全文。

所谓集成信息检索系统，即利用最新的因特网技术，将各学科领域不同载体、不同来源的信息资源，依据一定的需要，进行评价、类聚、排序、建库等，重新组合成一个效能更高的信息资源体系，实现跨平台、跨数据库的信息无缝链接，使读者能够通过统一的检索平台查找和获得相关的信息资源，以便更有效地利用信息资源。所谓“一站式”（All－in－One）服务，即读者在一个入口、一个检索界面，经一次检索就能够获得全方位的文献资源和全面的相关信息的一体化集成式服务。

第一节　馆际互借与参考咨询

一、馆际互借

馆际互借（Interlibrary Loan，ILL）服务含原文借阅和文献传递两大方面，提供图书、期刊、会议论文、学位论文、报告、标准、古文献、旧报纸等文献的复制件或电子版。文献传递的提供方式有 E-mail、网上文献传递系统、传真、邮寄、自取以及人工专送等。

在服务模式方面，传统的文献传递是“公对公”的单一的服务模式，一般只在图书馆之间进行，服务对象为各图书馆的馆员，或有限的少数读者。今天，传递手段与途径的多样化、电子商务的应用，使得越来越多的读者突破所在地图书馆的限制，直接向文献的原始提供机构寻求服务，形成了文献传递多种服务模式并举的格局。在这种情况下，原来作为读者与文献提供馆之间中介的图书馆，需要更多地考虑如何帮助读者获得他们自己难于获得的文献资源。

作为文献的原始提供机构，一方面要加强馆藏文献的组织与全面揭示；另一方面要对纸质文献进行大规模数字化加工。只有通过这两项工作，其作为集成信息检索系统的作用才能充分发挥。作为本地读者的文献信息服务机构，一方面要向读者进行宣传推广，向读者揭示其所需文献资料的获取渠道；另一方面，可通过代查代检为读者索取文献资料原文。

二、参考咨询

虚拟参考服务（Virtual Reference Service），也称数字参考服务（Digital Reference Service），是指图书馆采用数字化手段，通过网络方式向读者提供信息参考的一种新型服务方式。目前国内图书馆开展网上咨询服务的方式主要有四种：问询电话和 E-mail 信箱、BBS 留言板或留言簿、FAQ（Frequently Asked Questions，常见问题解答）以及实时参考咨询。通过此项服务读者可以获取科技文献检索方法，同时能与图书馆工作人员实时交互，解决文献资料查找中遇到的各种困难。

国内开展虚拟参考咨询服务较好的有上海市中心图书馆网上联合知识导航站(http://dl. eastday. com/zsdh/index. html)、北京大学图书馆参考咨询服务（http ://162. 105. 139. 185/portal/portal/group/pkuguest/media - type/html/page/cvrs - rt. psml）、上海交通大学图书馆的实时解答虚拟咨询系统（http :// www. lib. sjtu. edu. cn/list. do? articleType _ id=46）、国家科学图书馆的网上参考咨询系统（http :// dref. csdl. ac. cn/digiref/）等。国外如 OCLC 与美国国会图书馆联合推出的全球联合咨询系统 QuestionPoint（http :// www. questionpoint. org/）等。

第二节　国内重要文献集成检索系统

一、国家科技图书文献中心

1. 概况

国家科技图书文献中心（National Science and Technology Library，简称 NSTL）是根据国务院领导批示于 2000 年 6 月 12 日组建的一个虚拟的科技文献信息服务机构，成员单位包括中国科学院国家科学图书馆、工程技术图书馆（中国科学技术信息研究所、机械工业信息研究院、冶金工业信息标准研究院、中国化工信息中心）、中国农业科学院图书馆、中国医学科学院图书馆。网上共建单位包括中国标准化研究院和中国计量科学研究院。中心设办公室，负责科技文献信息资源共建共享工作的组织、协调与管理。

根据国家科技发展需要，NSTL 按照“统一采购、规范加工、联合上网、资源共享”的原则，采集、收藏和开发理、工、农、医各学科领域的科技文献资源，面向全国开展科技文献信息服务。其发展目标是建设成为国内权威的科技文献信息资源收藏和服务中心；现代信息技术应用的示范区；同世界各国著名科技图书馆交流的窗口；与国内其他科技图书文献系统联合的枢纽；全国科技文献资源服务体系的龙头；信息、资源管理研究、人才培养和科普教育基地。

NSTL 主要任务是统筹协调，较完整地收藏国内外科技文献信息资源，制订数据加工标准、规范，建立科技文献数据库，利用现代网络技术，提供多层次服务，推进科技文献信息资源的共建共享，组织科技文献信息资源的深度开发和数字化应用，开展国内外合作与交流。

2. 资源与服务

国家科技图书文献中心网址为 http://www.nstl.gov.cn/（见图 10－2－1）。

图 10－2－1　NSTL 中心网站

NSTL2008 年订购外文科技期刊 17531 种，约占国内订购品种数的 2/3 以上；2008 年订购外文会议录、科技报告、工具书等文献 4298 套 8895 种，约占国内订购品种的 60％以上。资源类型包括期刊论文、会议文献、学位论文、科技报告、专利、标准和计量规程等，资源语种包括中文、英文、日文、俄文等。文献资料近 6500 万条。

NSTL 设中心主站，目前在全国设有 8 个镜像站，还在全国设有 14 个服务站。四川地区用户在成都镜像站申请用户名后，一般通过成都镜像站登录并进行文献检索。使用 NSTL 的主要目的就是获取读者所需的文献资料，而这些文献资料往往是读者所在单位文献服务机构不能提供的（见图 10－2－2）。

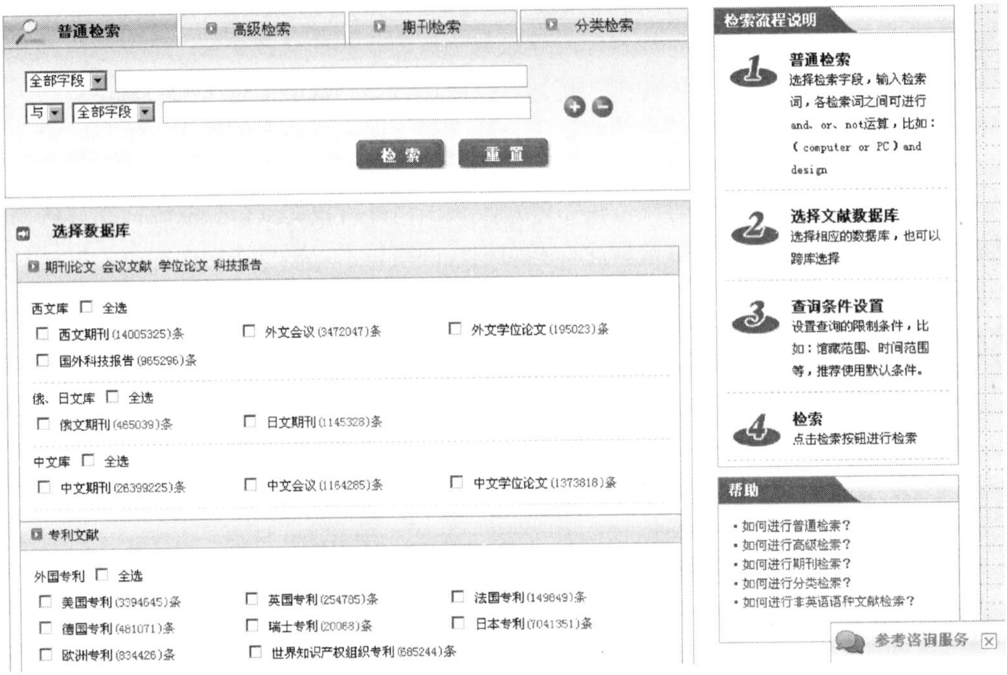

图 10－2－2 NSTL 文献检索窗口

检索到所需文献后，可将选中文献放入购物车，点购物车图标，可查看到所需获取文献清单，然后进入原文订购流程（见图 10－2－3）。

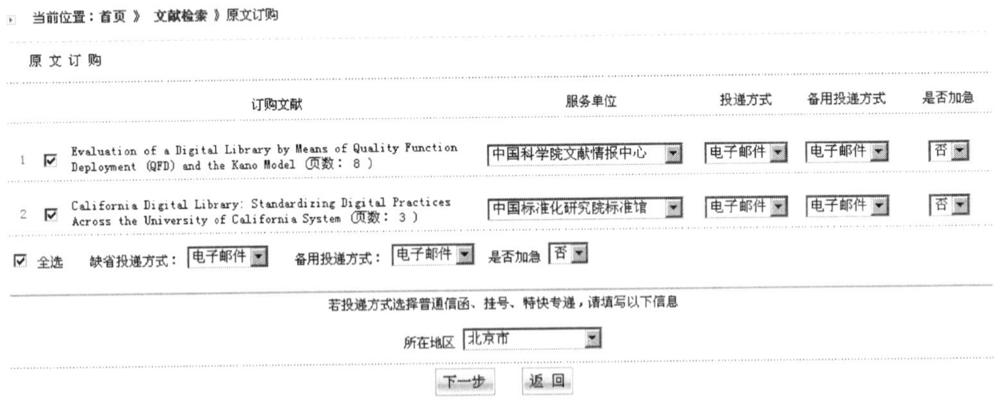

图 10－2－3 NSTL 原文订购窗口

在查询和订购文献过程中，有任何问题，均可点击页面右下“参考咨询服务”图标，进入实时咨询界面，在线向工作人员请教相关问题。如果在文献检索过程中出现问题，可进入“代查代检”页面，通过填写“请求订单表”，NSTL 工作人员会代查此文献，在扣除相关费用后，将所需文献通过邮件发送到你的电子邮箱。

二、中国高等教育文献保障体系

中国高等教育文献保障系统（China Academic Library & Information System，简称 CALIS），是经国务院批准的我国高等教育“211 工程”“九五”“十五”总体规划中的三个公共服务体系之一。CALIS 的宗旨是，在教育部的领导下，把国家的投资、现代图书馆理念、先进的技术手段、高校丰富的文献资源和人力资源整合起来，建设以中国高等教育数字图书馆为核心的教育文献联合保障体系，实现信息资源共建、共知、共享，以发挥最大的社会效益和经济效益，为中国的高等教育服务（见图 10－2－4）。

图 10－2－4　CALIS 中心网站

CALIS 管理中心设在北京大学，下设了文理、工程、农学、医学四个全国文献信息服务中心，华东北、华东南、华中、华南、西北、西南、东北七个地区文献信息服务中心和一个东北地区国防文献信息服务中心。

从 1998 年开始建设以来，CALIS 管理中心引进和共建了一系列国内外文献数据库，包括大量的二次文献库和全文数据库；采用独立开发与引用消化相结合的道路，主持开发了联机合作编目系统、文献传递与馆际互借系统、统一检索平台、资源注册与调度系统，形成了较为完整的 CALIS 文献信息服务网络。迄今参加 CALIS 项目建设和获取 CALIS 服务的成员馆已超过 500 家。

1. Calis 西文期刊目次库（CCC）

CCC 是 CALIS 推出的产品之一（见图 10－2－5）。该系统收录 3 万多种西文期刊的篇名目次数据，其中有 2.2 万种现刊的篇名目次每星期更新一次。系统标注了 CALIS

高校图书馆的纸本馆藏和电子资源馆藏；系统把各图书馆馆藏纸本期刊和图书馆购买全文数据库所包含电子期刊与篇名目次数据有机地集成到一起，使读者可以直接通过系统的资源调度得到电子全文；并且系统连接了 CALIS 馆际互借系统，读者可以把查找到的文章信息直接发送“文献传递”请求获取全文。该系统还为各成员馆提供多种用户使用查询统计报告，成员馆馆藏导航数据下载，成员馆电子资源维护等服务。

图 10－2－5　CCC 首页

CCC 提供的功能包括查找文章、期刊浏览、数据库导航、图书馆馆藏、代查代检等功能。由于西文期刊收录范围大，读者查找期刊文章时可以 CCC 作为检索入口，查到所需论文哪些图书馆有纸本馆藏、所在期刊被哪些数据库收录以及该期刊被哪些数据库收录。如果本单位有馆藏则可直接获取所需全文；如果本馆没有，则可通过馆际互借方式获取所需全文（见图 10－2－6）。

在期刊导航页面，分别可以看到各著名文摘库收录期刊数量、各字母开头的期刊数量以及各学科所包含期刊数量（见图 10－2－6）。

2. CASHL

中国高校人文社会科学文献中心（China Academic Social Sciences and Humanities Library，简称 CASHL）是在教育部的统一领导下，本着“共建、共知、共享”的原则、“整体建设、分布服务”的方针，为高校哲学社会科学教学和研究建设服务的文献保障服务体系，是教育部高校哲学社会科学“繁荣计划”的重要组成部分，也是全国性的唯一的人文社会科学文献收藏和服务中心，其最终目标是成为“国家哲学社会科学资源平台”（见图 10－2－7）。

CASHL 的建设宗旨是组织若干所具有学科优势、文献资源优势和服务条件优势的高等学校图书馆，有计划、有系统地引进和收藏国外人文社会科学文献资源，采用集中

文摘库收录
- AGRICOLA (676)
- AGRIS (2695)
- AHCI (1435)
- BIOLOGY (4208)
- EI (5831)
- ERIC (1016)
- FSTA (7121)
- INSPEC (3856)
- MEDLINE (18850)
- SCI (7951)
- SSCI (2179)

字母导航

A (8538)	B (4888)	C (8133)
D (2255)	E (4435)	F (2654)
G (1935)	H (2230)	I (6257)
J (7687)	K (832)	L (1956)
M (4850)	N (3108)	O (1524)
P (6589)	Q (383)	R (4390)
S (5728)	T (3261)	U (778)
V (957)	W (1678)	X (36)
Y (276)	Z (830)	Other (11076)
ALL (97264)		

学科导航
全部学科
- 哲学(1277)
- 经济学(6408)
- 法学(8270)
- 教育学(2007)
- 文学(2902)
- 历史学(1775)
- 理学(16441)
- 工学(16255)
- 农学(1456)
- 医学(17420)
- 军事学(295)
- 管理学(5094)
- 其他(35841)

图 10－2－6　CCC **期刊浏览**

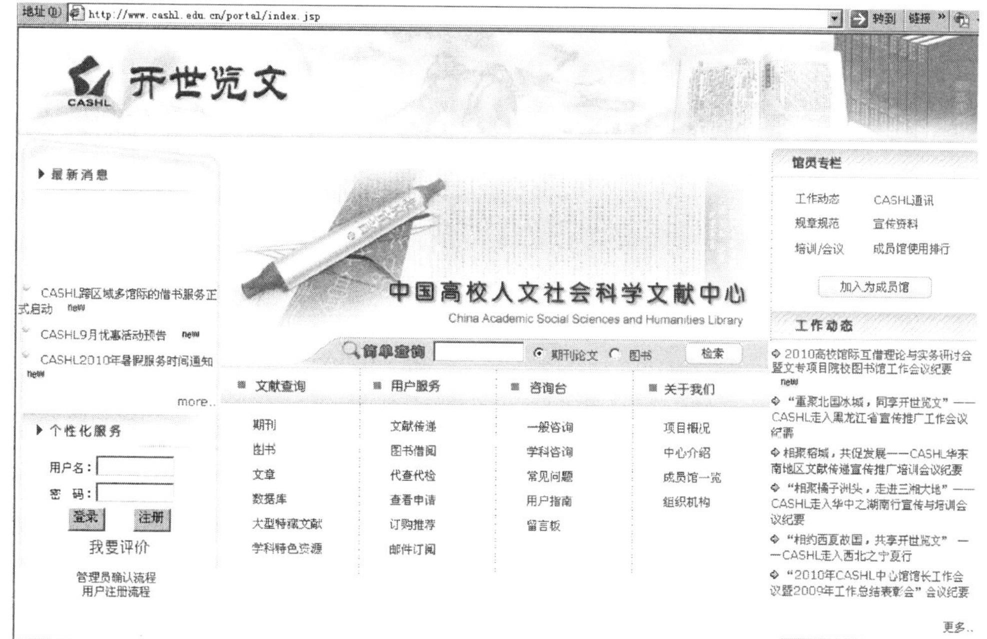

图 10－2－7　CASHL **首页**

式门户平台和分布式服务结合的方式，借助现代化的网络服务体系，为全国高校、哲学社会科学研究机构和工作者提供综合性文献信息服务。

CASHL 于 2004 年 3 月 15 日正式启动并开始提供服务。目前已收藏有 11100 多种国外人文社会科学领域的核心期刊和重要期刊，1370 种电子期刊以及 27 万种早期电子图书，44 万种外文图书，以及“高校人文社科外文期刊目次库”和“高校人文社科外文图书联合目录”等数据库，提供数据库检索和浏览、书刊馆际互借与原文传递、相关咨询服务等。任何一所高校，只要与 CASHL 签订协议，即可享受服务和相关补贴。

CASHL 目前已拥有 500 多家成员单位，包括高校图书馆和其他人文社会科学研究机构。个人用户近 4 万多个，机构（团体）用户逾 1300 家。期刊/书目接受用户检索近 4000 万次，原文传递请求 46 万多篇。

CASHL 的资源和服务体系由两个全国中心、五个区域中心和十个学科中心构成，其职责是收藏资源、提供服务。

CASHL 提供的服务包括文献查询、用户服务和咨询服务。文献查询包括查询期刊、图书、文章、数据库、大型特藏文献和学科特色资源；用户服务包括文献传递、图书借阅、代查代检、查看申请等；咨询服务包括一般咨询、学科咨询、常见问题解答、用户管理、留言板等。医学院校图书馆由于文献保障重点为生物医学文献，人文社科文献总量偏少，因此，医学生和临床工作人员在查阅人文社科文献时，应充分利用 CASHL 来获取所需文献原文（见图 10－2－8）。

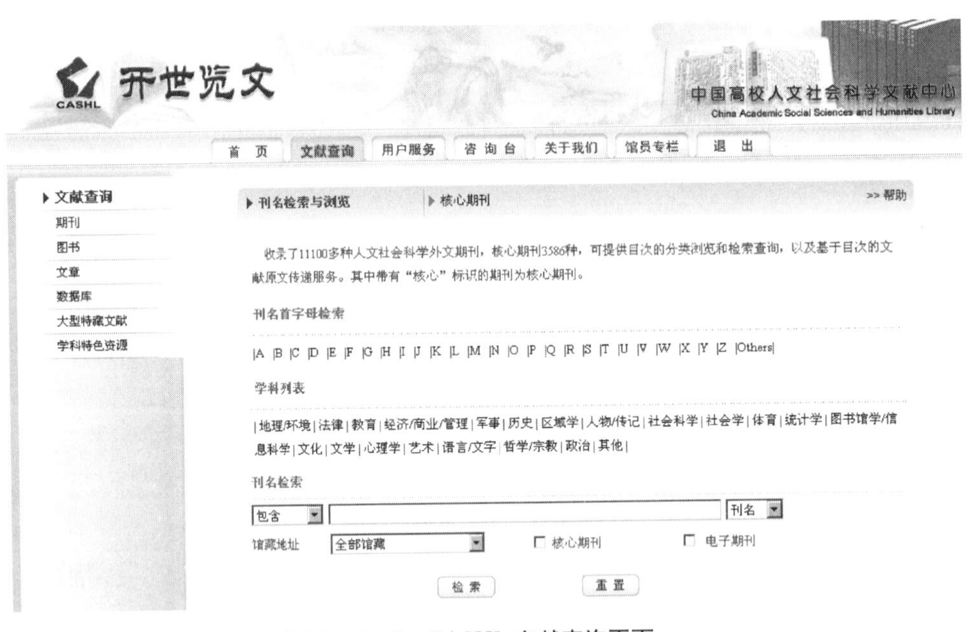

图 10－2－8　CASHL 文献查询页面

三、外文生物医学期刊文献服务系统（FMJS）

1. 概况

《外文生物医学期刊文献数据库》，简称 FMJS（Foreign Medical Journal Full-Text Service），为国家重点电子出版物规划项目，主管单位为中华人民共和国卫生部，由中华医学会主办，北京康健世讯公司承办，中华医学电子音像出版社出版，其国际标准连续出版物号为：ISSN 1673－8292；国内统一刊号为：CN11－9281/R。目前共收录期刊4028种，其中OA期刊1077种。

通过现代信息整合理念，FMJS以外文生物医学文献为对象，对广泛分散的大量数字化资源进行优化重组，形成一个集文献检索、全文获取通道揭示和文献评价功能为一体的高效能的新的资源体系。目前FMJS体现了三种形式的整合，即文献资源的整合（期刊），文献内容的整合（文摘），知识通道的整合（全文获取通道、评价工具）。

FMJS是以解放军医学图书馆和中国医学科学院协和图书馆馆藏外文期刊为基础建立起来的文摘型数据库检索系统。以文摘数据库为查询工具，可以提高文献的查全查准率。同时FMJS向用户提供进行馆际互借和文献递送服务的工具，将所需文献自动提交至外文期刊资源馆进行馆际互借，并将获得的全文文献通过电子邮件送达读者，达到资源共享之目的；系统引入世界著名的文献评价工具，便于对检索结果进行质量评估，同时强调检索平台的国情化和个性化，全文服务通道的快速、便捷和高效。

FMJS收录了1995年以来解放军医学图书馆和协和图书馆收藏的外文生物医学核心和重要期刊4028种（含印本和电子期刊，2010年8月统计），其中印刷性原版期刊2780种（占70%），文献总量560多万篇，每年新增50多万篇，数据每月更新，与到馆期刊和电子期刊全文发时间基本同步。收刊量占两馆外文期刊的90%，内容涉及医学、医学生物学、药学、药物化学、卫生保健及医学边缘学科等各领域的文摘数据。

2. 功能

（1）一站式文献检索平台。

完备的检索功能和丰富的检索模式：提供自由词检索、主题词导航检索、单项检索、检索史检索、策略检索、期刊导航、二次检索、链接检索、条件限定检索等功能（见图10－2－9）。

（2）文献评价功能。

面对现代医学信息的“信息过载”、“信息泛滥”与“信息迷航”等的问题，FMJS引用国际著名的文献评价工具（SCIE，GS，F1000），通过对核心资源、核心文献和专家评估文献的整合，可以方便快捷地掌握该领域的研究进展和发展趋势以及全球最新研究动态，揭示高质量的文献资源和最有价值的文献，有效解决文献信息数量大、更新速度快、医生阅读时间少等问题。

系统通过丰富的网络资源特别是公开获取（OA）渠道，整合揭示了SCI的查收、查引功能，使用户可以方便地获取检索结果的SCI的收录与被引用题录信息。通过此项功能可以了解同行研究最新轨迹和工作进展、掌握自己科研成果应用情况及其科学价值、帮助读者确定文章投稿期刊等，为国人使用SCI查收、查引功能提供最便捷的通道。

其他评价功能包括F1000评价、Google Scholar引用评价等（见图10－2－10）。

（3）全文获取通道整合与揭示。

整合国内馆藏外文期刊资源，实现统一检索平台，提供“一站式”信息检索和高效便捷的全文获取通道是FMJS的主要服务宗旨（见图10－2－11）。FMJS通过以下方式

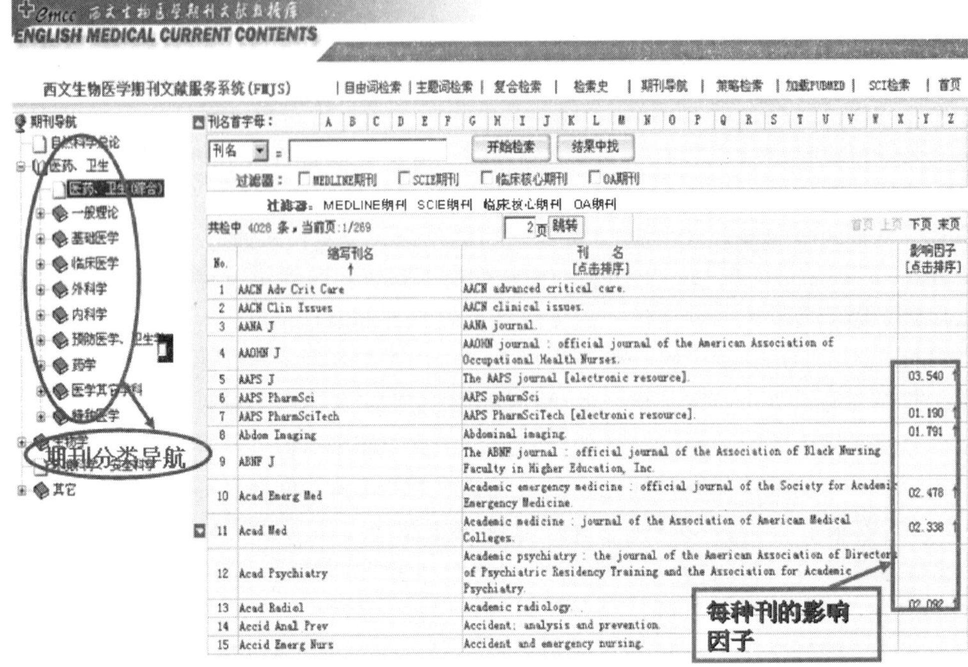

图 10-2-9　FMJS 期刊学科分类导航检索功能

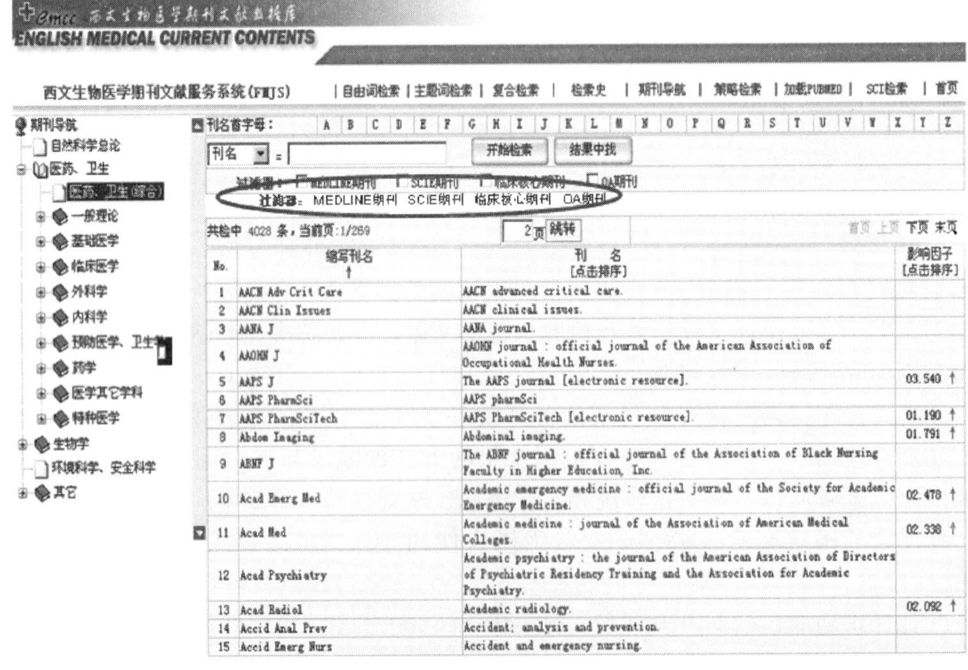

图 10-2-10　FMJS 期刊过滤器功能

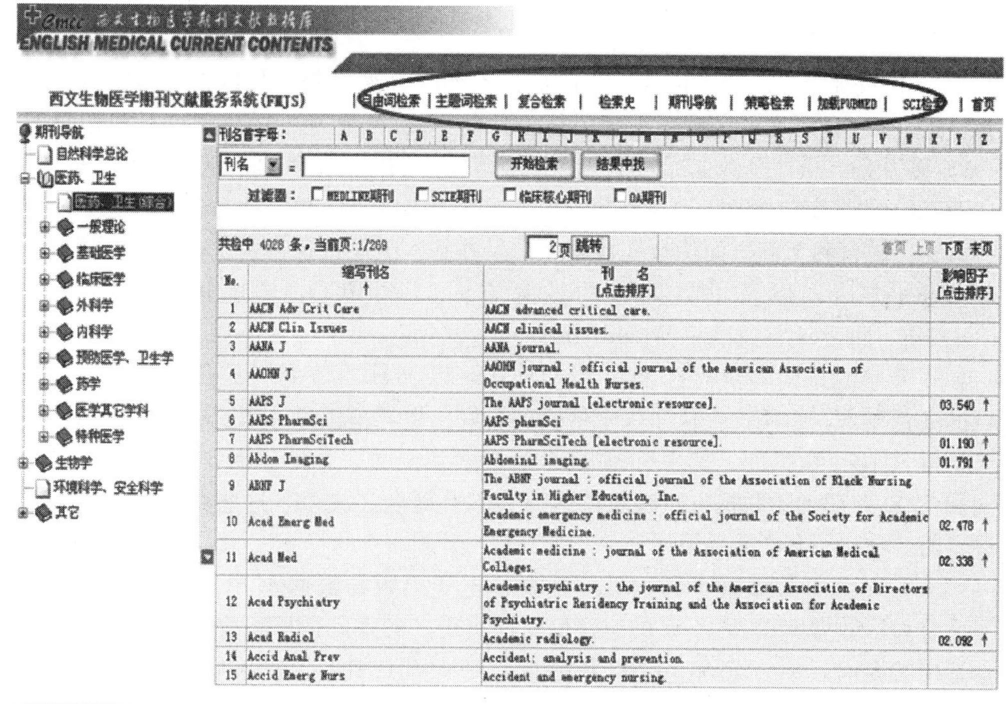

图 10－2－11　FMJS 检索功能

提供全文保障服务：FMJS Linkout 获取，免费文献（Open Access）获取，国外全文数据库获取，国外图书馆馆际互借获取，NSTL Linkout 获取。

第三节　国外重要文献集成检索系统

一、OCLC

OCLC 全名为 Online Computer Library Center，Inc.，即联机计算机图书馆中心，总部在美国俄亥俄州都柏林，是世界上较大的提供文献信息服务的机构。它是一个面向图书馆的非赢利性质、成员关系的计算机服务和研究组织，以推动更多的人检索世界上的信息、实现资源共享并减少费用为主要目的。OCLC 创建于 1967 年，目前有超过 72000 个图书馆，在 171 个国家和地区都在使用 OCLC 的服务来查询、采集、出借和保存图书馆资料以及为它们编目。OCLC 亚太区网址为 http ://www.oclc.org/asiapacific/zhcn/default.htm。

FirstSearch 是 OCLC 的一个联机参考服务系统，通过该系统可检索到 70 多个数据库。从 1999 年开始，CALIS 全国工程中心订购了其中的基本组数据库。

FirstSearch 基本组包括 10 多个数据库，其中大多是综合性的库，这些库的内容涉及工程和技术、工商管理、人文和社会科学、医学、教育、大众文化等领域。其中 WorldCat 是世界上最大的、由几千个成员馆参加联合编目的书目数据库，它包括 8 种记录格式，458 种语言的文献，覆盖了从公元前 1000 年到现在的资料。目前记录数已达 5000 多万条，从这个数据库可检索到世界范围内的图书馆所拥有的图书和其他资料。ArticleFirst 数据库包含 12500 多种期刊文章和目次的索引。WilsonSelectPlus 是一个科学、人文、教育和工商方面的全文数据库。另外基本组还包括特别受欢迎的国际会议论文库 PapersFirst，以及世界闻名的教育方面的库 ECO，覆盖医学各领域的库 MEDLINE，世界年鉴数据库 WorldAlmanac 等。

1999 年 8 月推出的新版的 New FirstSearch 以 Web 为基础，采用了当前信息通讯领域的高新技术，给用户提供了一个便捷、友好、世界范围的参考资源。目前通过该系统可检索 80 多个数据库，其中有 30 多个可检索到全文，总计包括 6000 种期刊的联机全文和 2000 种期刊的联机电子映象，达 600 多万篇全文文章。这些数据库涉及广泛的主题范畴，覆盖了各个领域和学科。

New FirstSearch 实现了和 OCLC 的联机电子出版物数据库 ECO 的完全整合，增强了联合编目数据库 WorldCat 的馆藏信息，实现了各库间的联机全文共享。通过一个简单适用的界面，New FirstSearch 将完成：对 OCLC ILL（馆际互借）的无缝访问；数千种印刷型和电子期刊的全文文章的跨数据库的联机显示；直接链接 Internet 资源；帮助使用者选择合适的数据库；灵活的检索功能；在记录表中显示出用户所在图书馆的馆藏标识等。

二、Dialog

美国 DIALOG 系统是目前世界上最强大的国际联机检索系统，也是目前运作最成功的联机商业数据库系统之一，它拥有 120 多个国家约 2.5 万多个机构用户，主机系统位于美国加利福尼亚州的 PALO ALTO 市。DIALOG 拥有 900 余个联机数据库，其内容涉及 40 多个语种和占世界发行总量的 60%的 6 万多种期刊。DIALOG 是世界最著名的商用联机数据库系统之一，它的服务是收费服务。DIALOG 中心网址为 http ://www. dialog. com/。

DIALOG 学科覆盖面广，几乎涉及全部学科范围，包括综合性科学、自然科学、应用科学和工艺学、社会科学和人文科学、时事报道和商业经济等。其数据来源于各种不同的图书、报纸、杂志期刊、技术报告、会议论文、专著、专利、标准、报表、目录、手册等上的信息。其数据形式包括：文献型——文献的题录和文摘；数值型——统计表、商业财政数据等；名录字典型——手册、指南、名录等；全文型——论文、报告、新闻报道的全文等。

DIALOG 的 900 余个数据库中，有许多极具代表性的和常用的数据库，著名的数据库如 CA（化学文摘）、INSPEC（英国科学文摘）、MEDLINE（医学文献数据库）、MATHSCI（数学文献数据库）、BA（生物学文摘）、NTIS（美国政府报告）等都加入到 DIALOG 系统中；还有著名的几大检索数据库，如 SCI（科学引文索引）、EI（工程索引）、ISTP（科技会议录索引）、SSCI（社会科学引文索引）、AHCI（艺术与人文科学引文索引）等也都可从DIALOG系统中检索；再有世界著名的DERWENT专利数据库以及美国专利、欧洲专利、日本专利等数据库也都可在DIALOG中查询。DIALOG更有一些全文数据库，如IAC的计算机全文库、《纽约时报》和《华盛顿邮报》等的全文库等。具体的学科范围及数据库请参照DIALOG学科分类与所有数据库（按字顺排列）。

三、STN

STN为the Scientific and Technical Information Network的简称，是一个专门为了满足科技人员及信息专业人员查找与科技相关文献而做的检索系统。该系统创建于1983年，提供完全的科技信息领域的在线服务。它是由美国化学文摘社CAS、德国卡尔斯鲁厄专业信息中心FIZ-Karlsruhe和日本科技情报中心JICST共同合作经营的跨国网络数据库公司，是世界著名的国际联机检索系统之一。

STN中心网址为http://www.stn-international.de/stn_home.html。

该系统目前有200多个（不断增加的）数据库，涉及化学、工程、生命科学、生物技术、专利、数学、物理、商业等基础学科领域和综合技术应用领域，每个数据库都是本专业领域内的权威数据库，例：美国石油文献及专利APILIT/APIPAT、生物学文摘BIOSIS、化学文摘CA、英联邦农业文摘CAB、食品科技文摘FSTA、国际建筑数据库ICONDA、英国科学文摘INSPEC、日本科技速报JICST、美国医学文摘MEDLINE、金属文摘MEDTADEX、美国政府四大报告NTIS、市场与技术预报综述PROMT、科学引文索引SCI、世界专利索引DERWENT等。

STN检索系统为了方便用户的不同需求，设计出三种不同的搜寻管道，用户可依自己的状况或喜好来选择上线，其中三种搜寻管道分别为：STN Express检索管道、STN on the web检索管道和STNEasy检索管道。

四、LexisNexis

LexisNexis集团是一家全球性资讯公司，素以其法律、商业、政府和税务信息的综合性和权威性著称。20世纪70年代以来，LexisNexis通过先后收购英国和亚太地区的Butterworths、法国的Les Editions du Jurisclasseur以及Martindale-Hubbell和Matthew Bender等声誉卓著的法律出版集团而成为全世界最权威的信息提供商。其前身是专做法律信息的Lexis公司，于1993年1月由英国Reed International公司与荷兰Elseiver公司各出资50%建立，公司总部位于美国俄亥俄州的戴顿Dayton，目前是北美地区也是全球最大的法律、政治、经济资讯资料库，还是该领域最国际化的企业。资料每日更新。LexisNexis主要提供新闻、法律、公司介绍、财务报告、公众事件、新闻发布会、贸易刊物、个人及商业查询服务、律师事务所决议、专利、判例、国会聆讯会抄本等方面的资讯。其产品和服务有lexis.com、nexis.com、Butterworths、Matthew Bender、Michie、Shepard's和Martindale-Hubbell等。其中，lexis.com是专门为法律专业人员设计的，提供法令、判例、论文、专利、知识产权等方面的文献资料。早在1973年，Lexis公司就成为全球第一个开始提供商业、法律和判例全文的信息供应商。目前，Lexis数据库已成为全球收录最多的法律资料库之一，许多著名的法学院、法律事务所、高科技公司的法务部门都是其最忠实的用户。

LexisNexis中心网址为http://www.lexisnexis.com/。

Lexis.com是LexisNexis数据库中的在线检索系统，专门提供在线法令、判例、法案等法律方面的检索服务，内容非常丰富，所收文献涉及法律（Legal）、新闻和商业（News & Business）、公共信息（Public Records）三大领域。法律部分又分为以下五类：美国法律文献；美国以外包括中国在内的其他23个国家和地区的法律文献；二次资源；法律新闻；参考文献。

五、ORBIT

ORBIT是美国Online Retrieval of Bibliographic Information Time－Share的缩写，原意为文献信息分时联机检索，由美国系统发展公司（System Development Company，简称SDC）开发。该系统通过卫星通讯网络，为世界各地的用户服务。为了保持竞争地位，ORBIT也搜集了各个专业领域的信息源，在专利、化学、能源、工程和电子学领域的信息更为齐全。近年来竞争策略有所改变，致力于提供一些DIALOG没有的数据库，如在专利方面，它常年为用户提供WPI和U.S.Patent等，又将美国专利数据库USPA和USPB合并成一个数据库USPM，使用户避免了跨文档检索。其他商情数据库包括ACCOUNTANTS（会计文献索引）、CHEMQUEST（化工产品市场信息）、MMA（管理与销售学文摘）、MICROSEARCH（微机产品信息库）等。

ORBIT系统是仅次于DIALOG的国际联机检索系统。它约有120个文档，0.6亿篇文献，约占世界机读文献总量的25%，每月更新20万篇，约有20个文档与DIALOG系统相重。

ORBIT拥有较先进的软件技术，以每周125小时以上向全世界2万多个终端用户提供联机检索、联机订购原文、定题检索、回溯检索和建立私人文档等服务。ORBIT中心网址为http://www.questel.orbit.com/。

（李勇文）

参考文献

1. http://beta.nstl.gov.cn/
2. http://www.calis.edu.cn/calisnew/
3. http://www.cashl.edu.cn/portal/index.jsp
4. http://www.oclc.org/asiapacific/zhcn/default.htm
5. http://www.dialog.com/
6. http://www.stn-international.de/stn_home.html
7. http://www.lexisnexis.com/
8. http://www.questel.orbit.com/

第十一章　医学文献评价与利用

第一节　科技论文与科研竞争力评价及其检索系统

通过前面章节的学习，大家已经掌握了文献检索的基本方法，并熟悉了相关检索系统。对于检索出来的科技论文如何进行客观、科学的评价？如何对医学文献的内容体系进行评价？如何界定某个学科领域的核心科研人员？如何把握某个学科当前的研究热点和趋势？如何评判某个机构甚至国家的科研竞争力？上述内容也是医学文献检索课程要解决的问题。在前面相关章节中介绍的引文索引，就是评价文献的重要指标之一。由于科技论文评价方法较多且专业，本节只简要介绍科技论文与临床医学文献评价的基本知识，同时介绍几个重要的文献评价检索系统。

一、科技论文与科研评价

1. 科技论文评价

科技论文的评价一般可分为定性评价和定量评价，目前定性评价以同行评议为主，定量评价有多种较成熟的方法，如主成分分析方法、H 指数法、层次分析法（AHP）、专题组讨论法（focus groups discussion）等。其中，H 指数是指一个作者至多有 H 篇论文分别被引用了至少 H 次。例如，张三 H 指数是 49，这表示他已发表的论文中，每篇被引用了至少 49 次的论文总共有 49 篇。

评价科技论文的文献计量学指标有很多，如论文发文数量、被引频次、高被引论文数、自引数、他引数、基金资助论文数、论文发表期刊的影响因子、不同排序作者对论文的贡献率、论文的合作人数、论文的参考文献数、论文被下载的次数等等。综合国内外科技论文评价指标的应用情况，论文数量、被引频次、发表期刊的影响因子是使用最广泛的 3 个文献计量指标。

2. 临床医学文献评价

怎样对临床医学文献的内容体系作总体评价？一般说来，可以从如下几个方面进行评价：

（1）选题是否具有科学性与创新性？

（2）研究目的是否明确？

（3）设计方案是否作了优选？设计方案包括：RCT；非随机临床对照试验；队列研究；现况研究；诊断试验评价；病例对照研究；叙述性研究等。

（4）研究对象是否明确？样本数量是否作了估算？

（5）诊断标准/纳入标准/排除标准是否明确？

（6）研究或试验流程是否明确？有无质量控制措施？

（7）衡量指标是否恰当？

（8）统计方法是否正确？

（9）对防止偏倚及保证依从性采取何种措施？

（10）对该论文的总体感受如何？

3. 科研竞争力评价

科学、公正的科研评价既是科学管理的前提，也是科研管理的重要内容。科研评价的目标在于追求卓越、推崇创新。科研评价的核心要素是学术、思想和创新。科研评价要真正以科研成果的学术价值作为评判的唯一标准。

对个人科研者竞争力的评价，主要关注他的发文量、文章所在期刊的质量、文章被他人引用情况、他在其学科领域的学术影响力、科研成果的创新性和社会价值等指标。在资料查找与科研立题时，一定要关注该主题核心科研人物的研究成果，要了解其研究动态，从而把握该主题当前的研究热点的研究趋势。

对机构科研竞争力的评价，同样要关注该机构的发文量、文章被引用次数、核心作者数量、核心作者的 H 指数、团队专业结构、团队年龄结构、合作者的区域分布、该机构的科研影响力等指标。关注核心科研机构，可以了解学科发展动向、该学科最主要研究成果、该学科研究的重点和难点问题，甚至对你求学、进修等都能获取到很多重要信息。

二、GoPubMed

GoPubMed 是一款新近推出的由德国人创建的对 PubMed 进行智能检索、分类导航和深度开发的理想工具，也是一种对检索结果进行多角度统计分析的软件。通过它检索者可以很快了解检索到的文献的概貌和本研究领域的研究态势，例如年度分布、核心作者、核心期刊、合著者关系网络可视化和作者分布可视化地图（即四 W 分析——What、Who、Where、When）等。GoPubMed 是新一代用基因本体（Gene Ontology，GO）和医学主题词表（MeSH）对 PubMed 进行探索的智能检索工具。

检索网址：http ://www. gopubmed. com/。

GoPubmed 的数据源跟美国国立医学图书馆的 PubMed 完全一样，其本身并没有数据库，其原理为将读者检索提问词提交给 PubMed，接收 PubMed 的检索结果，利用 GO（Gene Ontology，即基因本体）词表和 MESH（医学主题词表）对检索结果进行提炼，利用算法从中提取 GO 术语和 MESH 主题词，自动生成临时基因本体词表和医学主题词表，从而对检索进行分类。读者可以根据这些分类快速找到自己需要的文献，而不需要将检索到的所有文献进行阅读，大大缩短了阅读检得文献的时间，自称可节约读者 90%的检索时间。

GoPudMed 第一次彻底地、自动地从成千上万的生物医学的科学文献里提取出合作网络。对于每个在特定语义上的概念，GoPubMed 的“热点追踪”可以显示出在这个研究领域的专家们之间的合作网络。当用户要查找合适的专家时，GoPubMed 可以搜索这些网络去找出潜在的专家和他们的合作者，这样就能够节省很多时间。当要在某个科学方向建立起临时的高水平的研究团队时，这种搜索就显得特别重要。

GoPubMed 通过其临时 GO 和临时 MeSH 的等级分类及其后的文献篇数可以帮助检索者获取检索到的文献的总体情况，并可以据此快速确定研究的领域和研究热点。具体举例来说，假如以研究者的姓名和所在单位作为 GoPubMed 检索提问，就可以很快确定该研究者和其单位研究的领域和研究的热点。

例如，检索中国人民解放军军事医学科学院（地点：北京）贺福初院士研究的情况。以“He fc [AU] AND Beijing [AD]”作为 GoPubMed 检索的提问词，结果检索到 50 篇文献，左边“top terms”的蛋白质栏列出文献 40 篇，说明贺福初教授主要是搞蛋白质研究。检索结果如图 11-1-1。

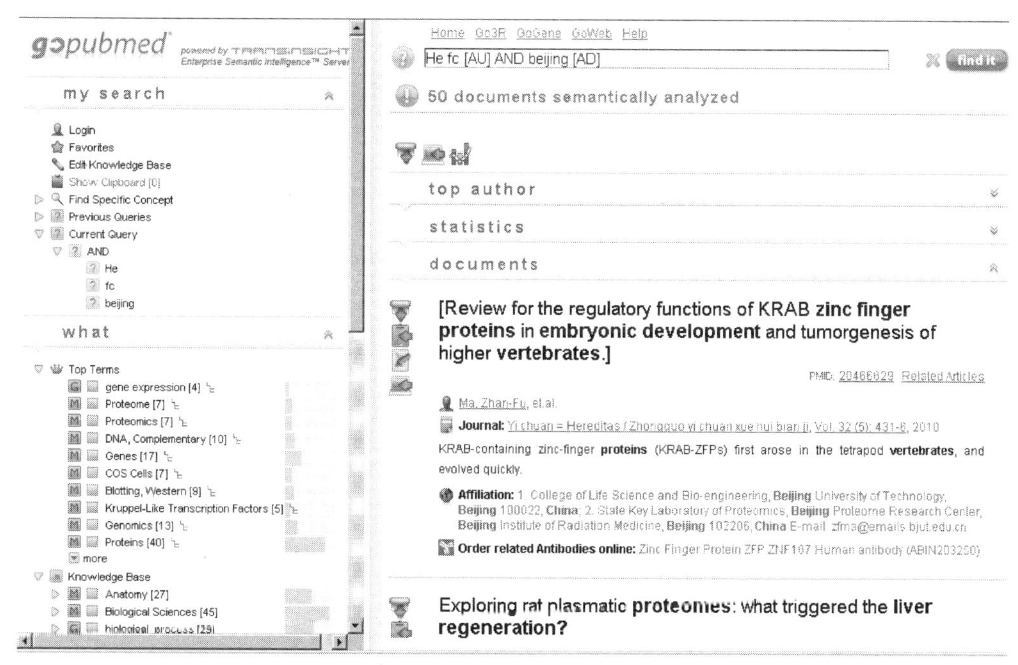

图 11-1-1　GoPubMed 检索结果示意图

GoPubmed 的其他统计分析功能：

（1）年度分布：统计 GO 和 MeSH 类目术语对应近 20 年发表文献的年度分布，并用图表的形式进行显示。

（2）核心作者：统计发表文献最多的前 20 名作者，同时可以直接查看每名作者发表的文献，可以了解本领域的权威研究者，可以重点关注其研究方向，了解该领域的研究重点。

（3）核心期刊：统计发表与检索词语相关文献最多的前 20 种期刊，可以直接查看每种杂志发表的相关文献，通过这些核心期刊，检索者可以了解平时需要重点关注哪些期刊。

(4) 著者城市分布和国家分布：统计发表与检索词语相关文献最多前 20 名的城市和国家，可以直接查看这些相关文献，同时还可视化地在世界地图上用红点标示发表相关文献的国家和城市。检索者据此可以了解该领域的研究态势，究竟有哪些国家哪些城市在进行相关的研究。

三、F1000

F1000 是新一代发现和评价生物医学文献的最新工具，最令人振奋的创新型同行评议网络工具，是对 SCI 只评价期刊不评价文章的重大补正，使生物学家和医生保持与本学科专业的前沿视野一致。

F1000 是英国 BioMed Central 近年来出版的新型网络辅助工具，是 21 世纪新一代的文献评价武器。其主要特点是：重要论文的评估依据是以学术成就而非某些期刊（SCI 收录刊）是否收录；评委会成员由美国哈佛大学和英国剑桥大学国际知名度很高的 2000 余名生物学和 2400 余名医学顶尖教授（top physicians）组成，具有绝对的权威性，专家包括哈佛大学教务长 Steven Hyman 教授和牛津大学医学钦定讲座教授 Sir Keith Peters 在内，科学论文评估有系统的组织和严格的评价标准。

F1000 向全世界推荐近一个月可能改变医学临床实践的极少数优秀论文。他们根据发表研究论文对当前世界生物医学和临床实践的贡献程度和科学价值，通过客观反映学术水平的 10 余项指标给予学术评定得分，将可能导致医学实践改变的极少数优秀研究论文采用研究科学文献贡献力（F1000 因子）分为：9 分（杰出）、6 分（必读）、3 分（推荐）3 个等级推荐给读者。目前公认该工具推出的文献可能在近一个月改变医学临床实践。

F1000 评价内容涉及：新奇发现（New Finding），技术进展（Technical Advance），有趣假说（Interesting Hypothesis），重要确认（Important Confirmation）和争议性发现（Controversial Findings）。目前该数据库已经被中国国家科学图书馆、清华大学、北京大学和协和医科大学图书馆等作为最重要的文献评价工具向我国科学界和医学界推荐，我国的顶级科学家也以自己的论文被该数据库评价为最高学术荣誉。

F1000 给医生带来最大的价值：F1000 是将最近一个月内可能改变医学实践的极少数优秀论文推荐给医生，让医生了解本专业最新的进展；此外，它节约了医生查找文献的时间，使医生在浩瀚的文献大海中直接浏览该专业领域内的有重要价值和前沿的文献，了解到世界顶级同行专家对某一专题的评价观点和意见；极强的临床指导性和应用性：十八个医学专科信息给你指导最新的研究进展和方向等。

F1000 分为 Faculty of 1000 Biology——新一代发现和评价生物学文献的最新工具和 Faculty of 1000 Medicine——新一代发现和评价医学文献的最新工具。检索网址分别为 http ://f1000biology. com/和 http ://f1000medicine. com/。F1000B 在首页分 24 个主题推荐该主题下最重要的生物学文献，F1000M 在首页分 24 个主题推荐该主题下最重要的生物学文献，分别见图 11-1-2 和图 11-1-3。

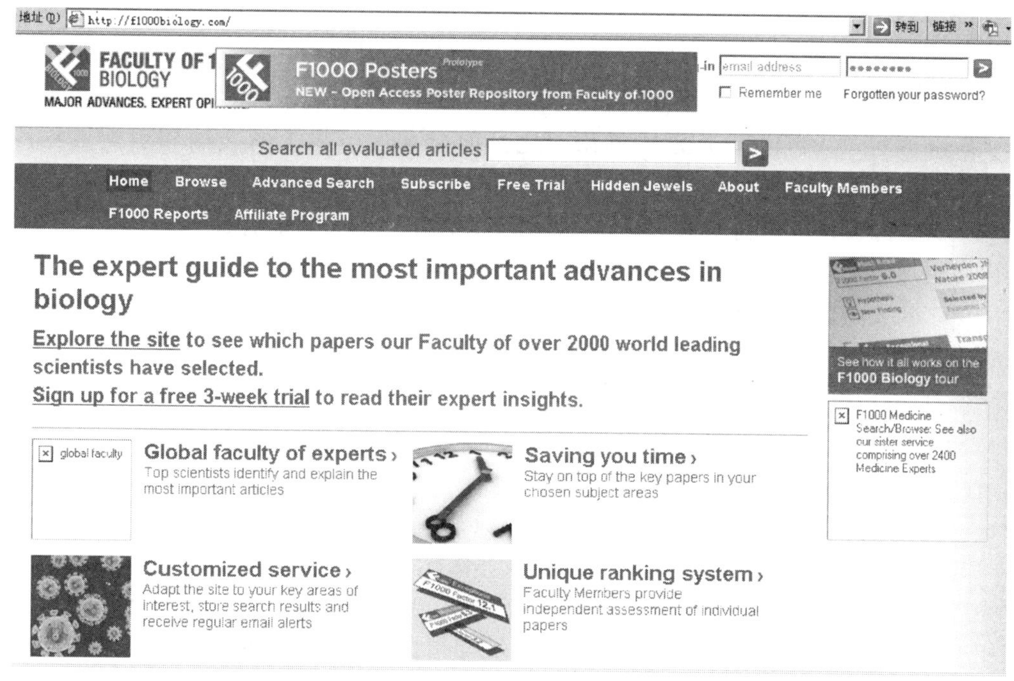

图 11-1-2　F1000B 首页

图 11-1-3　F1000M 首页

四、Scopus

1. 概况

Scopus 于 2004 年 11 月正式推出，是目前全球规模最大的文摘和引文数据库。Scopus 涵盖了由 5000 多家出版商出版发行的科技、医学和社会科学方面的 18000 多种期刊，其中同行评审期刊 16500 多种。相对于其他单一的文摘索引数据库而言，Scopus 的内容更加全面，学科更加广泛，特别是在获取欧洲及亚太地区的文献方面，用户可检索出更多的文献数量。通过 Scopus，用户可以检索到 1966 年以来的近 4000 万条摘要和题录信息，以及 1996 年以来所引用的参考文献。数据每日更新。

检索网址：http ://www. scopus. com。

Scopus 作为全球最大的文摘引文数据库，由 20 位世界著名的科学家和 10 位学科馆员组成了独立运作的内容甄选委员会，制定了完整、全面、及时和透明的内容收录原则，以确保 Scopus 切实服务于最广泛科研人员和图书馆馆员的需求。

与其他任何数据库相比，Scopus 在科技、医学以及社会科学领域内所涵盖的内容更为广泛；在检索结果列表中直接包含全文链接；独特的作者身份识别系统有效区分姓名相近的作者，按作者姓名、单位、研究领域等指标汇总作者信息；包括 1966 年以来的摘要信息和最近 10 年内的参考文献，并且数据每日更新；创新的检索工具，可以帮助读者更好地进行限定检索，获取最相关的检索结果；个性化的电子邮件提示功能有助于读者及时了解课题的研究进展，把握最新的科研动态。

利用 Scopus 查找文献引用情况，首先通过基本检索（Basic Search）、高级检索（Advanced Search）或著者检索（Author Search）检索出所需文献，然后在检索结果页面点击所需文献的“Abstract+Ref”即可查看该文章的参考文献和文摘，点击“Cited by”列下的数字链接可查看该文章的详细引用情况。Scopus 排除自引的方法：第一步，选择任一检索方式，检索出你所需文献；第二步，选中需要排除自引的文献，点击“Citation Tracker”按钮；第三步，在“Self citations of all authors”前方框中打钩，表示选中并排除自引，再点击“Update Overview”按钮即可得到排除自引的结果。

2. Scopus 分析功能

（1）对科学文献的分析。在基本检索和高级检索的结果页面，通过点击“Cited by”对所有的结果按被引次数进行排序，从而确定哪些文献的权威性高、影响力大。

（2）对来源出版物的分析。在来源检索的结果页面，通过点击“Citation Tracker”按钮将刊物中所有被 Scopus 收录的文献的被引情况按照年代分别列出，从而了解该刊物总的被引用情况及每篇文章的被引用情况，以此确定某种刊物的权威性。

（3）对学科领域的分析。在高级检索页面输入某个学科名称即可检索到该学科的研究情况，比如检索化学方面的文献，在高级检索页面输入“SUBJAREA（CHEM）”即可获得化学领域里的研究情况。在这个结果界面，系统自动将所有文献按出版年、作者、出版物等方式分类，并且可以通过被引次数排序了解该学科的研究热点和趋势。

（4）对人才的分析。在作者检索的结果页面，勾选该著者发表文献的选择框，点击

"Citation Tracker"按钮，即可列出该著者发表的所有被 Scopus 收录的文章及其被引次数和总次数、作者的 H 指数等，为著者科研绩效的评价提供了有力的依据。

（5）对科研机构的分析。在基本检索或高级检索界面，选择字段"afiliation"，输入机构名即可获得该机构发表的所有文章，然后选择所有文献，点击"Citation Tracker"，该机构发表的所有文章的被引情况就会以表格的形式呈列出来。根据这些信息，我们可以有效地评价某个科研机构的科研竞争力。

3. Scopus 相关网站

Scopus 推出的 info 全球英文信息网站，可以帮助读者全面了解 Scopus 平台，其网址为 http://www.info.scopus.com/。网站内容包括 Scopus 是什么、各行各业的信息用户为什么要选择 Scopus、Scopus 详细功能、Scopus 服务、Scopus 培训等。

Scopus 创新免费服务项目"分学科高引用排行榜"，可以快速浏览特定学科在过去 3、4 或 5 年里被引频次最高的前 20 篇文章，同时可以浏览这些文章第一作者所在机构在 Google 地图上的分布。其网址为 http://info.scopus.com/topcited/? url=topcited，缺省情况下所有学科中过去 5 年被引频次最高的前 20 篇文章显示界面如图11－1－4。

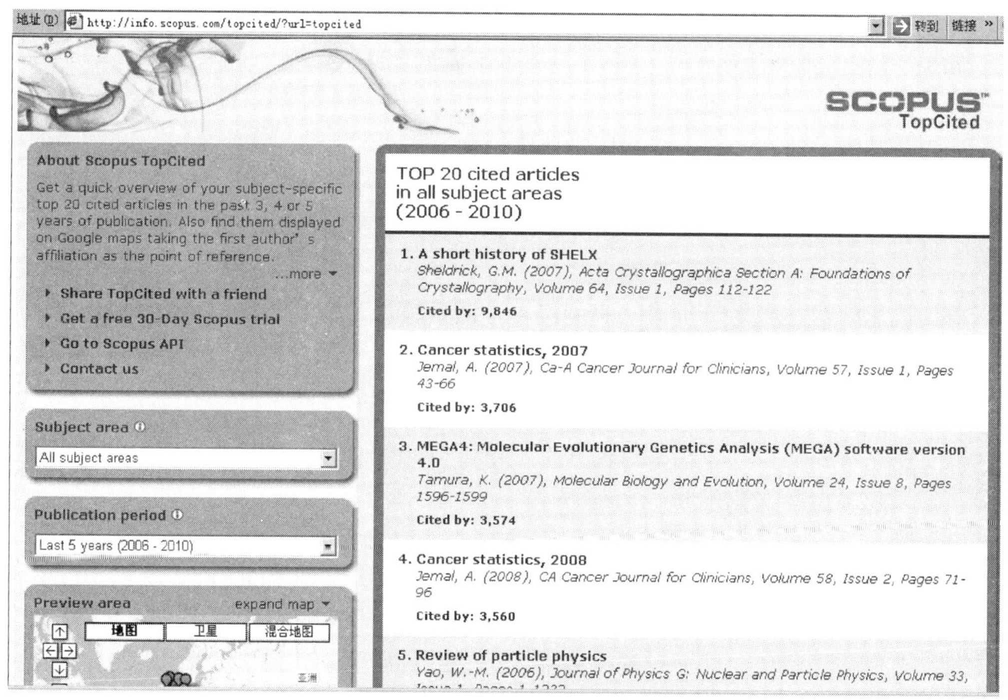

图 11－1－4　Scopus 高引用排行榜首页

（李勇文）

第二节 医学科研与论文写作

一、医学论文的类型与特征

医学科研论文是论述医学科学研究和技术开发创新工作的总结记录，是一种交流、传播、推广、储存医学科技信息的载体，是进行医学科研和技术成果交流及学术交流的手段。

1. 医学论文的类型

(1) 按写作目的划分。

分为学术论文和学位论文。学位论文是学位申请者为了取得高等学校及科研院所的相应学位，通过专门的学习，从事科学研究所取得的创造性成果或创建性的认识、观点，并以此为内容撰写而成，作为提出申请授予相应学位时评审用的论文。在GB 7713−87中对不同层次的学位论文提出了不同的要求。

(2) 按论文的学科性质划分。

分为基础医学研究论文，应用医学研究论文。

(3) 按论文的研究手段划分。

分为调查研究性论文，观察性研究论文，实验研究性论文。

(4) 按论文内容和发表形式划分。

分为论著，综述，短篇报道，病例报告，调查报告，经验交流，讲座。

2. 医学论文的特征

(1) 科学性。

医学论文的科研设计、实验数据和推理论证等必须合理、准确和严谨，符合科学规律，实验结果经得起实践检验。

(2) 创新性。

论文的内容在同类研究领域内中所具有的独创性、先进性和新颖性。

(3) 实用性。

论文要有使用价值，即通过基础或临床医学的科研活动，解决医学实践中存在的实际问题。

(4) 规范性。

医学论文写作已经逐渐形成了相对固定的格式，并趋于统一化、规范化。

(5) 伦理性。

医学论文常涉及被试动物、志愿者和病人，因此写作时须遵守医学伦理道德。

二、医学论文的格式与内容

国际医学期刊编辑委员会（International Committee of Medical Journal Editors，ICMJE）是于1979年成立的国际性医学期刊编辑的一个学术性组织。该组织以其制定的《向生物医学期刊投稿的统一要求》（Uniform Requirements for Manuscripts Submitted to Biomedical Journals，简称为URM）以及近年来提倡、建立和实施临床试验注册制度而著称于世。该组织为统一和规范生物医学期刊稿件的刊登模式，为维护千千万万名参与临床试验的患者的利益、安全和权益，为保持临床试验的透明度以及其数据资料的客观、真实和可靠等作出了卓越贡献。当今世界上有近600种生物医学期刊已经采纳并实行《统一要求》。最新版《统一要求》于2010年4月修订。

医学论文的格式包括三个主要部分：前置部分，包括题目、著者署名、中英文摘要和关键词等；主体部分，包括前言、材料和方法、结果、讨论、结论等；后置部分，包括致谢、参考文献表、脚注和附录等。

1. 题目（Title）

题目必须具备以下要求：具体确切，简洁精练，醒目且有特点（有新意）。

2. 作者署名（Authorship and Contributorship）

（1）署名的条件：作者应是论文学术内容的构思并直接参与研究的设计者；作者必须参加全部或大部分研究工作，并对各项观察、获取数据、科研成果有答辩解释能力；作者必须参加论文撰写，或对论文主要内容、观点进行修改及讨论者；作者应对论文负有学术责任及法律责任。

（2）署名的原则及方法：署名应按贡献大小及担负具体工作的多少依次排列；原则上署个人姓名，要写真名，不用笔名；作者署名人数，一般不宜超过6人；论著发表前，参加研究及工作的作者已调往其他单位，可在名字末尾右上角加注符号，在首页下脚注注明；个人作者应标明其工作单位全称、所在城市名及邮政编码。

3. 摘要（Abstract）

摘要是对论文主要内容不加注释和评论的简明而又连贯的陈述，具有独立性与自含性。摘要是文章的主要观点和精华所在，起检索和报道文献的作用。

（1）摘要的类型：指示性摘要（indicative abstract），报导性摘要（informative abstract）。

（2）撰写的规范和基本要求：目的（objective），简要说明研究的目的，说明提出问题的缘由，表明研究的范围及重要性；方法（methods），简要说明研究课题的基本设计，使用了什么材料和方法，如何分组对照，研究范围及精确程度，数据是如何取得的，经过何种统计学方法处理；结果（results），简要列出研究的主要结果和数据，有何新发现，说明其价值及局限，叙述要具体、准确，并需给出统计学显著性检验的确切值；结论（conclusion），简要说明、论证取得的正确观点及其理论价值或应用价值，是否可推荐或推广等。

（3）撰写注意事项：摘要应在论著完成后再写，以实现论著的浓缩、提炼，一般采用第三人称，不做任何评价；摘要中不用图、表、化学结构式、非公知公用的符号和术语，不引用参考文献；摘要字数的多少以论文内容为准，通常要求不超过400个字，英文摘要在250个实词左右；摘要的编排体例，一般采用前置式，置于题名和作者之后、正文之前，也可按照期刊的要求排列。

（4）英文文摘（English Abstracts）的组成：题目，作者姓名，作者工作单位，摘要，关键词。

4. 关键词（Key words）

关键词是反映文章最主要内容的术语，它是从论文题目、摘要或正文中选择的能表达出论文主题特色的专业名词术语。

5. 前言（Introduction）

前言，又称为导言、引言、序言、绪论，是论文正文最前面的一段短文，即对本篇文章主要内容的简要说明，起提纲挈领和引导读者阅读的作用。

写作要求：言简意赅，开门见山；评价要切如其分，实事求是；回顾历史要有重点，内容要紧扣文章标题，围绕标题介绍背景；前言的内容不应与摘要雷同；前言只起引导作用。

6. 材料与方法（Materials and Methods）

应体现研究工作中三个基本要素（处理因素、试验对象、实验效应）和四项基本原则（随机、对照、重复、均衡），要按照研究设计的先后次序依次说明，以便读者评价研究结果的可信程度，并照此重复实验得到相同的结果。

7. 结果（Results）

准确无误：认真核对实际记录，并对原始数据进行统计学处理。

实事求是：不能主观随意，对符合实验设计的实验结果要详细叙述；对预料之外、不成功的、与实验假设相反的结果不能随意摒弃，应如实报道，使结果更为客观。

鲜明有序：叙述要分清主次、条理清楚，依思维发展或结果出现的先后次序表达。

8. 讨论（Discussion）

突出重点；使用正确的论证方法；避免重复；避免面面俱到，写成文献综述；实事求是；编排体例。

9. 结论（Conclusion）

结论是论文全文的概括和总结。内容着重描述本研究的结果、结论性意见和主要数据等。一般100～200字即可。

10. 参考文献（References）

著录作者亲自阅读过的原文；著录最必要的文献；著录最新的文献；著录已公开发表的文献；用文献本身的文字著录文献；著录必须采用标准化、规范化的格式。

另外还包括表格、插图、度量单位、缩略语和符号等相关格式要求。

三、医学论文的撰写与投稿

医学科研论文写作是人类为了实现医学信息的交流，医学科研成果的传播，医学知识的普及所从事的关于医学信息书面存贮的医疗实践活动。

1. 医学论文的撰写

医学论文的撰写过程一般包括确定题目，拟定提纲，初稿写作，修改，誊写等步骤。

（1）确定题目。

题目要表达出论文的主题思想，要求简练、确切而且具有特色。也可以先拟定一个较粗的暂用题目，待论文完稿后再全面斟酌命题。

（2）拟定提纲。

拟定提纲的过程是对研究工作进行全面总结和发表成果的构思过程。提纲是论文的骨架，可按论文撰写的格式，将正文分成若干段落，并列出标题，形成一个尽可能详细的提纲。

（3）初稿写作。

按着提纲所安排的顺序，尽量利用所有的材料，将论文所要撰写的内容充分表达出来，并把各个部分的安排进一步调整得当。初稿力求论点鲜明、论据充足、论证合理、内容层次分明及重点突出，并富有逻辑效果。

（4）初稿修改。

对初稿的修改可从内容和形式两方面考虑。内容是重点，它决定论文的水平与价值，而形式直接影响内容的表达效果。

（5）定稿誊清。

稿件经过反复修改润色后，即可定稿誊清。誊清时格式要遵照所投期刊的要求。

2. 医学论文的投稿

投稿时应该做好以下工作：选择期刊，浏览期刊栏目，撰写投稿附信，选择投稿方式。

（1）选择期刊。

应根据自已论文的性质、内容、水平，以及期刊的专业性质（包括稿源范围、出版周期、发行量及从收稿到刊出的间期等）来选择期刊。

（2）浏览期刊栏目。

通常根据期刊的名称就可大致确定该刊的专业性质，可帮助作者考虑自己的论文是否在该刊要求范围之内。但更重要的是还要查阅该刊的栏目设置是否与所投稿内容相符，只有二者相对应时，该刊才有可能使用所投稿件。

（3）撰写投稿附信。

投稿附信的内容是向编辑部交代投稿事务和作者的某些要求、说明等对编辑有帮助的信息。附信要简短朴实，不宜对稿件内容作不必要的介绍或评价。

（4）选择投稿方式。

往国内外期刊投稿多要求原稿一份、复印件若干份。邮寄稿件要用大而结实的信封。照片应用硬板保护，以免邮寄中受折损坏，最好挂号邮寄以防丢失。目前国内外越来越多的医学期刊除接受作者的文字稿外，也接受以电子邮件（E-mail）或在线投稿的方式向其投稿。

四、科技查新

1. 科技查新概述

科技查新的概念随着人们对科技查新工作内涵认识的不断深入而发展。从 20 世纪 90 年代初开始，查新的概念经过了多次变更，在查新手段、查新作用等方面的定位不断得到修正和完善。

2000 年 12 月 8 日，科学技术部颁布的《科技查新规范》对查新作出了规范的定义："查新是科技查新的简称，是指查新机构根据查新委托人提供的需要查证其新颖性的科学技术内容，按照本规范操作，并作出结论。"

《科技查新规范》从 2001 年 1 月 1 日开始实施，它对科技查新涉及的基本定义、科技查新流程、科技查新合同、科技查新机构的管理等作了规范的描述，使科技查新咨询工作走上了规范化的道路。该规范对科技查新的定义相对比较宏观，对定义内涵的阐释分布在整个文件中，从具体内容上来看，它仍然是对以往定义的延伸和发展。在这个定义中，涉及了三个比较重要的概念：①查新机构，它是指具有查新业务资质，根据查新委托人提供需要查证其新颖性的科学技术内容，按照科技查新规范操作，有偿提供科技查新服务的信息咨询机构；②查新委托人，它是指提出查新需求的自然人、法人或者其他组织；③新颖性，它是指在查新委托日以前查新项目的科学技术内容部分或者全部没有在国内外出版物上公开发表过，新颖性的判定是科技查新工作的核心目标。

2. 科技查新与文献检索的区别

通常情况下，文献检索是指从给定的文献集合中找到所需文献的过程，检索的主体是个人，目的是满足信息需要，而对象则是文献集合。所谓的文献集合可以是数据库，也可以是书本式的检索工具。科技查新机构通常也提供文献检索服务，它们针对具体课题的需要，利用自己所拥有的文献资源进行检索，为用户提供文献线索或文献原文。文献检索的实施通常是通过对所给主题的分析，提炼出关键词，根据用户提出的检索、检索地域范围和文献类型等限定条件，采取相关策略对关键词进行组合匹配并检索。最后提供给用户的是检索出的客观结果，即文献，而不是对检索结果的分析结论。

科技查新是文献检索和情报调研相结合的情报研究工作。文献检索是查新的前期工作，在检索结果的基础上，查新员需要将查新项目的预期新颖性与相关文献的内容进行对比，并写出有依据、有结论的查新报告。查新机构最终提供给用户的是科技查新报告，报告的关键部分是对项目新颖性的客观判断。因此，科技查新的规范性比文献检索要严格，它在检索年限、范围和程序方面都有严格的规定，对查全率、查准率有较高的要求，要求给出明确的结论，查新结论具有签证性。

3. 科技查新的作用

科研人员在选择课题、科研资助时以及管理部门在审批科研课题时必须清楚地知道该课题在论点、研究开发目标、技术路线、技术内容、技术指标、技术水平等方面是否具有新颖性，防止将研究过的项目立为研究课题，或者对正在进行研究的项目进行调整。为了全面地了解拟立项目的相关研究概况，在正式立项前，首要的工作是进行全面、准确的文献检索和分析，掌握国内外的有关情报。通过查新可以了解国内外有关科学技术的发展水平、研究开发方向，是否已研究开发或正在研究开发，研究开发的深度及广度，已解决和尚未解决的问题等等，对所选课题是否具有新颖性的判断提供客观依据。这样可防止重复研究开发而造成人力、物力、财力的浪费和损失。科技查新既可以帮助科研人员了解研究动向，寻找到新的研究切入点，也可以调研现有研究成果，防止科研的重复立项。

4. 科技查新的类型

科技查新的类型有：科研项目开题立项，申报各级各类科技计划、基金项目；成果鉴定、验收、评估、转化、奖励；申请专利；新产品开发计划、技术引进、项目论证；国家及省市各级政府有关规定要求查新的项目等。

（1）科研项目开题立题查新。

科研项目开题立题查新在课题立项之前进行，以便为确定开展某项研究的必要性、可行性、新颖性提供比较客观的评价依据。立题查新需要对研究课题的过去和现状进行调查，弄清国内和国外、前人和他人已做了哪些研究，取得了哪些成就，所研究领域的最新发展动态，以及存在的问题等，综合分析对比申请查新课题的新颖性、创新性以及可行性等，为确定申请课题是否具有立项价值提供科学依据。同时可以帮助科研人员认准方向，摸清现有水平，正确立题，正确地制定科研目标和规划，提高选题的针对性，增加成功的几率，避免学术研究在低水平的重复，减少人力、物力、财力的浪费。

（2）科研成果鉴定查新。

成果鉴定是对成果实施奖励和推广应用的前提。通过查新，查清该成果在国内外是否已有文献报道，为评审专家评价某一科研课题的新颖性、先进性、实用性提供事实依据。

科研成果鉴定查新对于帮助专家公正地、客观地评价研究成果，减少失误，保证成果的质量，增强科学的严肃性，实事求是地反映科研水平起着重要的作用。

（3）申请专利查新。

专利查新主要是对专利发明的新颖性的查新。这种查新要根据“世界知识产权组织”的规定，对美、俄、英、德、法、日、瑞士等7国和“国际专利合作组织条约”及“欧洲专利公约”2个组织公布的专利文献和169种核心期刊进行检索。对于上述以外的国家，查新时还要检索本国专利。其目的是对某项申请专利的新颖性，即有无与该项目申请完全相同的发明创造作出审查。这类查新对新颖性的内涵以及查新的时间、空间范围均有明确的规定，专利查新工作通常由专利代理人和国家发明奖励评审委员会认定的国家发明奖项目查新机构完成。科技情报部门所进行的专利查新，可为专利申请人申请专利时提供参考依据。

（4）新产品开发、引进技术项目论证。

除了对新产品开发、引进技术项目的新颖性进行评审外，更要对其实用性、先进性进行评审，以保证新产品投放市场的前景。对引进技术项目，通过查新不仅可以提供其可靠性的参考依据，而且还可以对引进后的使用和开发程度提供有价值的参考依据。

5. 科技查新的程序

科技查新工作的程序有以下几个步骤：查新委托、查新受理、检索准备、选择检索工具、确定检索方法和途径、查找文献、对文献进行分析对比、撰写查新报告、审核查新结果、提交查新报告、查新资料归档。

委托人在申请科技查新前，可根据《科技查新机构管理办法》和《科技查新规范》自我判断需要申报的项目是否属于查新范围，再自行选择查新机构，并做好科技查新前的准备工作。具体准备工作如下：

（1）提供查新项目的科学技术资料。科技立项查新须提交立项申请书、立项研究报告、项目申请表、可行性研究报告，以及课题组成员的论文或已申请的专利；成果鉴定查新须提交项目研制报告、技术报告、总结报告、实验报告、测试报告、产品样本、用户报告等；报奖项目查新须提交奖项申报书及有关报奖材料。

（2）技术性能指标数据。查新时，委托人须出具有关部门的检测报告。

（3）检索词。查新时，委托人须提供检索词。检索词包括中英文对照的关键词（含同义词、相关词、缩写词、规范词）、分子式、分类号、专利号、CAS登记号等。

（4）国内外参考文献。查新时，委托人还应该提供国内外密切相关的参考文献（全文或文摘），并标明文献出处。

（5）填写科技查新委托合同。委托人在申请科技查新时，须与查新机构订立查新合同，并按要求认真填写合同中的各项内容，尤其在合同中要将科技项目的内容要点、技术关键、主要指标、创新点（新颖点）、其他特点等填写清楚，简明扼要地列出需要进行国内、国内外对比分析的查新要点和查新要求。在填写查新合同时，对科学技术要点及查新点切忌面面俱到。

6. 医学查新的检索范围

查新员首先要根据查新课题的内容，选择具有针对性、质量高、覆盖面广、有权威性的检索刊物、数据库以及 Internet 网上的相关站点作为检索范围。医药卫生领域选择检索范围主要为：

（1）根据课题的专业范围选择密切相关、有权威性、覆盖面广的检索工具。

（2）近一年来与课题有关的国内外核心期刊及其他相关期刊。检索这类期刊可以弥补检索工具收录文献的时差所造成的漏检。在查新工作中，这是一个不可忽视的环节。

（3）主要的生物医学参考书、工具书。如新版中文医学各科教科书，国际著名的医学教科书（希氏内科学、克氏外科学等），百科全书（中国大百科全书、中国医学百科全书等），年鉴（中国卫生年鉴、中国医学科学年鉴、中国中医药年鉴、中国药学年鉴、计划生育年鉴、内科年鉴、外科年鉴等），辞典（多兰氏插图医学词典、英中医学辞海、医学大辞典、中药大辞典、中药辞海及英汉、俄汉、德汉、日汉、法汉等重要医学外文词典等），政府出版物（中国药典、国家医学科技攻关进展等）。

（4）会议资料、内部资料。检索 10 年以上公开发行的，与所承担查新业务范围直接有关的国内外主要医药卫生学术会议资料以及其他内部资料。

五、科研项目申请书的撰写

申请书是表达申请者科研思路的主要形式。申请者必须通过申请书将自己的工作设想、学术思路及工作能力充分地表达出来，使同行专家和主管部门认可，才有可能得到资助。所以申请书的撰写质量是课题申报的关键。一位诺贝尔奖获得者曾说过，伴随他一辈子科研生涯中，最痛苦的事情就是写申请书。事实上，撰写申请书的确令许多申请者绞尽脑汁，因为它是申请人在学术上努力的重要表现。一份好的申请书体现了一名科研人员具有的内在价值和学术水平，反映出申请人对学术问题思考是否缜密、科学，分析问题是否深入，准备是否充分，是否有申请经验等。由于各个计划项目的要求不同，申请书的格式也不完全相同，一般应包括课题名称的拟定、简表的填写、立项依据的撰写、研究方案的撰写、研究基础及工作条件的撰写、经费预算的填写等 6 个方面。

1. 课题名称的拟定

课题名称是申请课题内容的高度总结，它是作者在对所研究问题的理论、内容及方法，经过全面细致的思考、反复酝酿后拟定的。课题名称应简明、具体、新颖、醒目，并能确切反映课题的研究因素、研究对象、研究内容、研究范围及它们之间的联系。课题名称所反映的内容必须与申报内容相符。如“细胞凋亡与糖尿病视网膜病变发病机制”，研究因素是细胞凋亡；研究对象是糖尿病；研究内容是糖尿病视网膜病变发病机制；研究范围是从细胞凋亡的角度（分子水平）来研究，属基础性研究。

2. 简表的填写

简表不单单是一个基本信息表，而是对整个申请书主要内容和特征的概括表达。目前大多数计划项目的简表是通过网络在线填写的，以便组成科研课题管理的数据库。简表的填写相对比较简单，但非常重要，填写时一定要认真仔细。简表的内容一定要真实可靠，一般包括研究项目的基本特征、申请者基本情况、项目组成员的构成、分工和摘要等。

3. 立项依据的撰写

立项依据包括研究目标、研究意义、国内外研究现状分析及参考文献等内容。申请者通过该部分内容的叙述，可反映出其对该研究领域现状及进展的熟悉程度，是否真正理解这些研究问题，资料掌握的是否全面，学术思想是否宽广，立项依据是否充分，从而明确地告诉同行专家你想做什么，为什么要这么做，使专家认识到资助该课题的必要性和可行性。所以，要填好这一栏，必须充分查阅文献资料，熟悉本领域的国内外最新进展，并能结合自身特点，提出假说与研究目标；必须充分发掘所提问题的创新性。

4. 研究方案的撰写

研究方案包括四个方面：研究目标、研究内容和拟解决的问题；拟采取的研究方法、技术路线、实验方案及可行性分析；本项目的特色与创新之处；年度研究计划和预期研究成果。

研究目标，即通过研究要达到的具体目的，是项目申请的精髓。研究目标包括阶段目标、最终目标。阶段目标是将研究周期分解成若干阶段，每一阶段拟达到的目标。最终目标是指整个课题研究完成后，将达到的目标。这段内容主要是阐述通过本课题研究将达到什么目标，其理论意义、学术价值、直接或潜在的应用价值以及可能产生的社会和经济效益。

研究内容，包括课题研究的范围、内容和可供考核的指标等。主要叙述为完成本课题目标而进行的研究（论证假说），从不同方向（角度、层次）进行的研究。要求内容具体、完整、紧扣目标、层次分明、逻辑性强，使评审者了解申请者拟做哪些工作，是否值得做，这样做是否能达到申请者提出的目标。

拟解决的关键问题，是完成本研究在理论和技术方向的“瓶颈”，并应简述相应的对策。这些“瓶颈”是整个研究过程中的核心技术环节（也可以是理论问题），关系着整个实验的成败。要说明技术关键的主要技术特征和指标、控制条件和掌握程度，可能出现的问题及处理措施。技术关键不能太多，一般为一两条。主要技术关键和技术诀窍不能等同起来，后者不宜说明。如果关键技术与技术保密有关，对于保密部分可简明概述，必要时可附函向主管单位说明。中医药临床和新药开发研究中，中医药处方一般不能列为技术关键，提取制剂工艺若有必要可列为技术关键。关键问题要准确、具体，紧紧围绕研究目标。

拟采取的研究方法、技术路线、实验方案及可行性分析，是指导整个研究过程的重要手段，是申请书的主体，也是科研设计和评审的主要内容。它是研究内容确定后，为完成该内容而对整个研究工作所做的理论分析和总体思路及设想。主要说明选取什么标准的研究对象，观察哪些内容，通过什么方法和指标进行观察，对实验数据如何统计处理，将采取的技术路线或工艺流程，重点解决的科学和技术问题，将要达到的技术考核指标等内容。要求设计周密、方法科学、路线合理、技术可行；措辞具体、明确，切勿模棱两可。

本项目的创新之处，主要指学术思想的创新（不是追新），技术方法的创新（不是引进）和研究的新模式。创新点应在充分查阅资料的基础上提出，简要说明既往（文献）的观点，引出自己的新观点。应着重于与他人研究的主要不同之处和本项目的自身特点。切忌弄虚作假，或想当然提出。避免使用“率先、首先、填补空白”等字眼，避免用“综合研究、多层次研究”等空洞的提法。创新点应具有必要性和可行性，不可为创新而创新。创新点不可过多，一般为 2～4 条，创新点过多会失去真实性或被认为实施困难。

年度研究计划及预期进展，即根据课题技术路线对研究内容做出阶段性的安排。一般以年度为单位，也可以根据课题研究中具有代表性的研究内容，预期完成的时间来分割，如以 3～6 个月为一个工作单元安排计划，一个工作单元可以并列安排不同分题任务。每一工作单元的研究内容应具体、可行，并有明确、具体、客观的进度考核指标。对有特殊要求的实验内容的安排时间应合理、具体。各工作单元之间应具有连续性。不要安排专门的时间去“查阅文献、整理资料、结题或撰写论文”。

预期结果应与预期目标相呼应，根据不同类型的课题，成果的体现侧重不同。基础研究或应用基础研究可以是拟发表何种水平的文章若干篇或获什么专利、成果等。但更重要的是学术上预期解决什么问题，得到什么技术成果或学术论点等。应用性研究课题则侧重推广应用的前景及其间接的经济效益和社会效益预测。医学研究课题着重临床和现场应用价值，包括医疗卫生方面提高治愈率、降低发病率以及环境保护等效益的分析及预测。开发性研究则侧重于直接获得的经济效益或社会效益。预期结果要有依据，切忌空泛。人才培养也应作为重要内容。

5. 研究基础及工作条件的撰写

研究工作基础指研究组成员以往的、主要的与本项目相关的工作积累和成果。特别是为本项目立项、顺利进行而做的前期工作，包括必要的预实验、实验方法的建立、动物模型的建立等工作和成绩，以及开展本课题研究以来已做的工作及取得的初步成绩。必要时附上相关文章或材料。

实验条件即进行该课题已具备的基本实验条件，包括仪器设备、关键性的试剂药品、合格的实验动物（来源、品系和等级）等；已有的协作条件，原材料及加工条件；已经从其他渠道获得经费支持等；尚缺少的实验条件和拟解决的途径，包括利用国家重点实验室（要有证明）和部门开放实验室的计划与落实情况。国际合作项目要有合作方的证明材料，并简要介绍合作实验室和专家的情况，说明合作方提供哪些实验内容、方法或材料方面的帮助。

技术条件指课题组负责人及其主要成员的专业水平和能力，对本课题能否胜任。准确提供申请者及主要成员的学历及工作简历，提供近期发表的与本项目有关的论著目录和获得学术奖励情况及在本项目中承担的任务。论著目录最好是近三年内发表的，且应包括论著中的全部作者名单和顺序，论文题目，发表年月，期刊名称，卷、期和起止页（著作应提供出版社名称和出版年月）；已被接受的论著应提供编辑部正式接受的证明材料；未发表的文章不必列出。

6. 经费预算的填写

经费预算是指完成本项目所需的必要的经费支持。申请经费的额度要适中，切忌漫天要价，否则会被认为不实事求是，缺乏信誉或对课题的整个过程和方法缺乏了解，对课题准备不充分而被否决。经费预算时要根据项目的类型和以往项目的资助强度确定申请经费，同时要罗列出计算的依据与使用说明。

六、写作辅助工具

科学研究与论文写作过程中需要查阅大量的科技文献，如何对海量文献进行管理和利用，一直困扰着科研人员。传统的科研工作中，查阅文献一般都是亲自翻查并手工摘录有关文献的信息，按一定格式加工整理。而在当今信息数字时代，论文和期刊数量激增，各学科的文献总量飞速增长，数字参考源急速增长，传统的文献管理和利用方式繁琐、枯燥且效率低下，又容易出错，已无法满足科研人员利用海量参考文献的要求，因此高效、方便、准确地管理和利用科技文献的工具成为科研人员的迫切需要。

综述研究论文、科研总结报告与专著以及硕士与博士学位论文的撰写等，由于引用的文献很多（少则几十篇，多则可达数百篇甚至上千篇），引文的整理、标注和顺序排列的工作量很大。按序号排列的引文列表和标注，其排列、修改和调整既耗时间，又耗精力，而且容易出错。集参考文献的检索、收集、整理以及导入、导出功能于一体的文献管理软件，正好满足了这方面的需求，可以帮助科研技术人员高效管理和快速生成参考文献，提高研究写作的成效。

目前市场上有很多桌面文献管理软件，常用的国外软件有 Endnote、Reference Manager、ProCite、RefWorks 以及 Biblioscape 等；国产的有 NoteExpress、PowerRef、医学文献王等。其中，最有人气的还应该算 Thomson ISI ResearchSoft 公司的 Endnote 软件，Windows 平台下该软件目前已更新至 X4 版。只不过这类软件基本上都是收费软件，需要相关的授权才能使用。本教程仅以 Endnote 和《医学文献王》为例讲解文献管理软件的使用。

1. Endnote

Endnote 是 Thomson 公司推出的最受欢迎的一款文献管理软件，目前最新版本为 Endnote X4。Endnote 工具应用广泛，是众多管理工具中的佼佼者，是研究人员、分析人员进行文献管理的专业助手；Endnote 工具可以直接在线链接数据库检索，在很多数据库、搜索引擎和图书馆的搜索结果中都有专有的导出格式；Endnote 工具提供了很多文献导入的过滤器、导出的文献书目格式和写文章的模板，这些都可以根据自己的需要进行改动和重建；Endnote 的文献库也可以在其他软件工具中使用。Endnote X2. 0. 1 提供了 637 个过滤器、3641 个文献输出格式、185 个期刊模板、2784 个链接文件。

（1）建立个人文献库。

建立文献库的方式包括手工输入建立文献记录，在线检索建立文献记录（可以检索数百个国外数据库），检索结果导入文献库，包括数据库检索结果导入（web of science、Elsevier 等）、搜索引擎检索结果导入（Google Scholar）、书目数据检索结果导入（World Cat）等方式。

检索 Web of Science，选中相应检索结果后，选择“Send To EndNote，RefMan，Or Other reference software”按钮，可以将检索结果导入个人文献库。检索 Elsevier 数据库，“Export Citation”时，将检索结果导出为 RIS 格式文件保存在本地，再导入个人文献库。检索 Google Scholar 时，进入“学术搜索设置”页面，如图 11－2－1，在“文献管理软件”后选中“显示导入 EndNote 的链接”，然后保存设置。

在 Google Scholar 的检索结果页面，将出现“导入 EndNote”选项，如图 11－2－2 所示。点击“导入 EndNote”，然后选择打开文件，则可将检索结果导入当前个人文献库。

对于很多数据库来说，都有直接的 Endnote 导出格式，即使没有导出格式，也可以根据简单的变换把文献记录导出。但是部分数据库，主要指中文数据库，我们需要自行编辑过滤器将文献导入文献库。以维普数据库为例，先将检索结果导出为文本文件保存在本地；然后新建过滤器，主要任务是编辑模板，参考文献类型选择“Journal Article”，把维普数据库文本文件中的字段和 EndNote 中的字段一一对应起来，再将编辑好的过滤器保存到当前目录下的 Filters 目录中，后缀名为 . enf。在当前文献库下执行导入操作，导入的数据库文件为维普数据库检索结果文本文件，导入选项为刚才编辑

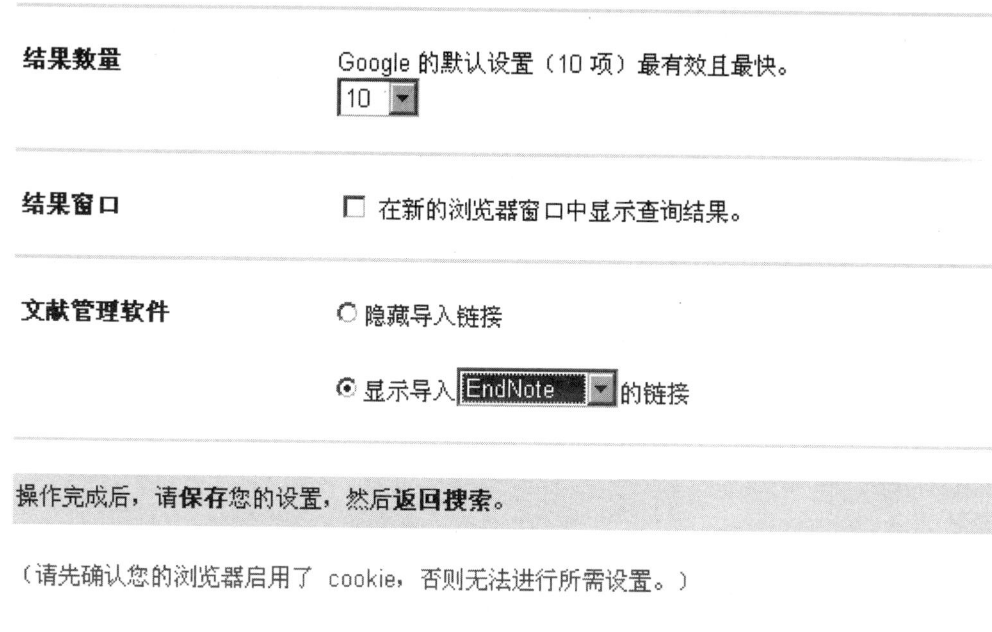

结果数量
Google 的默认设置（10 项）最有效且最快。
10
结果窗口
在新的浏览器窗口中显示查询结果。
文献管理软件
隐藏导入链接
显示导入 EndNote 的链接
操作完成后，请保存您的设置，然后返回搜索。
（请先确认您的浏览器启用了 cookie，否则无法进行所需设置。）
©2010 Google

图 11－2－1　Google Scholar 学术搜索设置

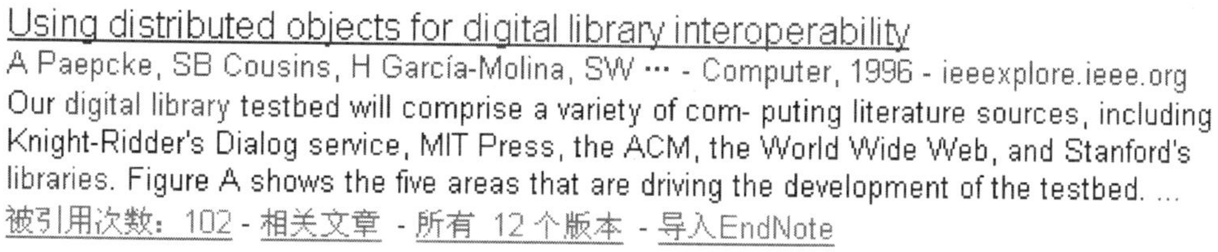

Using distributed objects for digital library interoperability
A Paepcke, SB Cousins, H García-Molina, SW … - Computer, 1996 - ieeexplore.ieee.org
Our digital library testbed will comprise a variety of com- puting literature sources, including Knight-Ridder's Dialog service, MIT Press, the ACM, the World Wide Web, and Stanford's libraries. Figure A shows the five areas that are driving the development of the testbed. ...
被引用次数：102 - 相关文章 - 所有 12 个版本 - 导入EndNote

图 11－2－2　Google Scholar 学术搜索结果的“导入 EndNote”选项

好的过滤器，就可将维普数据库检索结果导入文献数据库。

（2）对文献库的内容进行管理、分析和学习。

将相关附件关联到文献。选择某篇文献，点击右键，可以添加各种类型的文件附件，链接了附件的文献记录前就会出现一个明显的附件标识。可以对文献库的内容进行快速检索和高级检索。可以对众多的文献进行分组管理。打开文献，在“Research Notes”处可以添加文献标注，标注的文字可以在主界面显示，点击字段名还可以以此字段对内容进行排序。利用“Tools”菜单下的“Subject Bibliography”可以对文献进行主题分析，利用“Tools”菜单下的“Date Visualization”可以关联外部软件 Refviz 对文献进行分析。

（3）利用文献库撰写文章。

可以利用期刊模板和利用期刊模板的参考文献格式撰写文章。进入“Tools”菜单下的“Manuscript Templates”，可以选择系统提供的众多期刊模板之一，如 Nature. dot，根据向导一步步填写相应内容，然后完成文章撰写。在 Word 编辑窗口，显示 EndNote 工具栏，可以通过四种方式插入参考文献：拷贝要插入的文献粘贴；将选中的文献拖拽到相应的地方；使用快捷工具栏的插入功能；通过快捷工具栏的检索功能插入。通过“Format Bibliography”功能可以改变参考文献的显示格式，文章写完后去除域代码（Remove Field Codes），此过程不可逆，因此要另外保存副本以备修改。

2. 医学文献王

《医学文献王》是北京金叶天翔科技有限公司推出的医学专业软件。作为国内第一款医学文献管理软件，它具有智能化网上检索、专业化文献管理和自动化嵌入参考文献三大特点。当前《医学文献王》最新版本为 V3.0，它除具有检索文献、管理文献、获取全文以及论文写作（自动化嵌入参考文献）四大特点之外，相比于老版文献王还有修正了老版的不足，提高了效率，增强了稳定性，增加了众多的功能等特点（见图 11－2－3）。

1. 文献检索 >>>>	2. 文献管理 >>>>	3. 全文求助&其它 >>>>	4. 论文写作
Pubmed/CNKI快速检索	多级目录管理	快速全文传递	参考文献格式自动化
Pubmed/CNKI自动更新	本地高级检索	批量求助中英文献	参考文献插入自动化
Pubmed全文自动下载	排序/查重	网文摘录	参考文献排序自动化
Mesh主题词中英对照检索	文献分类标记	Rss阅读器	参考文献管理集中化
期刊信息检索	医学关键词批量汉化		
	数据导入/导出		

图 11－2－3 《医学文献王》V3.0 主要功能

如图 11－2－4 所示，《医学文献王》主要由目录树、题录列表框、题录编辑框三个窗口组成。目录树：操作类似于 Windows 系统的资源管理器，可以根据自己的需要编辑目录（新建或删除等）。另外还可以通过《医学文献王》自带或自定义的过滤器把放在资源管理器的文献导入《医学文献王》的目录中进行统一的管理。题录列表：题录列表是多个题录信息的统一显示的列表。用户可根据需要通过设置选项对列表字段进行调整，另外还可以对多个信息进行排序和查重。题录编辑框：显示一篇文献所有的题录信息，如标题、作者、作者地址、出版年、摘要等等。用户仅可以通过题录编辑框对文献王进行编辑。《医学文献王》V3.0 的主要功能如下：

（1）直接检索 PubMed、CNKI。

首先对美国国立医学图书馆属下的 http://www. pubmed. com 数据库和清华同方属下的 http://www. cnki. net 数据库进行分析，用户在《医学文献王》V3.0 中可以直接实现对 PubMed 和 CNKI 数据库的检索和数据的下载，使用户彻底从繁琐的页面检索中解脱出来。

（2）PubMed、CNKI 自动更新。

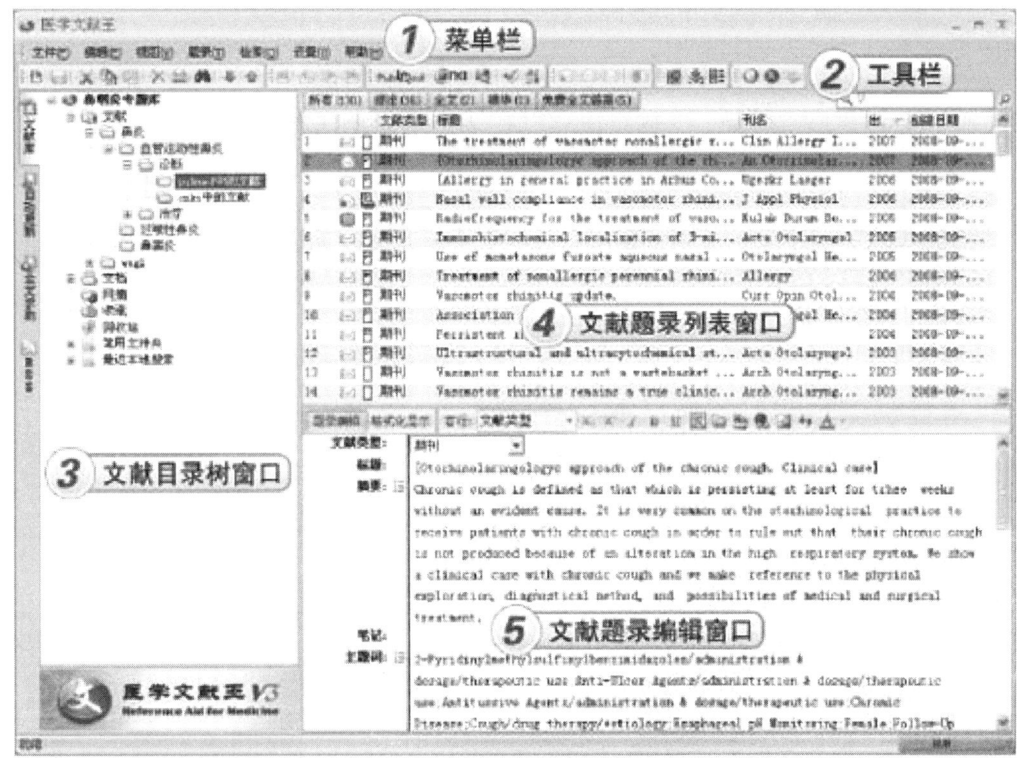

图 11－2－4　《医学文献王》V3.0 主界面

如果您长期跟踪某一课题，或对某一内容有兴趣，只需建立一个自动更新任务，《医学文献王》V3.0 就会在设定时间自动把 PubMed 或 CNKI 数据库最新收录的相关文献下载到指定的存储目录了。

（3）自动生成参考文献和引用编号。

安装《医学文献王》V3.0 之后，程序会自动在 WORD 中嵌入《医学文献王》V3.0 工具条，从而使用户摆脱繁重、乏味的引用文献工作。《医学文献王》V3.0 在 WORD 中主要有以下几个功能：

在 WORD 当前光标所在的地方，插入选中的参考文献，自动生成期刊要求的参考文献格式；

《医学文献王》V3.0 附带数百种国内外医学杂志的参考文献格式，参考文献的格式可以根据需要进行调整；

对文章中的引用进行增加、删除、修改以及位置调整之后，《医学文献王》V3.0 会自动进行新的序号编排。

（4）不同来源的文献资料的管理。

《医学文献王》V3.0 不仅可以管理从 PubMed、CNKI 数据库中直接下载的数据及新生成数据，还可以通过导入过滤器导入不同来源的文献资料，如国内的清华同方 CHKD、SinoMed、CMCC、VIP、万方等，国外文献管理软件 EndNote，Reference

Manager 的支持格式。另外用户还能够用 my doc 过滤器导入任何格式的数据，如 pdf，caj，doc，txt，exe 等。

（5）网页文摘功能。

在浏览精彩网页的同时，还可以将其作为网页文摘保存到《医学文献王》V3.0 中，以便日后继续浏览或学习之用。

（6）全文获取。

《医学文献王》V3.0 不仅可以自动下载全文（对于收费的全文需有权限），还可以直接发送全文求助信息到医脉通平台求助全文，一般情况下 2 个小时即可得到全文应助。

（7）RSS 阅读。

《医学文献王》V3.0 集成了 RSS 阅读器功能，方便用户订阅喜欢的新闻和专业资讯。

（8）Mesh 检索。

《医学文献王》V3.0 提供了 2008 版的 MeSH 词表中英文的检索，含词表目录树结构，还可以直接将检索结果发送到 PubMed 检索窗口。

（李勇文）

第三节　信息道德

人类社会进入信息时代，以计算机、通信、网络等为核心的信息技术已经在社会各个领域中得到广泛的应用，信息传播活动已成为最主要的社会活动之一。一方面，人们的信息活动为社会创造了巨大的价值；另一方面也带来了诸如计算机犯罪、危害信息安全、侵犯知识产权、计算机病毒、信息垃圾、信息污染、网络黑客、网络迷信等一系列社会问题，这些问题反映了在信息活动中违法行为和道德失范现象严重的现实。

世界各国在信息立法方面已取得一定进展，我国政府也颁布实施了《中华人民共和国计算机信息网络国际联网暂行规定》等相应的法律法规。法律约束的同时，建立信息活动的伦理道德规范，净化信息环境，规范信息行为也具有非常重要和深远的意义。

信息道德是指在信息的采集、加工、存贮、传播和利用等信息活动各个环节中，用来规范其间产生的各种社会关系的道德意识、道德规范和道德行为的总和。它通过社会舆论、传统习俗等，使人们形成一定的信念、价值观和习惯，从而使人们自觉地通过自己的判断规范自己的信息行为。

信息道德作为信息管理的一种手段，与信息政策、信息法律有密切的关系，它们各自从不同的角度实现对信息及信息行为的规范和管理。信息道德以其巨大的约束力在潜移默化中规范人们的信息行为；而在自觉、自发的道德约束无法涉及的领域，以法制手段调节信息活动中的各种关系的信息政策和信息法律则能够发挥充分的作用。

一、网络信息安全与法规

1. 网络信息安全

互联网的快速发展，极大地改变了人们的生活方式，越来越多的人从互联网上获取信息，各类日常应用（如购物、办公等）的网络化也使得网络成为人们交互的巨大平台。与此同时，网络安全问题也变得越来越重要，一些突发的网络信息安全事件给国家和社会造成了巨大的影响，也给普通互联网用户造成了不可挽回的经济损失。

在最近的几年内，发生的网络安全事故很多，如 2009 年 12 月 18 日，全球最大的微博网站 twitter 被自称是来自伊朗网络部队的黑客攻击，导致主页被篡改；2009 年，我国的一所核军事研究所的重要资料被国外间谍窃取；2010 年 1 月，我国最大的搜索引擎百度被黑，导致主页重定向到其他外部服务器上，攻击方式与先前对 twitter 的攻击非常相似；2010 年 3 月，百度收购的“网址之家”也遭到了黑客的攻击，在其主页上提供的“百度”搜索引擎，当用户提交搜索服务以后就会定向到“谷歌”的搜索服务上。

网络信息安全主要是指网络系统的硬件、软件及其系统中的数据受到保护，不受偶然的或者恶意的原因而遭到破坏、更改、泄露，系统连续、可靠、正常地运行，网络服务不中断，涉及计算机科学、网络技术、通信技术、密码技术、信息安全技术、应用数学、数论、信息论等多种学科。

网络信息安全最根本的就是保证信息安全的基本特征发挥作用，主要具有以下特征：

（1）完整性。指信息在传输、交换、存储和处理过程中保持非修改、非破坏和非丢失的特性，即保持信息原样性，使信息能正确生成、存储、传输，这是最基本的安全特征。

（2）保密性。指信息按给定要求不会泄漏给非授权的个人、实体或过程，或提供其利用的特性，即杜绝有用信息泄漏给非授权个人或实体，强调有用信息只被授权对象使用的特征。

（3）可用性。指网络信息可被授权实体正确访问，并按要求能正常使用或在非正常情况下能恢复使用的特征，即在系统运行时能正确存取所需信息，当系统遭受攻击或破坏时，能迅速恢复并能投入使用。可用性是衡量网络信息系统面向用户的一种安全性能。

（4）不可否认性。指通信双方在信息交互过程中，确信参与者本身以及参与者所提供的信息的真实同一性，即所有参与者都不可能否认或抵赖本人的真实身份，以及提供信息的原样性和完成的操作与承诺。

（5）可控性。指对流通在网络系统中的信息传播及具体内容能够实现有效控制的特性，即网络系统中的任何信息要在一定传输范围和存放空间内可控。除了采用常规的传播站点和传播内容监控这种形式外，最典型的如密码的托管政策，当加密算法交由第三方管理时，必须严格按规定可控执行。

信息法律是防范信息犯罪的首要防线，但计算机个人用户也应从多方面注意网络安全，包括：

（1）杀毒软件、防火墙。防火墙是在两个网络通讯时执行的一种访问控制，它能最大限度地阻止网络中的黑客来访问内部网络，防止他们更改、拷贝、毁坏网络上的重要信息。在主机资源占用不多的情况下尽量打开杀毒软件和防火墙，特别是上网的时候，如果发现主机运行状况异常，很有可能是中了病毒或木马，此时应根据这些异常特征，到专业的网络安全公司主页下载专杀工具。

（2）做好备份。当系统运行不正常或者不能正常启动时，可选择“系统还原”恢复到以前的设置，可使用 Ghost 软件、还原卡等。

（3）增强安全意识。网络安全包括物理安全、网络系统安全、信息内容安全、信息基础设施安全、数据安全等，应了解网络安全方面相关知识，提高安全意识。同时对浏览信息具有一定的鉴别能力，并能对计算机实施一些简单的安全防范措施。

2. 信息资源知识产权

知识产权又称智力财产权、知识所有权，是指人们对脑力劳动创造的智力成果所依法享有的专有权利，主要包括著作权、邻接权、发现权、专利权、发明权和其他专利成果权、商标权。下面以其中几项常见权利为例进行说明：

（1）著作权，也叫版权，是指自然人、法人或者其他组织对文学、艺术或科学作品依法享有的财产权利和人身权利的总称，分为著作人身权和著作财产权。其中著作人身权包括署名权、发表权、修改权、保持作品完整权；著作财产权包括复制权、发行权、出租权、展览权、表演权、放映权、广播权、信息网络传播权、摄制权、改编权、翻译权和汇编权等。

【案例 1】此前，甲作曲、乙填词，共同创作抒情歌曲《初恋》，后来甲无意间在同事家听到一首名为《热恋》的低格调的歌曲，与他所创作的《初恋》曲调完全一样。一看盒带上署名为甲作曲、乙填词。甲又气又羞，去谴责乙，声称乙侵犯了自己的著作权，要求停止侵害，并赔偿损失。乙辩称，原歌系合作，自己只改了自己的歌词部分，这是法律所允许的，拒绝了甲的上述要求。甲无奈，诉诸法院。

【分析】甲作曲，乙填词，属于我国著作权法中的“合作作品”，并且是一种“可以分割的合作作品”。对于可分割的合作作品，合作者不仅对作品享有共同著作权，而且分别对自己创作的部分单独享有著作权（比如乙可以把歌词单独抽出来，当做诗歌发表）。但是，在行使单独的著作权时，不得侵犯合作作品整体的著作权。这里乙未经甲的同意，擅自使用合作作品，侵犯了甲的著作权。本案应当支持甲的诉讼请求。

（2）发现权。法律意义上的发现，是指科学发现，是通过观察、研究、试验或推理，从而以明确的方式得出前人未知的对客观世界固有的事物、规律、特性、现象的认识。科学发现具有给人类认识水平带来根本变化的价值，其内容具有“新颖性”。这种“新颖性”在空间上是“世界范围”，时间上为“前所未有”。

【案例 2】

原告：邱教授，男，1933 年 6 月 7 日出生，上海铁道大学附属甘泉医院遗传学教研室主任。

被告：侯教授，男，1937 年 5 月 10 日出生，上海铁道大学附属甘泉医院神经内科主任。

1992年8月患者鲍某至原告邱教授所在的上海铁道医学院（现名上海铁道大学）附属甘泉医院遗传咨询门诊就诊。邱教授根据鲍某的病症诊断为：肌营养不良，遗传方式为显性遗传。后因病房原因，鲍某住入被告侯教授所在的神经内科病房。神经内科对鲍某的门诊、入院、出院诊断均为“进行性肌营养不良”。邱教授获悉即断言诊断错误，其经检阅文献，认为鲍某的病症可能是罕见的“良性先天性肌营养不良症”（以下称BCMD），并提出对患者做进一步活肌电镜检查。9月15日，邱教授约请已出院的鲍某至该院做活检标本手术，由侯教授主刀。后邱教授、侯教授同去上海医科大学电镜室作电镜检查，费用由邱教授从其课题费中支出。经电镜观察，确诊鲍某所患疾病为BCMD。此前，该病例在北欧白色人种中有两个家族被发现并报道过，经检索（根据邱教授提供的其委托上海市医学科学技术情报研究所医学情报检索中心对中国生物医学文献光盘数据库进行检索），国内无相同病例报道。侯教授率先撰文，同时署上了邱教授等人名，报告了上述病例。文中有“我们发现了……”等语句。

原告邱教授诉称，其行为符合我国法律有关发现标准及构成要件，故享有发现权。而被告侯教授通过冒领电镜拍摄底片、篡改住院病例、撰写发表文章以及在上海医学会神经科病例讨论会、院学术交流会等不同场合，不同程度地公开宣称自己是我国首例BCMD的发现者，构成对原告发现权的侵害。请求判令被告侯教授停止侵权、消除影响、赔礼道歉，并赔偿经济损失、精神损失。

被告侯教授辩称，发现是指对自然现象、特征或规律提出前所未有的阐述。BCMD病例早已被发现，故原告的行为不构成法律意义上之发现，请求驳回原告的起诉。

【审判】上海市第二中级人民法院认为：发现权是发现人对其发现所享有的精神权利。取得发现权的前提是完成科学发现。科学发现是指通过观察、研究、试验或推理，从而以明确的方式得出前人未知的对客观世界固有的事物、规律、特性、现象的认识。是否具有新颖性，是衡量是否属于发现的标准。国际有关文献对BCMD疾病、症状、诊断手段，已有记载或介绍。因此无论是鲍某被确诊为BCMD的诊断方法，还是病症确诊结果显示的在欧洲以外地区的亚裔人群中也患有BCMD的现象，或者该病例为我国范围内临床诊断首次确诊的实例，都不足以证明具有发现所要求的新颖性。其次，邱教授对于BCMD病因，或者其诊断方法，或者BCMD在亚裔中存在的现象的启示，并没有提供更新的认识。因此以发现的意义比较，该病例只是对已知事实的印证，而没有达到认识创新的高度，不具有新颖性。综上，我国首例BCMD的确诊尽管对于临床诊治和研究具有不可低估的积极意义，但从发现的意义出发进行考量，尚不能称作“发现”。邱教授主张其完成发现并享有发现权的理由不足。据此，该院对原告邱教授的诉讼请求不予支持。

一审判决后，邱教授不服，向上海市高级人民法院提起上诉。上诉理由为：（1）一审判决适用法律依照的是学理解释，而我国现行法律未规定发现必须具有世界范围内的“新颖性”；（2）由于不是所有的遗传病都存在于世界上每个人种中，上诉人未确诊鲍某患BCMD之前，BCMD是否在亚洲黄种人中存在是未知的事实，一审法院认定该病例是对已知事实的印证缺乏科学依据，上诉人由此当然享有首例发现权。

上海市高级人民法院经审理认为：上诉人邱教授在国内首次报道 BCMD 病例，对临床诊治、研究具有一定积极意义，但尚不能构成法律意义上之发现，上诉人的上述行为不享有发现权。上诉人邱教授的上诉理由不能成立，法院不予支持。原审判决认定事实清楚，适用法律正确。故依照《中华人民共和国民事诉讼法》第 153 条第 1 款第 1 项、第 158 条之规定，于 2001 年 8 月 13 日判决：驳回上诉，维持原判。

（3）署名权。《中华人民共和国著作权法》规定，合作作品是指两人以上合作创作的作品；没有参加创作的人，不能成为合作作者。《中华人民共和国著作权法实施条例》规定，著作权法所称创作，指直接产生文学、艺术和科学作品的智力劳动。为他人创作进行组织工作，提供咨询意见、物质条件或者进行其他辅助活动，均不视为创作。

【案例 3】侯医生、邱教授、张医生等人共同参与患者鲍某的诊疗和病例研究，而后各自撰写论文。张医生写《良性先天性肌营养不良……》一文发表于《临床》杂志，所署作者为张医生、邱教授、侯医生等。而后邱教授于台北《遗传学与分子生物学》杂志发表文章。侯医生核查后认为，邱教授在台北这本杂志发表的文章系张医生所写《良性先天性肌营养不良……》一文的中译英稿件。该文既不是邱教授所写，也没有添加新内容，且论文发表时将侯医生姓名删去。因此侯医生认为邱教授任意删除自己姓名，侵犯了其合作著作权的署名权。

【分析】原告侯教授诉称其为《良性先天性肌营养不良：国内首例家系研究及其分类问题的探讨》一文和 *BENIGN CONGENITAL MUSCULAR DYSTROPHY*：*THE CASE STUDY AND ITS CLASSIFICATION* 一文的合作作者，但是，原告未能举证证明其与上述作品作者之间具有共同创作该文的意思表示，也未能举证证明其具有共同创作上述作品的具体行为。因此，被告侵犯其合作著作署名权的理由不能成立。

二、学术规范

学术规范是指学术活动过程中，尊重知识产权和学术伦理，严禁抄袭剽窃，充分理解、尊重前人及今人已有之相关学术成果，并通过引证、注释等形式加以明确说明，从而在有序的学术对话、学术积累中加以学术创新。

1. 合理使用

合理使用是指在一定的条件下使用受著作权保护的作品，可以不经著作权人的许可，也不必向其支付报酬。

合理使用最直观的考虑，是不允许使用他人的作品时出现阻碍自由思想的表达和思想的交流的情形。它最关注的是个人性的使用和非直接为赢利的使用。

用户出于个人的研究和学习目的，可以对网络数据库进行以下合理使用：

（1）检索网络数据库。

（2）阅读检索结果。

（3）打印检索结果。

（4）下载检索结果存储在自己个人计算机上。

（5）传送检索结果到自己的电子邮件信箱里或者个人存储空间（不对外共享）。

（6）承担使用单位正常研究生教学任务的授权用户，可以将作为教学参考资料的少量检索结果，下载并组织到供本单位教学使用的课程参考资料包（course pack）中，置于内部网络中的安全计算机上，供选修特定课程的研究生在该课程进行期间通过内部网络进行阅读。

超出合理使用范围的行为主要有：

（1）恶意下载行为：

对文摘索引数据库中某一时间段、某一学科领域或某一类型的数据记录进行批量下载；对全文数据库中某种期刊（或会议录）或它们中一期或者多期的全部文章进行下载；利用下载工具对网络数据库进行自动检索和批量下载。

【案例 4】北京大学学生孙××2002 年 10 月 1 日－4 日通过图书馆代理服务器批量下载了著名的西文过刊全文库——JSTOR 中的数千篇文献，导致 JSTOR 立刻封锁该馆的访问权限长达数月，并对此明显的恶意侵权行为委托律师向北大图书馆提出法律质询，严重损害了北京大学的声誉。对方律师亲自到场监督孙××删除其之前所下载的全部数据。最直接的经济影响：2 万余元庞大国际通讯费用的损失，使得图书馆的代理服务器几乎无以为继。

（2）恶意传播：

存储于个人计算机的用于个人研究或学习的资料，以公共方式提供给非授权用户使用；把课程参考资料包中的用于特定课程教学的资料，以公共方式提供给非授权用户使用；设置代理服务器为非授权用户提供服务；在使用用户名和口令的情况下，有意将自己的用户名和口令在相关人员中散发，或通过公共途径公布。

（3）谋取利益：

直接利用网络数据库对非授权单位提供系统的服务；直接利用网络数据库进行商业服务或支持商业服务；直接利用网络数据库内容汇编生成二次产品，提供公共或商业服务。

2. 剽窃与引用

（1）开放获取。

公有领域（Public Domain）是人类的一部分作品与一部分知识的总汇，可以包括文章、艺术品、音乐、科学、发明等。对于领域内的知识财产，任何个人或团体都不具所有权益（所有权益通常由版权或专利体现）。这些知识发明属于公有文化遗产，任何人可以不受限制地使用和加工它们（此处不考虑有关安全、出口等的法律）。例如谷歌图书搜索、百度图书搜索中均有大量的公有领域的图书。

创作共用（Creative Commons，简称 CC，也称为知识共享）是一种创作的授权方式。其主要宗旨是增加创意作品的流通可及性，作为其他人据以创作及共享的基础，并寻找适当的法律以确保上述理念。如维基百科、分享网站（照片、收藏夹）、协作翻译、开放目录等。把同行评议过的科学论文或学术文献放到互联网上，使用户可以免费获得，而不需考虑版权或注册的限制。

开放获取运动旨在打破学术研究的人为壁垒（不要用于牟利）。开放获取的信息资源类型已经不仅仅限于最开始的学术期刊，还包括电子印本（e-Print）、电子图书、学位论文、会议论文、研究报告、专利、标准、多媒体、数据集、工作论文、课程与学习资料等。

(2) 剽窃与引用。

对具有著作权的文献，参考、引用时应标明出处。如参考其中的观点或受到启发的文献，可在文章后面列出参考文献或做标注；如完整地引用原文章中的字句，一般应该在文章中做标注。

美国现代语言联合会《论文作者手册》对剽窃（或抄袭）的定义是："剽窃是指在你的写作中使用他人的观点或表述而没有恰当地注明出处。……这包括逐字复述、复制他人的写作，或使用不属于你自己的观点而没有给出恰当的引用。"

对论文而言，剽窃有两种：一种是剽窃观点，用了他人的观点而不注明，让人误以为是你自己的观点；一种是剽窃文字，照抄别人的文字表述而没有注明出处及用引号，让人误以为是你自己的表述。

我国《图书期刊保护试行条例实施细则》第十五条明确规定："引用非诗词类作品不得超过 2500 字或被引用作品的十分之一"；"凡引用一人或多人的作品，所引用的总量不得超过本人创作作品总量的十分之一"。

3. 参考文献写法

(1) 文中标注方法与写法。

顺序编码制度：这种体系是按在正文中引用的文献出现先后顺序使用阿拉伯数字连续编码，用方括号括注在文中提及的文献著者或理论系统名的右上角。如，"进化论[7]认为……"。如果只提及引用内容而未提及著者，则括注在所引用文字群的右上角。如："根据遗传学原理，可以推论出这种变异是受基因控制的，是可以遗传的[8]"。如果所提及的文献作为文字叙述中的直接说明语时，则应与正文平排，并且每个序号都应加上方括号。如："紫色土壤主要分布在我国西南地区（参见文献 [11]、[20]、[32]）"。

作者-出版年制：这种参考文献是由著者姓名与出版年代构成的。标注方法是在被引用的著者姓名之后用圆括号标注参考文献的出版年代。如："徐道一（1983）认为，生物变革时期与太阳系在银河系的运行轨迹可能有一定联系。"文中只提及所引用的资料内容而未提及著者，则在引文叙述文字之后用圆括号标注著者姓（中国人、朝鲜人、日本人等用汉字姓名的著者要用完整的姓氏和名字）和出版年代，两者之间空一格，不用逗号。如："孟德尔发现了一个很重要的现象，即红、白花豌豆杂交后的所结种子第二年长出的植株的红白花色比例为 3∶1（方宗熙 1962）。"

(2) 参考文献编排。

① 专著：作者 . 书名 [文献类型] . 版本 . 出版地：出版者，出版年：页码.

如果是译文，则应在文献名后加上译者姓名。如：

黑姆斯，等 . 生物化学 [M] . 王镜岩，等，译 . 北京：科学出版社，2000：365.

② 论文集：作者 . 文章名//论文集编者 . 论文集名 . 出版地：出版者，出版年：文章的起讫页码 .

③ 刊物：作者 . 文章名 . 刊物名称，出版年，卷（期，部分）：文章的起讫页码 .

④ 报纸：作者 . 文章名 . 报纸名称，年-月-日（版面第次）.

若来自网络的报纸，还应列出网址，如：

傅刚，赵秉，李佳路．大风沙过后的思考［N/OL］．北京青年报，2000－04－12［2005－07－12］．http：//www. bjyouth. com. cn/Bqb/……

（3）文献类型和标志代码。

参考文献中常常需要列出文献类型标识代码，主要代码如下表：

文献类型	标志代码
普通图书	M
会议录	C
汇编	G
报纸	N
期刊	J
学位论文	D
报告	R
标准	S
专利	P
数据库	DB
计算机程序	CP
电子公告	EB

电子文献载体和标志代码：

载体类型	标志代码
磁带（magnetic tape）	M
磁盘（disk）	C
光盘（CD－ROM）	G
联机网络（online）	N

（刘　娟　李勇文）

参考文献

1. 殷国荣，杨建一．医学科研方法与论文写作．北京：科学出版社，2009

2. 谢新洲，李永进．科技查新与创新评估．北京：北京科学技术出版社，2008

3. 董建成．医学信息检索教程（第2版）．南京：东南大学出版社，2009

4. 傅立云，等. SCIE和Scopus引文功能的评价分析. 高校图书馆工作，2009，29（134）：54－56

5. 张喜珊，黄建华. 文献信息管理系统在科研写作中的应用探讨. 情报探索，2010.3，3：88－91

6. 彭伟. 网络信息安全隐患及防范策略研究. 山西师范大学学报（自然科学版），

2010，24（1）：51－54

7. Uniform Requirements for Manuscripts Submitted to Biomedical Journals：Manuscript Preparation and Submission：Preparing a Manuscript for Submission to a Biomedical Journal，http ://www.icmje.org/manuscript _ 1prepare.html，available at 2010.8

8. Thomson Reuters EndNote? X4 New Features，http ://www.endnote.com/enx4info.asp，available at 2010.8

9. http ://www.kingyee.com.cn/chanpinjianjie/wenxianall1.jsp，available at 2010.8

附录1：《中国图书馆分类法》（第五版）R类简表

R　医学、卫生
R－0 一般理论
R－1 现状与发展
R－3 医学研究方法
　R－33 实验医学、医学实验
R1 预防医学、卫生学
　R11 卫生基础科学
　R12 环境卫生、环境医学
　R13 职业卫生
　R14 放射卫生
　R149 战备卫生
　R15 营养卫生、食品卫生
　R16 个人卫生
　R169 生殖健康与卫生
　R17 妇幼卫生
　R179 儿童、少年卫生
　R18 流行病学与防疫
　R19 卫生事业管理（保健组织与事业）
R2 中国医学
　R21 中医预防、卫生学
　R22 中医基础理论
　R24 中医临床学
　R25 中医内科学
　R26 中医外科学
　R271 中医妇产科学
　R272 中医儿科学
　R273 中医肿瘤科学
　R274 中医骨伤科学
　R275 中医皮肤科学与性病学
　R276 中医五官科学

R277 中医其他学科
R278 中医急症学
R28 中药学
R289 方剂学
R29 中国少数民族医学
R3 基础医学
R31 医用一般科学
R32 人体形态学
R33 人体生理学
[R34] 人体生动化学
[R35] 人体生物物理学
R36 病理学
R37 医学微生物学（病原细菌学、病原微生物学）
R38 医学寄生虫学
R392 医学免疫学
R393 医学分子生物学
R394 医学遗传学
R395 医学心理学、病理心理学
R4 临床医学
R41 临床诊断问题
R44 诊断学
R45 治疗学
R47 护理学
R48 临终关怀学
R49 康复医学
R499 临床医学的其他分支学科
R5 内科学
R51 传染病
R52 结核病
R53 寄生虫病
R535 人畜共患病
R54 心脏、血管（循环系）疾病
R55 血液及淋巴系疾病
R56 呼吸系及胸部疾病
R57 消化系及腹部疾病
R58 内分泌腺疾病及代谢病
R59 全身性疾病
R599 地方病学

R6 外科学
  R602 外科病理学、解剖学
  R604 外科诊断学
  R605 外科治疗学
R608 外科诊疗器械与用具
  R61 外科手术学
  R62 整形外科学(修复外科学)
  R63 外科感染
  R64 创伤外科学
  R65 外科学各论
  R68 骨科学(运动系疾病、矫形外科学)
  R69 泌尿科学(泌尿生殖系疾病)
R71 妇产科学
  R711 妇科学
  R713 妇科手术
  R714 产科学
  R715 临床优生学
  R717 助产学
  R719 产科手术
R72 儿科学
  R720.5 儿科治疗学
  R722 新生儿、早产儿疾病
  R723 婴儿的营养障碍
  R725 小儿内科学
  R726 小儿外科学
  R729 小儿其他疾病
R73 肿瘤学
  R730 一般性问题
  R732 心血管肿瘤
  R733 造血器及淋巴系肿瘤
  R734 呼吸系肿瘤
  R735 消化系肿瘤
  R736 内分泌腺肿瘤
  R737 泌尿生殖器肿瘤
  R738 运动系肿瘤
  R739.4 神经系肿瘤
  R739.5 皮肤肿瘤
  R739.6 耳鼻咽喉肿瘤

R739.7 眼肿瘤
R739.8 口腔、颌面部肿瘤
R739.9 其他部位肿瘤
R74 神经病学与精神病学
R741 神经病学
R749 精神病学
R75 皮肤病学与性病学
R751 皮肤病学
R759 性病学
R76 耳鼻咽喉科学
R762 耳鼻咽喉外科学
R763 耳鼻咽喉科真菌病
R764 耳科学、耳疾病
R765 鼻科学、鼻疾病
R766 咽科学、咽疾病
R767 喉科学、喉疾病
R768 气管与食管镜学
R77 眼科学
R770.4 眼科诊断学
R771 眼的一般性疾病
R772 眼纤维膜疾病
R773 眼色素层（葡萄膜）疾病
R774 视网膜与视神经疾病
R775 眼压与青光眼
R776 晶状体与玻璃体疾病
R777 眼附属器官疾病
R778 眼屈光学
R779.1 眼损伤与异物
R779.6 眼外科手术
R779.7 小儿眼科学
R779.9 热带眼科学
R78 口腔科学
R780.1 口腔疾病的预防与口腔卫生
R780.2 口腔病理学
R781 口腔内科学
R782 口腔颌面部外科学
R783 口腔矫形学、牙科美学
R787 老年口腔疾病

R788 儿童口腔疾病
R79 外国民族医学
R8 特种医学
R81 放射医学
R82 军事医学
R83 航海医学
R84 潜水医学
R85 航空航天医学
R87 运动医学
[R89] 法医学
R9 药学
R91 药物基础科学
R917 药物分析
R918 药物设计
R92 药典、药方集（处方集）、药物鉴定
R93 生药学（天然药物学）
R94 药剂学
R95 药事管理
R96 药理学
R97 药品
R99 毒物学（毒理学）

附录 2：MeSH 范畴表主要类目（2010）

A. Anatomy（解剖学类）

A01	Body Regions	身体部位
A02	Musculoskeletal System	肌肉骨骼系统
A03	Digestive System	消化系统
A04	Respiratory System	呼吸系统
A05	Urogenital System	泌尿生殖系统
A06	Endocrine System	内分泌系统
A07	Cardiovascular System	心血管系统
A08	Nervous System	神经系统
A09	Sense Organs	感觉器官
A10	Tissues	组织
A11	Cells	细胞
A12	Fluids and Secretions	体液和分泌物
A13	Animal Structures	动物结构
A14	Stomatognathic System	口颌系统
A15	Hemic and Immune Systems	血液和免疫系统
A16	Embryonic Structures	胚胎结构
A17	Integumentary System	皮肤系统

B. Organism（有机物类）

B01	Animals	动物
B02	Algae	藻类
B03	Bacteria	细菌
B04	Viruses	病毒
B05	Fungi	真菌
B06	Plants	植物
B07	Archaea	古细菌
B08	Mesomycetozoea	Mesomycetozoea 纲

C. Organism（疾病类）

C01	Bacterial Infections and Mycoses	细菌感染和真菌病

C02	Virus Diseases	病毒性疾病
C03	Parasitic Diseases	寄生虫病
C04	Neoplasms	肿瘤
C05	Musculoskeletal Diseases	肌骨骼疾病
C06	Digestive System Diseases	消化系统疾病
C07	Stomatognathic Diseases	口颌疾病
C08	Respiratory Tract Diseases	呼吸道疾病
C09	Otorhinolaryngologic Diseases	耳鼻咽喉疾病
C10	Nervous System Diseases	神经系统疾病
C11	Eye Diseases	眼疾病
C12	Male Urogenital Diseases	男性生殖泌尿疾病
C13	Female Urogenital Diseases and Pregnancy Complications	女性生殖泌尿疾病与妊娠并发症
C14	Cardiovascular Diseases	心血管疾病
C15	Hemic and Lymphatic Diseases	血液和淋巴系统疾病
C16	Congenital，Hereditary，and Neonatal Diseases and Abnormalities	先天性遗传性新生儿疾病和畸形
C17	Skin and Connective Tissue Diseases	皮肤和结缔组织疾病
C18	Nutritional and Metabolic Diseases	营养和代谢性疾病
C19	Endocrine System Diseases	内分泌系统疾病
C20	Immune System Diseases	免疫系统疾病
C21	Disorders of Environmental Origin	环境因素诱发疾病
C22	Animal Diseases	动物疾病
C23	Pathological Conditions，Signs and Symptoms	病理状态，体征和症状

D. Chemicals and Drugs（化学品与药物类）

D01	Inorganic Chemicals	无机化学品
D02	Organic Chemicals	有机化学品
D03	Heterocyclic Compounds	杂环化合物
D04	Polycyclic Compounds	多环化合物
D05	Macromolecular Substances	大分子物质
D06	Hormones，Hormone Substitutes，and Hormone Antagonists	激素类，激素代用品和激素拮抗剂
D08	Enzymes and Coenzymes	酶类和辅酶类
D09	Carbohydrates	碳水化合物
D10	Lipids	脂类
D12	Amino Acids，Peptides，and Proteins	氨基酸类，肽类和蛋白质类

D13	Nucleic Acids, Nucleotides, and Nucleosides	核酸类，核苷酸类和核苷类
D20	Complex Mixtures	复合混合物
D23	Biological Factors	生物因子
D25	Biomedical and Dental Materials	生物医学和牙科材料
D26	Pharmaceutical Preparations	药用制剂
D27	Chemical Actions and Uses	化学作用和用途

E. Analytical, Diagnostic and Therapeutic Techniques and Equipment（分析、诊断与治疗技术与仪器类）

E01	Diagnosis	诊断
E02	Therapeutics	治疗学
E03	Anesthesia and Analgesia	麻醉和镇痛
E04	Surgical Procedures, Operative	外科手术
E05	Investigative Techniques	研究技术
E06	Dentistry	牙科学
E07	Equipment and Supplies	设备和供应

F. Psychiatry and Psychology（精神病学与心理学类）

F01	Behavior and Behavior Mechanisms	行为和行为机制
F02	Psychological Phenomena and Processes	心理现象和过程
F03	Mental Disorders	精神障碍
F04	Behavioral Disciplines and Activities	行为学科和活动

G. Phenomena and Processes（现象与过程类）

G01	Physical Phenomena	物理现象
G02	Chemical Phenomena	化学现象
G03	Metabolic Phenomena	代谢现象
G04	Cell Physiological Phenomena	细胞生理现象
G05	Genetic Phenomena	遗传现象
G06	Microbiological Phenomena	微生物学现象
G07	Physiological Phenomena	生理现象
G08	Reproductive and Urinary Physiological Phenomena	生殖与泌尿系统生理现象
G09	Circulatory and Respiratory Physiological Phenomena	循环系统和呼吸系统生理现象
G10	Digestive System and Oral	消化系统与口腔生理现象

Physiological Phenomena
G11 Musculoskeletal and Neural Physiological Phenomena 骨骼肌与神经生理现象
G12 Immune System Phenomena 免疫系统现象
G13 Integumentary System Physiological Phenomena 皮肤系统生理现象
G14 Ocular Physiological Phenomena 眼生理现象
G15 Plant Physiological Phenomena 植物生理现象
G16 Biological Phenomena 生物学现象
G17 Mathematical Concepts 数学概念

H. Disciplines and Occupations（领域与职业类）
H01 Natural Science Disciplines 自然科学学科
H02 Health Occupations 卫生职业

I. Anthropology，Education，Sociology and Social Phenomena（人类学，教育，社会学与社会现象类）
I01 Social Sciences 社会科学
I02 Education 教育
I03 Human Activities 人类活动

J. Technology，Industry，Agriculture（技术、工业、农业类）
J01 Technology，Industry，and Agriculture 工艺学，工业和农业
J02 Food and Beverages 食品和饮料

K. Humanities（人文科学类）
K01 Humanities 人文科学

L. Information Science（信息科学类）
L01 Information Science 信息科学

M. Named Groups（命名组类）
M01 Persons 人

N. Health Care（卫生保健类）
N01 Population Characteristics 人口特征
N02 Health Care Facilities，Manpower，and Services 卫生保健设施，人力和服务

N03	Health Care Economics and Organizations	卫生保健经济学和组织
N04	Health Services Administration	卫生服务管理
N05	Health Care Quality, Access, and Evaluation	卫生保健质量，获取和评价
N06	Environment and Public Health	环境和公共卫生

V. Publication Characteristics（出版物特征类）

V01	Publication Components	出版物组分［出版类型］
V02	Publication Formats	出版物类型［出版类型］
V03	Study Characteristics	研究类型［出版类型］
V04	Support of Research	研究资助来源

Z. Geographicals（地理分布类）

Z01	Geographic Locations	地理位置

附录 3：MeSH 副主题词等级表

Analysis	分析
Blood	血液
cerebrospinal fluid	脑脊髓液
isolation & purification	分享的提纯
urine	尿
anatomy & histology	解剖学和组织学
blood supply	血液供给
cytology	细胞学
pathology	病理学
ultrastructure	超微结构
embryology	胚胎学
abnormalities	畸形
innervation	神经支配
chemistry	化学
agonists	激动剂
analogs & derivatives	类似物和衍生物
antagonists & inhibitors	拮抗剂和抑制剂
chemical synthesis	化学合成
diagnosis	诊断
pathology	病理学
radiography	放射照相术
radionuclide imaging	放射性核素成像
ultrasonography	超声检查
education	教育
ethics	伦理学

etiology	病因学
chemically induced	化学诱导
complications	并发症
secondary	继发性
congenital	先天性
embryology	胚胎学
genetics	遗传学
immunology	免疫学
microbiology	微生物学
virology	病毒学
parasitology	寄生虫学
transmission	传播
organization & administration	组织与管理
economics	经济学
legislation & jurisprudence	立法和法学
manpower	人力
standards	标准
supply & distribution	供应和分配
trends	发展趋势
utilization	利用
pharmacology	药理学
administration & dosage	投药与剂量
adverse effects	副作用
poisoning	中毒
toxicity	毒性
agonists	激动剂
antagonists & inhibitors	拮抗剂和抑制剂
contraindications	禁忌症
diagnostic use	诊断应用
pharmacokinetics	药代动力学
physiology	生理学
genetics	遗传学
growth & development	生长和发育
immunology	免疫学
metabolism	代谢

biosynthesis	生物合成
blood	血液
cerebrospinal fluid	脑脊髓液
deficiency	缺乏
enzymology	酶学
pharmacokinetics	药代动力学
urine	尿
physiopathology	病理生理学
secretion	分泌
statistics & numerical data	统计学和数值数据
epidemiology	流行病学
ethnology	人种学
mortality	死亡率
supply & distribution	供应和分配
utilization	利用
therapeutic use	治疗应用
administration & dosage	投药和剂量
adverse effects	副作用
contraindications	禁忌症
poisoning	中毒
therapy	治疗
diet therapy	饮食疗法
drug therapy	药物疗法
nursing	护理
prevention & control	预防与控制
radiotherapy	放射疗法
rehabilitation	康复
surgery	外科学
transplantation	移植

附录 4：副主题词详解表

/解剖学和组织学 /Anatomy & Histology（AH）与器官、部位、组织主题词组配，说明其正常的解剖学及组织学；与动植物主题组配，说明其正常解剖学结构。

/细胞学 /Cytology（CY）表明单细胞或多细胞有机体的正常细胞形态学。

/病理学 /Pathology（PA）与器官、组织及疾病主题词组配，表明在疾病状态时的器官、组织及细胞结构。

/超微结构 /Ultrastructure（UL）与组织及细胞（包括肿瘤）及微生物主题词组配，表明通常用光学显微镜观察不到的细微解剖结构。

/胚胎学 /Embryology（EM）与器官、部位和动物主题词组配，说明其在胚胎期或胎儿期的发育；也可与疾病主题词组配，表明胚胎因素引起的出生后疾病。（因此它也是“/病因学”的下位词）

/畸形 /Abnormalities（AB）与器官组配，表明因为先天性的缺陷而引致的器官形态学的改变；也可用于动物的畸形。

/血液供给 /Blood Supply（BS）定义：用于标引那些没有专指血管主题词的各器官、部位的动脉、毛细血管及静脉系统；也用于器官内通过的血液。

/神经支配 /Innervation（IR）定义：与器官、部位或组织主题词组配，表明其神经支配。

/分析 /Analysis（AN）用于某种物质或其成分或其代谢产物的鉴定或定量测定；包括对水、空气或其他环境载体进行的化学分析，但不包括组织、肿瘤、体液、有机体及植物的化学分析（此时应用/化学）。既可用于分析的方法学，也可用于分析的结果。分析血液、脑脊髓液和尿中的物质分别用“/血液”、“/脑脊髓液”、“/尿”。

/血液/Blood（BL）用以表明血中物质的存在或分析血液中的物质，也用于疾病时血液中物质的变化及血液检查。但不包括血清诊断和血清学。血清诊断用“/诊断”，血清学则用“/免疫学”。

/脑脊髓液 /Cerebrospinal fluid（CF）用于脑脊髓液内存在的物质及其分析或疾病状态时脑脊髓液的检查及变化。

/尿 /Urine（UR）用于尿液中物质的存在和分析，也可用于各种疾病状态时尿的检查和变化。

/分离和提纯 /Isolation & purification（IP）与细菌、病毒、真菌、原生动物和蠕虫主题词组配，表明对其纯株的获取；也可表明通过 DNA 分析、免疫学或其他方法（包括培养技术）以验证或者确定有机体；也可与生物学及化学物质组配，表明对其成分的分离和提纯。

/化学/Chemistry（CH）与化学品、生物或非生物物质组配，以指明其组成、结构、特征和性质；与器官、组织、肿瘤和体液组配，指化学成分或化学物质含量。若讲物质的化学分析和测定，则用“/分析”；若讲化学合成，则用“/化学合成”；若是物质的分离和提纯，则用“/分离和提纯”。

/类似物和衍生物 /Analags & derivatives（AA）与药品及化学物质主题词组配，表明这些物质具有共同的母体分子（官能团）或相似的电子结构，但其他原子和分子不同。用于词表中无专指名称的化学物质或化学衍生物质群。

/化学合成 /Chemical synthesis（CS）用于表明在体外的化学物质的分子制备。在活细胞内或亚细胞成分中化学物质的形成，则用“/生物合成”。

/拮抗剂和抑制剂 /Antagonists & inhibtors（AI）与化学物质、药品、内源性物质主题词组配，表明与这些物质在生物效应上有相反作用机制的物质和制剂。

/激动剂/Agonists（AG）与化学物质、药物、内源性物质组配，表明对受体具有亲和力和使受体具有内在活性的物质和制剂。

/生理学/Physiology（PH）与器官、组织及单细胞或多细胞有机体组配，表明其正常功能；也可与内源性生化物质组配，表明其生理作用。

/病理生理学/Physipathology（PP）与器官和疾病主题词组配，表明疾病状态时的功能障碍。

/遗传学 /Genetics（GE）用于遗传机制和有机体的遗传学，正常的及病理状态的遗传基础，也用于内源性化学物质的遗传方面，并包括对遗传物质的生物化学和分子的影响。

/生长和发育 /Growth & development（GD）与微生物、植物及出生后动物主题词组配，表明其生长和发育；与器官及解剖部位主题词组配，说明其出生后的生长和发育。

/免疫学/Immunology（IM）用于组织、器官、微生物、真菌、病毒和动植物的免疫学研究，包括疾病的免疫学方面，也包括作为抗原和半抗原的化学制剂，但不包括用于诊断、预防或治疗的免疫学操作，这些相应分别标作“/诊断”、 “/预防和控制”、“/治疗”等。

/分泌 /Secretion（SE）表明由于腺体、组织或器官的完整细胞活动而产生的内源性物质经由细胞膜排出，进入细胞间隙或腺管。

/代谢/Metabolism（ME）与器官、细胞和亚细胞成分、有机体以及疾病主题词组配，表明其生物化学变化及代谢；与化学物质主题词组配，表明其分解代谢的过程（即复杂物质分解成简单物质分子）；至于合成代谢的过程（即小分子转变成大分子），用“/生物合成”，而涉及“酶学”、“分泌”、“药代动力学”则用相对应的副主题词。

/生物合成 /Biosynthesis（BI）与化学物质主题词组配，表明这些物质在有机体内、活细胞内或亚细胞成分中的合成。

/酶学 /Enzymology（EN）与有机体（脊椎动物除外）、器官、组织以及疾病主题词组配，指有机体、器官、组织中的酶或疾病过程中的酶。

/药代动力学 /Pharmacokinetics（PK）与外源性化学物质或药品组配，以表明其吸收、生物转化、分布、释放、运转、摄取和排泄机理和动力学以及代谢过程的程度和速率。

/缺乏 /Deficiency（DF）与内源性或外源性物质主题词组配，表明某种有机体或生物系统缺乏这种物质或含量低于正常需要量。

/病因学 /Etiology（ET）与疾病主题词组配，表明致病原因、发病机理以及起致病作用的环境、社会因素和个人习惯。

/化学诱导 /Chemically induced（CI）用于由化学物质引起的人或动物的疾病、综合征、先天性异常或症状。

/并发症 /Complications（CO）与疾病主题词组配，表明两种或多种疾病同时发生或相继发生，如同时存在的疾病、并发症或后遗症。

/继发性 /Secondary（SC）与肿瘤主题词组配，表明肿瘤转移的继发部位。

/先天性 /Congenital（CN）与疾病主题词组配，表明出生时或出生前即存在的疾病。

/微生物学 /Micrology（MI）与器官、动物和高等植物及疾病主题词组配，说明有关其微生物学方面的研究。

/寄生虫学 /Parasitology（PS）用于表明动物、高等植物、器官及疾病的寄生虫因素。但不用于诊断中暗示的寄生虫因素。

/病毒学 /Virology（VI）与器官、动物、高等植物或疾病等主题词组配，表明对其病毒学方面的研究。讨论细菌、立克次体和真菌时，用“/微生物学”；讨论寄生虫时，用“/寄生虫学”。

/传播 /Transmission（TM）与疾病主题词组配，表明对疾病传播的研究。既包括传播方式和传播机制，也包括传播事实本身。

/药理学/Pharmacology（PD）与药品和外源性化学物质主题词组配，表明对活组织或有机体的作用，对生理和对生物化学过程的加速或抑制及其药理作用机制。

/投药和剂量 /Administration & dosage（AD）与药品主题词组配，表明剂型、投药途径、用药次数和持续时间、剂量以及这些因素的作用。

/诊断应用 /Diagnostic use（DU）与化合物、药品及物理因素主题词组配，表明将其用于对器官临床功能的研究和用于诊断人或动物的疾病。

/禁忌症 /Contraindication（CT）与药物、化学品以及生物和物理作用剂组配，在任何疾病或生理状态时可能使这些治疗成为不合适，不合需要或不可取的，也用以指诊断、治疗、预防、麻醉、外科手术或其他操作的禁忌。

/副作用 /Adverse effects（AE）与药品、化学物质、生物制品、物理因素以及各种制品主题词组配，表明正常可接受的剂量或用法。用于诊断、治疗、预防疾病以及麻醉时出现的不良反应；也可与各种诊断、治疗、预防、麻醉、外科手术或其他技术操作主题词组配，表明因操作引起的副作用或并发症。但禁忌症除外，此时用“/禁忌症”。

/中毒 /Poisoning（PO）用于人及动物由于药品、化学物质、工业原料等引起的急、慢性中毒，包括意外的、职业的、自杀的、误用的及环境污染所致的各种中毒。

/毒性 /Toxicity（TO）用于药物和化学物质对人和动物的有害作用的实验研究，

包括测定安全界限的研究和关于各种不同剂量用药的反应研究，也包括接触环境毒物的研究。

/诊断/Diagnosis（DI）表明各种疾病的诊断，包括鉴别诊断及预后。

/放射摄影术/Radiography（RA）定义：用于器官、部位和疾病的 X 线检查。

/放射性核素显像/Radionuclide imaging（RI）用于解剖结构或疾病诊断的放射性同位素造影。

/超声检查/Ultrasonography（US）与器官和部位主题词组配，表明对其进行超声显像；与疾病主题词组配，表明对其进行超声诊断。

/治疗/Therapy（TH）用于疾病治疗，指综合治疗，除专指疗法外。

/膳食疗法/Diet therapy（DH）用于疾病的饮食性和营养性治疗。

/药物疗法 /Drug therapy（DT）用于疾病通过投给药物、化学物质来治疗或预防疾病。至于膳食疗法和放射疗法，则分别用"/膳食疗法"和"/放射疗法"，免疫疗法或生物制品治疗用"/治疗"。

/放射疗法/Radiotherapy（RT）用于疾病电离和非电离的放射治疗，包括放射性同位素疗法的应用。

/外科学 /Surgery（SU）用于器官、部位或组织疾病的治疗手术，包括激光切除组织。但不包括移植。

/移植 /Transplantation（TR）用于器官、组织或细胞在同一个体中由一个部位移植到另一个部位，或从同一种属或不同种属的一个个体移植于另一个个体。

/预防和控制 /Prevention & control（PC）与疾病主题词组配，表明增强人和动物的抗病力（如预防接种），控制传播媒介，预防和控制环境危害因素以及引起疾病的社会因素，其中包括对个人的预防措施。

/护理 /Nursing（NU）用于疾病的护理及护理技术，包括在诊断、治疗和预防操作中护理的作用。

/康复 /Rehabilitation（RH）与疾病和外科操作组配，表明个体功能的恢复。

/统计学和数值数据/Statistics & numerical（SN）与非疾病主题词组配，用以表达描述特定组群关系的数据数值。

/流行病学/Epidemiology（EP）与疾病主题词组配以表示疾病的分布、致病的因素以及在特定人群中疾病的特征，包括发病率、患病率、地方性和流行性疾病暴发流行，也包括某一地区和某一特定人群中发病率的调查和评估。

/人种学 /Ethnology（EH）与疾病主题词组配，说明疾病的人种、文化、人类学和种族学方面的问题；与地理主题词组配，表明某一人群的起源地。

/死亡率/Mortality（MO）用于疾病以及因诊断、治疗及技术操作造成的死亡率的统计。

/治疗应用 /Therapeutic use（TU）用于预防和治疗疾病的药品、生物制品及物理因素主题词，包括兽医用药。

/药物作用/Drug effects（DE）用于药物和化学物质对器官、部位、组织或机体的生理和精神过程的作用。

/辐射效应/Radiation effects (RE) 用于表明电离或非电离辐射对有机体、器官、组织及其组成部分、生理过程发生的作用，也可与药品、化学物质主题词组配，表明辐射对其发生的效应。

/损伤/Injure (IN) 与解剖学、动物和运动主题词组配，表明受到创伤或损伤。但不包括细胞损伤，此时应用“/病理学”。

/致病力 /Pathogenicity (PY) 与微生物、病毒以及寄生虫主题词组配，表明对其引起人和动物疾病能力的研究。

/心理学/Psychology (PX) 与非精神性疾病 (C) 类，技术及人群主题词组配，表明其心理的、身心的、社会心理学的、行为和情绪方面的因素；与精神性疾病主题词 () 组配，表明其心理的方面；与动物主题词组配，表明动物的行为和心理学的方面。

/兽医学/Veterinary (VE) 与疾病或技术主题词组配，指动物自然发生的疾病或指兽医学中使用的诊断、预防和治疗措施。

/方法/Methods (MT) 用于技术、措施和各种操作方法。

/仪器和设备/Instrumentation (IS) 与诊断、治疗、操作、分析技术以及专业或学科主题词组配，表明器械仪器或设备的研制或改进。

/伦理学 /Ethics (ES) 用于探讨和分析与人类和社会有关的方法和活动。

/组织和管理/Organization & administration (OG) 与机构或卫生保健组织主题词组配，表明行政机构和管理。

/经济学 /Economics (EC) 用于限定范畴的任何主题的经济方面以及财务管理的各个方面，包括资金的增长和提供。

/立法和司法 /Legislation & jurisprudence (LJ) 用于法律、法令、条例或政府规章制度以及法律性争论和法院裁决。

/人力/Manpower (MA，man) 与学科、项目或计划主题词组配，说明其人员的需求、提供、分配、招聘和使用。

/利用 /Utilization (UT) 与设备、设施、规划、服务项目及卫生人员主题词组配，以讨论其实际使用情况，通常都附有数据，也包括讨论其过度使用或使用不足。

/供应和分配/Supply & distribution (SD) 用于物质、设备、工具、药品、健康服务设施等的使用和分配，但不包括工业和其他各行业中的食品供应和水供应。

/标准/Standards (ST) 包含三个方面：指对适合的可行性标准的制定、测试、应用；指药物化学鉴定，包括质量和效能的鉴定；指工业、职业中的卫生和安全标准。

/发展趋势/Trends (TD) 用于研究事物的过去、现在和将来质和量的发展。不包括对各种病人疾病过程的讨论。